丛书主编：汪泓

21世纪物流管理系列教材

物流运输管理实务

WULIU YUNSHU GUANLI SHIWU（第3版）

韩杨　刘娜◎主编

清华大学出版社
北　京

内 容 简 介

本教材主要介绍了物流运输的基本原理和运作实务。内容包括物流运输概论、物流运输管理基础、铁路货物运输、公路货物运输、水路货物运输、航空货物运输、集装箱货物运输、国际多式联运、特种货物运输、物流运输成本管理、物流运输绩效管理、物流运输信息技术、物流运输保险与合同、绿色物流运输等内容及相关案例。

本教材注重理论联系实际，既可作为高等学校相关专业的教材，也可作为从事外贸、货运、物流等行业的工作人员的参考资料。

本书封面贴有清华大学出版社防伪标签，无标签者不得销售。
版权所有，侵权必究。举报：010-62782989，beiqinquan@tup.tsinghua.edu.cn。

图书在版编目(CIP)数据

物流运输管理实务/韩杨，刘娜主编．—3版．—北京：清华大学出版社，2020.7(2024.7重印)
21世纪物流管理系列教材
ISBN 978-7-302-54149-3

Ⅰ．①物… Ⅱ．①韩… ②刘… Ⅲ．①物流－货物运输－管理－高等学校－教材 Ⅳ．①F252

中国版本图书馆 CIP 数据核字(2019)第 248558 号

责任编辑：梁云慈
封面设计：李伯骥
责任校对：宋玉莲
责任印制：刘　菲

出版发行：清华大学出版社
网　　址：https://www.tup.com.cn，https://www.wqxuetang.com
地　　址：北京清华大学学研大厦A座　　邮　编：100084
社 总 机：010-83470000　　邮　购：010-62786544
投稿与读者服务：010-62776969，c-service@tup.tsinghua.edu.cn
质量反馈：010-62772015，zhiliang@tup.tsinghua.edu.cn
印 装 者：北京嘉实印刷有限公司
经　　销：全国新华书店
开　　本：185mm×260mm　　印　张：22　　字　数：554千字
版　　次：2011年3月第1版　2020年7月第3版　　印　次：2024年7月第5次印刷
定　　价：55.00元

产品编号：083424-01

21世纪物流管理系列教材

编委会名单

主　编：汪　泓
副主编：郝建平　陈心德　史健勇
委　员：（以下按姓氏笔画排列）
　　　　王裕明　孙　瑛　汤世强　吴　忠
　　　　李正龙　陈雅萍　郝　勇　徐宝纲
　　　　贾慈力　谢春讯　鲁嘉华　魏　建

再版前言

本书自 2014 年第 2 版出版以来,受到各方好评,本书提供的资料,对于那些对物流运输感兴趣的学生和学者而言,能起到一定参考作用。本书虽然取得一定的成绩,但也存在不少问题。在本教材多年的使用过程中,结合学生及读者反馈,结合我国交通运输业全面快速发展的实际,我们在第 2 版的基础上对本书进行了修订,对教材的章节结构进行了调整,更新了数据,对原有内容也进行了修改和补充。新版教材采用线上线上内容相结合的方式,在每章后增加线上自测题,以及在一些章节中加入线上扩展阅读内容,帮助读者加强对相关内容的理解和掌握。

本书结合现代物流的发展和交通运输业的变化,借鉴吸收物流学的最新研究成果进行修订,整体内容共分 14 章:第 1 章、第 2 章介绍了物流运输和物流运输管理的基础知识,第 3~9 章分别介绍了物流运输中常用的铁路货物运输、公路货物运输、水路货物运输、航空货物运输、集装箱货物运输、特种货物运输和国际多式联运,第 10~14 章分别介绍了物流运输成本管理、物流运输绩效管理、物流运输信息技术、物流运输保险与合同、绿色物流运输等内容。每章后面都附有案例帮助读者学习掌握。

本书由韩杨编写第 1~4 章和第 6~11 章,孙瑛、韩杨编写第 5 章,刘娜编写第 12~14 章。在本书的再版编写过程中,参考了许多书籍、期刊、论文和网站,借鉴了许多专家、学者的观点,在此对相关作者表示感谢。

由于时间仓促、编者水平有限,因此书中错误在所难免,恳请广大读者和专家给予批评指正。

编　者

2020 年 2 月

目　录

第1章　物流运输概论 ·· 1
　1.1　运输、物流与供应链 ·· 1
　1.2　运输功能与原理 ·· 7
　1.3　物流运输的地位和作用 ·· 8
　1.4　物流运输合理化 ·· 9
　本章小结 ·· 13
　复习与思考 ·· 13
　在线自测 ·· 13
　案例分析 ·· 13

第2章　物流运输管理基础 ·· 17
　2.1　物流运输的需求 ·· 17
　2.2　物流运输的供给 ·· 22
　2.3　物流运输市场 ·· 25
　2.4　物流运输企业 ·· 33
　本章小结 ·· 34
　复习与思考 ·· 35
　在线自测 ·· 35
　案例分析 ·· 35

第3章　铁路货物运输 ·· 39
　3.1　铁路货物运输概述 ·· 39
　3.2　铁路货物运输设备与设施 ······································ 41
　3.3　铁路货物运输组织管理 ·· 47
　3.4　铁路货物运费计算 ·· 56
　本章小结 ·· 64
　复习与思考 ·· 64
　在线自测 ·· 64
　案例分析 ·· 65

第 4 章 公路货物运输 ·· 67

- 4.1 公路货物运输概述 ·· 67
- 4.2 公路货物运输设备与设施 ·· 72
- 4.3 公路货物运输组织管理 ·· 77
- 4.4 公路货物运费计算 ·· 87
- 本章小结 ·· 93
- 复习与思考 ·· 93
- 在线自测 ·· 93
- 案例分析 ·· 94

第 5 章 水路货物运输 ·· 99

- 5.1 水路货物运输概述 ·· 99
- 5.2 水路货物运输设备与设施 ·· 101
- 5.3 内河货物运输组织管理 ·· 106
- 5.4 海洋货物运输组织管理 ·· 112
- 5.5 水路货物运输单证 ·· 122
- 5.6 水路货物运费计算 ·· 132
- 本章小结 ·· 137
- 复习与思考 ·· 137
- 在线自测 ·· 138
- 案例分析 ·· 138

第 6 章 航空货物运输 ·· 141

- 6.1 航空货物运输概述 ·· 141
- 6.2 航空货物运输设备与设施 ·· 144
- 6.3 航空货物运输组织管理 ·· 150
- 6.4 航空货物运费计算 ·· 163
- 本章小结 ·· 174
- 复习与思考 ·· 174
- 在线自测 ·· 174
- 案例分析 ·· 175

第 7 章 集装箱货物运输 ··· 178

- 7.1 集装箱运输概述 ··· 178
- 7.2 集装箱货物运输组织管理 ·· 183
- 7.3 集装箱货物运费计算 ·· 191
- 本章小结 ·· 198

复习与思考 ·· 198
　　在线自测 ·· 199
　　案例分析 ·· 199

第 8 章　国际多式联运 ··· 201

　8.1　国际多式联运概述 ·· 201
　8.2　国际多式联运组织管理 ··· 204
　8.3　国际集装箱多式联运运价与运费 ·· 214
　　本章小结 ·· 216
　　复习与思考 ·· 216
　　在线自测 ·· 217
　　案例分析 ·· 217

第 9 章　特种货物运输 ··· 219

　9.1　危险货物运输管理 ·· 219
　9.2　超限货物运输管理 ·· 228
　9.3　鲜活易腐货物运输管理 ··· 232
　　本章小结 ·· 237
　　复习与思考 ·· 237
　　在线自测 ·· 238
　　案例分析 ·· 238

第 10 章　物流运输成本管理 ·· 240

　10.1　物流运输成本 ·· 240
　10.2　物流运输成本的控制 ··· 246
　10.3　目标成本控制方法 ··· 250
　10.4　运输成本控制策略 ··· 253
　　本章小结 ·· 256
　　复习与思考 ·· 256
　　在线自测 ·· 256
　　案例分析 ·· 256

第 11 章　物流运输绩效管理 ·· 262

　11.1　运输绩效管理概述 ··· 262
　11.2　运输绩效评价 ·· 264
　11.3　运输绩效评价方法 ··· 267
　11.4　运输绩效评价指标体系 ··· 276
　　本章小结 ·· 279

复习与思考 ·· 279
　　在线自测 ·· 279
　　案例分析 ·· 280

第 12 章　物流运输信息技术 ··· 283

　　12.1　物流运输结点 ··· 283
　　12.2　物流运输信息技术 ·· 286
　　本章小结 ·· 302
　　复习与思考 ·· 302
　　在线自测 ·· 303
　　案例分析 ·· 303

第 13 章　物流运输保险与合同 ·· 305

　　13.1　物流运输保险 ··· 305
　　13.2　物流运输合同 ··· 316
　　本章小结 ·· 325
　　复习与思考 ·· 326
　　在线自测 ·· 326
　　案例分析 ·· 326

第 14 章　绿色物流运输 ·· 328

　　14.1　物流运输与自然环境 ·· 328
　　14.2　绿色物流与经济环境 ·· 331
　　14.3　绿色物流的推行 ·· 334
　　本章小结 ·· 336
　　复习与思考 ·· 337
　　在线自测 ·· 337
　　案例分析 ·· 337

参考文献 ··· 339

第 1 章　物流运输概论

物流(logistics)　　　　　　　合理运输(rational transportation)
运输(transportation)　　　　 综合运输体系(comprehensive transportation system)
供应链(supply chain)

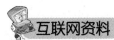

http://www.creatnet.cn/
http://www.crta.org.cn
http://www.moc.gov.cn

> 自从人类有了生产和交换,作为流通环节的运输业便产生了,比如我国古代的丝绸之路、郑和下西洋等。运输是社会生产过程的一般条件,是整个国民经济的基础,还是生产、分配、交换和消费有机结合的纽带。随着生产社会化程度的提高,商品经济的发达,运输在再生产中的重要性日益凸显。随着科学技术的进步和社会经济的发展,运输业日趋完善,且对于促进国民经济持续、稳定、协调发展有着重要意义。

1.1　运输、物流与供应链

1.1.1　运输

运输是人和物的载运及输送,本书中专指"物"的载运及输送。它是在不同地域范围间(如两个城市、两个工厂之间,或一个大企业内相距较远的两车间之间),以改变"物"的空间位置为目的的活动,对"物"进行空间位移。和搬运的区别在于,运输是较大范围的活动,而搬运是在同一地域之内的活动。

1. 运输的分类

按运输设备及运输工具的不同可将运输方式分为如下 5 类:
(1) 公路运输
这是主要使用汽车,也使用其他车辆(如人、畜力车)在公路上进行货客运输的一种方式。公路运输主要承担近距离、小批量的货运,水运、铁路运输难以到达地区的长途、大批量货运,铁路、水运优势难以发挥的短途运输。由于公路运输有很强的灵活性,近年来,在有铁路、水运的地区,较长途的大批量运输也开始使用公路运输。公路运输的主要优点是灵活性强,公路建设期短,投资较低,易于因地制宜,对收到站设施要求不高。公路运输可以采取"门到门"的运输形式,即从发货者门口直到收货者门口,而不需转运或反复装卸搬运。公路运输也可作为其他运输方式的衔接手段。公路运输的经济半径一般在200km以内。

(2) 铁路运输

这是使用铁路列车运送客货的一种运输方式。铁路运输主要承担长距离、大数量的货运,在没有水运条件的地区,几乎所有大批量货物都是依靠铁路,它是在干线运输中起主力运输作用的运输形式。铁路运输优点是速度快,运输不大受自然条件限制,载运量大,运输成本较低。其缺点是灵活性差,只能在固定线路上实现运输,需要与其他运输手段配合和衔接。铁路运输经济里程一般在200km以上。

(3) 水运

这是使用船舶运送客货的一种运输方式。水运主要承接大数量、长距离的运输,是在干线运输中起主力作用的运输形式。在内河及沿海,水运也常作为小型运输工具使用,担任补充及衔接大批量干线运输的任务。水运的主要优点是成本低,能进行低成本、大批量、远距离的运输。但是水运也有显而易见的缺点,主要是运输速度慢,受港口、水位、季节、气候影响较大,因而一年中中断运输的时间较长。水运有以下4种形式:

① 沿海运输

这是使用船舶通过大陆附近沿海航道运送客货的一种方式,一般使用中、小型船舶。

② 近海运输

这是使用船舶通过大陆邻近国家海上航道运送客货的一种运输形式,视航程可使用中型船舶,也可使用小型船舶。

③ 远洋运输

这是使用船舶跨大洋的长途运输形式,主要依靠运量大的大型船舶。

④ 内河运输

这是使用船舶在陆地内的江、河、湖、川等水道进行运输的一种方式,主要使用中、小型船舶。

(4) 航空运输

这是使用飞机或其他航空器进行运输的一种形式。航空运输的单位成本很高,主要适合运载的货物有两类:一类是价值高、运费承担能力很强的货物,如贵重设备的零部件、高档产品等;另一类是紧急需要的物资,如救灾抢险物资等。航空运输的主要优点是速度快,不受地形的限制。在火车、汽车都达不到的地区也可依靠航空运输,因而有其重要意义。

(5) 管道运输

这是利用管道输送气体、液体和粉状固体的一种运输方式。其运输形式是靠物体在管道内顺着压力方向循序移动实现的,和其他运输方式的重要区别在于,管道设备是静止不动的。管道运输的主要优点是,由于采用密封设备,在运输过程中可避免散失、丢失等损失,也不存在其他运输设备本身在运输过程中消耗动力所形成的无效运输问题。另外,运输量大,适合于大且需要连续不断运送的物资。

2. 影响运输的重要因素

从物流系统的观点来看,有三个因素对运输来讲是十分重要的,即成本、速度和一致性。

(1) 运输成本

运输成本是指为两个地理位置间的运输所支付的款项以及与行政管理和维持运输中的存货有关的费用。物流系统的设计应该利用能把系统总成本降到最低程度的运输,这意味着最低费用的运输并不总是导致最低的运输总成本。

(2) 运输速度

运输速度是指完成特定的运输所需的时间。运输速度和成本的关系主要表现在以下两个方面:首先,能够提供更快速服务的运输商实际要收取更高的运费;其次,运输服务越快,运输中的存货越少,无法利用的运输间隔时间就越短。因此,选择期望的运输方式时,至关重要的问题就是如何平衡运输服务的速度和成本。

(3) 运输的一致性

运输的一致性是指在若干次装运中履行某一特定运次所需的时间与原定时间或与前几次运输所需时间的一致性。它是运输可靠性的反映,也是高质量运输最重要的特征。如果给定的一项运输服务第一次花费2天、第二次花费6天,这种意想不到的变化就会产生严重的物流作业问题。如果运输缺乏一致性,就需要安全储备存货,以防预料不到的服务故障。运输一致性会影响买卖双方承担的存货义务和有关风险。随着控制和报告装运状况的信息新技术的应用,物流经理总能找到既快捷又能保持一致性的方法。速度和一致性相结合则是创造运输质量的必要条件。这是因为时间的价值是很重要的,同时,了解运输履行的质量对于那些对时间具有敏感性的作业具有何种程度的重要性也是至关重要的。

在物流系统的设计中,必须精确地维持运输成本和服务质量之间的平衡。在某些情况下,低成本和慢运输将是令人满意的,而在另外一些情况下,快速服务也许是实现作业目标的关键所在。发掘并管理所期望的低成本、高质量的运输,是物流的一项最基本的责任。

1.1.2 物流

在词源学上,"物"是指任何的一种物资或物体,"流"是指相应的移动或流动。事实上"物流"这一名词所具有的内涵并非如此简单,无论是一门新兴产业还是学科体系,物流都包含极其丰富的内容。

"物流"是典型的外来词,其语源来自日语,是日本学术界从英语的"physical distribution"(实物分拨)一词翻译而来的。"distribution"一词最早出现于[美]阿齐·肖在1921年的著作 *Some Problem In Market Distribution*,其中"market distribution"是指流通领域中的商流。

1935年，美国全国销售协会首先对物流进行了定义：包含于销售之中的物质资料和服务于生产地、消费地流动过程中伴随的种种活动。

20世纪50年代，"物流"这一名词在日本被广泛使用，physical distribution发展为广义的"logistics"。

我国对物流的定义：物品从供应地向接受地的实体流动过程，根据实际需要，将运输、储存、装卸、搬运、流通加工、配送、信息处理等基本功能实现有机结合。

在我国国家标准《物流术语》的定义中指出：物流是"物品从供应地到接收地的实体流动过程，根据实际需要，将运输、储存、装卸、搬运、包装、流通加工、配送、信息处理等基本功能实施有机结合"。

综合而言，物流是指为了满足客户的需要，以最低的成本，通过运输、保管、配送等方式，实现原材料、半成品、成品及相关信息由商品的产地到商品的消费地所进行的计划、实施和管理的全过程。

物流构成包括商品的运输、配送、仓储、包装、搬运装卸、流通加工，以及相关的物流信息等环节。

物流活动的具体内容包括以下几个方面：用户服务、需求预测、订单处理、配送、存货控制、运输、仓库管理、工厂和仓库的布局与选址、搬运装卸、采购、包装、情报信息。

1. 商流与物流

它们代表流通的两个侧面：商流是解决生产者和消费者之间社会性分离的途径；物流是解决生产者与消费者之间空间性和时间性分离的途径。

2. 物流的分类

由于物流对象不同，物流目的不同，物流范围、范畴不同，形成了不同类型的物流。

"物流"一词的来历

（1）宏观物流

宏观物流是指社会再生产总体的物流活动，从社会再生产总体角度认识和研究的物流活动。宏观物流还可以从空间范畴来理解，在很大空间范畴的物流活动往往带有宏观性，在很小空间范畴的物流活动则往往带有微观性。宏观物流研究的主要特点是综观性和全局性。宏观物流主要研究的内容是，物流总体构成，物流与社会的关系在社会中的地位，物流与经济发展的关系，社会物流系统和国际物流系统的建立和运作等。

（2）微观物流

消费者、生产者企业所从事的实际、具体的物流活动属于微观物流。在整个物流活动中的某一个局部、一个环节的具体物流活动属于微观物流。在一个小地域空间发生的具体的物流活动也属于微观物流。

（3）社会物流

社会物流指超越一家一户/以一个社会为范畴面向社会为目的的物流。

（4）企业物流

从企业角度上研究与之有关的物流活动，是具体的、微观的物流活动的典型领域。

(5) 国际物流

国际物流是现代物流系统发展很快、规模很大的一个物流领域,国际物流是伴随和支撑国际间经济交往、贸易活动和其他国际交流所发生的物流活动。

(6) 区域物流

相对于国际物流而言,一个国家范围内的物流,一个城市的物流,一个经济区域的物流都处于同一法律、规章、制度之下,都受相同文化及社会因素影响,都处于基本相同的科技水平和装备水平之中。

(7) 一般物流

一般物流是指物流活动的共同点和一般性。物流活动的一个重要特点就是涉及全社会、各企业。因此,物流系统的建立、物流活动的开展必须有普遍的适用性。

(8) 特殊物流

专门范围、专门领域、特殊行业,在遵循一般物流规律基础上,带有特殊制约因素、特殊应用领域、特殊管理方式、特殊劳动对象、特殊机械装备特点的物流,皆属于特殊物流范围。

1.1.3 供应链

供应链(supply chain)是指产品生产和流通过程中所涉及的原材料供应商、生产商、分销商、零售商以及最终消费者等成员通过与上游、下游成员的连接(linkage)组成的网络结构,也即是由物料获取、物料加工并将成品送到用户手中这一过程所涉及的企业和企业部门组成的一个网络。

1. 供应链的分类

① 内部供应链。内部供应链是指企业内部产品生产和流通过程中所涉及的采购部门、生产部门、仓储部门、销售部门等组成的供需网络。

② 外部供应链。外部供应链则是指企业外部的,与企业相关的产品生产和流通过程中涉及的原材料供应商、生产厂商、储运商、零售商以及最终消费者组成的供需网络。

供应链

内部供应链和外部供应链的关系:二者共同组成了企业产品从原材料到成品到消费者的供应链。可以说,内部供应链是外部供应链的缩小版。如对于制造厂商,其采购部门就可看作外部供应链中的供应商。它们的区别只在于外部供应链范围大,涉及企业众多,企业间的协调更困难。

2. 供应链的基本结构

一般来说,构成供应链的基本要素包括以下5个。

① 供应商。供应商指给生产厂家提供原材料或零、部件的企业。

② 厂家。厂家即产品制造业。产品生产的最重要环节,负责产品生产、开发和售后服务等。

③ 分销企业。分销企业是为实现将产品送到经营地理范围每一角落而设的产品流通代理企业。

④ 零售企业。零售企业是将产品销售给消费者的企业。

⑤ 物流企业。物流企业即上述企业之外专门提供物流服务的企业。其中批发、零售、物流业也可以统称为流通业。

3. 供应链的流程

供应链一般包括物资流通、商业流通、信息流通、资金流通4个流程。这4个流程有各自不同的功能以及不同的流通方向。

(1) 物资流通。这个流程主要是物资(商品)的流通过程,这是一个发送货物的程序。该流程的方向是由供货商经由厂家、批发与物流、零售商等指向消费者。由于长期以来企业理论都是围绕产品实物展开的,因此目前物资流程被人们广泛重视。许多物流理论都涉及如何在物资流通过程中在短时间内以低成本将货物送出去。

(2) 商业流通。这个流程主要是买卖的流通过程,这是接受订货、签订合同等的商业流程。该流程是在供货商与消费者之间双向流动的。目前商业流通形式趋于多元化:既有传统的店铺销售、上门销售、邮购的方式,又有通过互联网等新兴媒体进行购物的电子商务形式。

(3) 信息流通。这个流程是商品及交易信息的流程。该流程也是在供货商与消费者之间双向流动的。过去人们往往把重点放在看得到的实物上,因而信息流通一直被忽视。甚至有人认为,国家的物流落后同它们把资金过分投入物质流程而延误对信息的把握不无关系。

(4) 资金流通。这个流程就是货币的流通,为了保障企业的正常运作,必须确保资金的及时回收,否则企业就无法建立完善的经营体系。该流程的方向是由消费者经由零售商、批发与物流、厂家等指向供货商。

4. 供应链的主要活动

根据供应链的概念,它涵盖从原材料的供应商开始,经过工厂的开发、加工、生产至批发、零售等过程,最后到达用户之间有关最终产品或服务的形成和交付的每一项业务活动。因此供应链的内容也涵盖了生产理论、物流理论和营销理论三大理论。供应链的主要活动包括如下3项:

(1) 商品的开发和制造:商品的规划、设计、商品化;需求预测和生产计划;商品生产和质量管理。

(2) 商品的配送:确保销售途径;按时配送;降低物流成本。

(3) 商品的销售和售后服务:销售品种齐全,及时的商品补充;销售数据和销售额的管理,了解问题,确定活动方针。

5. 供应链与纵向一体化

(1) 二者的区别

纵向一体化一般指上游供应商与下游顾客之间拥有产权关系,而供应链上的企业集合一般不具备产权关系,它们一般是建立在共同的理念基础上的默契关系或通常的契约关系。

(2) 供应链将取代纵向一体化

这里涉及企业的组织理论中企业的组织成本和交易成本的演变过程。传统上,企业是以一种小规模、单一组织形态而存在的,企业之间会发生大量的交易,这就产生了巨大的交易成本。随着社会生产力的发展,一些实力较强的企业就以产权投资的形式控制其上下游企业,在其扩大规模的同时,达到了市场内部化,降低交易成本的目的。这就是纵向一体化产生和迅速发展的原因。

随着企业集团规模的迅速扩张,企业的组织成本变得越来越惊人,具体表现在:企业的效率越来越低;企业越来越失去自己的特色;企业适应市场变化的能力越来越低;市场需求向小批量、多品种、多规格方向发展,市场竞争也越来越激烈。另外,电子商务和物流无论是硬件方面还是软件方面都有根本的发展,这就使得企业原来的市场交易成本大幅度降低。这两方面的因素使得供应链取代纵向一体化成为一种必然。

1.2 运输功能与原理

1.2.1 运输的功能

典型完整的供应链

运输是物流作业中最直观的要素之一。运输提供两大功能:产品转移和产品储存。

1. 产品转移

无论产品处于哪种形式(材料、零部件、装配件、在制品,还是制成品),也不管是在制造过程中将被转移到下一阶段,还是实际上更接近最终的顾客,运输都是必不可少的。运输的主要功能就是产品在价值链中的来回移动。既然运输利用的是时间资源、财务资源和环境资源,那么,只有当它确实提高产品价值时,该产品的移动才是最重要的。

运输的主要目的就是以最低的时间、财务和环境资源成本,将产品从原产地转移到规定地点。此外,产品灭失及损坏的费用也必须是最低的;同时,产品转移所采用的方式必须能满足顾客有关交付履行和装运信息的可得性等方面的要求。

2. 产品储存

对产品进行临时储存是一个不太寻常的运输功能,也即将运输车辆临时作为相当昂贵的储存设施。然而,如果转移中的产品需要储存,但在短时间内(例如几天)又将重新转移,那么,该产品在仓库卸下来和再装上去的成本也许会超过储存在运输工具中每天支付的费用。

在仓库空间有限的情况下,利用运输车辆储存也许不失为一种可行的选择。实现产品临时储存的第一种方法是,将产品装到运输车辆上去。然后采用迂回线路或间接线路运往其目的地。在本质上,这种运输车辆被用作一种储存设施,但它是移动的,而不是处于闲置状态。第二种方法是改道。这是当交付的货物处在转移之中,而原始的装运目的地被改变时才会发生。

概括地说,尽管运输工具储存产品可能是昂贵的,但当需要考虑装卸成本、储存能力受限,或延长前置时间的能力时,那么从总成本或完成任务的角度来看往往却是正确的。

1.2.2 运输的原理

指导运输管理和营运的两条基本原理分别是规模经济和距离经济。规模经济的特点是随装运规模的增长,每单位重量的运输成本下降。例如,整车装运(TL)(也即利用整个车辆的能力进行装运)的每磅成本低于零担装运(LTL)(也即利用部分车辆能力进行装运)。运输规模经济之所以存在,是因为与转移一票货物有关的固定费用可以按整票货物的重量分摊。因而,一票货物越重,就越能"摊薄"成本,由此使每单位重量的成本更低。与货物转移有关的固定费用中包括接收运输订单的行政管理费用、定位运输工具装卸的时间、开票以及设备费用等。这些费用之所以被认为是固定的,是因为它们不随装运的数量而变化。

距离经济的特点是指每单位距离的运输成本随距离的增加而减少。运输的距离经济亦指递减原理,因为费率或费用随距离的增加而逐渐减少。距离经济的合理性类似于规模经济。尤其是运输工具装卸所发生的相对固定的费用必须分摊每单位距离的变动费用。距离越长,可以使固定费用分摊给更多的千米,导致每千米支付的总费用更低。

在评估各种运输战略方案或营运业务时,这些原理就是重点考虑因素。其目的是要使装运的规模和距离最大化,同时仍要满足顾客的服务期望。

1.3 物流运输的地位和作用

物流运输的地位和作用包括以下 4 个方面:

1. 运输是物流的主要功能要素之一

按物流的概念,物流是"物"的物理性运动,这种运动不但改变了物的时间状态,也改变了物的空间状态。运输承担改变空间状态的主要任务,运输是改变空间状态的主要手段,运输再配以搬运、配送等活动,就能圆满完成改变空间状态的全部任务。在现代物流观念未诞生之前,甚至就在今天,仍有不少人将运输等同于物流,其原因是物流中很大一部分责任是由运输担任的,是物流的主要部分,因而出现上述认识。

2. 运输是社会物质生产的必要条件之一

运输是国民经济的基础和先行。马克思将运输称为"第四个物质生产部门",他将运输看成是生产过程的继续,这个继续虽然以生产过程为前提,但如果没有这个继续,生产过程则不能最后完成。所以,虽然运输的这种生产活动和一般生产活动不同,它不创造新的物质产品,不增加社会产品数量,不赋予产品新的使用价值,而只变动其所在的空间位置,但这一变动则使生产能继续下去,使社会再生产不断推进,所以将其看成一种物质生产部门。运输作为社会物质生产的必要条件,表现在以下两方面:

(1)在生产过程中,运输是生产的直接组成部分,没有运输,生产内部的各环节就无法联结;

(2)在社会上,运输是生产过程的继续,这一活动联结生产与再生产,生产与消费的环节,联结国民经济各部门、各企业,联结着城乡,联结着不同国家和地区。

3. 运输可以创造"场所效用"

"场所效用"的含义是同种"物"由于空间场所不同,其使用价值的实现程度则不同,其效益的实现也不同。由于改变场所而最大限度发挥使用价值,最大限度地提高了产出投入比。这种现象就称为"场所效用"。通过运输,将"物"运到场所效用最高的地方,就能发挥"物"的潜力,实现资源的优化配置。从这个意义来讲,也相当于通过运输提高了物的使用价值。

4. 运输是"第三个利润源"的主要源泉

(1) 运输是运动中的活动,它和静止的保管不同,要靠大量的动力消耗才能实现这一活动,而运输又承担大跨度空间转移之任务,所以活动的时间长、距离长、消耗也大。消耗的绝对数量大,其节约的潜力也就大。

(2) 从运费来看,运费在全部物流费中占最高的比例,一般综合分析计算社会物流费用,运输费在其中占接近50%的比例,有些产品运费高于产品的生产费,所以节约的潜力巨大。

(3) 由于运输总里程大,运输总量巨大,通过体制改革和运输合理化可大大缩短运输吨公里数,从而获得比较大的节约。

1.4 物流运输合理化

组织商品合理运输,在发运地和到达地之间往往有多条运输线路,存在多种运输方式。物流运输合理化的目的,是在保证物流及时、安全运输的前提下,如何有利于提高物流企业的综合运输水平,降低运输费用。物流运输合理化标志的确立,必须符合这一基本目的要求。因此,组织商品合理运输,必须从实际出发,根据当前的交通运输条件,合理选择运输线路和运输工具,保证运输任务的完成。因此,必须加强运输环节的联系,做到环节紧扣,密切协作,使商品合理运输的工作得以顺利进行。

1.4.1 影响物流运输合理化的因素

物流运输合理化,是由各种经济因素、技术因素和社会因素相互作用的结果。影响物流运输合理化的因素主要有:

1. 运输距离

在运输时,运输时间、运输货损、运费、车辆周转等运输的若干技术经济指标都与运输距离有一定比例关系,运输距离长短是运输是否合理的一个最基本因素。因此,物流企业在组织商品运输时,首先要考虑运输距离,尽可能实现运输路径优化。

2. 运输环节

因为运输业务活动,需要进行装卸、搬运、包装等工作,多一道环节,就会增加起运的运费和总运费。因此,减少运输环节,尤其是同类运输工具的运输环节,对合理运输有促进作用。

3. 运输时间

运输是物流过程中需要花费较多时间的环节,尤其是远程运输,在全部物流时间里,运输时间短有利于运输工具加速周转,充分发挥运力作用,有利于运输线路通过能力的提高。

4. 运输工具

各种运输工具都有其使用的优势领域,对运输工具进行优化选择,要根据不同的商品特点,分别利用铁路、水运、汽运等不同的运输工具,选择最佳的运输线路合理使用运力,以发挥所用运输工具的最大作用。

5. 运输费用

运费在全部物流费用中占很大比例,是衡量物流经济效益的重要指标,也是组织合理运输的主要目的之一。

上述因素,既相互联系,又相互影响,有的还相互矛盾。运输时间短了,费用却不一定省,这就要求进行综合分析,寻找最佳方案。一般情况下,运输时间快,运输费用省,是考虑合理运输的关键,因为这两项因素集中体现了物流过程中的经济效益。

1.4.2 不合理运输的表现

物流不合理运输是针对合理运输而言的。不合理运输是违反客观经济效果,违反商品合理流向和各种动力的合理分工,不充分利用运输工具的装载能力,环节过多的运输,是导致运力紧张,流通不畅和运费增加的重要原因。不合理的运输,一般有以下几个方面:

1. 对流运输

对流运输是指同一种物资或两种能够相互代用的物资,在同一运输线或平行线上,作相对方向的运输,与相对方向路线的全部或一部分发生对流。对流运输又分两种情况:一是明显的对流运输,即在同一运输线上对流。如一方面把甲地的物资运往乙地,而另一方面又把乙地的同样物资运往甲地,产生这种情况大都是由于货主所属的地区不同企业不同所造成的。二是隐蔽性的对流运输,即把同种物资采用不同的运输方式在平行的两条路线上,朝着相反的方向运输。

2. 倒流运输

倒流运输是指物资从产地运往销地,然后又从销地运回产地的一种回流运输现象。倒流运输有两种形式:一是同一物资由销地运回产地或转运地;二是由乙地将甲地能够生产且已消费的同种物资运往甲地,而甲地的同种物资又运往丙地。

3. 迂回运输

迂回运输是指物资运输舍近求远绕道而行的现象。物流过程中的计划不同、组织不善或调运差错都容易出现迂回现象。

4. 重复运输

重复运输是指某种物资本来可以从起运地一次直运达到目的地,但由于批发机构或商业仓库设置不当,或计划不周人为地运到中途地点(例如中转仓库)卸下后,又二次装运的不合理现象。重复运输增加了一道中间装卸环节,增加了装卸搬运费用,延长了商品在途时间。

5. 过远运输

过远运输是指舍近求远的货物运输现象,即货物销售地完全有可能由距离较近的供应地购进所需要的相同质量的物美价廉的货物,却超出货物合理走向的范围,从远距离的地区运进来,或者两个生产地生产同一种货物,它们不是就近供应邻近的消费地,却调给较远的其他消费地。

6. 运力选择不当

选择运输工具时,未能运用其优势,如弃水走陆,铁路和大型船舶的过近运输,运输工具承载能力不当等,都属于运力选择不当。

7. 托运方式选择不当

如可以选择整车运输却选择零担,应当直达却选择中转运输,应当中转却选择直达等,这都是没有选择最佳托运方式的表现。

1.4.3 物流运输合理化的有效措施

运输合理化是一个系统分析过程,常采用定性与定量相结合的方法,对运输的各个环节和总体进行分析研究,研究的主要内容和方法主要有以下几点:

1. 提高运输工具的实载率

实载率的含义有两个:一是单车实际载重与运距之乘积和标定载重与行驶里程之乘积的比率,在安排单车、单船运输时它是判断装载合理与否的重要指标;二是车船的统计指标,即在一定时期内实际完成的货物周转量(吨公里)占载重吨位与行驶千米乘积的百分比。

提高实载率如进行配载运输等,可以充分利用运输工具的额定能力,减少空驶和不满载行驶的时间,减少浪费从而求得运输的合理化。

2. 减少劳力投入,增加运输能力

运输的投入主要是能耗和基础设施的建设,在运输设施固定的情况下,尽量减少能源动力投入,从而大大节约运费,降低单位货物的运输成本,达到合理化的目的。如在铁路运输中,在机车能力允许的情况下,多加挂车皮;在内河运输中,将驳船编成队行,由机运船顶推前进;在公路运输中,实行汽车挂车运输,以增加运输能力等。

3. 发展社会化的运输体系

运输社会化的含义是发展运输的大生产优势,实行专业化分工,打破物流企业自成运输体系的状况。单个物流公司车辆自有,自我服务,不断形成规模,且运量需求有限,难以自我调剂,因而容易出现空缺,运力选择不当,不能满载等浪费现象,且配套的接、发货设施和装卸搬运设施也很难有效地运行,所以浪费颇大。实行运输社会化,可以统一安排运输工具,避免迂回、倒流、空驶、运力选择不当等多种不合理形式,不但可以追求组织效益而且可以追求规模效益,所以发展社会化的运输体系是运输合理化非常重要的措施。

4. 开展中短距离的公路运输

这种运输合理化的表现主要有两点:一是对于比较紧张的铁路运输,用公路分流后,可以得到一定程度的缓解,从而加大这一区段的运输通过能力;二是充分利用分路从门到门和在中途运输中速度快且灵活机动的优势,实现铁路运输难以达到的水平。目前在杂货、日用百货及煤炭等货物运输中较为普遍的运用公路运输,一般认为,公路经济里程为 200~500km,随着高速公路的发展,高速公路网的形成,新型与特殊货车的出现,公路的经济里程有时可达 1 000km 以上。

5. 尽量发展直达运输

直达运输,就是在组织货物运输过程中,越过商业、物资仓库环节或交通中转环节,把货物从产地或起运地直接运到销地或用户,以减少中间环节。直达的优势,尤其是在一次运输批量和用户一次需求量达到一整车时表现最为突出。此外,在生产资料、生活资料运输中,通过直达,建立稳定的产销关系和运输系统,有利于提高运输的水平。

近年来,直达运输的比重逐步增加,它为减少物流中间环节创造了条件。特别需要一提的是,如同其他合理化运输一样,直达运输的合理性也是在一定条件下才会有所表现,如果从用户需求来看,批量大到一定程度直达是合理的,批量较小时中转是合理的。

6. 配载运输

配载运输是充分利用运输工具载重量和容积,合理安排装载的货物及方法以求合理化的一种运输方式。配载运输往往是轻重商品的合理配载,在以重质货物运输为主的情况下,同时搭载一些轻泡货物,如海运矿石、黄沙等重质货物,在上面捎运木材、毛竹等,在基本不增加运力,基本不减少重质货物运输的情况下,解决了轻泡货的搭运,因而效果显著。

7. 提高技术装载量

依靠科技进步是运输合理化的重要途径。它一方面最大限度地利用运输工具的载重吨位;另一方面充分使用车船装载容量。其主要做法有如下几种:专用散装及罐车,解决粉状、液体物运输损耗大、安全性差等问题;袋鼠式车皮、大型拖挂车解决大型设备整体运输问题;集装箱船比一般船能容纳更多的箱体,集装箱高速直达加快了运输速度等。

8. 进行必要的流通加工

有不少产品由于产品本身形态及特性问题,很难实现运输的合理化,如果针对货物本身的特性进行适当的加工,就能够有效解决合理运输的问题,例如将造纸材料在产地先加工成纸浆,后压缩体积运输,就能有效解决造纸材料运输不满载的问题。

1.4.4 发展综合运输体系

所谓综合运输体系是指各种运输方式在社会化的运输范围内和统一的运输过程中,按其技术经济特点组成分工协作、有机结合、连续贯通、布局合理的交通运输体系。

首先,综合运输体系是在五种运输方式的基础上建立起来的,随着经济和社会的发展,科学技术的进步,运输过程从单一方式向多样化发展,运输工具也不断向现代化方向发展,因此,运输生产本身就要求把多种运输方式组织起来,形成统一的运输过程。

其次,综合运输体系是各种运输方式通过运输过程或本身的要求联系起来的,即各种运输方式在运输生产过程中存在着协作配合、优势互补的要求。

最后,综合运输体系由三个子系统组成:其一,有一定技术装备的综合运输网及其接合部系统,这是综合运输体系的物质基础;其二,各种运输方式的联合运输系统;其三,综合运输管理、组合和协调系统。上述三个方面构成综合运输体系的主要因素。这个系统要实现运输高效率、经济高效率、服务高质量,充分体现出各种运输方式综合利用的优越性。

本章小结

运输提供两大功能:产品转移和产品储存,是物流的主要功能要素之一,是社会物质生产的必要条件之一。运输可以创造"场所效用",是"第三个利润源"的主要源泉。

本章主要从运输、物流和供应链的基本概念着手,阐述了运输的功能与原理,物流运输的地位和作用,物流运输合理化等方面的内容。

复习与思考

1. 运输的功能是什么?
2. 请简述运输的基本原理。
3. 物流运输有哪些作用?
4. 不合理运输的表现有哪些?
5. 请简述物流运输合理化的有效措施。

在线自测

案例分析

中国快递业新格局

2016年,顺丰、圆通、申通、韵达借壳上市,中通赴美上市。有业界人士分析认为:随着五大民营快递企业相继上市,中国快递业将呈现出新的格局,2017年也将成为中国快递业发展的关键年。

一、快递业成经济增长新动能

近些年来,快递业成为中国经济增长的新亮点。据国家邮政局统计,2006—2015年,我国快递业务量复合增速达40%,并在2014年首度超过美国,规模持续保持全球第一。2017年,我国邮政业完成业务总量9 765亿元,同比增长32%;业务收入6 645亿元(不含邮政储蓄银行直接营业收入),同比增长23.5%。其中,快递业务量完成401亿件,同比增长28%;业务收入完成4 950亿元,同比增长24.5%。而在快递业高速增长的同时,一批快递企业也开始迅速成长起来。

据由北京交通大学、阿里研究院和菜鸟网络联合发布的《全国社会化电商物流从业人员研究报告》数据显示,当前物流从业员工已达203万人,相较于十年前增长近13倍。其中包括快递员、分拣员和货车司机等多种岗位。对此,阿里研究院物流专家粟日对记者表示,我们发现每增加10 000个快递,可以带动一个人就业,快递物流行业已经成为中国经济转型的重要新引擎。快递业看似只是物品传递,但其背后所蕴含的新产业、新业态、新商业模式正在逐步孕育壮大。快递业的迅速发展正在从一个侧面体现出中国经济的转型态势和新生动力。

二、并购重组或成升级重要方式

对于快递业自身来说,2017年是极具挑战的一年。由于快递公司之间同质化竞争日益加剧,企业纷纷通过降价,甚至恶性价格竞争的方式来吸引用户,最终导致行业利润大幅下降,越来越多的快递企业呈现出微利、无利,甚至是亏损的趋势。面对行业内部的高度竞争,快递企业开始欲借资本的力量取得突破,而上市成为各大民营快递企业共同的计划。

2016年10月11日,顺丰借壳鼎泰新材的方案获得有条件通过;10月20日,圆通速递成功借壳正式登陆A股;10月28日,中通正式在美国纽交所挂牌交易,募资规模14亿美元。除此之外,申通快递作价169亿元借壳艾迪西上市,韵达宣布作价176亿元借壳新海股份。

快递公司上市后将会利用资本市场进行融资,能够解决企业资金链持续问题,在资金充足的情况下可以快速扩大业务规模及提升服务质量,同时有可能会向上下游延伸,并向多元领域发展。从圆通速递上市后公告定增预案来看,公司募集资金就将主要用于转运仓储一体化建设,转运中心信息化、自动化建设,运能购置等项目,旨在扩展升级快递主营业务。

"五家快递企业完成上市后,体量上会有别于其他快递公司,快递业将会形成新的格局。而对于中小快递公司来说,或将加速与同行业其他企业合并与并购以实现弱弱联合,这样以便快速扩大自身实力,构建核心竞争力,抵抗其他企业竞争。同时也有可能转行做快运业务。此外,电商平台企业也有可能加速对中小快递企业的并购。"邵钟林表示。中国快递咨询网首席顾问徐勇也表示,中等快递公司打不起价格战,被清洗出局或者被并购将成为趋势。

业界人士分析,未来3~5年,中国全网型快递企业不会超过5家,一般是3家左右,大量并购重组将成为快递行业升级的重要方式。至于未来到底留下几家大型综合快递,到底哪几家笑到最后或仍有变数。

三、快递企业经营策略

在激烈的市场竞争中,每家快递公司都在选择适合自己的经营模式和策略。

顺丰是采用直营模式的快递公司。目前,顺丰除了巩固自己的优势业务速运,正在拓展多种类型业务。顺丰投入资源积极拓展冷运、同城配、仓配、重货、国际快递、同城快递等新业务领域,加强提供整体解决方案的能力;同时,顺丰将持续加大对信息系统和自动化设备的投入,提高操作效率。顺丰是中国最早提出和布局物流领域无人机应用的公司,2013年已开始测试无人机送递包裹。截至2017年2月,顺丰申报和获得在无人机领域专利数量达111项,包括发明专利51项,实用新型54项,以及外观专利6项;除了布局无人机,顺丰还在不断加码货机拥有量,顺丰现有51架飞机,包括36架自有飞机;货运机场枢纽项目正在筹建。

中通是加盟制快递公司。中通采用了"同建共享"模式,即关键区域的总经理持有中通股份,网络内各方利益高度平衡协同。而干线自营上,中通干线运输车辆超过4 200辆,自营卡车数量增至2 930多辆,其中超过1 145辆为15～17m的高运力卡车,拥有分拨中心75个(其中69个自营,6个由网络合作伙伴运营),这一系列布局促成了线路优化和成本管控。设备技术方面。一是增加自营设备,中通上市后的第四季度,新增500多辆自营卡车,其中超过320辆为高运力卡车;新建7条高效率的自动化分拣流水线。二是增加仓储面积,已先后在全国各主要城市购置近4 000亩土地,积极布局全网各地分拨中心、仓储中心、电子商务中心等建设。中通在信息化建设、人才队伍培养、新科技研发、基层装备改进上投入颇大。

电商和快递已开始联动发展。现在我国每天快递量近1亿件,其中有60%以上是服务电商的。电商的发展给传统快递业带来了巨大红利,同时也倒逼着传统快递业转型。行业内,通达系、顺丰、EMS组成的第一梯队你追我赶;行业外,阿里、京东等电商开始染指快递,互联网企业也利用自身技术优势向快递行业不断渗透。

电商触及快递业及网络平台型快递新势力的介入,结束了传统快递行业独霸天下的时代。目前,虽然传统快递企业仍然是市场的主导者,但快递行业市场产业结构已发生了一定的变化。正如业内人士表示,快递企业与电商平台深化合作,加强线上线下衔接的紧密性,深度融合将成主要趋势。

如在互联网菜鸟网络介入传统快递行业之前,快递行业是烦琐、低效的。不仅服务同质化,还需要依靠廉价劳动力进行低价竞争,拼体力,快递的规模也远没有今天这么大。

2013年,阿里巴巴与多家快递公司共同成立菜鸟网络,并向快递企业输出大数据、云计算等技术,其打造的数据平台便于快递员集中配送同一区域的包裹,提供更加快速、高效的服务。圆通、中通、天天等快递企业在与菜鸟网络合作后,利用互联网的大数据极大地提升了其快递链条的运行效率和管理能力。过去邮政编码不准确、城市迅速扩张导致新地址层出不穷等问题普遍存在,而菜鸟网络通过实施地址标准化管理和使用数字标签码减少了配送时间、成本和差错。

据了解,目前通达系为代表的中国快递,70%的物流都使用菜鸟网络的大数据服务。而未来随着互联网技术的不断发展,快递行业将进一步完善和精细化运营,订单处理系统、大数据等技术的应用也将会在产业链中发挥越来越大的作用。

四、不对称的营收与业务量窘境

从几家快递企业的情况也可以看出中国快递业存在的问题。在营利方面,整个行业营收不及一个DHL(敦豪),2016年313亿件的快递天量,成为中国骄傲的同时,也是一件尴尬事。

据悉,2016年中国虽然占全年全球快递业务量近一半,但营业收入却只有4 005亿元。虽然单看数值很高,不过跟几家国际巨头一比,高下立显。根据三大巨头财报数据预估,2016年DHL营业收入为5 336亿元,UPS(联合包裹服务公司)营业收入4 542.5亿元,FedEx(联邦快递)营业收入为3 450亿元,而整个中国快递行业只有0.75个DHL、0.88个UPS、1.16个FedEx。

这除了证明中国快递(主要是加盟制快递)的单票价格过低外,还表明中国快递龙头们的规模实在太小了。这也说明中国快递业及快递企业未来面临着巨大的压力。

案例来源:袁伯友. 物流运输组织与管理[M]. 第三版. 北京:电子工业出版社,2018:26-28.

思考题:
1. 快递业发展的新格局的成因是什么?
2. 快递业的发展面临的主要问题是什么?

第 2 章 物流运输管理基础

本章关键词

物流运输需求（logistic transportation demand）
物流运输供给（logistic transportation supply）
物流运输企业（logistic transportation enterprise）
物流运输管理政策（logistic transportation management policy）

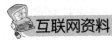

http://www.chinawuliu.com.cn/
http://www.xd56b.com/
http://www.3m56.com/

> 对运输业的管制最早形成于美国。早期的运输业很少有管制的存在。在马车运输年代、运河运输年代，政府几乎没有对运输企业的直接管制，各种经济活动基本上依靠市场的力量来加以调节。运输技术的发展导致了运输市场结构的变迁。铁路这种现代交通方式的出现打破了运输市场原有的均衡。在铁路最初出现时，政府没有施加管制，但当铁路运输发展到一定程度后，铁路的兼并和联合开始兴起，社会对铁路开始产生一些不满情绪，强烈要求对铁路实施管制，于是就促成了铁路管制法律的产生。美国中西部各州政府制定出管制铁路不合理运费的相关法案，统称为格兰其法。格兰其法是美国社会第一次对运输企业施加管制。

2.1 物流运输的需求

需求和需要是两个不同的概念。从经济学上讲，有支付能力的需要，构成对商品或服务的需求。运输活动的主要内容是实现人或货物的空间移动，因此，只有了解运输对象的市场需求状况，运输企业才能进行有效的运输活动。

2.1.1 物流运输需求概述

1. 运输需求的含义

运输需求是指在一定时期内，一定的价格水平下，社会经济生活在货物和旅客空间位移方面提出的具有支付能力的需要。因此,运输需求还应具备两个条件:一是有购买运输服务的欲望或要求,只有运输需求者有运输需求,运输供给者才有可能去满足这种需求;二是具有购买能力,在一定的价格水平下,购买者的收入越高,购买能力就越强。总之,这两个条件缺一不可。我们可以用一个简单的例子来说明运输需求与运输条件和社会经济活动的关系。

假定 A、B 两地被群山隔开,只有崎岖的山路相连,A 地是一个农产品生产和加工中心,有过剩的农产品,B 地是一个工业城市,本身不生产农产品。显然,对于 A 地来说如果能花费一定的费用,把产品运到城市 B,则 B 地将是一个很好的农产品销售市场。在这种情况下,可能会有少数商人不辞辛劳地将农产品运到城市 B。毫无疑问,这些农产品的价格肯定要比 A 地贵得多,因为运输条件极其艰难,人力物力的消耗很大。其结果是,在城市 B 只有极少数人能买得起这种外来的高价农产品。第二种情况,在 A、B 两地之间修一条小路,可以走马车。用马车运送农产品比用马驮的费用和时间减少很多。这样,农产品在城市 B 的售价降低,较多的居民愿意购买,A、B 之间的运输需求也增加了。第三种情况,在 A、B 间建成了一条简易公路,小型载货汽车可以通行。这使得运输费用更为下降,商人有可能以相对低的费用,将大批农产品运到城市 B,农产品在城市 B 的价格进一步降低,使更多的人消费得起。可以想象,如果 A、B 间的运输条件进一步改善,运输费用会进一步下降,两地间的运输需求也会相应增加。

当然,A、B 两地间的运输需求除了受运输条件或运输费用的影响之外,还受城市 B 农产品市场需求的制约。事实上,如果城市 B 对这类农产品的需求很少或根本不存在,不论城市 A、B 间运输条件如何改善,A、B 间根本谈不上这类产品的运输需求。因此,A、B 间的运输需求在某种程度上决定于城市 B 对于产在 A 地的农产品的需求。

从上述的例子中,我们可以了解到,运输需求通常会包括以下 6 个要素:
(1) 对象,即运输货物的品种与旅客的东西;
(2) 流量,即运输的需求量;
(3) 流向,即货物或旅客发生空间位移时的空间走势,表明客货流的产生地与消费地;
(4) 运程,即运输距离,指的是货物或旅客进行空间位移的起始地到终点的距离;
(5) 运速,即货物或旅客的运送速度;
(6) 运输价格,即运输单位重量或体积的货物或每位旅客的运输费用。

2. 运输需求的特征

运输需求是一种普遍性需求,然而与其他商品需求相比,运输需求具有其特殊性,这种特殊性主要体现在以下 8 个方面:

(1) 广泛性。运输需求产生于人类生活和社会生产的各个角落,运输业作为一个独立的产业部门,任何社会活动都不可能脱离它而独立存在。因此,与其他商品和服务的需求相比,运输需求具有广泛性,是一种普遍性的需求。

(2) 派生性。市场需求有本源需求和派生需求两种。本源需求是消费者对最终产品的需求,而派生需求则是由于对某一最终产品的需求而引起的对产生它的某一生产要素的需求。运输活动是产品生产过程在流通领域的继续,它与产品的调配和交易活动紧密相连。货主或旅客提出位移要求的最终目的往往不是位移本身,而是为了实现其生产、生活中的其他需求,完成空间位移只是中间的一个必不可少的环节。因此,运输是社会生产和人类生活派生出来的需求。

(3) 多样性。在货运方面,运输业几乎承运涉及所有物品种类的货物,在质量、体积、形状、性质、包装上千差万别,对运输条件的要求各不相同。这就要求运输服务提供各种性质的运输工具和采取不同的技术措施。在客运方面,由于旅客的身份、收入、旅行目的等不同,对运输服务在速度、方向、舒适性等方面的要求也是多种多样的。

(4) 时间特定性。客货运输需求在发生的时间上有一定的规律性,例如,周末和重要节日前后的客运需求明显高于其他时间,市内交通的高峰期是上下班时间;蔬菜和瓜果的收获季节也是这些货物的运输繁忙期。这些反映在对运输需求的要求上就是时间的特定性,运输需求在时间上的不平衡引起运输生产在时间上的不均衡。时间特定性的另一层含义是对运输速度的要求。客货运输需求带有很强的时间限制,也就是说,运输消费者对运输服务的起运和到达时间有各自特定的要求。从货物运输需求看,由于商品市场千变万化,货主对起止的时间要求各不相同,各种货物对运输速度的要求相差很大;对于旅客运输来说,每个人的旅行目的和对旅行时间的要求也是不同的。

(5) 空间特定性。运输需求是对位移的要求,而且这种位移是运输消费者指定的两点之间带有方向性的位移,也就是说运输需求具有空间特定性。如前所述,市场需求在城市 B,而农产品产地在 A 地,这就决定了运输需求必然是从 A 地到城市 B,带有确定的空间要求。

(6) 部分可替代性。不同的运输需求之间一般来讲是不能互相替代的,例如,人的位移显然不能代替货物位移,由北京到兰州的位移不能代替北京到广州的位移,运水泥也不能代替运水果,因为这些明显是不同的运输需求。这里讲的替代性,是满足运输需求的方式上的替代性。在现实运输中,同一运输需求有时可以通过不同运输方式满足。例如,旅客或货物在两地间的运输,完全可以通过公路、铁路、水路、航空等运输方式的不同选择,最终达到目的,也可以通过不同运输企业完成。这种运输需求的替代性也是导致运输市场竞争的主要原因。

(7) 总体需求的规律性。对于运输企业来说,不但要掌握和研究个别需求的异质性,也要研究总体需求的规律性。不同货物的运输要求虽然千差万别,但就总体来说还是有一定规律性的,如货流的规律性,市场需求变化的规律性等。

3. 运输需求的类型

根据需求范围的不同,运输需求可以分为个别需求、局部需求和总需求。

(1) 个别运输需求。个别运输需求是指特定的运输需求者在一定时期、一定运价下提出的运输需求。客运方面,旅客因出行目的的不同,对运输服务有不同要求,但所有旅客都有一个共同需求,就是安全、快速、舒适地到达目的地;货运方面,货物因本身的物理、化学性质不同对运输的需求也会不同,如煤矿、木材等大宗、散货需要低廉的运费,海鲜要保证运输时间,化学危险货物要保障运输中的货物的安全。

(2) 局部需求。由于各地区自然条件、经济发展的不同,产生了不同的运输需求。发达地区运输需求量大,欠发达地区运输需求量小,靠近江河、湖泊或沿海地区水路运输需求量大,内陆地区则公路、铁路、航空运输量比较大。

(3) 总需求。这是从宏观经济角度分析的运输需求,指在一定时期、一定运价下,个别需求与局部需求的总和。

根据运输对象的不同,运输需求可以分为客运需求和货运需求。

(1) 客运需求。客运需求可以分为生产性需求和消费性需求。

① 生产性需求。生产性需求是与人类生产、交换、分配等活动有关的运输需求,例如,上下班、采购、展销、技术交流、售后服务、财务及劳务等活动产生的旅行,它是生产活动在运输领域的继续和延伸,其运输费用摊入产品或劳务成本。

② 消费性需求。消费性需求是以旅游观光、度假、探亲为目的的运输需求,它是一种消费活动,其费用来源于个人消费基金。

(2) 货运需求。货运需求是因为货物交换双方的需要而产生的运输需求。在商品经济条件下,货运需求一般是由于商品的交换而产生的。供应商、生产商、批发商、经销商、分销商、零售商和最终的消费者,都会因商品交换的需要而产生运输需求。

一般来说,货物运输需求产生的来源主要有以下3个方面:

第一,地区间商品品种、质量、性能、价格上的差异。地区之间、国家之间自然资源、技术水平、产业优势不同,产品的质量、品种、价格等方面就会存在很大差异,这就会引起货物在空间上的流动,从而产生运输需求。

第二,生产力与消费群体的分离。自然地理环境和社会经济基础的差异,各地区间经济发展水平和产业结构的差异,决定了生产性消费分布的存在。随着生产社会化、专业化的发展,生产与消费在空间上日益分离,也就必然产生运输需求。

第三,自然资源的地区分布不均衡,生产力布局与资源产地分离。自然资源地区分布不均衡是自然现象,生产力分布不均衡,不可能完全与资源产地相配合,这就必然产生运输需求。

2.1.2 物流运输需求的影响因素

影响运输需求的因素多种多样,如果及时了解影响运输市场活动的相关要素,借助于经济学中的需求分析来预测市场态势,那么将会使运输组织活动更有目的性。

1. 经济发展水平

货物运输需求是派生需求,这种需求的大小取决于经济发展水平。各国在不同经济发展阶段对运输的需求在数量和质量上有很大差别。从西方发达国家的交通运输发展过程看,工业化初期,开采业和原材料对大宗、散装货物的需求急剧增加;到机械加工工业发展时期,原材料运输继续增长,但增长速度已不如前一时期,而运输需求开始多样化,对运输速度和运输质量方面的要求有所提高;进入精加工工业时期,经济增长对原材料的依赖明显减少,运输需求在数量方面的增长速度放慢,但运输需求越发多样化,在方便、及时、低损耗等运输质量方面的需求越来越高。

2. 国民经济产业结构和产品结构

首先,生产不同产品所引起的厂外运量(包括原材料、附件、能源、半成品和产成品等)差别很大,如生产1t棉纱引起厂外运量2.5~3t,生产1t水泥约4~5t,生产1t钢约

7～8t。其次，不同产品利用某种运输方式的产运系数（即产品的运输量与其总产量的比值）是不同的，如煤炭和基础原材料工业对铁路的依赖比较大，其他产品则可能更多地利用别的运输方式。最后，不同的产业构成，在运输需求的量与质上要求不同。如果用单位GDP所产生的货物周转量来表示货运强度，则重工业的货运强度大于轻工业，轻工业的货运强度大于服务业，随着产业结构层次的提高，货运强度将逐步下降。

3. 运输网的布局与运输能力

运输网的布局和运输能力直接影响货源的吸引范围和运输需求的适应程度。如国际航空线路的开辟，为鲜活易腐货物的国际运输提供了质量保证；地处优越的交通地理位置、高质量、高效率的运输网络不仅能满足本地区运输需求，而且还可吸引过境货物、中转货物。中国香港、新加坡是名列世界前茅的集装箱大港，其特点是半数以上的集装箱吞吐量来自其他港的中转箱。由此可见，合理、完善的运输网布局，方便、快捷、高质量的运输能力无疑会大大刺激运输需求，而滞后的运输网络与运输能力会抑制运输需求。

4. 市场价格的变动

运输价格和运输商品的市场价格变动，也会引起运输需求的变动。一般来说，运价下降，运输需求上升，而运价上涨时，短期内需求会受到一定抑制。同时，两地市场商品价格差别增大，会刺激该商品两地间的运输需求；而商品价格差别缩小，则会减少两地间该商品的运输需求。另外，燃油、运输工具等价格变动会引起运价的变动，从而也将导致运输需求的变动。

5. 国家经济政策和经济体制

宏观经济政策对短期内货运需求有明显的影响。如果整个经济在扩张性政策的刺激下处于高速发展时期，投资规模扩大，能源、原材料需求增加，商品流通活跃，市场繁荣，将使货物运输需求急剧增加。相反，在整个经济受到紧缩政策抑制放慢增长速度时，对货运需求将明显减少。另外，有些产业政策和地区开发政策还会对某些地区或某些产业的发展产生影响。如果国家的产业政策发生调整，所扶持或限制的产业必然要发生变化，整个产业结构将随之发生变化，特别是物质生产领域的各产业的变化，会对货运需求产生直接的影响。经济体制的改变会对运输需求产生重大影响。在计划经济体制下，经济活动受到指令性计划的控制，自由度低、封闭性强，商品流通的内容及范围有限，因而产生的运输需求相对较少。在市场经济条件下，由于竞争和追求效益的作用，产品在市场上更自由地流动，商品交换的范围广、交换频率高，引起运输需求的迅速增加；同时，商品市场半径的扩大，也增加了产品的平均运距。

6. 人口增长与分布

人口增长与分布的变化对货运需求也有很大影响，因为人口增长快，必然引起粮食、油料、副食品、日用工业消费品等供应的增加，从而引起对运输需求的增加；大量人口流入城市必然引起城市消费能力的增加，因而也会造成大量的粮食、副食品及日用工业消费品等运往城市，货运需求也随之增加。

2.2　物流运输的供给

随着生产力水平的提高,社会生产和人们的生活也发生着不断的变化,导致生产、生活消费模式的改变,这对交通运输提出了新的要求。运输需求方开始更多地关注运输品质、运输水平、运输协调等一系列与运输供给相关的现实问题。这就要求运输供给方根据运输成本、运输价格以及运输能力等要素进行运输供给分析,结合运输市场的整体情况有效开展运输组织工作,更好地满足运输需求。

2.2.1　运输供给概述

运输供给是运输市场中与运输需求相对应的一个重要范畴,也是运输组织工作必须考虑的一个重要变量。它影响着运输方式的选择、运输费用的高低以及运输质量的好坏等。因此,我们必须准确理解运输供给这个基本概念。

1. 运输供给的含义

供给是指生产者在一定时期和一定价格水平下愿意并且能够提供某种商品的数量。供给在市场上的实现要同时具备两个条件:一是生产者有出售商品的愿望;二是生产者有生产的能力。

相应地,运输供给是指在一定时间、空间内,一定运输水平下,运输生产者愿意并能够提供的运输产品或服务。运输供给有两个必备的条件,即运输生产者有提供运输产品或服务的愿望,并且运输生产者有提供这种运输产品和服务的能力。这两个条件缺一不可。

2. 运输供给的特征

运输业是一种特殊产业,具有不同于其他产业的特点。这使得运输供给与一般商品和服务的供给相比,有很大的差异。运输供给的特征包括以下 4 个方面:

(1) 非储存性

运输业属于第三产业,即服务业。非储存性是各种服务产业的共同特点:生产过程与消费过程相结合。运输业的生产活动是通过运输工具使运输对象发生空间位置的变化,运输产品的生产和消费是同时进行的,即运输产品不能脱离生产过程而单独存在。所以,运输产品不能像一般产品一样储存起来,这就是运输产品的非储存性。运输产品的非储存性决定运输业不能采取运输产品储备的形式,而只能采取储备运输能力的形式来适应运输市场变化。

运输业具有固定设备多、固定资产投资大、投资回收期长等特点,运输能力多按运输高峰的需求设计,具有一定的超前量。运输能力的超前建设与运输能力的储备对运输供给来说,既可能抓住市场需求增长的机遇,又可能因市场供过于求而遇到风险。因为运力储备越大,承担的风险越大,适应市场需求的能力也就越大;相反,运力储备小或没有储备,承担的风险小,那么适应市场需求的能力也小。这一点在国际航运市场上尤其明显,并成为企业经营者研究的重要课题。

(2) 不平衡性

运输供给的不平衡性既表现在时间上也表现在空间上。在时间上,运输供给的不平衡性表现在运输供给随运输需求淡旺季的变化而变化。运输旺季时,运输需求增多,运输供给就相应增加;相反,运输淡季时运输供给就会减少。运输需求的季节性不平衡,导致运输供给出现高峰与低谷。

在空间上,由于经济和贸易发展的不平衡性以及各地产业的不同特点,运输供给在不同国家(地区)之间也呈现出一定的不平衡性。经济发达国家(地区)的运输供给量比较充分,而经济比较落后的国家(地区)的运输供给量则相对滞后。运输供给的不平衡性还表现在运输方向上,例如,矿区对外运矿(如煤)的运力需求要远远大于其他生产及生活资料的向内运输。为实现供需时空结合,企业要经常付出空载行驶的代价等。这种由于供给与需求之间在时间空间的差异性所造成的生产与消费的差异,使运输供给必须承担运力损失、空载行驶等经济上的风险。

可见,在现实的运输服务过程中,运输供给同运输需求并不能完全吻合,运输供给或者满足不了运输需求,或者在满足货运需求的同时还有供给过剩。运输供给的这种不平衡是一种长期的、绝对的现象,这是由市场经济本身的供需理论和运输需求的特殊性决定的。所以,为了提高运输活动的经济效果,必须保证供需在时间与空间上的正确结合。这就要求国家做好宏观调控工作,也需要运输企业掌握市场信息,搞好生产的组织与调整,运用科学管理方法提高管理水平。

(3) 部分可替代性

运输供给由铁路、公路、水运、航空、管道等多种运输方式和多个运输生产者的生产能力构成。两地间的运输可由多种运输方式完成,并且一次运输也可由多个运输生产者承担,所以运输需求者可以根据实际情况,选择最佳的运输方式和运输供应商,运输生产者也可以在确定运输方案时选择合适的运输方式,这就是运输供给的可替代性。这种可替代性构成了运输业者之间竞争的基础。

由于运输产品在时间、空间上的限制,以及人们对运输服务的经济性、方便性和舒适性的要求等,使得不同运输方式间或同一运输方式中替代性受到限制,这种限制又使得每种运输方式间或同种运输方式中的、具有差别的运输服务都可能在某一领域的运输供给上形成一定程度的垄断。而且,这种可替代性也是有条件的,因为运输方式间存在差异性,例如在国际贸易中大宗货物的远洋运输,一般只能选择海路的运输方式。因此,运输供给具有部分可替代性,它的替代性和不可替代性是同时存在的,运输市场的供给既存在竞争也存在垄断。

(4) 外部性

所谓外部性是指向市场以外其他人强加的成本和利益,发达的运输可带动周边区域的经济发展。"要想富,先修路"说的就是运输业的正外部性,它能使区域繁荣、商品价格下降、地价上扬,产生巨大的经济效益,以致大多数大城市均在沿海沿江交通便利的地域形成。一条航线的开通,会为当地带来旅游业的发展;一条运输线路的开通,会带动沿线很多产业的发展。例如,北京市新建成的轻轨,不仅方便了人们的出行,而且极大地带动了轻轨沿线的房地产业。可见,运输基础设施的建成和完善,对运输供给水平的发展起到了积极的作用,同时也会带动许多相关产业。

同时,运输又具有巨大的负外部性。由运输活动带来的噪声和对空气、水等的环境污染,能源和其他资源的过度消耗,以及交通阻塞等的成本消耗等均可能使整个社会造成经济损失。运输业在获取利润的同时,将成本部分地转移到运输业的外部,即产生成本转移。在这方面,运输供给所造成的大气污染、交通噪声、水体污染、交通拥挤、交通事故等,都属于外部成本。

3. 运输供给的类型

商品的供给分两种情况,一是单个生产者的供给,二是该商品的市场总供给。与此相对应,运输供给也可分为个别供给和总供给。

(1) 个别供给

个别供给是指特定的运输生产者在一定时期、一定条件下,能够并愿意提供的供给。

在市场经济条件下,各个运输生产者由于经济成分和运输方式的不同,情况也各不相同,提供的产品或服务也会不同。例如,联邦快递主要是满足客户快速、安全、准确的运输需求。

(2) 总供给

总供给是从宏观经济角度来分析运输供给,指在一定时期、一定条件下,某一区域所有个别供给的总和,即该区域范围可能向运输市场提供的运输产品。它表示在不同的价格下与之相应的运输产品的所有生产者所能供给的总量。运输产品的总供给不仅取决于单个生产者供给量的所有因素,还取决于市场中这种商品生产者的数量。在一定时间内、在一定区域或运输线路的市场上,由于某些运输方式或某些运输企业占有运输总供给中相对或绝对多数的份额,这就会造成运输市场的垄断现象。

2.2.2 运输供给的影响因素

为了更加深入地理解运输供给,必须全面认识它的影响因素。

1. 政治因素

运输业是国家重要的基础产业,不仅关系到一个国家的经济发展,而且关系到政治的稳定。因此,各国政府一般都对运输业实行不同程度的干预,运输政策便是影响运输供给的重要政治因素。运输政策是一个国家的政府为发展运输而制定的准则,是经济政策的组成部分。运输政策的制定要从经济、政治、军事以及国际社会等许多方面考虑。例如,交通运输的规划和建设,就必须考虑到军事运输的需要,建好的战备线路,平时可以用于民用运输。不同国情的国家在各自发展的不同时期,都制定出不同的运输政策。如在航空运输发展初期,许多国家政府都实行保护和扶持政策,以加速航空业的发展,这无疑会对运输供给能力的提高提供有力的支持。据联合国贸发会议的调查表明,在被调查的主要航运国家中,各国政府无一例外地对本国的航运业实行保护和扶持政策,或是给以财政方面的支持,或是通过行政和法律手段保护本国航运企业的利益。有时,为了抑制某种运输供给的过快增长,政府就会采取一定的限制措施。如近年来某些城市出租汽车的运输供给增长迅猛,导致城市交通拥挤日益严重,地方政府相应采取一定措施抑制这种过快的供给增长,防止道路阻塞情况的进一步恶化。

2. 经济因素

国家或地区的经济状况是影响运输供给的根本因素,经济发展一方面导致更大的运输需求,从而拉动运输供给的提高,另一方面运输基础设施和运输设备都需要大量的资金,经济状况影响着运输供给的增加。可见,增加运输供给能力需要有较强的经济实力做后盾,只有经济水平提高了,才能加快一个国家或地区运输基础设施和设备的建设。从目前中国交通运输基础设施方面的建设状况来看,凡是运输供给条件比较好的地区,该地的经济发展水平也比较高,之所以出现"山东的路,江苏的桥"的说法,与两省的经济发展水平有很大关系。同时,经济体制也影响着运输供给能力。在市场经济条件下,交通运输设施的建设可以采取多元化的筹资方式,这样就能提高运输供给能力。

3. 社会因素

社会因素是指人们独特的生活方式和特定的行为规范,如信仰、准则、生活习惯等。我国人口众多,各个地区的教育状况、价值观念、风俗习惯都不太一样,而且各地的社会发展水平也不同,因此运输需求不同,运输供给也因此会表现出不同的特点。特别是随着我国经济的持续、快速、健康增长,随着我国居民收入和生活水平的逐步提高,人们的消费结构和消费观念也发生了变化,旅客和货主对运输提出了越来越高的要求,运输供给也因此受到影响。

4. 技术因素

科学技术是推动社会发展的第一生产力,也是影响运输供给的重要因素。随着科技的发展,人类的运输工具总是在不断地发展,从马车到汽车,从蒸汽机到磁悬浮列车,科技使运输生产效率和运输供给能力不断提高。例如,以蒸汽机发明引发的第一次科学技术革命使运输业进入了机器运输时代;第二次科学技术革命产生了内燃机火车和轮船,之后出现了汽车、飞机等现代运输工具;计算机和通信技术的发展使铁路运输实现了信号技术电子化,列车和编组站实现了自动控制,轮船、汽车、飞机实现了卫星导航和无人驾驶,这样运输企业能够为需求者提供更快、更好的服务。可见,新型运输工具的出现、运输工具性能的重大改进,无一不与科技进步密切相关。同时,科学技术对于提高运输生产效率、降低运输成本、提高运输服务质量和生产的组织管理水平等也起着重要作用。

除了以上影响运输供给的宏观因素外,从微观经济角度来看,影响运输供给的因素还有运价、运输成本等。

2.3 物流运输市场

在市场经济条件下,运输需求方与运输供给方是通过运输市场进行交易的,运输资源也是通过运输市场来进行配置的。但运输市场既错综复杂又变化多端,运输企业必须充分运用本企业所具有的各种资源优势,满足货主和旅客的需求,实现运输企业自己的战略性目标。其中,有效的运输市场营销是联系运输生产与运输消费的纽带,是运输企业生产得以顺利进行的重要条件。因此,在运输组织过程中必须了解运输市场的运作。

2.3.1　运输市场概述

运输活动有着悠久的历史，但运输市场的出现晚于运输活动的出现。当运输劳务成为商品之后，即运输生产不是为了自身，而是为了交换，并随之出现了专门从事客运和货运的运输者时，运输市场才具备产生的条件和基础。运输市场自诞生之后，便具有丰富的内涵，并开始发挥重大的作用。

1. 运输市场的含义

运输市场有狭义和广义之分。狭义的运输市场是指为完成旅客和货物的空间位移而提供客位或吨位的场所，即运输需求方（旅客和货主）、运输供给方（运输业者）及运输代理者进行托运交易的场所。广义的运输市场是整个市场体系的一部分，指运输参与各方在交易中所产生的经济活动和经济关系的总和，即运输市场不仅是运输劳务交换的场所，而且还包括运输产品的生产者和消费者之间、运输供给和运输需求之间、运输部门和其他部门之间的经济关系，还包括运输市场结构、运输市场机制、运输市场调节和管理以及企业在运输市场的经营等。这里主要讨论广义的运输市场问题。

广义的运输市场是一个具有多重含义的概念，从不同角度去理解，它具有不同的含义。

（1）运输市场是运输产品交换的场所。在这里，运输市场是一个地理概念，通常被看作一个交易场所，运输需求方和运输供给方发生交换行为。

（2）运输市场是运输产品供求关系的总和。从这个角度来认识运输市场，它由不同的运输产品、劳务、资金、技术、信息等的供给和需求所构成。这一概念强调的是买方、卖方力量的结合，买方市场、卖方市场就反映这一概念下供求力量的对比结果。

（3）运输市场是在一定时空条件下对运输产品需求（现实需求和潜在需求）的总和。商品的需求总和是消费群在一定时间和空间条件下表现出来的需求总量，所以市场是由具有现实需求和潜在需求的消费者组成的。

2. 运输市场的参与者

运输市场是多层次、多要素的集合体，构成运输市场的参与者主要包括以下 4 个方面：

1）运输需求者

运输需求者包括各种各样的客、货运输需求者，即旅客和货主。运输需求主体参与运输市场活动，其目的有两个：一是通过运输劳务获得运输效用；二是追求经济性，即用较少的费用获得运输效用的满足。

2）运输供给者

运输供给者包括提供运输劳务的单位和当事人，即各种运输方式的运输业者以及运输业者的行业组织。运输供给主体提供运输劳务，以获得相应的经济效益为目标。

3）运输中介

运输中介包括介于运输需求和供给双方之间，以中间人的身份提供各种与运输相关的服务的货运代理公司、经纪人、信息咨询公司等。作为独立的市场经济组织，运输中间商依靠服务于供需双方来参与运输市场活动,同样以追求自身经济效益为目标。

4) 政府

政府也是构成运输市场的重要因素,包括政府有关机构和各级交通运输管理部门,它们代表国家及公众的利益对运输市场进行监督、管理、调控。

在运输市场交易活动中,需求者、供给者、中介直接从事客货运输交换活动,属于运输市场行为主体。政府以管理、监督、调控者的身份出现,不是市场运行的行为主体,不参与市场主体的决策过程,而是主要通过经济手段、法律手段,制定运输市场运行的一般准则,规范、约束运输市场主体的行为,使运输市场有序运行。

3. 运输市场的地位

1) 运输市场是市场体系的基础

运输是商品流通的载体,没有货运市场的最终形成,商品市场的形成和完善是不可能的。同时,劳动力市场形成的前提条件是劳动力自由流动,而劳动力的自由流动必须依赖发达的客运市场。因此,运输市场是市场体系的基础,可以把运输市场看作要素市场之一。运输是社会再生产得以进行的必要条件,运输市场运转状况直接影响到产品的整个运动过程,从而影响到整个市场体系的运转效率,乃至影响整个国民经济的发展速度。可以说,运输的发展规模和水平决定了商品生产和交换的规模和程度,只有当运输市场发展到一定水平之后,商品生产和交换才能突破区域规模的限制。

2) 运输市场是整个市场体系的子系统

作为市场体系的子系统,运输市场的运行方式、市场秩序、市场调节过程,受到市场体系基本规则的制约,运输市场规则的建立和完善,不能超出市场体系基本规则的框架,基本上应和市场体系总体规则同步。

4. 运输市场的作用

只要有商品生产和商品交换的存在,市场就要发挥其功能,运输市场的作用体现在以下 3 个方面:

1) 提供运输供求信息

提供运输供求信息是运输市场最基本的功能。市场是交换的场所,是连接生产和消费的纽带,从市场中可以得到相关的供求信息。从某种意义上讲,运输市场是进行运输活动,促成交易成功的信息网络或信息系统。运输市场的信息流是双向的,第一个信息流向是它使运输生产的企业或个人根据市场的需求状况,来决策自己的生产规模和提供什么样的产品或服务,从而得到最理想的经济效益。第二个信息流向是它让运输需求者充分选择运输生产者和运输方式,从而使运输支出得到最大限度的效用满足。

2) 协调经济比例

在特定的社会生产规模中,各部门、产业之间以及各部门、产业内部客观上存在着最佳的比例关系。运输市场协调经济比例的功能表现在两个方面:①协调运输业与其他行业在国民经济中的比例关系。运输需求过大的市场就会刺激运输部门扩大生产,增加供给,提高经济效益;运输供给过大的市场就会使运输企业因无利可图而转向其他行业。②在运输体系内部,运输市场调整各种运输方式在市场中占有的比例。但是,运输业投资大、投资回收期长的特点,决定了运输业内部如果出现过度竞争就会造成资源的浪费。

因此,政府必须对运输业采取一定的管制措施,让运输业内部保持合理的、一定限度的竞争,以使社会拥有低成本、高效率的运输系统。

3）促进生产力发展

运输是社会分工的产物,伴随着商品经济的发展而发展。在商品经济社会中,发达的运输体系则是经济发展的重要条件。社会分工越发达,运输市场规模越大;运输市场规模越大,反过来又推动社会分工的发展,社会生产力的发展则在较小程度上受到时空的限制。充足的运输使一个国家的生产实现专业化、规模化、区域化和科学化。不仅如此,发达的运输市场还可以使社会生产成为世界性的,使全球各个区域的经济联系得到加强,充分利用国内和国际两个市场,从而也能促进生产力的发展。

5．运输市场的影响因素

运输市场的影响因素主要包括以下 4 个方面：

1）自然地理因素

运输的目的是使旅客和货物产生位移,即克服地理空间对人与物的流动所产生的障碍,因此,自然地理因素是影响运输的首要因素,主要包括国土面积、资源分布、地理条件等。国土面积大小与运输市场规模和容量有密切关系,资源种类及其分布又对运输市场结构产生影响,地理位置和地形条件往往在很大程度上决定了可利用的天然运输资源和各种运输方式的空间配置,因而必然对运输市场的规模及构成产生重要影响。

2）经济因素

经济体制对运输市场的形成和发展也有重要影响。在计划经济体制下,政府主要依靠行政计划管理运输业和调节运输供求,运输市场的职能和作用被大大削弱;在市场经济体制下,自然要重视和充分发挥运输市场的作用,逐步恢复和完善运输市场。同时,运输是社会分工和商品经济发展的产物,运输化与工业化相伴而生、相辅相成,因此,经济发展水平必然是影响一国运输市场的最重要原因之一。资源分布及开发状况、能源结构、人口及其构成、收入和消费水平、产业结构、生产总值和经济的国际化水平等都直接制约着运输市场的规模、结构以及运行效率。

3）政策和法律因素

由于运输在促进经济增长和保证经济正常运行方面的关键性作用,必须为其建立一些特殊的法律环境或规则,即要求运输活动必须在法定的规则下进行。不同国家根据各自的经济制度和发展需要制定自己的政策和法律,运输市场是在国家的宏观经济环境中运行的,因此也必然受到有关政策和法律的影响。各国运输业管理体制和运输政策均对运输市场起着直接的调控作用。例如,各国交通运输企业的开办都有特定的条件和审批程序,以及运营许可证的登记、颁发和管理制度。

4）技术因素

技术进步在现代运输网的形成中起着决定性的作用,运输技术的不断更新满足了社会经济和消费者的各种运输需求,彻底改变了运输业的面貌,并持续性地调整着运输结构。因此,技术进步显然也是运输市场的重要外部影响因素。此外,现代通信技术与运输技术,正有效地缩短地理空间的障碍,同时也为国家(地区)乃至全球运输市场的一体化准备了条件。

2.3.2 运输市场的结构和特征

运输市场是具有多侧面、多重规定性的经济范畴,因此需要从不同的角度加以研究。根据不同的标准,运输市场结构有不同的分类,在运行过程中也表现出了不同的特征。

1. 运输市场的结构

(1) 运输市场的状态结构

运输市场的状态结构是指由运输市场运行的不同状况而形成的市场结构。运输市场交易是由供求双方共同构成的。在交易进行的过程中,由于双方的经济力量对比不同而使市场处于不同的状态。

① 运输买方市场。运输买方市场是指买卖双方的力量对比中由买方占主导地位的市场。在这种运输市场状态下,运输供给大于需求,买方掌握着市场的主动权,成为市场运行的主导力量。由于运输供给大于运输需求,货主或旅客有很大的回旋余地,有选择多种不同运输服务的自由,而运输企业则不然,都尽力为自己产品寻找销路,彼此之间进行激烈的竞争。竞争主要通过两种途径,即价格竞争与非价格竞争,其中非价格竞争以质量竞争(包括服务竞争)为核心,运输供给方竞争的结果是运输需求方得益。

② 运输卖方市场。运输卖方市场是在买卖双方的力量对比中由卖方占主导地位的市场。在这种运输市场状态下,运输供给小于运输需求,卖方掌握着市场的主动权,成为市场运行的主导力量。由于供给不足,卖者的回旋余地很大,可以待价而沽,而买者则处于被动地位,竞争激烈,甚至不惜出高价去购买运输服务。卖方市场对运输供给方有利,但运输业者容易出现不良经济行为,如缺乏竞争意识,忽视技术进步,借机牟取利益等,因而这种市场状态结构对运输业乃至整个国民经济的发展都是不利的。

③ 运输均势市场。运输均势市场是指运输市场上买卖双方的力量对比旗鼓相当、处于均势状态的市场,这是一种比较完善的市场状态。在这种市场状态下,运输供给与需求大体平衡,价格也相对平稳,双方均无明显优势和劣势。在这种市场状态下,运输业的发展和国民经济的发展均处于平稳状态,因而是理想的市场结构。

买方市场、卖方市场和均势市场是运输市场上存在的三种不同状态,它是供求双方力量对比的不同结果。但各种对比关系不是固定不变的,随着影响供给与需求的各种经济变量的变化,需求与供给也发生变化,市场状态也会发生相应的转变。

(2) 运输市场的空间结构

运输市场空间是指运输主体及其所支配的运输市场客体的活动范围。现实的运输市场总是具有一定活动空间的市场,各类市场由于扩散和吸引能力的大小而有所不同。运输市场的空间结构就是指各等级各层次的市场空间在整个市场体系中所占有的地位及其相互关系。运输市场的空间结构从大的方面来说可以分为以下 3 个基本层次:

① 区域性的地方运输市场。这是以区域为活动空间的运输市场,包括城市运输市场、城间运输市场、农村运输市场、城乡运输市场,以及南方市场、北方市场等。区域性的地方运输市场通常以大大小小的经济区为主,在地域分工和生产专业化的基础上逐步形

成,并循序渐进地逐步发展和扩大。

② 全国统一的运输市场。全国统一的运输市场是以整个国家领土、领空、领海为活动空间的运输市场,它是包括各个地区、各种运输方式在内的统一的运输市场。它以市场经济的充分发展为基础,在区域运输市场充分发展的前提下得以形成。全国统一的运输市场由铁路运输市场、公路运输市场、水路运输市场、航空运输市场和管道运输市场组成。

③ 国际运输市场。国际运输市场是指不仅以本国,而且以其他国家为活动空间的运输市场。它是随着国际间的商品交换及经济社会文化交流的增加而逐步形成的,是国际分工、世界经济的发展和经济生活国际化的必然结果,也是市场经济发展的客观要求和必然趋势。

(3) 运输市场的时间结构

所谓运输市场的时间结构是指市场主体支配交换客体这一运行轨迹的时间量度。由于运输市场交易中,市场主体之间对交换对象——运输劳务的权利转移与其价值运动过程,可以有不同的时间轨迹。一般来说,运输市场按时间结构包括两种情况:

① 运输现货交易市场。运输现货交易市场是进行运输现货交易的市场,它由拥有运输劳务(现货)并准备交割的运输供给者和想得到运输劳务的运输需求者组成。运输现货交易是指运输市场上出售运输劳务与货币转移是同时进行的,因而也称即期交易。广义的现货交易也包括远期交易,供求双方只签订运输合同,约定在一定时期内按合同条款履行义务并进行交割。如果现货交易是通过签订运输合同进行,则运输劳务必须在规定的时间内完成,买卖双方只有在相互同意的情况下才能够修改或取消所签订的合同。

② 运输期货交易市场。运输期货交易市场是从事买卖标准化的运输期货交易合同的市场。运输期货交易是在交易所通过签订标准化的运输期货交易合同而成交的。运输期货交易不仅可以先签订期货交易合同,然后在某一特定时间交割,而且能"买空卖空"和根据交易人的需要自由买卖(增加、减少)。

(4) 运输市场的竞争结构

所谓运输市场的竞争结构是指市场上运输劳务的竞争关系与组合模式。它反映运输市场竞争的态势和程度。决定运输市场结构的主要因素有两个:一是参与运输市场交易的供给者和需求者的数量;二是成交的运输劳务的差异程度。根据运输劳务的竞争关系与组合模式,运输市场可以划分为下列结构模式:

① 完全竞争运输市场。完全竞争运输市场又称纯粹竞争市场,其特征是:运输市场上存在大量的运输供给者(或代理人)和运输需求者(或代理人),他们各自的交易额相对于整个市场的交易规模只是很小的一部分,因而不能影响市场的运价,个别的运输供给者和运输需求者只能接受市价;所有的运输供给者都是独立地进行决策,以相同的方式向运输市场提供同类、同质的运输劳务,即完全可以互相取代;运输供给者只要具备一定的经营条件和运力,即可进入市场,并且退出市场的伸缩性小,决定进、出市场的唯一条件是经济上是否有利可图;这种市场没有政府的干涉。由于没有差异化,市场竞争激烈,运输供给者只能获得正常利润。在现实中,这种理想模式是不存在的,近似具备这种市场条件的是发达国家的跨州(省)公路货运市场以及海运中的不定期船市场。

② 垄断竞争运输市场。垄断竞争运输市场是一种介于完全竞争和完全垄断之间且

近于前者的市场结构。与完全竞争运输市场相似,市场上存在大量的运输供给者(或代理人)和运输需求者(或代理人),它们提供具有一定差别的、能从整体上或局部上加以区别的而且可以互为相近替代品的运输劳务。但是,它们各自的交易额相对于整个市场的交易规模只是一小部分,因而任何一个运输供给者和运输需求者都不可能独立地控制运价,也无法控制整个市场。由于运输企业进入市场容易、运输企业多、运输劳务替代性大,因而市场竞争激烈,运输供给者也只能获得正常利润。在垄断竞争运输市场上,竞争不仅表现为价格竞争,也表现为非价格竞争,一些运输供给者集中经营某一细分市场,以优异的方式满足顾客需求并赚取利润。为了提高市场占有率,各运输供给者都十分重视运输质量与运输服务等特色,同时广告宣传等促销工作也成为运输企业市场营销活动的重点。从总体上讲,市场体系中的公路运输市场、国内航运市场与这类市场类似。

③ 寡头垄断运输市场。寡头垄断运输市场是介于完全竞争和完全垄断之间且近于后者的一种市场结构,可以分为完全寡头垄断市场和差别寡头垄断市场。完全寡头垄断是由少数几家运输供给者控制市场,向市场提供相同或差别不大的运输劳务,控制着市场的绝大部分运力,整个市场的运价由这些运输供给者垄断。由于运输劳务不具有差异性,因而获取竞争优势的唯一方法是降低成本。差别寡头垄断是由少数几家有部分差别的运输劳务供给者组成。每个供给者运输劳务差别主要表现在运输质量、运输服务等方面,寻求在这些主要特征的某一方面领先,以期引起顾客对这一特性的兴趣。

④ 完全垄断运输市场。完全垄断运输市场又叫独占运输市场。这种市场主要表现为某一国家或地区的运输市场上只存在一家运输供应者。市场上运输劳务的唯一供应商对运价具有相当程度的控制权,不存在或基本不存在竞争。这种垄断的产生可能是由于管制法令、许可证、规模经济或其他原因的结果。处于不受管制的完全垄断地位的运输企业的营销目标往往是通过索要高价、提供最低限度的服务、利用垄断地位最大限度地赚取利润。在存在潜在竞争威胁时,垄断者会更多地投资于服务和技术,设法阻止其他竞争者的加入,尽可能维护甚至加强其市场垄断地位,而受到管制的垄断者则主要考虑如何在合理的运价水平上尽可能保质保量地满足市场的运输需求。由于运输市场放开,现实中的完全垄断运输市场已没有了。

2. 运输市场的特征

运输市场作为社会主义市场体系的组成部分,毫无疑问地具有一般市场的共性,如供给方与需求方构成市场主体的两大阵营;供给与需求的变化虽然都受不同因素的影响,但最终都要受价值规律支配,交换要遵循等价交换的原则等。但由于运输产品生产过程、运输需求过程以及运输产品的特殊性,运输市场除具有一般市场共性外,又具有区别于其他产品市场的不同特点。

(1) 运输市场上交换的产品具有无形性、服务性

与一般的商品市场不同,运输市场交换的不是普通的实物产品,而是不具有实物形态的运输服务。在交换过程中虽然也发生像普通商品交换那样的所有权转移,但是运输服务的购买者取得这种所有权后,不能消费具体的物质产品,而只是改变旅客和货物在空间和时间上的存在状态,它包括旅客或货物的具体数量、起运和到达的具体时间、地点等。虽然这也是一种消费,但它不是物质产品的消费,而是对运输服务的消费。

(2) 运输市场不能以储存来调节产品供求

在运输市场中,运输产品的生产、消费具有同步性。旅客和货物是和运输工具一起运行的,并且随着运输工具的场所变动而改变其所在的空间位置。由于运输劳动所创造的产品在生产过程中同时被消费掉,因此不存在任何可以存储、转移或调拨的"成品"。可见,运输服务的供给只能表现在各种运输方式的现实运输能力之中,不能以储存、调拨的方式来对运输供求状况进行调节,而只能以提高运输效率或新增运输能力来满足不断增长的运输需求,而一旦需求下降,一些供给能力就会闲置起来。

(3) 运输市场既有空间上的广泛性,又有具体位移的特定性

运输产品进行交换的场所是纵横交错、遍布各地的运输线路和车站,这些线路和车站联结城乡,跨越省区甚至超越国界,相互贯通,交织成网。客运市场中的交换主要集中在车站、码头、机场等地;货运市场也很分散,哪里有货物运输需求,哪里就会有货运交易的场所。同时,运输产品又具有矢量的特点,不同的到达地和出发地之间的运输形成不同的运输产品,它们之间不能相互替代,即使是相同的到达地和出发地之间的运输也有运输线路问题,只有相同的旅客或货物在相同起运和终到地点并经过相同线路的运输才是相同的运输产品。不能用运水果代替运石油,也不能用兰州向乌鲁木齐的运输代替广州向上海的运输,甚至在同一运输线上不同方向的运输也是完全不同的运输产品。

(4) 运输市场供求不平衡,具有较强的波动性

一般来说,价值规律在一定程度上促使市场供求的均衡发展和供求双方矛盾的调和,使供求关系在质量、种类等方面保持均衡。但由于运输需求的多样性、运输需求的不平衡性、运输业的"超前发展"和先行地位,以及现有的运输市场管理办法、措施和手段的限制等,运输市场在供求上是不均衡的。而且,运输劳务是没有实物形态的产品,又不可能储存待售,不像有形产品那样可通过储存来调节市场的供求量,故一旦不使用,将会造成不可弥补的损失,致使运力浪费。同时,运输受各种因素影响变动较大,波动性较强。我们可做的是依靠运输市场调节机能的有效发挥,凭借敏感的价值规律的自动反馈和调节系统,使运输市场在供求上力求趋向平衡或使不平衡的差值限制在一定范围之内。

(5) 运输产品的可替代性较强,各种运输方式之间竞争激烈

在具体的运输市场上,不同运输生产者的竞争,不仅发生在同一部门内部的不同企业之间,也发生在不同的运输方式之间。同一种运输产品可以由不同的运输方式提供,在现代运输业中,铁路、公路、水路、航空、管道等多种运输方式都可以实现客货位移,即并行的几种运输方式可以提供数量相同但质量(如运输速度、舒适度、方便度等)不同的运输产品,因此,具有较强的可替代性,消费者的选择性较强。可以互相替代的运输方式共同组成运输市场上的供给方,它们之间存在着竞争关系,而且要根据提供运输服务质量的差别保持一定的合理运价比价。为促进各种运输方式的协调发展,充分发挥各自的优势,防止盲目竞争,需要国家对运输业进行宏观调控和系统规划,打破条块分割、部门各自为政的局面,以便优化资源配置,发展综合运输。

(6) 运输市场天然容易形成垄断

在运输业的一定发展阶段,某种运输方式往往会在运输市场上形成强大的垄断势力,即使到运输市场比较完善的时期,垄断的痕迹仍然存在。例如,许多发达国家都曾有过运

河的大规模建设时期,水运运量占统治地位,其后铁路又在相当长时期成为运输业的霸主;即使到了现在,虽然多种现代运输方式并存,竞争成为运输市场运行的主要特征,但各种运输方式仍旧在自己的优势领域保持着一定的独占性。特别是铁路和民航等运输行业又必须有自己高度集中的生产指挥系统,铁路和管道在线路方面的独占性又使其自然地产生垄断性的经营特点。容易出现垄断的市场恰恰最不容易成为比较完善的市场,因此各国对运输市场一般加以严格管制。

2.4 物流运输企业

2.4.1 物流运输企业的生产特点

1. 运输生产不改变劳动对象的属性或形态

运输生产过程只改变运送对象的位置,社会产品的总量不会因为运输而增大。运输的效用在于客货的空间位移,实现货畅其流、人使其行。运输业这一独特的生产过程具有广泛的社会性和公益性。因此,在运输过程中对质量的要求显得特别的重要和突出,并具有特定的内容和要求。

2. 运输产品的生产过程和消费过程同时进行

实现客货位移过程,既是运输产品的生产过程,又是消费过程。运输产品不作为独立的产品存在于运输生产过程之外,正因为运输产品不具有实物形态,其生产与消费是同一过程,所以运输产品既不能储存,也不能调拨,运输企业只能根据市场需求,科学地组织运输生产,使运输能力留有一定后备,以适应客货在流量、流向、时间、运距方面的变化,满足市场需求。

3. 运输企业生产力三要素有特殊的组合形式

在工农业生产中,劳动力、劳动手段和劳动对象三要素紧密结合并为经营者所掌握,而运输业的劳动对象不为经营者所有,即运输业劳动对象的不可控性成为运输企业生产经营活动的特殊因素。因此,运输企业必须认真研究运输市场客货源变化规律,掌握市场容量和结构,了解旅客货主的需求和动机,协调运输企业和旅客、货主的关系,最大限度地满足他们的需求,促进运输业生产力三要素的有机结合。

4. 运输产品的可替代性较强

运输业内部各种运输方式之间,如水路、铁路、公路和航空等运输方式实现客货位移的替代性很强,消费者的选择余地很大,各种运输方式间竞争激烈。

5. 运输产品价值的特殊构成

一般商品的价值由转移价值和新创造的价值两大部分组成。实物产品的转移价值中包括劳动对象的消耗价值,而运输产品的转移价值中却不包括劳动对象的消耗,基本上只是劳动工具和燃料等运行材料的消耗。

6. 运输企业生产活动空间广阔

工农业生产活动一般只在固定、有限的空间进行;而运输企业的生产活动要在广阔的空间中进行,具有流动性和分散性。

2.4.2 运输企业的经营特点

1. 服务性

服务性表现在为国民经济其他部门和社会各单位提供运输服务,为货主、旅客提供运输服务。因此在经营思想上就首先要树立"服务第一、信誉至上"的观念。

2. 波动性

波动性表现在随工业生产的周期性波动,随农业生产的季节性波动,随人们社会生活的习俗趋向性波动和其他运输需求的偶然性波动等。

3. 产品的无形性与异质性

运输产品不具实物形态,是一种运输劳务,只改变运输对象的地理位置。同时这种位移有不同的质量要求即异质性,如快速、直达、便利、舒适等。

4. 销售活动的超前性

与工业企业的先有产品再组织销售相比,交通企业的销售活动在生产之前,先有货源、客源,再组织运输生产。因此,企业的销售是运输生产的前提。

5. 生产活动的开放性

运输生产点多面广、流动分散的特点决定企业生产活动不能局限在某一地点,一辆车就是一个独立的生产单位,一次运输就是一个完整的运输生产过程。因此,对运输生产活动的跟踪控制、在运输沿线客货源的组织以及提高单车运输和每次运输的生产效率等方面的工作,就形成了与工业企业不同的管理要求。

物流运输管理政策

本章小结

物流运输需求是指在一定时期内,一定的价格水平下,社会经济生活在货物和旅客空间位移方面提出的具有支付能力的需要。物流运输供给是指生产者在一定时期和一定价格水平下愿意并且能够提供的某种商品的数量。供给在市场上的实现要同时具备两个条件:一是生产者有出售商品的愿望;二是生产者有生产的能力。物流运输市场有狭义和广义之分。狭义的运输市场是指为完成旅客和货物的空间位移而提供客位或吨位的场所,即运输需求方(旅客和货主)、运输供给方(运输业者)及运输代理者进行托运交易的场所。广义的运输市场是整个市场体系的一部分,指运输参与各方在交易中所产生的经济活动和经济关系的总和,即运输市场不仅是运输劳务交换的场所,而且包括运输产品的生产者和消费者之间、运输供给和运输需求之间、运输部门和其他部门之间的经济关系,还包括运输市场结构、运输市场机制、运输市场调节和管理以及企业在运输市场的经营等。

本章主要从物流运输需求、物流运输供给和物流运输市场的基本概念着手,阐述了影响物流运输需求与供给的因素,物流运输市场的结构和特征,物流运输企业的生产和经营特点等方面的内容,并介绍了我国的主要运输政策。

复习与思考

1. 什么是运输需求和运输供给?
2. 请简述影响运输需求和供给的因素。
3. 运输市场的竞争结构指的是什么?其结构模式应如何划分?
4. 物流运输企业的生产特点有哪些?
5. 请简述物流运输企业的经营特点。

在线自测

案例分析

主要发达国家交通运输物流政策法规体系概述

由于现代物流是随着经济的不断发展而逐渐发展的,物流的政策法规基本上是在现有物流相关政策法规的基础上,针对需要不断出台新的政策,修改和完善现有法规,用于促进物流的发展。因此,总结国外物流发展经验可以发现,世界各国并没有制定出集中管理物流的专门法规,主要是采取政策性措施来引导促进本国物流发展。

工业化发达国家的运输法律规范经历了以下4个发展阶段。

第一阶段为水运时代,这一时代大致可以追溯到19世纪以前。由于水运是最古老的运输方式之一,所以在古代和中世纪就有了关于海上货物运输和船舶运输的法律规范。海上货物运输在国际贸易中的广泛使用更促进了国际公约的发展。许多国家的海商法也在这一阶段产生并发展起来。

第二阶段是从19世纪开始至20世纪初期的铁路时代。英国政府在铁路出现的初期就制定了铁路运输服务的法律规范,其目的在于防止铁路部门的垄断,从而保护铁路用户的合法利益。在这一阶段,由于尚未出台铁路运输的专门法规,所以铁路运输经历了自由发展的时期。

第三阶段是数量管制时代,时间从第一次世界大战后至20世纪80年代。由于铁路时代的立法强调了对用户利益的保护,忽视了铁路运输企业的利益,加上铁路运输企业的恶性竞争,从而导致许多运输企业纷纷破产。因此各国政府开始考虑运输成本并出台保护运输业的法规,在铁路运输领域的市场准入制度中采取严格的数量控制措施。

第四阶段是质量控制时代。进入 20 世纪 80 年代后，随着道路运输基础设施的建设、高速公路的联网，大大降低了运输成本，提高了运输企业的效率和效益。各国政府在如何利用市场机制和发挥政府作用问题上的认识不断深化，出台了以开放市场、鼓励公平竞争、鼓励各种运输方式的协作与配合为内容的运输法律制度，从而极大地促进了现代物流的迅速发展。下面简要介绍目前国外某些物流较为发达国家的一些物流政策法规。

一、美国的交通运输物流法规与政策

美国的立法体系是由宪法、国会的法律、司法判例、政府执行的行政法规和部颁行政规章组成的。美国的公路交通法规体系主要包括公路法系统和运输法系统，两个系统的法规分别汇编于《美国法典：23 公路》和《联邦规章：23》及《美国法典：49 运输》和《联邦规章：49》。美国于 1940 年制定了《运输法》，该法律全面阐述了国家对交通运输的政策；1967 年通过《运输部法》成立了专门的运输部；到 1980 年将"鼓励和促进综合联运"作为国家的运输政策写进运输法。美国的水运交通法规体系包括贸易运输法系统、船舶法系统、船员法系统、航道法系统、港口法系统、海上安全法系统和海事审判法系统。继第一部比较完整的航运法规——《1916 年航运法》后，美国先后出台了《1920 年航运法》《1936 年商船法》《商船销售法》《1954 年货载优先法》《1970 年商船法》和《1998 年远洋航运改革法》等法律，这些法律都体现了美国奉行的航运保护性、扩张性政策。

从 20 世纪 80 年代起，美国的运输结构发生了根本性的变化，通过了《机动车辆运输法修正案》《地区运输补助法》《汽车承运人规章制度改革和现代化法案》《斯泰格斯铁路法》等，这些法规的出台形成了一种运输改革的环境。接着，在 20 世纪 90 年代又相继通过了《多式联运法》《协议费率法》《机场航空通道改善法》和《卡车运输行业规章制度改革法案》，并修改了《1984 年航运法》，推出了《1998 年航运改革法》。这些法律上的改革促进了美国综合运输的发展，在某种程度上减少了国家对运输业的约束和控制，推动运输业更接近"自由市场的体系"，从而有效地将物流业融入市场经济体系中。值得一提的是，作为物流的一项重要内容和推动运输物流发展的政府政策，美国运输部曾经提出了《美国运输部 1997—2002 财政年度战略规划》，在提出此规划时指出，这个规划反映了克林顿政府长期持有的主张，即运输不再只是适应水泥、沥青和钢铁，最大的挑战是建立一个以国际为所及范围、以多种运输方式的联合运输为形式、以智能为特征，并将自然包含在内的运输系统。

美国尚未制定集中管理物流的专门法规，物流各环节仍适用原有的法律规范。所有货物的承运人必须遵守关于操作人员和运输工具安全的法律。如果要运输危险货物或有害货物，那么联邦法规安全规则中关于包装和运输标志的要求必须得到遵守。这从一个侧面反映出，美国物流服务提供者目前要依照其服务内容的不同，在不同营运范畴内分别遵守不同的法律条款。具体而言，在美国，从事铁路、公路、航空以及内河运输的必须遵守汇编在《美国法典》中 TITLE49 的运输法和联邦法规汇编中的 TITLE49 法案，而从事海上运输则必须遵守《美国法典》中 TITLE46 的航运法和联邦法规汇编中的 TITLE46 法案。从美国物流业发展的实际情况看，沿袭以往的各种法律从各个不同的业务环节来管制物流服务是十分有效的。这是因为物流服务本身主要是一些传统运输方式的经营者将其业务范围向前后两端延伸而已，国家相应的原有法律对其整体约束并未发生本质的变化，所以仍可通过"分块包干"的法制方式对物流业进行管理。

二、日本的交通运输物流法规与政策

日本是大陆法系国家,其法律均为成文法。它的立法分三个层次,即国会制定的法律、内阁制定的政令和省(相当于我国的部)制定的省令。日本的法制是比较健全的。现代日本的法律体系主要受罗马-日耳曼法系的影响,第二次世界大战后又引进吸收了英美法系的一些原则和制度,加上日本固有的行之有效的调停与和解制度,这三者的结合就形成了日本法律体系的基本特点。日本的公路交通法规体系常以六法的形式汇编出版。如《自动车六法》《物流六法》等。每项法律都有政令和规章相配套。第二次世界大战期间,日本国土破坏严重,道路几乎荒废。战后的日本在道路建设和道路法规制度方面,几乎从零开始,在借鉴了欧洲和北美发达国家,特别是美国的经验的基础上,重新制定了新的《道路法》及《运输组织法》等道路交通事业的基本法规,并随着客观形势的需要及时颁布了一系列与道路建设和道路运输业有关的其他专项法规,在战后的40余年时间内就形成了公路交通法规的体系。日本的水路交通法规体系主要包括海运法系统、船舶法系统、船舶安全法系统、船员法系统、港湾法系统、海上交通安全法系统、公海法系统、海上保安法系统和海难审判法系统。日本的水运法规门类齐全、内容详细、持久稳定,仅水路交通法律就有近150项。

日本于20世纪60年代正式引进物流概念,日本的物流事业和物流系统从初期的自然形成状态发展到今天具有世界一流水准的现代化程度。在此期间,日本政府制定和实施了为数不少的物流政策法规,真正有力地推动和引导了本国流通及物流业的发展。在日本,规范管理物流市场的法律主要来自三个方面:一是以商业为基础的商业方面的政策法规;二是以运输业为基础的交通运输的政策法规;三是以物流据点为基础的政策法规。不论是何种物流政策法规,日本政府在制定时都考虑两个基准点:一是赋予物流市场一定的秩序,实现物流市场的公平自由竞争;二是重视消费者的利益,也就是重视可持续发展的要求,如尽量减轻物流所带来的交通恶化、大气污染等影响。综观日本的物流政策法规,具有以下4个特点:

1. 日本没有专职物流管理部门,但有统辖大部分物流环节的政府部门

日本主要由通产省、运输省主管物流工作,制定各项物流政策和法令。日本的运输省成立于1949年,目前的主要职能由直接的行政管理和指挥,转为交通运输综合政策的设计和组织。其职能不仅覆盖运输省所辖范围内主要运输方式的政策设计、计划制订及城市与区域运输的规划与协调,而且还包括现代物流"供应链"概念所及的仓储业与配送业的相关政策制定和市场准入等方面的管理工作。由此可见,物流业大部分业务环节的活动几乎都在运输省的行政调控范围之中。

2. 针对需要及时制定新的物流事业法规

20世纪60年代,日本各城市的市中心出现了大量的商业群体,许多新兴零售业进入到市中心和交通枢纽地区,由于他们的物流和营业,给道路交通带来了很大的压力,所以日本于1966年制定了《流通业务市街的整治法律》,其目的就在于将市内的流通、商业设施移到郊外去,改善市内交通混乱的状况。20世纪90年代,面对国内外经济形势巨大的变化,日本政府对流通产业和物流事业相关的法律及法规进行了清理、废除,并制定了新的法规。其中主要有《物流二法》和《中小企业流通业务效率化促进法》。前者从物流的角

度,给物流事业引进了竞争机制;后者从商流的视角,规定对现有的流通业现状进行改革,形成高效率的纵向的流通组织,把零散的小规模商业商店组织起来,统一管理。这使自发形成又落后于时代的日本流通系统开始进入"流通现代化"的发展阶段。

3. 以法的形式确定对运输业放松管制,促进物流自由发展

日本政府在制定物流相关政策法规时,不是给予物流业更多财税方面的优惠政策,而是通过逐渐放松管制,来激活物流市场,形成良好运转、公平竞争的环境。如在交通运输物流的各种法律中,1989年制定的《货物汽车运输事业法》和《货物运输经营事业法》就是典型的放松对物流管制的例子。《货物汽车运输事业法》中将原来汽车营运需要政府批准的方式改为许可制,只要具备物质条件都可以经营汽车运输,对市场准入方面的限制大大放开。另外原来的运价是统一规定的,而新法实行的是运费申报制,可以采用弹性运费,原则上是自由运费。此外在新法中取消了营业区分的限制,这样能更好地为汽车运输企业进行网络性运输创造条件。《货物运输经营事业法》是针对承接运输代理业务的企业,取消了原来法律中运输代理企业自己不能进行货物运输的规定,从而放开联运业务了。这些政策法律的出台,可以使更多的企业参与到运输业中,同时促进第三方物流更快地成长。再如,日本政府于1998年颁布了放松管制的新三年计划,并于1999年向下届国会递交了倡导自由竞争的立法提案;1997年放松了对港口运输业的行政管理,日本海运部门根据这个精神草拟了有关条文,以修正现行的港口运输事业法。从这些都可以看出,日本正在通过减少国家对运输业的控制性立法,来促进物流业的整体效应与自由发展。

4. 政府明确物流发展纲领,总体引导本国物流业发展

由政府明确制定发展物流的政策性文件,从总体上引导本国物流业发展的政策措施,在日本得到充分的体现。最具代表性的就是分别于1997年4月和2001年7月从战略的高度制定的《综合物流施政大纲》和《新综合物流施政大纲》。这是日本内阁会议通过并颁布的关于日本物流事业的纲领性政策文件。前者要求在中央各有关部委的联合行动下,对物流相关的基础设施的整备,要放宽或取消不合理的政策限制,在信息化、标准化、效率化等方面起到规范和规划作用;后者总结了前者被实施的情况,结合新的形势变化提出了更加完善的物流系统建设目标,并对所应达到的目标作了规定。两个大纲的颁布不仅极大地促进了日本物流系统自身的高度化和现代化,更重要的是使日本从国家经济发展的战略高度,面对经济全球化的加速过程中日益增长和变化的物流需求,通过降低物流成本、加快物流速度,保持和增强日本企业的国际竞争力。今天,持续不断地制定新的奋斗目标,对物流系统进行扩充和完善改造,已经是日本物流系统发展的明显特征。

在日本对物流影响比较大的政策法规还有《物流二法》《中小企业流通业务效率化促进法》《大店法》《大店布局法》《流通业务市街的整治法律》《汽车站点法》《货物汽车运输事业法》《货物运输经营事业法》《仓库业法》等。

案例来源:刘小卉.运输管理学[M].上海:复旦大学出版社,2005:51-55.

思考题:

1. 工业化发达国家的运输法律规范经历的4个发展阶段各有什么特点?
2. 日本的物流政策法规有哪些地方值得我们借鉴?

第3章 铁路货物运输

铁路运输(rail transportation)　　铁路运输组织(rail transportation organization)
铁路线路(line haul)　　　　　　铁路运输合同(rail transportation contract)
机车(locomotive)　　　　　　　铁路货物运价(rail cargo rate)
铁路车站(rail station)　　　　　普通运价(normal rate)

http://www.china-mor.gov.cn/
http://www.chinawuliu.com.cn/
http://www.chineserailways.com/

> 希腊是第一个拥有路轨运输的国家。1820年,英格兰的斯托克顿与达灵顿铁路成为第一条成功的蒸汽火车铁路。后来的利物浦与曼彻斯特铁路更显示了铁路的巨大发展潜力。很快铁路便在英国和世界各地通行起来,且成为世界交通的领导者近一个世纪。首条使用高架电缆的电气化铁路在1892年启用。第二次世界大战后,以柴油和电力驱动的火车逐渐取代蒸汽火车。20世纪60年代起,多个国家均建置高速铁路,而货运铁路亦连接至港口,并与船运合作,以集装箱运送大量货物以大大减低成本。现时在全球236个国家和地区之中,有144个设有铁路运输。中国第一条铁路建于上海。

3.1 铁路货物运输概述

3.1.1 世界铁路运输发展概况

铁路运输是现代运输的主要运输方式之一。从1825年英国修建了世界上第一条蒸汽机车牵引的铁路——斯托克顿至达林顿铁路以来,铁路已有180多年的历史。铁路运输从一出现就显露出其明显的优越性,因而在较短的时期内就得到了迅速的发展。目前,全世界146个国家和地区拥有铁路约133万千米,其中美国铁路29万千米,中国铁路突破12万千米,俄罗斯铁路8万多千米,印度、加拿大的铁路6万多千米。其他如德国4万多千米,阿根廷3万多千米,巴西、法国、日本、乌克兰、南非、意大利等都有2万多千米、英国、西班牙、瑞典、罗马尼亚等1万多千米,4 000千米以上的有匈牙利、新西兰、奥地利、芬兰、智利、古巴、挪威、保加利亚、比利时、巴基斯坦、土耳其、朝鲜、印度尼西亚、伊朗、埃及等。分布在各洲的比例大约为:美洲36.2%,欧洲28.7%,亚洲25.3%,非洲6.7%,大洋洲3.1%。十分明显,世界铁路的发展是极不平衡的。

目前在国际铁路货物运输方面,集中化、单元化和大宗货物运输重载化是各国铁路发展的共同趋势。重载单元列车是用同型车辆,固定编组、定点定线循环运转,首先用于煤炭运输,后来扩展到其他散装货物,对提高运能,减少燃油消耗,节省运营车、会让站、乘务人员等都有显著效果,经济上受益很大,如美国铁路货运量有60%是由单元列车这种方式完成的。俄罗斯曾试验开行了重量为43 407吨的超长重载列车,列车由440辆车组成,全长6.5千米,由4台电力机车牵引,情景十分壮观。

各国都在加强铁路机车车辆的技术改造。随着内燃机车代用燃料的出现,对传统内燃机车发动机重新优化已成必然。目前,大部分电力机车采用直流串励电动机,这种电机尽管有良好的牵引特性,但易发生空转。采用交流电力机车已是发展方向。对于货物车辆来说,除采用大型货车外,都要在降低货车自重,提高轴重或增加轴数等方面下功夫。随着新材料的不断涌现,耐大气腐蚀的耐候钢、热镀锌钢板等金属材料,玻璃钢、泡沫聚氨酯、合成纤维布等聚合材料以及精密陶瓷材料,还有光导纤维、超导材料都逐步在铁路机车车辆、集装箱、线路、隧道、桥梁、通信以及接触网等各方面被普遍采用。

3.1.2 我国铁路运输发展概况

中华人民共和国成立后,我国新建铁路干线已经从沿海伸入到中部和广大的西南、西北地区,过去铁路分布不合理的状况已得到逐步改善。我国铁路已基本形成以北京为中心,以四纵、三横、三网和关内外三线为骨架,联结着众多的支线、辅助线、专用线,可通达全国的省市区的铁路网。四纵是指京广线、京九线、京沪线、北同蒲—太焦—焦柳线;三横是指京秦—京包—包兰—兰青—青藏线、陇海—兰新线、沪杭—浙赣—湘黔—贵昆线;三网是指东北铁路网、西南铁路网和台湾铁路网;关内外三线是指京沈线、京通线和京承—锦承线。

到2019年年底,中国铁路营业里程达13.9万千米,里程长度居世界第二位。其中,复线里程8.3万千米,电气化里程10.0万千米。全国铁路货运量43.89亿吨,全国铁路货物周转量(含行包)30 181.95亿吨公里,国家铁路货车保有量达到87.8万辆。

3.1.3 铁路运输在我国对外贸易中的作用

铁路是现代化的主要运输工具,具有运量大、速度快、安全可靠、运输成本低、运输准确性和连续性强、受气候影响较小等一系列特点。因此,铁路运输在我国国民经济中占有很重要的地位。

铁路运输在我国对外贸易中的地位和作用,概括起来有如下3个方面:

(1) 通过铁路运输,为发展我国与亚洲、欧洲各国之间的经济贸易联系提供了十分有利的条件。铁路运输就是我国对外贸易货物的一种主要运输方式。我国与朝鲜、蒙古、苏联、越南等国的进出口货物,绝大部分是通过铁路来运输的。我国与东欧、西欧、北欧和中东地区一些国家之间,也通过国际铁路联运或西伯利亚大陆桥运输等方式来运送进出口货物。可见,铁路运输在我国与欧、亚各国的经济贸易往来中起着重要的作用。

(2) 铁路运输也是联系香港九龙地区、开展港澳贸易的一种重要运输方式。随着双方贸易的不断扩大,经由铁路运输的货物,其运输量正在逐年迅速增加。特别是香港作为国际贸易的自由港,有通往世界各地的海、空运定期航线,交通运输非常发达,因此,充分发挥香港在我转口贸易中的作用,开展我国与世界各地区的陆空联运和陆海联运,就更需要依靠铁路运输才能实现。

(3) 铁路运输在我国进出口货物的集散和省间调拨运输中同样起着重要的作用。我国海运出口货物向港口集中,主要是由铁路承担的,进口货物的疏运,绝大部分也是依靠铁路把货物运往内地指定用货地点。至于国内各省市地区之间的货物和原料、半成品、包装物料的分拨调运,大部分也是通过铁路运输来完成的。

总之,在我国对外贸易中,无论是出口货物还是进口货物,一般都要通过铁路运输这一重要环节。如果仅以进出口货运量计算,铁路仅次于海运而属第二位。可见,铁路运输在我国对外贸易中占有很重要的地位。

3.1.4 铁路运输的特点

铁路运输与其他运输方式相比,具有下列一系列特点:

(1) 运输准确性和连续性强。铁路运输具有较高的准确性,运行时刻表按分钟编制,它受气候影响较小,可以全年正常地连续地运行。

(2) 运输量大,安全可靠。一组铁路列车,可运送 5 000 吨左右的货物,这比航空运输、汽车运输的运输量大得多。在货物运输的安全性方面,也较海洋远运为高。

(3) 运输速度快,运输成本低。铁路货车行驶速度每小时可达 100 千米,客车可达 300 千米左右。超导磁悬浮列车甚至可达每小时 500 千米。

3.2 铁路货物运输设备与设施

3.2.1 铁路货物运输设备

1. 铁路机车

机车就是人们常说的火车头,它是铁路运输的基本动力。目前我国铁路使用的机车种类很多。按照机车原动力分,可分为蒸汽机车、内燃机车和电力机车三种。

(1) 蒸汽机车

蒸汽机车是以蒸汽为原动力的机车。其优点是结构比较简单,制造成本低,使用年限长,驾驶和维修技术较易掌握。最主要缺点是热效率太低,总效率一般只有 5%～9%,使机车的功率和速度进一步提高受到了限制。其次是煤水消耗量大,运输途中会产生大量煤烟污染环境。因此,我国于 1989 年停止生产蒸汽机车,并逐步对蒸汽机车予以淘汰。

（2）内燃机车

内燃机车是以内燃机为原动力的机车。与蒸汽机车相比，它的热效率一般可以达到20%～30%。内燃机车整备时间短，一次加足燃料后，持续工作时间长，机车利用效率高，特别适合在缺水或水质不良地区运行。但其主要缺点是机车构造复杂，制造、维修和运营费用较多。

（3）电力机车

电力机车是从铁路沿线的接触网获取电能产生牵引动力的机车，所以电力机车是非自带能源的机车。它的热效率比蒸汽机车高一倍以上。它起动快、速度高、善于爬坡；可以制成大功率机车，运输能力大、运营费用低，当利用水力供电时，更为经济；电力机车不用水，不污染空气、劳动条件好，运行中噪音也小，便于多机牵引。但电气化铁路需要建立一套完整的供电系统，在基建投资上要比采用蒸汽机车或内燃机车大得多。

从世界各国铁路牵引动力的发展来看，电力机车被公认为最有发展前途的一种机车，它在运营上有良好的经济效果。

2．铁路车辆

铁路车辆是运送旅客和货物的工具，它本身没有动力装置，需要把车辆连挂在一起由机车牵引，才能在线路上运行。

铁路车辆可分为客车和货车两大类。现把我国铁路货车的种类、标记简单介绍如下：

（1）货车的种类

货车主要用以装运货物，按其用途可分为如图 3.1 所示各类：

图 3.1　货车种类划分

① 平车。平车是铁路上大量使用的通用车型，无车顶和车厢挡板，自重较小，装运吨位较高，装卸也较为方便，必要时可装运超宽、超长的货物。这种车辆主要用于装运大型的机械、集装箱、钢材和大型的建材等。在这种平车的基础上，采用相应的技术措施，可发展为集装箱车、车载车、袋鼠车、钳夹车、凹底平车、双联平车等。

多用途集装箱平板车为我国准轨铁路、载重 60 吨的四轴平车。在普通平板车使用工况时，能装运原木、机器、车辆、钢材、桥梁、构件、成箱货物及军用设备等。在集装箱平板车使用工况时，能装载铁路标准 10 吨集装箱以及 20 英尺、40 英尺国际标准集装箱。

钳夹车、凹底平车、双联平车用于长、大、笨重物体的运送，如电力、冶金、化工、重型机械等行业，并适用于特种车运输的大型发电机定子、变压器、轧钢机牌坊、核电站压力壳等长、大、高、重货物。

② 敞车。敞车也是铁路上使用的一种主要车型,无车厢顶,但设有车厢挡板(低挡板、高挡板)。主要装运建材、木材、钢材、袋装、箱装的杂货和散装矿石、煤炭等货物。

③ 棚车。棚车是铁路上主要使用的封闭式车型,由端墙、侧墙、棚顶、地板、门窗等部分组成。比较多地采用侧滑开门式,便于小型叉车、手推车进入车厢内装卸;也有车顶设滑动顶棚式,拉开后和敞车类似,可采用吊车从上部装卸。主要用于装运防雨、防潮和防止丢失、散失的较贵重的货物。

④ 罐车。罐车是在铁路上专门用于装运气、液、粉等货物的主要车型。有横卧圆筒型、立置筒型、槽型和漏斗型等类型。可分为装载轻油用罐车、粘油用罐车、酸类罐车、水泥罐车和压缩气体罐车等。

⑤ 保温及冷藏车。保温及冷藏车是能保持一定的温度、进行温调,以及能够进行冷冻运输的车辆,从而适应冬、夏季生鲜食品的运输。

⑥ 漏斗车。漏斗车主要适用于散装货物的机械化装卸。

⑦ 特种车。特种车是指装运特殊货物的车辆,例如,长大件货物车、牲畜装运车、发电车、救援车等。

(2) 标记

为了表示车辆的类型及其特征,便于使用和运行管理,在每一铁路车辆车体外侧都应具备规定的标记。

一般常见的有:路徽、车号、配属标记、自重、载重、容积、车辆全长及换长、定期检修标记等。此外,根据货车构造及设备的特征,在车辆上还涂打各种特殊标记,如 MC 表示可以用于国际联运等。部分货车基本型号见表3.1。

表3.1 部分货车基本型号　　　　　　　　　　单位:t

顺序	车种	基本型号	顺序	车种	基本型号
1	棚车	P	7	保温车	B
2	敞车	C	8	守车	S
3	平车	N	9	家畜车	J
4	砂石车	A	10	罐车	G
5	煤车	M	11	水泥车	U
6	矿石车	K	12	长大货车	D

3.2.2 铁路货物运输设施

1. 铁路线路

火车行驶的线路称为铁路线路。它是由路基、轨道和桥隧建筑组成的整体工程结构,是机车车辆和列车运行的基础。

(1) 铁路轨距

所谓轨距就是线路上两股钢轨头部的内侧距离。按其大小不同,可分为宽轨、标准轨和窄轨三种：标准轨的轨距为 1 435 毫米，大于标准轨的为宽轨，其轨距大多为 1 524 毫米和 1 520 毫米；小于标准轨的为窄轨，其轨距多为 1 067 毫米和 1 000 毫米。我国铁路基本上采用标准轨距（台湾和海南岛铁路轨距为 1 067 毫米）。

目前世界各国都在广泛采用无缝线路。所谓无缝线路，就是把若干根标准长度的钢轨，焊接成为每段 800~1 000 米或更长的长钢轨线路。无缝线路接头很少，并且有行车平稳、执轮磨损及线路勤护维修工作量小等优点，因此是轨道现代化的内容之一。

(2) 铁路限界

为了确保机车车辆在铁路线路上运行的安全，防止机车车辆撞击邻近线路的建筑和设备，而对机车车辆和接近线路的建筑物、设备所规定的不允许超越的轮廓尺寸线，称为铁路限界。

铁路的基本限界有机车车辆限界和建筑接近限界两种。

机车车辆限界是机车车辆横断面的最大极限，具体来说，就是当机车车辆停留在平直铁道上，车体的纵向中心线和线路的纵向中心线重合时，其任何部分不得超出规定的极限轮廓线。它规定了机车车辆不同部位的宽度、高度的最大尺寸和底部零件至轨面的最小距离。机车车辆限界是和桥梁、隧道等限界起相互制约作用的，当机车车辆在满载状态下运行时，也不会因产生摇晃、偏移现象而与桥梁、隧道及线路上其他设备相接触，以保证行车安全。

建筑接近限界是一个和线路中心线垂直的，每一条线路必须保有的最小空间的横断面。它规定了保证机车车辆安全通行所必需的横断面的最小尺寸。凡靠近铁路线路的建筑及设备，其任何部分（和机车车辆有相互作用的设备除外）都不得侵入限界之内。

(3) 路基

路基的基本形式：主要有路堤和路堑。路堤：铺设轨道的路基面高于天然地面时，路基以填筑的方式构成，这种路基称为路堤。路堑：当铺设轨道的路基面低于天然地面时，路基以开挖方式构成，这种路基称为路堑。

路基的排水设备包括：

① 排除地面水设施：纵向排水沟、侧沟和截水沟等设施。

② 排除地下水的设施：为了拦截地下水，降低地下水位，采用渗沟和渗管排水设施。

(4) 涵洞、隧道

涵洞设在路堤下部填土中，是用以通过水流的建筑物。可按建筑材料不同分为：石涵、混凝土涵、钢筋混凝土涵、铁涵等；也可按涵洞截面形状分矩形、圆形、拱形等。

隧道大多建筑在山中，用以避免开挖很深的路堑或修筑很长的迂回线。

(5) 轨道

轨道是一个整体性工程结构，经常处于列车运行的动力作用下，其作用为：① 直接承受车轮传来的巨大压力，并把它传给路基及桥隧建筑物；② 起着机车车辆运行的导向作用。

(6) 钢轨

① 作用：直接承受车轮的巨大压力并引导车轮运行方向。

② 类型：以每米长度的重量表示，现行标准钢轨类型有：31～40公斤/米；45～57.5公斤/米；50～69公斤/米等。

③ 长度：钢轨的标准长度有25米、12.5米两种。

(7) 轨枕

① 作用：支承钢轨，将钢轨传来的压力传递给道床，并且还可以保持钢轨位置和轨距。

② 类型：木枕和钢筋混凝土枕。木枕：弹性好，重量轻，铺设更换方便；但消耗木材，使用寿命短。钢筋混凝土枕：使用寿命长，稳定性能高，养护工作量小等。

③ 长度：一般为2.5米。

(8) 道床

① 作用：支承轨枕，把从轨枕上传来的压力均匀地传给路基；固定轨枕的位置，阻止轨枕纵向和横向移动；缓和机车车轮对钢轨的冲击。

② 使用材料：碎石、卵石、粗砂等，其中以碎石为最优。我国铁路一般都采用碎石道床。

(9) 道岔

使机车车辆从一股道转入另一股道的线路连接设备。

(10) 铁路信号

铁路信号设备是铁路信号、联锁设备、闭塞设备的总称。通信设备是指挥列车运行、组织运输生产及进行公务联络等的重要工具。应能做到迅速、准确、安全、可靠，使全国铁路的通信系统能成为一个完善与先进的铁路通信网。通信技术要由模拟转向数字化，实现程控数字交换，发展宽频带信息传输和智能网络管理。

2. 铁路车站

车站既是铁路办理客、货运输的基地，又是铁路系统的一个基层生产单位。在车站上，除办理旅客和货物运输的各项作业以外，还办理和列车运行有关的各项工作。为了完成上述作业，车站上设有客货运输设备及与列车运行有关的各项技术设备，还配备了客运、货运、行车、装卸等方面的工作人员。

按任务量和在国家政治、经济的地位不同，车站可分为特等站、一等站、二等站、三等站、四等站、五等站；按技术作业分类，车站可分为中间站、区段站、编组站；按业务性质不同，车站可分为客运站、货运站、客货运站。

(1) 中间站

① 中间站的作用

中间站是为沿线城乡人民及工农业生产服务，提高铁路区段通过能力，保证行车安全而设的车站。它主要办理列车的到发、会让和越行，以及客货运输业务。会让站设在单线铁路上，主要办理列车的到发和会让，也办理少量的客货运业务。在会让站上，既可以实现会车，也可以实现越行。先到的列车在本站停车，等待反方向的列车到达本站。两个列车互相交会，叫作会车；先到的列车在本站停车，等待后一个同方向的列车通过本站或到达本站停车后先开，叫作越行。

② 中间站的作业

客运作业：旅客的乘、降，行李包裹的承运、保管、装卸与交付。

货运作业：货物的承运、保管、装卸与交付。

接发列车：接车、发车和旅客通过列车。

摘挂列车及调车作业。

③ 中间站设备

客运设备：包括旅客站舍、旅客站台、雨棚和跨越设备等。

货运设备：包括货物仓库、货物站台和货运室、装卸机械等。

站内设备：包括到发线、牵出线和货运线等，它们分别用于接发列车、进行调车和货物的装卸作业。

信号及通信设备进出站信号机及通信设备等。

(2) 区段站

① 区段站的任务

区段站主要为邻接的铁路区段供应机车，办理货物列车的中转作业，进行机车的更换或机车乘务组的换班以及解体、编组区段列车和摘挂列车。

② 区段站的作业

客运作业及货运作业。

运转作业：有关旅客列车运转技术作业，如车列技术检查与修理、更换机车等；有关货物列车运转技术作业，如车列技术检查和货物检查、更换机车及乘务组、编组和解体区段和摘挂列车，以及向货场专运线取送车作业等。

机务业务：更换机车和乘务组，及机车检查修理等。

车辆业务：车辆检查与修理。

③ 区段站的设备

客运设备及货运设备。

运转设备：旅客列车到发线；货物列车到发线、调车线、牵出线、驼峰等机务设备机务段或折返段。

车辆设备车辆段、站修所等。

其他设备通信、照明设备等。

3. 编组站

编组站是铁路网上办理大量货物列车解体和编组作业，并设有比较完善调车设备的车站。

① 编组站的任务

编组站是按照列车编组计划的要求，编解各种类型的列车，而且多数是直达列车和直通列车，为合理的车流组织服务。从这个意义上讲，编组站实际上就是一个编组列车的工厂。

② 编组站的作业

编解各种类型的货物列车。

组织和取送本地区的车流——小运转列车。

设在编组站的机务段,还需供应列车动力,以及整备、检修机车。

设在编组站的车辆段及其下属单位(站修所、列检所)还要对车辆进行日常维修和定期检修等。

4. 铁路枢纽

在铁路网的交汇点或终端地区,由各种铁路线路、专业车站以及其他为运输服务的有关设备组成的总体,称为铁路枢纽。

铁路枢纽是客货流从一条铁路转运到各接轨铁路的中转地区,也是所在城市客货到发及联运的地区。除枢纽内各种车站办理的有关作业外,在货物运转方面,有各铁路方向之间的无改编列车和改编列车的转线,以及担当枢纽地区车流交换的小运转列车的作业。在旅客运转方面有直通、管内和市郊旅客列车的作业。在货运业务方面,办理各种货物的承运、装卸、发送、保管等作业;此外,还要供应运输动力,进行机车车辆的检修等作业。

3.3 铁路货物运输组织管理

凡由货物列车或客货混合列车的货车运送的货物,均属于铁路货运业务的范围。

3.3.1 铁路货物运输的种类

铁路货物运输种类,即铁路货物运输方式。按照我国铁路技术装备条件,现行的货物运输种类分为整车、零担和集装箱。整车适于运输大宗货物,零担适于运输小批量的零星货物,集装箱则适于运输精密、贵重、易损的货物。

1. 整车货物

按照货物重量、体积和形状,需要以一辆以上货车运送的货物,可以按整车办理。

2. 零担货物

按照货物重量、体积和形状,不需要以一辆单独货车运送,而且允许与其他货物配装的货物,可以按零担办理。零担货物在运输组织、管理、装卸作业等环节上,相对于整车作业更为复杂,因此还要受到其他一些运输条件的限制。

零担货物分为普通零担货物(简称普零货物)、笨重零担货物(简称笨零货物)、按零担办理的危险货物(简称危零货物)以及零担易腐货物(简称鲜零货物)。

普零货物和危零货物应以棚车装运。

笨零货物的一件货物重量在1吨以上、体积在2立方米以上或长度在5米以上,需以敞车装运或适宜用敞车装运和吊装吊卸。

3. 集装箱货物

凡能装入集装箱,并不对集装箱造成损坏的货物及规定可按集装箱运输的危险货物均可按集装箱办理。

3.3.2 不同种类货物的运输基本条件

按照铁路货物运输种类来分,不同种类货物的运输基本条件分别为:

1. 整车货物运输的基本条件

(1) 整车货物以每一货车所装货物为一批,跨装、爬装或使用游车装运的货物,以每一车组为一批。某些限按整车办理运输的货物,允许托运人将一车货物托运至两个或三个到站分卸(即整车分卸)。

(2) 承运人原则上应按件数和重量承运货物,但对散装、堆装货物的规格、件数过多在装卸作业中难以点清件数的货物,则只按重量承运,不计算件数。

(3) 货物重量由托运人确定。

(4) 按照货物运输途中的特殊需要,允许托运人派人押运。

(5) 允许在铁路专用线、专用铁路内装车或卸车。

2. 零担货物运输的基本条件

(1) 一件零担货物的体积不得小于 0.02 立方米,但如果一件重量在 10 千克以上,可以不受此限。

(2) 为便于装卸作业中堆码、交接和配装,一批零担货物的件数,不得超过 300 件。

(3) 不易计算件数的货物、运输途中有特殊要求的货物、易于污染其他物品的货物,不得按零担办理。

(4) 托运人应在每件零担货物上标明清晰的标记(即货签),以便作业中识别。

(5) 货物的重量由铁路确定,但对于标准重量、标记重量或附有过磅清单的零担货物,允许由托运人确定重量,但铁路可进行复查和抽查。

(6) 一般情况下不允许派押运人。

3. 集装箱货物运输的基本条件

(1) 每批必须是同一箱型,使用不同箱型的货物不得按一批托运。

(2) 每批至少一箱,最多不得超过铁路一辆货车所能装运的箱数。以上两项都是为了保证以一张运单托运一批集装箱货物能用一辆货车同时装运。

(3) 货物重量由托运人确定。

(4) 铁路按箱承运,不查点箱内货物。

3.3.3 铁路运输货物按一批运输办理的条件

铁路货物运输以批为单位,"批"是铁路承运货物、计收运费、交付货物和处理事故的单位。因此,按一批托运的货物,其托运人或其代理人,收货人或其代理人、发站、到站、装车地点、卸车地点必须相同(整车分卸例外)。

整车货物以一车为一批(但跨装、爬装及使用游车的货物,可以每一车组为一批),零担货物以每张货物运单所托运的货物为一批,集装箱货物以每张货物运单所托运的集装箱数为一批(每批必须同一箱型,至少一箱,最多不得超过铁路一辆货车所能装运的箱数)。

下列情况不能按一批办理:

1. 易腐货物与非易腐货物;
2. 危险货物与非危险货物;
3. 根据货物性质,不能混装运输的货物;
4. 保价运输货物与非保价运输货物;
5. 投保运输险与未投保运输险的货物;
6. 运输条件不同的货物。

3.3.4 铁路货物运输基本作业管理

铁路货物运输流程由货物发送作业、货物运输途中作业和货物到达作业三部分构成。

1. 货物发送作业

货物发送作业又称货物在发站的货运作业,包括托运人向作为承运人的发站申报运输要求,提交货物运单、进货、缴费,与发站共同完成承运手续;发站受理托运人的运输要求,审查货物运单,验收货物及其运输包装、收费,与托运人共同完成承运手续。承运时机因运输种类不同而异。整车货物是先装车后承运,零担和集装箱货物则是先承运后装车。具体来说,包括以下几个步骤:

(1) 受理和验货。车站接受托运人提出的货物运单时,应审查货物运单上填写的事项是否符合铁路运输条件,并审查应随同提出的证明文件是否齐备和有效;对符合要求者指定搬入车站或装车日期,如系零担运输还应注明运输号码。货物按指定日期搬入时,按照运单的记载检验货物的名称和件数是否与运单记载相符,状态是否良好,包装是否符合运输要求标记,和必要指示标志是否齐全等。

(2) 确定货物重量。铁路运输货物按件数和重量承运,但散堆装货物,一批数量多且货物价值不高的成件货物,按整车运输时,只按重量承运,不计件数。规定的某些物品,每件平均重量在 10kg 以上,按一批托运且托运计件数。规定的某些物品,每件平均重量 10kg 以上,按一批托运且托运人能按件点交的,整车运输时应按重量和件数承运。整车货物和使用集装箱运输的货物,由托运人确定重量;零担货物除标准重量、标记重量或有过秤清单,以及件重超过车站衡器最大的称量的货物以外,由承运人确定重量并核收过秤费。由托运人确定的整车或零担货物重量,承运人应进行抽查,重量不符,超过国家规定的衡器公差时,应向托运人或收货人核收过秤费。

(3) 承运和承运时即办事项。零担和集装箱货物,由发站接收安排,整车货物装车完毕,发站在货物运单上加盖承运日期戳,即为承运。货运只应将签收的货物运单移交货运室计算运杂费并填制货票,随后,车站应将领货凭证和货票丙联交给托运人,同时,车站应按规定核收运输费用。

2. 货物运输途中作业

运输途中是指途经区间和途经车站。途中作业包括重车运行及途中的货物常规交接与检查、特殊作业及异常情况的处理。货物常规交接与检查是指货物运输途中车站人员同列车乘务员或列车乘务员相互间在局(分局)规定地点和时间内办理的货车或货物的交接检查工作。特殊作业可有：零担货物在中转站的作业，整车分卸货物在分卸站的作业，加冰冷藏车在加冰所的加冰加盐作业，托运人或收货人提出的货物运输变更的办理等。异常情况的处理是指货车继续运行或货物继续运送有碍运输安全或货物完整时须做出的处理，例如，货车装载偏重、超载或货物装载移位须进行的换装或整理，对运输阻碍的处理等。

3. 货物到达作业

货物到达作业又称货物在到站的货运作业，包括收货人向作为承运人的到站查询、缴费、领货、接受货物运单，与到站共同完成交付手续；到站作为承运人向收货人发出货物催领通知，接受到货查询、收费、交货、交单，与收货人共同完成交付手续。

由铁路组织卸车或发站由承运人装车到站，由收货人卸车的货物，到站在向收货人点交货物或办理交接手续后，即交付完毕；发站由托运人组织装车，到站由收货人组织卸车的货物，到站在货车交接地点交接完毕，即交付完毕。

3.3.5 铁路货物运输合同管理

铁路货物运输的组织管理过程是按照合同的约定进行的，因此我们必须了解铁路货物运输合同。铁路货物运输合同是托运人利用铁路运输货物，与铁路承运人确定有关货物运输权利、义务和经济责任关系的协议。

1. 铁路货物运输合同的特征

铁路货物运输合同由铁路运输部门与企业、国家机关、事业单位、社会团体等法人以及个体经营户、个人之间签订。托运人利用铁路运输货物，均应与承运人签订货物运输合同。铁路货物运输合同采用标准合同的形式。所谓标准合同是指由订立同类合同的当事人印制的、具有固定式样的特定条款内容的标准文本，双方当事人只需填写其中的空项。经双方协商，可以对标准合同进行修改和补充，通常采用在标准合同的记载事项栏中说明，也可采用另附一份修改补充标准合同的协议。

铁路货物运输合同具有特殊的合同主体，这种特殊性体现在两个方面：一是合同的一方当事人是固定的，即必须是铁路运输企业；二是合同的主体不限于铁路运输企业和托运人双方，经常出现第三方，即收货人。因此，合同往往是三方面的权利、义务关系。

2. 铁路货物运输合同的合同文件

大宗物资的运输，有条件的可按年度、半年度或季度签订货物运输合同，也可以签订更长期限的运输合同；其他整车货物运输，可按月签订运输合同。

零担货物和集装箱货物运输，以货物运单作为运输合同。当铁路货场代表铁路运输企业与托运人签订运输服务合同时，使用铁路货物运输服务订单。铁路货物运输服务订单与铁路货物运单同为合同文件。

3. 托运人的权利和义务

(1) 权利。有权要求铁路运输企业按照合同约定的期限或铁道部规定的期限，将货物运到目的站；逾期运到的，有权要求铁路运输企业支付违约金；逾期 30 日仍未交付货物的，有权按灭失向铁路运输企业要求赔偿；有权要求铁路运输企业完整无损地将货物运到合同约定的地点；对货物的灭失、短少、变质、污染或者损坏，有权要求铁路运输企业赔偿免责之外的损失。

(2) 义务。有义务如实填报货物运单，并对其所填事项的真实性负责。经铁路运输企业检查，申报与实际不符的，有义务承担检查费用，补交因申报不实而少交的运费和其他费用；有义务按章向铁路运输企业缴纳运费、杂费和相关费用；有义务按照国家包装标准或行业标准的要求包装货物，没有国家包装标准或行业包装标准的货物，应按货物性质妥善包装。

4. 收货人的权利和义务

(1) 权利。依据托运人交付的领货凭证或能够证明其收货人身份的证明文件有权领取货物；领取货物时，发现货物运单与实际不符，有权查询；货物损坏，有权要求赔偿。

(2) 义务。有义务按照规定的期限及时领取到达的货物，逾期领取的，有义务向铁路运输企业交付相应费用；有义务交付托运人未付或少付的运费和其他费用。

5. 铁路运输企业的权利和义务

(1) 权利。有权对托运人填报的货物的品名、重量、数量进行检查。对托运人申报不实的，有权按章加收运费和其他费用；有权按章向托运人收取运费、杂费及相关费用；托运人不按章缴付运费、杂费及相关费用的，有权拒绝运输；有权向逾期领取货物的收货人收取相应费用；有权对托运人不按章包装的货物拒绝运输；有权对无人领取或接章不领取的货物按章处理。

(2) 义务。有义务按照合同约定的期限或铁道部规定的期限将货物运到目的站；有义务对承运的货物自承运时起到交付时止发生的灭失、短少、变质、污染或者损坏，向托运人或收货人赔偿按章免责以外的损失；有义务按照规定或合同约定，对承运的易腐货物和活动物，采取有效措施加以保护。

6. 货物运到期限

铁路货物运到期限是铁路货物运输合同的重要内容，是对铁路运输企业的要求和约束，也是对托运人或收货人合法权益的保护。它有利于托运人和收货人据以安排经济活动。铁路货物运到期限是按照铁路现有技术条件和货物平均运输速度确定的。铁路应当尽量缩短货物的运到期限，对因铁路责任超过运到期限的要负违约责任，收货人则无论货物提前或逾期到达，均应及时领取货物。

我国铁路货物运到期限由货物发送期间、货物运输期间和特殊作业时间三部分组成。现行规定如下：

(1) 货物发送期间为 1 日。

(2) 货物运输期间：运价里程每 250km 或未满 250km 为 1 日；按快运办理的整车货物，运价里程每 500km 或未满 500km 为 1 日。

(3) 特殊作业时间：需要途中加冰的货物，每加冰 1 次，另加 1 日；运价里程超过

250km 的零担货物和 1t、5t 集装箱货物,另加 2 日,超过 1 000km 的加 3 日;一件货物重量超过 2t,体积超过 3m³ 或长度超过 9m 的笨重零担货物和危险零担货物,另加 2 日;整车分卸货物,每增加一个分卸站,另加 1 日;准、米轨直通运输的整车货物,因需在接轨站换装而另加 1 日。

货物实际运到日数,从货物承运次日起算,在到站由铁路组织卸车的,至卸车完时终止;在到站由收货人组织卸车的,至货车调到卸车地点或交接地点时终止。货物运到期限的起码时间为 3 日。

在货物运输过程中,由于不可抗力、托运人或收货人责任,以及非铁路责任原因造成的货物途中滞留时间,应从实际运到日数中扣除。

【例 3-1】 北京广安门站承运到石家庄站零担货物一件,重 2 300kg,计算运到期限。已知运价里程为 274km。

解:按规定,货物的发送期间为 1 日。

货物运输期间为 274÷250=1.096=2(日)。

运价里程超过 250km 的零担货物另加 2 日,一件货物重量超过 2t 的零担货物另加 2 日,特殊作业时间为 2+2=4(日)。

因此本次运输的运到期限为 1+2+4=7(日)。

3.3.6 铁路货物运输单证管理

1. 铁路货运单证

货运单证是指铁路货物运输中使用的各种单据和凭证。

(1) 货物运单。货物运单具有固定的合同格式,由托运人向发站提交,承运后,经双方盖章,运输合同即告生效。货物运单随货同行,在运输途中作为交接检查的凭据,在到站随同货物交付给收货人。

(2) 领货凭证。收货人领取货物时应当出具领货凭证,但领货凭证不是收货人领取货物的唯一证明。由于铁路货物运单是记名式运单,承运人应向托运人指示的收货人交付货物。因此,领货人出具的能够证明其是收货人身份的证明文件,也可以作为承运人交付货物的凭证。领货凭证不是物权凭证,收货人所持领货凭证并不构成铁路运输企业必须向其交付货物的证据。铁路运输企业按照托运人指示取消托运或者变更收货人后,不再负有向原收货人交付货物的义务,领取凭证也已作废。如果原收货人以作废的领货凭证主张货物权利,铁路运输企业不承担责任。由此产生的纠纷,应按照托运人与收货人之间存在的相应的法律关系另行解决,不属于运输合同的调整范围。

(3) 铁路货物运输服务订单。当前,铁路货物运输服务订单包括整车运输,零担集装箱运输、货运"五定"班列三种不同格式。

(4) 货票。货票具有存根、收据、运输凭证等多种用途,目前普通货票一式四联,其用途分别是:发站存查、报局审核清算、托运人报销及连同运单随货同行供到站存查之用。其中丙联为承运及收款凭证,丁联为运输凭证。计算机制票时,车站在货票信息载体能有效保存,并可提供经常性查询的前提下,经铁路局(集团公司)批准,可取消甲联。印有号码的货票具有有价证券的性质。

(5) 运费杂费收据。运费杂费收据是一种收费凭证。对于不能在货票上核收的费用（例如到站发生的费用、临时发生的费用等）均使用此项收据核收。

(6) 普通记录。普通记录用来证明与履行铁路货物运输合同无直接关系或涉及托运人与收货人之间一般责任的情况。带号码的普通记录一式两份，一份存查，一份交有关单位。不带号码的普通记录作抄件用。

(7) 货运记录。当涉及铁路运输企业与托运人（或收货人）之间有关货物运输合同物资责任时，需编制货运记录，它是由铁路运输企业编制的一种客观地反映事故（或问题）实际情况的证明文件。货运记录分带号码和不带号码两种。带号码的货运记录一式三份，分别为存查页、调查页和货主页。不带号码的货运记录可作为发现事故报告书或抄件。货运记录应于发现事故当日按批编制。

2．铁路运单填写的要求

铁路运单样张见表3.2。

表3.2　铁路货物运单

货物指定于　　月　　日搬入　　　　　　　　　××铁路局　　　承运人/托运人装车
货位：
计划号码或运输号码：　　　　　　　　　　　货　物　运　单　　　承运人/托运人施封
运到期限　　　日
托运人—发站—到站—收货人

托运人填写				承运人填写				
发站		到站		车种车号			货车标重	
到站所属省(市)自治区				施封号码				
托运人	名称			经由		铁路货车篷车号码		
	住址		电话					
收货人	名称			运价里程		集装箱号码		
	住址		电话					
货物名称	件数	包装	货物价格	托运人确定重量(公斤)	承运人确定重量(公斤)	计费重量	运价号	运价率	运费
合计									
托运人记载事项				承运人记载事项					
注：本单不作为收款凭证，托运人签约须知见背面	托运人签章或签字　年　月　日			到站交付日期戳			发站承运日期戳		

(1) 铁路运单填写总体要求

正确：要求填记的内容和方法符合规定。

完备：要求出记的事项，必须填写齐全，不得遗漏。如危险货物不但填写货物的名称，而且要填写其编号。

真实：要求实事求是地填写，内容不得虚假隐瞒，如不能错报、匿报货物品名。

详细：要求填写的品名应具体，有具体名称的不填概括名称，如双人床、沙发、立柜不能填写为家具。

清楚：填写字迹清晰，应使用钢笔、毛笔、圆珠笔或加盖戳记、打字机打印或印刷等方法填写，不能用红色墨水填写，文字规范，以免造成办理上的错误。

更改盖章：运单内填写各栏有更改时，在更改处，属于托运人填记事项，应由托运人盖章证明；属于承运人记载事项，应由车站加盖站名戳记。

（2）铁路运单填写具体要求

托运人填写要求：

① "发站"栏和"到站（局）"栏，应分别按《铁路货物运价里程表》规定的站名完整填记，不得简称。到达（局）名，填写到达站主管铁路局名的第一个字，例如：（哈）（上）（广）等，但到达北京铁路局的，则填写（京）字。

② "托运人"和"收货人名"栏应填写托运单位和收货单位的完整名称，如托运人或收货人为个人时，则应填记托运人或收货人姓名。"地址"和"经办人""经办电话"栏，应详细填写托运人和收货人所在省（市、自治区）城镇街道和门牌号码或乡、村名称及经办人姓名及电话。

③ "货物名称"栏应按《铁路货物运价规则》附表二"货物运价分类表"或者产品目录，危险货物则按《危险货物运输规则》附件一"危险货物品名索引表"所列的货物名称完全、正确填写。托运危险货物应在品名之后用括号注明危险货物编号。需要说明货物规格、用途、性质的，在品名之后用括号加以注明。

④ 对危险货物、鲜活货物或使用集装箱运输的货物，除填记货物的完整名称外，应按货物性质，在运单右上角加盖红色戳记，注明"爆炸品""氧化剂""毒害品""腐蚀物品""易腐货物""×吨集装箱"等字样。

⑤ "件数"栏，应按货物名称及包装种类，分别记明件数，承运人只按重量承运的货物，则在本栏填记"堆""散""罐"字样。

a）零担货物：一批票不能多于 300 件。

b）10 吨箱：一批票不能多于 4 箱。

c）20 英尺箱：一批票不能多于 2 箱。

d）40 英尺箱：一批票不能多于 1 箱。

⑥ "包装"栏记明包装种类，如"木箱""纸箱""麻袋""条筐""铁桶""绳捆"等。按件承运的货物无包装时，填记"无"字。使用集装箱运输的货物或只按重量承运的货物，本栏可以省略不填。

⑦ "货物价格"栏应填写该项货物的实际价格，全批货物的实际价格为确定货物保价运输保价金额或货物保险运输保险金额的依据。

⑧ "托运人确定重量"栏，应按货物名称及包装种类分别将货物实际重量（包括包装重量）用公斤记明，"合计重量"栏，填记该批货物的总重量。集装箱货物以集装箱的最大

载重量计算。

⑨ "托运人记载事项"栏填记需要由托运人声明的事项。例如：

a) 货物状态有缺点，但不致影响货物安全运输，应将其缺陷具体注明。

b) 需要凭证明文件运输的货物，应将证明文件名称、号码及填发日期注明。

c) 托运人派人押运的货物，注明押运人姓名和证件名称。

d) 托运易腐货物或"短寿命"放射性货物时，应记明容许运输期限；需要加冰运输的易腐货物，途中不需要加冰时，应记明"途中不需要加冰"。

e) 整车货物应注明要求使用的车种、吨位、是否需要苫盖篷布。整车货物在专用线卸车的，应记明"在××专用线卸车"。

f) 委托承运人代封的货车或集装箱，应标明"委托承运人代封"。

g) 使用自备货车或租用铁路货车在营业线上运输货物时，应记明"××单位自备车"或"××单位租用车"。使用托运人或收货人自备篷布时，应记明"自备篷布×块"。

h) 国外进口危险货物，按原包装托运时，应注明"进口原包装"。

i) 笨重货件或规格相同的零担货物，应注明货件的长、宽、高度，规格不同的零担货物应注明全批货物的体积。

j) 其他按规定需要由托运人在运单内记明的事项。

⑩ "托运人盖章或签字"栏，托运人于运单填记完毕，并确认无误后，在此栏盖章或签字。

承运人填写要求：

办理托运手续时，首先由发站经办人对托运人提交的运单进行检查，如果没有问题，应在"货物指定×月×日搬入"栏内填写指定搬入日期，零担货物还应填写运输号码。由经办人签字或盖章后，交还托运人凭以将货物搬入车站，办理托运手续。

① "施封号码"栏的填写。填写施封环或封饼上的施封号码，封饼不带施封号码时，则填写封饼个数。

② "经由"栏的填写。货物运价里程按最短路径计算时，本栏可不填；按绕路经由计算运费时，应填写绕路经由的接算站名或线名。

③ "铁路货车篷布号码"栏的填写。填写该批货物所苫盖的铁路货车篷布号码。使用托运人自备篷布时，应将本栏画"—"号。"集装箱号码"栏填写装运该批货物的集装箱的箱号。

④ "承运人托运人装车"栏的填写。由承运人组织装车的，将"托运人"三字划销；由托运人组织装车的，将"承运人"三字划销。

⑤ "运价里程"栏的填写。填写发站至到站间最短里程，绕路运输时填写绕路经由的里程。

⑥ "承运人确定重量"栏的填写。货物重量由承运人确定的，在此栏填写检斤（过磅）后的货物重量，并在"合计重量"栏填写该批货物总重量。

⑦ "计费重量"栏的填写。整车货物填写货车标记载重量或规定的计费重量；零担货物和集装箱货物，填写按规定处理尾数后的重量或起码重量。

⑧ "运价号"栏和"运价率"栏的填写。在"运价号"一栏，按"货物运价分类表"规定填

写各货物运价号。在"运价率"栏,按该批货物确定的运价号和运价里程,从"货物运价率表"中找出该批(项)货物适用的运价率并填写。运价率有加成或减成时,应注明加成或减成的百分比。

⑨ "承运人记载事项"栏的填写。该栏填写需要由承运人注明的事项,例如以下几个事项。

 a) 货车代用,注明批准的代用命令。
 b) 轻重配装,注明有关计费事项。
 c) 货物运输变更,注明有关变更事项。
 d) 途中装卸的货物,注明计算运费的起讫站名。
 e) 需要限速运行的货物和自有动力行驶的机车,注明铁路分局承认命令。
 f) 需要由承运人注明的其他事项。

⑩ "发站承运日期"和"到站交付日期"栏的填写。分别由发站和到站加盖承运或交付当日的车站日期戳。

3.4 铁路货物运费计算

铁路货物运输费用(简称铁路运费),是指对铁路运输企业所提供的各项生产服务消耗的补偿,包括运行费用、车站费用、服务费用和额外占用铁路设备的费用等。

3.4.1 铁路货物运费分类

铁路运费由货物运费、货运杂费、建设基金等几个部分组成,当需经由电气化区段运输时,还发生电气化附加费等。但随着铁路货运价格市场化改革的深入,国家发改委已通知,自 2018 年 1 月 1 日起,电气化路段收取的电力附加费并入国铁统一运价,不再单独收取。

1. 货物运价

(1) 普通运价

普通运价是货物运价的基本形式,在路网上办理正式营业的铁路运输线上都适用的统一运价(特定、国际联运运价等除外)。我国现行的整车货物、冷藏车货物、零担货物和集装箱货物运价均属于普通运价。无论是普通货物还是按特殊条件运送的货物,都是以此作为计算运费的基本依据。

① 整车货物运价

整车运价是《铁路货物运价规则》(以下简称《价规》)中规定的按整车运送的货物的运价,由按货种别的每吨的发到基价和每吨公里或每轴公里的运行基价组成。

② 零担货物运价

零担货物运价是铁路对按零担运送的货物所规定的运价,由按货种别的每 10kg 的发到基价和每 10kg·km 的运行基价组成。

③ 集装箱货物运价

铁路对按集装箱运送的货物所规定的运价,由按箱别的每箱的发到基价和每箱公里的运行基价组成。

(2) 特定运价

特定运价是指在一定条件下,运送一定种类货物时规定的运价。它是国家在一定时期内对某些货物临时采取的限制或鼓励手段,是贯彻国家经济政策的一种体现,是普通运价的重要补充。因此,特定运价可以高于或低于普通运价,包括以下两种形式:

① 优惠运价。指低于普通运价的运价,如托运人自备的货车装备物品;加固材料,运输长大货物用的货物转向架、支架、滑台及车钩缓冲停止器等,凭收货人提出的特价运输证明书回送时,不核收运费。

② 提高运价。指高于普通运价的运价,如1984年1月1日起实行的广深铁路运价和1987年5月1日起实行的海南铁路运价,均为在统一运价基础上加50%的特定运价。

(3) 国际联运运价

国际联运运价是指经铁路国际联运的货物的运价。它包括过境运输和国内区段运输两部分运价。国内区段运输运费按现行《铁路货物运价规则》的规定办理。

2. 货运杂费

货运杂费指铁路运输企业向托运人或收货人提供的辅助作业或劳务,以及托运人或收货人额外占用铁路设备、使用工具、备品所发生的补偿费用。目前国铁共有29种杂费项目。

3. 铁路建设基金

铁路建设基金作为运价加收部分,实际上已构成运输费用的部分,从宏观上讲,它也已直接进入商品流通费用和生产成本,对托运人而言,已将其列入运价范畴。但对铁路运输企业而言,它同运价收入是有根本区别的,因为运价收入是运输企业用来抵偿成本、缴纳营业税、计算实现的利润,而建设基金则同铁路运输企业的经营管理没有直接联系。建设基金按规定只能用于建设新线与改造旧线的投资,从扩大再生产、增强后劲的角度,对铁路运输企业的经营起着积极作用。

3.4.2 铁路货物运费计算步骤

1. 确定运价里程

运价里程是指货物从发站至到站的距离。根据《铁路货物运价表》确定货物从发站至到站间的运价里程。一般按照最短径路计算,不包括专用线及货物支线的里程。但应将国境站至国境线的里程计算在内。发生下列情况时,运价里程按照绕路经由计算,并需在货物运单内注明:

(1) 因货物性质(如鲜活货物、超限货物等)必须绕路运输时;

(2) 因自然灾害或其他非承运人责任,以及托运人要求绕路运输时。

2. 确定运价号

(1) 铁路货物运价号分类

铁路货物运价号包括整车运价号、零担运价号、集装箱运价号三种。对整车货物分为 1 号到 6 号,和机械冷藏车运价号共 7 个号。零担货物分为 21、22 两个运价号。集装箱货物按常用箱型分 2 个运价号。

(2) 货物运价号的判定

根据《铁路货物运输品名检查表》(见表 3.3)和《货物运输品名分类与代码表》(见表 3.4),判定货物的类别代码,确定货物的运价号。

表 3.3 铁路货物运输品名检查表

代码	货物品类	代码	货物品类	代码	货物品类
01	煤	10	木材	19	农业机具
02	石油	11	粮食	20	鲜活货物
03	焦炭	12	棉花	21	农副产品
04	金属矿石	13	化肥及农药	22	饮食品及烟草制品
05	钢铁及有色金属	14	盐	23	纺织品
06	非金属矿石	15	化工品	24	纸质文教用具
07	磷矿石	16	金属制品	25	医药品
08	矿物性建筑材料	17	工业机械	…	…
09	水泥	18	电子电气机械	99	其他货物

表 3.4 货物运输品名分类与代码表(部分)

代码		货物品类	运价号 整车	运价号 零担	说明
01	1 0	煤、原煤	4	21	含未经人洗、筛选的无烟煤、炼焦烟煤、一般烟煤、褐煤
	2 0	洗精煤	5	21	含冶炼用炼焦精煤及其他洗精煤
	3 0	块煤	4	21	含各种力度的洗块煤和筛选块煤
	4 0	洗选煤	4	21	指洗精煤、洗块煤以外的其他洗煤(含洗混煤、洗中煤、洗沫煤、洗粉煤、洗原煤、煤泥)机筛选块煤以外的其他筛选煤(含筛选混煤、筛选沫煤、筛选粉煤)
	5 0	水浆煤	4	21	—
	9 0	其他煤	4	21	含煤粉、煤球、煤砖蜂窝煤等煤制品、泥煤风化煤及其他煤。不含媒玄石
02	1 0	石油原油	6	22	含天然原油、页岩原油、煤炼原油
	2 0	汽油	6	22	含各种用途的汽油
	3 0	煤油	6	22	含灯用煤油、喷气燃料及其他煤油
	4 0	柴油	6	22	含轻柴油、重柴油及其他柴油

3. 确定运价率

整车、零担货物按货物的运价号,集装箱货物根据箱型,冷藏车货物根据车种,分别在《铁路货物运价率表》中查出适用的发到基价和运行基价。运价率不同的货物在一个车内作一批整车货物运送及运价率不同的零担货物在一个包装内或按总重量托运时,均按其中高的运价率计费。铁路货物运价率如表 3.5 所示。

表 3.5 铁路货物运价率表

办理类别	运价号	发到基价		运行基价	
		单位	标准	单位	标准
整车	1			元/轴公里	0.052 5
	2	元/吨	9.50	元/吨公里	0.086
	3	元/吨	12.80	元/吨公里	0.091
	4	元/吨	16.30	元/吨公里	0.098
	5	元/吨	18.60	元/吨公里	0.103
	6	元/吨	26.00	元/吨公里	0.138
	机械冷藏车	元/吨	20.00	元/吨公里	0.140
零担	21	元/10 千克	0.188	元/10 千克公里	0.001 0
	22	元/10 千克	0.263	元/10 千克公里	0.001 4
集装箱	20 英尺箱	元/箱	440.00	元/箱公里	3.185
	40 英尺箱	元/箱	532.00	元/箱公里	3.357

(说明：运价表中整车及集装箱运价按照中国铁路总公司 2018 年 1 月 1 日公布运价,零担运价按照中国铁路总公司 2014 年 2 月 14 日公布运价。)

4．确定计费重量

计费重量是根据运输类别、货物名称、货物种类与体积确定的。

(1) 整车货物运输计费重量的确定

整车货物运输时,一般按货车标记载重量(以下简称标重)计算；计费重量以吨为单位,吨以下四舍五入；但对于接运进口整车货物还应考虑《价规》的有关计费重量的特殊规定。如以一辆或数辆车接运一批货物,或数辆车套装接运数批货物,按接运车标重计费；如发送路使用车辆的标重低于接运车辆标重时,按发送路车辆标重计费；如货物重量超过标重时,按实际货物重量计算。以一辆车接运数批货物,每批按 30 吨计费；超过 30 吨者按货物重量计费。原车过轨不换装货物,按车辆标重计费。遇到下列情况时,应区别对待：

① 使用矿石车、平车、砂石车,经铁路局批准装运《铁路货物运输品名分类与代码表》中的"01,0310,04,06,081"和"14"类货物按 40 吨计费,超过时按货物实际重量计费。

② 《铁路运输货物运价号》中所列火车装运货物时,计费重量按表中规定计算,货物重量超过规定计费重量的,按实际重量计费；加冰冷藏车不加冰运输时,按冷藏车标重计费。

③ 使用自备冷藏车运输货物时按 60 吨计费；使用标重低于 50 吨的自备罐车(表 3.6 所列 GH95/22,GY95/22,GH40,GY40 型除外)装运货物时按 50 吨计费。

表 3.6 整车货物规定计费重量表

车 种 车 型	计费重量(吨)
B6 B6N B6A B7(加冰冷藏车)	38
BSY(冷板冷藏车)	40
B18(机械冷藏车)	32
B19(机械冷藏车)	38

续表

车 种 车 型	计费重量(吨)
B20 B21(机械冷藏车)	42
B10 B10A B10B(机械冷藏车)	44
B22 B23(机械冷藏车)	48
B15E(冷藏车改造车)	56
SQ1(小汽车专用平车)	85
QD3(凹底平车)	70
GY95S GY95 GH40 GY40 GY95/22 GY95/22(石油液化气罐车)	65
GY100S GY100 GY100-Ⅰ GY100-Ⅱ(石油液化气罐车)	70

④ 使用标重不足 30 吨的家畜车,计费重量按 30 吨计算;使用标重低于 50 吨、车辆换长小于 1.5 的自备罐车装运货物时按 50 吨计费。

⑤ 车辆换长超过 1.5 的货车(D 型长大货车除外),按其超过部分以每米(不足 1 米的部分不计)折合 5 吨与 60 吨相加之和计费。

(2) 零担货物运输计费重量的确定

按一批办理的零担货物,零担货物的起码计费重量为 100 千克。计费重量以 10 千克为单位,不足 10 千克进为 10 千克。具体分三种情况计算重量。

① 按规定计费重量计费

《价规》中有规定计费重量的货物按照规定计费重量计费。具体见表 3.7。

表 3.7 零担货物规定计费重量

序号	货物名称	计费单位	规定计费重量(千克)
1	组成的摩托车: 双轮 三轮(包括正、侧带斗的,不包括三轮汽车)	每辆 每辆	750 1 500
2	组成的机动车辆、拖车斗(单轴的拖车斗除外): 车身长度不满 3 米 车身长度 3 米以上,不满 5 米 车身长度 5 米以上,不满 7 米 车身长度 7 米以上	每辆 每辆 每辆 每辆	4 500 15 000 20 000 25 000
3	组成的自行车	每辆	100
4	轮椅、折叠式疗养车	每辆	60
5	牛、马、骡、驴、骆驼	每头	500
6	未装容器的猪、羊、狗	每头	100

② 按货物重量计费

《铁路货物运输品名分类与代码表》中"童车""室内健身车""209 其他鲜活货物""9914 搬家货物、行李""9960 特定集装化运输用具"等按货物重量计费。

③ 按货物重量和折合重量择大计费

每立方米重量不足 500 千克的轻泡零担货物,按每 1 立方米折合重量 500 千克计算。

零担货物每批的起码运费,发到运费为 1.60 元,运行运费为 0.40 元。零担货物的起码运费每批为 2 元。

(3) 集装箱货物运输计费重量的确定

集装箱货物的运费按照使用的箱数和《铁路货物运价率表》中规定的集装箱运价率计算,但危险货物集装箱、罐式集装箱、其他铁路专用集装箱的运价率,按《铁路货物运价率表》的规定分别加 30%、30%、20% 计算。

5. 铁路建设基金的计算

国家铁路的正式营业线和实行统一运价的运营临管线按表 3.8"铁路建设基金费率表"规定的费率核收铁路建设基金。其计算公式如下:

铁路建设基金 = 基金费率×计费重量(箱数或轴数)×运价里程

表 3.8 铁路建设基金费率表

种类		项目	计算单位	农药	磷矿石、棉花	其他货物
整车货物			元/(吨·公里)	0.019	0.028	0.033
零担货物			元/10(千克·公里)	0.000 19	0.000 33	
自轮运转货物			元/轴·公里	0.099		
集装箱		1 吨箱	元/箱·公里	0.019 8		
		10 吨箱	元/箱·公里	0.277 2		
		20 英尺箱	元/箱·公里	0.528		
		40 英尺箱	元/箱·公里	1.122		
	空自备箱	1 吨箱	元/箱·公里	0.000 9		
		10 吨箱	元/箱·公里	0.123 86		
		20 英尺箱	元/箱·公里	0.264		
		40 英尺箱	元/箱·公里	0.561		

注:整车化肥、黄磷免征铁路建设基金;表中棉花仅指籽棉、皮棉。

6. 铁路货运杂费的计算

铁路货运杂费是铁路运输的货物自承运到交付的全过程中,铁路承运人向托运人、收货人提供的辅助作业、劳务以及托运人或收货人额外占用铁路设备、使用工具、备品所发生的费用。铁路货运杂费分为货物营运杂费,延期使用运输设备、违约及委托服务杂费和租金,占用运输设备三大类。铁路货运杂费应按实际发生的项目和相关的"铁路货运杂费率表"规定核收。

7. 铁路总运费计算

将上述各项费用相加,就是铁路运输费用总额。费用总额尾数不足 1 角时,按四舍五入处理。

(1) 整车货物

铁路运输整车货物运费计算公式如下:

按重量计费:整车货物运费=(发到基价+运行基价×运价里程)×计费重量

按轴数计费：整车货物运费＝发到基价＋运行基价×轴数

【例 3-2】 沈阳发到大连原煤一车,使用一辆 60 吨的棚车装运。计算此次货物运输的运费。

【分析】 由于货物使用一辆 60 吨的棚车装运,故此批货物应按整车运输计算运费。计算运费的关键是确定计费里程、整车货物运价、计费重量和其他费用。

解：

① 经查《铁路货物运价里程表》,沈阳至大连的营运里程为 397 公里。

② 经查《铁路货物运输品名分类与代码表》,原煤的运价号为 4,对应的整车发到基价为 16.3 元/吨,运行基价为 0.098 元/(吨·公里)。

③ 由于整车货物每吨运价＝发到基价＋运行基价×运价里程,所以此次运输的运价为：$16.3+0.098×397=55.206$ 元/吨。

④ 整车货物运输时,一般按货车的标重计算运费,故本批货物的计费重量为 60 吨。

⑤ 经查,本次运输未经过电气化区段和新路区段,所以只收取铁路建设基金,具体为 $0.033×60×397=786.06$ 元。

由此可以得出本次货物的运费如下：

运费＝$55.206×60+786.06=4\,098.42=4\,098.4$ 元(不足 1 角,四舍五入)

(2) 零担货物

铁路运输零担货物运费计算公式如下：

零担货物每 10 千克运价＝(发到基价＋运行基价×运价里程)×计费重量/10

【例 3-3】 北京广安门站办理一批到满洲里的装饰材料 26 000 千克,与另一货主拼装一辆 40t 的棚车。计算托运这批装饰材料应收取的运费。

【分析】 由于该批装饰材料与另一批货物拼装,故此批货物应按零担运输计算运费。计算运费的关键是确定计费里程、零担货物运价、计费重量和其他费用。

解：

① 经查《铁路货物运价里程表》,北京至满洲里的营运里程为 2 115 公里,即此次运输的运价里程为 2 115 公里。

② 经查《铁路货物运输品名分类与代码表》,装饰材料的零担运价号为 22,对应的零担发到基价为 0.263 元/10 千克,运行基价为 0.001 4 元/(千克·公里)。

③ 由于零担货物每 10 千克运价＝发到基价＋运行基价×运价里程,所以此次运输的运价为：$0.263+0.001\,4×2\,115=3.224$ 元/10 千克。

④ 按照规定,本批货物的计费重量为 26 000 千克。

⑤ 经查,本次运输经过的电气化里程为 1 257 公里,新路区段里程为 2 115 公里。新路新价均摊运费率为 0.000 011 元/10(千克·公里),铁路建设基金费率为 0.000 33 元/10(千克·公里),电气化附加费不再单独收取,所以本次运输应收取的

新路新价均摊运费＝$0.000\,011×(26\,000/10)×2\,115=60.489$ 元

铁路建设基金＝$0.000\,33×(26\,000/10)×2\,115=1\,814.67$ 元

由此可以得出本次货物的运费如下：

运费＝$3.224×(26\,000/10)+60.489+1\,814.67=10\,257.559=10\,257.6$ 元(不足 1

角,四舍五入)

(3) 集装箱货物

铁路集装箱运费由基本运费、铁路集装箱货物装卸作业费用、集装箱货物运杂费和其他费用组成。其中集装箱货物运杂费包括过秤费、取送车费、铁路集装箱使用费和延期使用费、自备集装箱管理费、地方铁路集装箱使用费、货物暂存费等。

铁路运输集装箱货物运费计算公式如下：

$$集装箱货物每箱运价=(发到基价+运行基价\times 运价里程)\times 箱数$$

【例3-4】 从山东济南发哈尔滨站润滑油52吨,有两种方式可供选择：可用50吨车装运,或可用2个20英尺集装箱装运。铁路部门要求缴纳铁路建设基金,试确定哪种运输方式最合适。

【分析】 该批货物应分别计算整车运输和集装箱运输的运费,然后进行比较。

解：

整车运输：

① 经查《铁路货物运价里程表》,济南至哈尔滨的营运里程为1 614公里,即此次运输的运价里程为1 614公里。

② 经查《铁路货物运输品名分类与代码表》,润滑油的运价号为6号,发到基价为26.00元/吨,运行基价为0.138元/吨公里。

③ 按照规定,本批货物的计费重量为52吨

④ 经查,铁路建设基金费率为0.033元/吨公里

铁路建设基金$=0.033\times 52\times 1\ 614=2\ 769.624$元

⑤ 运费$=[26.00+(0.138\times 1\ 614)]\times 52+2\ 769.624=15\ 703.688$元$=15\ 703.7$元(不足1角,四舍五入)

集装箱运输：

选择20英尺集装箱2个,铁路建设基金费率为0.264元/箱公里,查运价率表,发到基价为440.00元/箱,运行基价为3.185元/箱公里

铁路建设基金$=0.264\times 2\times 1\ 614=852.192$元

运费$=[440+(3.185\times 1\ 614)]\times 2+852.192=12\ 013.372$元$=12\ 013.4$元(不足1角,四舍五入)

显然,从节省运费角度,应选择用20英尺集装箱装运。

(4) 铁路货运"一口价"

中国铁路总公司2013年推出了面向所有货运的"一口价"。铁路货运"一口价",是指对"门到门"货运服务全过程按照规定收取的所有费用。向客户的"一口价"包含全部费用(含全部运费、杂费、基金等)。报价不得低于运输成本,一口报价后不收取任何价外费用。

按照铁路货物运输的流程,"门到门"运输包括7个环节：一是上门取货装车；二是短途运输；三是发货站仓储装卸；四是铁路线上运输；五是到站仓储装卸；六是短途运输；七是送到门卸车。

以上环节对应的收费项目如下：

装卸费,对应环节是上门取货装车和送货到门卸车；

接取送达费,对应环节是短途运输;

铁路杂费,对应环节是发站到站;

铁路运费、铁路建设基金等,对应环节是铁路线上运输。

另外,上门装卸货物,门到站、站到门的接取送达等服务及收费,托运人可自愿选择。

铁路货运"一口价"分为两个部分,铁路运输的价格是发改委决定的,仓储费、装卸费、装卸加固等运杂费的价格原来由铁道部制定,现在则由铁路总公司制定。

目前"一口价"运费实施项目制管理分为两类。一类是"一口价新管内"项目,指铁路承运货物在局管内运输时,铁路局可以根据运输市场情况自主一口报价。另一类是"一口价新直通"项目,指大宗货物跨局运输时按照紧贴公路运输的市场定价方式,进行一口报价。

本章小结

铁路运输是现代运输的主要运输方式之一。目前在国际铁路货物运输方面,集中化、单元化和大宗货物运输重载化是各国铁路发展的共同趋势。本章主要从铁路运输发展概况,铁路货物运输设备与设施,铁路货物运输组织管理,包括铁路货物运输的种类、合同、单证以及铁路运费计算等方面展开阐述。

铁路货物运输基本知识包括线路、铁路机车和车辆、车站等内容。铁路货物运输种类,即铁路货物运输方式。按照我国铁路技术装备条件,现行的货物运输种类分为整车、零担和集装箱。本章详细说明了铁路货物运输作业中从货物发送、货物在途直至货物运达的内容,以及运输单证、合同管理、运费计算等内容。

复习与思考

1. 简述铁路运输的基本特点。
2. 铁路货物运输的基本条件是什么?
3. 简述铁路货物运输流程。
4. 铁路货物运输合同的特征是什么?
5. 铁路货物运输合同中对于托运人的权利和义务有何规定?
6. 铁路货物运单的作用有哪些?
7. 我国铁路货物运价制度的主体部分是什么?它包括哪些内容?

在线自测

案例分析

铁路货运市场的发展

随着公路道路网络的快速发展,公路运输因其灵活、便捷的特点,赢得了大量中短途货运客户。国际上,长距离运输煤炭、铁矿石等大宗货物,最主要的方式是铁路,可在我国却并非如此。过去10年,铁路货运量仅增加了11%,公路却猛增91%,公路在全社会货运量的占比也由47.1%攀升到78%。但公路成本高、能耗大、污染重,从能源角度看,用烧柴油的卡车来运输附加值低的煤炭"得不偿失",还会带来拥堵、污染等问题。

我国货物运输市场上对公路货运的过度依赖,不但影响了综合运输效率、推高了物流成本,也不利于环境治理和节能减排。而铁路运输因其运量相对集中、单位运量较大、环境协调性好的特点,相对于公路运输有着不可比拟的优势。但我国铁路长期以来的行业垄断,导致市场服务观念淡薄,铁路局物流企业由原铁路货代企业转型而来,多数服务还仅限于运输代理、保管、装卸搬运等传统货运业务,经营业态单一,不能提供集仓储、运输、货代、包装、装卸搬运、流通加工、配送、信息处理于一体的物流服务,尚未形成针对不同客户物流需求的系列产品,使得铁路局物流企业未能与市场紧密对接,与社会物流企业相比,服务水平较低。

2013年,中国铁道部政企分离后企业转型,成立中国铁路总公司。总公司成立后推出的首项改革就是铁路货运组织改革。改革的目的就是要实现铁路运输组织由原来的计划型向市场导向型转变,改革铁路运输管理和运行方法,提高质量和效益,加快建立符合市场经济要求的铁路运输管理体制和运行机制,全面参与现代物流竞争。

此次货运组织改革主要内容包括四个方面:

(1) 改革货运受理方式。通过简化手续、拓宽渠道,为广大客户提供最直接、最简便、最快捷的服务。所谓简化手续,就是取消货运计划申报、请求车、承认车等繁杂手续,客户只要提出运输需求,铁路客服人员就会直接帮助客户办理完成货运手续,客户无须再联系其他部门和人员。拓宽渠道是指客户可以选择电话、网络等多种方式联系发货。

(2) 改革运输组织方式。除了国家规定的有特殊运输限制的货物之外,铁路对各类货物敞开受理,随到随办。一是对大宗稳定货物,如煤炭、焦炭、石油、金属矿石等,通过协议运输方式给予运力保障;二是对其他货物,如工业机械、电子电器、农副产品、日用百货等,敞开受理,随到随办。根据客户的运输需求编制运输计划,及时安排装运,提高运输效率。

(3) 清理规范货运收费。一是要明确货运收费的项目、标准和条件。所有收费必须严格执行国家的运价政策,坚持依法合规收费,而且所有收费必须明码标价,公开透明。二是建立"一口价"收费机制,对与货运有关的收费,一口报价,一张货票核收,简单、明了、便捷。

(4) 大力发展铁路"门到门"全程物流服务。构建"门到门"接取送达网络,实现"门到门"全程"一口价"收费,推动铁路货运加快向现代物流转变。

为完成铁路货运组织改革目标,铁总还对其内部资源进行整合,对其直属的中铁快运、中铁集运两家货运公司进行改革。按照改革方案，原本配属两家公司的行李车、班列、仓库站场等资产将由地方路局收回，两家公司从运输经营职能转向运输管理职能。以中铁快运为例，原配属中铁快运的行李车、快运班列等资产划入属地铁路局，行李车组织运输工作由铁路局负责，中铁快运货车资产划归铁路总公司，中铁快运部分仓库场地也归属铁路局。中铁快运的行包运价管理权限和铁路行包代办点都将转归铁路局，不再承担经营、管理铁路行包运输业务，转变为托运人，主营"门到门"快运包裹业务，即在始发站和终点站的最后一公里业务。中铁快运改革后打造"高铁快递＋电商专列＋全程物流"新模式。

（1）以高铁快递作为公司战略转型踏板。目前，国内快件运输80%是公路运输，15%是航空，受到地域等限制，依靠铁路等其他形式的还不足5%。由于航空运输的过高成本及有限运量，公路运输相对高的成本及对环境的污染，高铁快递业务市场空间巨大。

（2）联手电商与快递公司开通电商专列。申通、顺丰、圆通、京东、当当网等电商班列客户的物流运输均得到不同程度的优化。随着电商铁路专列需求的强劲增长及公司进一步加强与中国铁路总公司、铁路局及站段协调配合，电商专列的运量将得到显著提升。

（3）从单一铁路运输向全程物流服务转变。目前，中铁快运正在着力整合实体物流网和"中铁快运网"（网上信息平台），充分利用"两网"叠加效应，为制造企业、商贸企业、电商物流企业等企业客户提供供应链物流全程服务，帮助企业做到零库存、按需配送的定制化物流服务水平，同时提供报价、保险、再包装、电子订单、货物追踪、签单返回、冷链箱、冷藏等一系列增值服务，为客户量身定做物流服务方案，不断丰富"站到站""站到门""门到门"等服务内容，以多样化的产品抢占市场，提升经济效益。

同时，铁总还积极落实国家"互联网＋"行动计划，实现互联网、云计算、大数据、物联网与铁路物流结合的战略举措。2015年4月10日中国铁路95306网正式上线，该平台将作为铁路货运互联网平台，大宗商品服务平台依托95306网站开展大宗商品信息、交易、物流等综合服务，是铁路拓展市场、强化营销、提升物流质量的重要手段，并将铁路95306网打造成全国最大货物运力池。

2018年9月，国务院办公厅印发了《推进运输结构调整三年行动计划（2018—2020年）》，提出将推进大宗货物运输"公转铁、公转水"作为主攻方向，力争通过三年时间，使铁路货运量较2017年增加11亿吨、增长30%，沿海港口大宗货物公路运输量减少4.4亿吨，到2020年实现全国货物运输结构明显优化，这为铁路货物运输的发展带来了新的机遇。

改变观念才能抓住机遇，对于铁路部门，只有不断加快铁路货运改革，加快干线、专用线铁路建设和改造，提高既有铁路综合利用效率，建立灵活的运价调整机制，才能从容应对压力，确保货运增量和运输结构调整目标如期实现；做好服务才能赢得客户，面对挑战，铁路部门要加强与公路运输的合作，缩短二次转运时间，提供门到门"一站式"服务，并"集中受理、优化装车"，实现市场、货源、车源等的一体化资源配置。

案例来源：人民网，http://www.people.com.cn.

思考题：

1. 中国铁路总公司货运组织改革的主要措施有哪些？
2. 中国铁路总公司应该如何抓住"公转铁"的机遇？

第4章 公路货物运输

本章关键词

公路运输(road transportation)
公路整车货物运输(road vehicle cargo transportation)
公路零担货物运输(road LTL cargo transportation)
公路包车运输(road charter transportation)
循环运输(loop transportation)
非等级公路运价(non-class highway freight rate)

互联网资料

http://www.moc.gov.cn/
http://www.taxchina.cn/
http://www.hc360.com/
http://www.ocn.com.cn/

> 公路运输是19世纪末随着现代汽车的诞生而产生的。初期主要承担短途运输业务。第一次世界大战结束后,基于汽车工业的发展和公路里程的增加,公路运输走向发展的阶段,不仅是短途运输的主力,并进入长途运输的领域。第二次世界大战结束后,公路运输发展迅速。欧洲许多国家和美国、日本等国已建成比较发达的公路网,汽车工业又提供了雄厚的物质基础,促使公路运输在运输业中跃至主导地位。发达国家公路运输完成的客货周转量占各种运输方式总周转量的90%左右。

4.1 公路货物运输概述

4.1.1 世界公路运输的概况

1. 发展历史

回顾历史,国外发达国家公路的发展大致都已经历了三个发展阶段,现正处于第四个发展阶段。

第一阶段从19世纪末到20世纪30年代,是各国公路的普及阶段。这期间随着汽车的大量使用,大多是在原有乡村大道的基础上,按照汽车行驶的要求进行改建与加铺路面,构成基本的道路网,达到大部分城市都能通行汽车的要求。

第二阶段从 20 世纪 30—50 年代,是各国公路的改善阶段。这期间由于汽车保有量的迅速增加,公路交通需求增长很快,各国除进一步改善公路条件外,都在考虑城市间、地区间公路的有效连接问题,着手高速公路和干线公路的规划,英、美、德、法等国都相继提出了以高速公路为主的干线公路发展规划,并通过立法,从法律和资金来源等方面给予保障。

第三阶段从 20 世纪 50—80 年代,是各国高速公路和干线公路高速发展阶段。这期间各国大力推进高速公路和干线公路规划的实施与建设,并基本形成以道路使用者税费体系作为公路建设资金来源的筹资模式,日本等国为解决建设资金不足等问题,还通过组建"建设公团"修建收费道路来促进高等级公路的发展。各国经过几十年的发展,已基本形成以高速公路为骨架的干线公路网,为公路运输的发展奠定了基础。

第四阶段为 20 世纪 80 年代末 90 年代初以来,是各国公路综合发展阶段。这期间各国在已经建成发达的公路网络的基础上,维护改造已有的路、桥设施和进一步完善公路网络系统,重点解决车流合理导向、车辆运行安全以及环境保护等问题,以提高公路网综合通行能力和服务水平。此外各国还特别重视公路环保设施的建设,在公路建设和运营过程中对环境和生态进行保护,如通过居民区的路段建设防噪墙等以减小汽车行驶噪声的影响,又如设置动物等专用通道,保证公路沿线动物的生活不受大的影响。

目前世界各国的公路总长度已超过 4 000 万公里,约 80 个国家和地区修建了高速公路,建成通车的高速公路已达 26 万多公里。

许多国家的高速公路已不再是互不连接的分散的线路,而是向高速公路网的方向发展,欧洲正将各国主要高速公路连接起来,逐步形成国际高速公路网。总之,当今世界公路基础设施的发展趋势是发达国家以完善、维护和提高现有路网和通行能力为主,发展中国家则是普及和提高相结合,在增加公路通车里程的同时,大力提高干线公路的技术水平。

2. 国外公路运输业的发展特点

概括地讲,国外公路运输业的发展具有以下主要特点:

(1) 公路运输行业少数规模很大的大企业与大量、分散的中小企业并存

国外发达国家在包裹运输、快件运输、零担运输以及城间客运等方面都有全国甚至国际范围的企业集团,主导着相关行业的发展。例如在城间客运方面,加拿大灰狗汽车客运公司(与美国灰狗公司无关)和美国灰狗汽车客运公司均为所在国唯一一家全国性的客运公司,其营运总收入分别占全国城间公共汽车营运总收入的 40% 和 70%,灰狗汽车客运公司在北美是家喻户晓。在包裹运输、快件运输方面,美国有 UPS 和 DHL 等大公司,澳大利亚有 TNT 等大公司,这些具有全国甚至国际化优势的运输集团均占据了当地绝大部分有关运输市场。而且少数大型企业规模仍逐步扩大,在上述诸领域越来越占据主导地位。

另外,由于公路运输市场的多样化,为大量分散的中小企业提供了很大的经营空间,特别是在区域运输、中短途运输、货物整车运输以及客运旅游和专车或包车运输等方面,

中小型企业由于机动灵活、一次性资本投入少、成本低等优势,仍发挥着十分重要和积极的作用。

(2) 公路运输进一步向着专业化方向发展

国外发达国家社会分工和运输需求进一步深化,促使公路运输市场细化,公路运输进一步向着专业化方向发展。许多汽车运输企业均按照专业化分工的要求建立起来,如专为搬家服务的搬家运输公司、专门运送汽车产品的汽车专运公司以及运输各类液体(油品、化工产品)和干散货的其他专运运输公司等。即使许多大型汽车运输企业,也根据专业化分工,划分成若干专业化的子公司,如澳大利亚 TNT 运输集团公司在澳大利亚本土有 40 多个各类专业化子公司,各子公司经营业务分别涵盖除传统整车、零担外的车辆租赁、信件、服装甚至花卉等业务。

(3) 汽车运输业正逐步向工商物流的全过程拓展

目前在发达国家,运输业者不断拓宽经营领域,由单一的运输服务向工商企业物流全过程渗透,为一些工厂或商业部门提供产品和货物的包装、储存、代发代销、组织运输等服务,因此越来越多的汽车运输企业从事各种物流社会化服务,以扩大市场提高自身的经济效益。

(4) 逐步扩大与其他运输方式的多式联运

国外公路与其他运输方式的多式联运,大大提高了运输中转的装卸效率,减少了货物的在途时间等,是一种先进的生产方式,因此得到了广泛的发展。联运一般采用集装箱和载车运输两种形式。

目前不少国家的集装箱运输是以铁路为主(国际集装箱运输则以海运为主),而以汽车作为接运工具。但在汽车运输较为发达的美国,集装箱陆上运输则以汽车运输为主,每年进出口约 700 万标准箱的国际集装箱运输中,有 2/3 由汽车转运,运距多在 800km 范围内。

载车运输,在铁路上叫"驮背运输",在水运上叫"滚装运输"。它是由牵引车直接将载货的半挂车拖(吊)上轮船或火车,到达港或站后,再由牵引车将载货的半挂车从车上或船上拖下,然后直接送到目的地。有资料表明,美国以"驮背运输"方式完成的货运量约占铁路货运总量的 1/3,公铁联运是近些年来美国铁路货运得以复苏、发展的一个重要因素。

(5) 运输组织与管理方法先进

在国外发达国家,大中型汽车运输企业为提高服务质量和管理水平,一般均广泛采用现代化通信和计算机技术作为运输组织和管理的手段。

在日常管理方面,一般都建立生产经营、车辆调度、保养维修、人事劳资、财务统计等方面的计算机管理信息系统,以提高工作效率和决策的科学性。在车辆调度方面,广泛采用车载通信技术,一些大公司甚至采用卫星通信以及 GPS 技术,以及时准确地掌握车辆动态,对车辆进行科学调度,减少空驶里程,提高运输效率。在运输服务方面,一些大公司利用条形码技术将货物的品名、规格、数量、收发货人及地点等信息输入计算机,通过 EDI 实现计算机异地信息的传输,建立起货物追踪系统,以便货主及时了解所托运货物的动态。

3. 载货汽车的发展特点

汽车是当代公路运输的主要工具。1880年世界上第一辆以汽油为动力的汽车问世,1908年福特"T"形轿车投入大规模工业化生产,自20世纪20年代以后,汽车得到广泛的使用。

目前世界汽车保有量超过10亿辆,截至2018年年底,美国汽车保有量超过2.78亿辆,我国汽车保有量达2.4亿辆,仅次于美国,居世界第二位。

(1) 载货汽车的构成向轻、重型车两极发展

国外发达国家载货汽车中,轻型车占有较大比重,一般在70%~80%,轻型汽车大多为私人用车,用于短途小件物品的运营等。为了提高运输效率,降低成本,汽车运输企业对重型货车的使用较为普遍。由于长途运输能够获得更大的商业利润,美国和欧洲出现承运汽车向重型车转移的趋势。但是,城区对重型货车使用的控制,促使商业区向城郊转移。在货物运送时,重型货车将货物运往城郊中转站,再由轻型货车将货物运往各商业网点。

(2) 重型载货汽车中,半挂车和汽车列车的使用十分广泛

为了提高运输效率,开展公铁、公水等多式联运,发达国家的运输公司广泛使用半挂车和汽车列车。在多式联运中实现驮背或滚装运输,以提高装卸效率和货物的送达时间。目前美国国内运输的汽车列车长的可达48~50英尺,载重量达40吨,挂车中半挂车约占90%,汽车运输企业牵引车与半挂车之比一般为1:2.5,城间约有90%的汽车货运量是以半挂车或汽车列车来完成。

(3) 载货汽车向着专用化的方向发展

专用车辆在国外发达国家载货汽车中占有相当大的比重。专用车辆包括各种厢式车、罐槽车、水泥车、家具搬运车、牲畜运输车、轿车运载车等。使用专用化的载货车辆,可以提高装卸效率,保证运输质量,节省包装材料,减少货损货差,为运输经营专业化提供有效的手段。在美国各种厢式车使用最为普遍,除零担货物外,部分整车货车、大量的易腐货物以及保鲜货物也均由厢式车或冷藏厢式车运输,汽车货运量的约70%是由厢式车辆来完成的。

(4) 汽车动力向柴油机化方向发展

在欧、美、日等国家载重汽车和大客车,特别是大型车辆愈来愈多地以柴油为动力。装用柴油机,可以提高发动机的热效率,提高燃油的经济性,降低对环境的污染等。在世界汽车工业中具有举足轻重地位的日本,2006年汽车保有量中柴油车与汽油车的比例分别为载货汽车53:47,大客车93:7,特种车84:16,小客车中也有6.12%的柴油车。

自20世纪20年代到现在,随着社会经济的发展,公路基础设施、车辆等运输条件的不断改善,以汽车运输为代表的现代公路运输已在经济发达国家交通运输体系中具有举足轻重的地位。

4.1.2 我国公路运输的发展概况

1. 我国公路运输的现状

公路在我国国民经济中发挥着重要作用。我国公路建设成绩显著,公路建设投资规模继续加大。截至 2019 年底,全年完成公路建设投资 21 895 亿元,比上年增长 2.6%。全国公路总里程达 501.25 万公里,路网结构进一步改善。其中,国道里程 36.61 万公里,省道里程 37.48 万公里。农村公路里程 420.05 万公里,其中县道里程 58.03 万公里,乡道里程 119.82 万公里,村道里程 242.20 万公里。全国四级及以上等级公路里程 469.87 万公里,比上年增加 23.29 万公里,占公路总里程的 93.7%。

2019 年底,全国拥有公路营运汽车 1 165.49 万辆,拥有载货汽车 1 087.82 万辆、13 587.00 万吨位,其中,普通载货汽车 489.77 万辆、4 479.25 万吨位,专用载货汽车 50.53 万辆、592.77 万吨位。牵引车 267.89 万辆,增长 12.7%;挂车 279.63 万辆,增长 12.4%。2019 年,全国营业性货运车辆完成货运量 343.50 亿吨、货物周转量 59 636.40 亿吨公里,比上年分别增长 4.2% 和 0.4%。

高速公路的网络化布局,为货运提供了有利的基础条件。我国在 2019 年底高速公路总里程达到了 14.96 万公里,超过美国居于世界第一。我国公路发展取得了巨大的成就,路网密度为每百平方公里 50.48 公里,已接近美国等发达国家,但从技术等级上讲,二级及以上等级公路里程 67.20 万公里,占公路总里程 13.4%,高级、次高级路面仅占 43%,而西方发达国家一般都在 60% 以上,甚至是 100%,我们和发达国家之间依然存在差距。

2. 我国公路运输的发展趋势

(1) 加强公路建设,特别是高速公路得到迅速发展

2004 年 12 月国务院通过了《国家高速公路网规划》。这是中国历史上第一个"终极"的高速公路骨架布局,同时也是中国公路网中最高层次的公路通道。《规划》的出台标志着中国高速公路发展进入了一个新阶段。

《国家高速公路网规划》采用放射线与纵横网格相结合的布局方案,形成由中心城市向外放射以及横贯东西、纵贯南北的大通道,由 7 条首都放射线、9 条南北纵向线和 18 条东西横向线组成,简称为"7918 网",总规模约 8.5 万公里,其中:主线 6.8 万公里,地区环线、联络线等其他路线约 1.7 万公里。

首都放射线 7 条:北京—上海、北京—台北、北京—港澳、北京—昆明、北京—拉萨、北京—乌鲁木齐、北京—哈尔滨。

南北纵向线 9 条:鹤岗—大连、沈阳—海口、长春—深圳、济南—广州、大庆—广州、二连浩特—广州、包头—茂名、兰州—海口、重庆—昆明。

东西横向线 18 条:绥芬河—满洲里、珲春—乌兰浩特、丹东—锡林浩特、荣成—乌海、青岛—银川、青岛—兰州、连云港—霍尔果斯、南京—洛阳、上海—西安、上海—成都、上海—重庆、杭州—瑞丽、上海—昆明、福州—银川、泉州—南宁、厦门—成都、汕头—昆明、广州—昆明。

此外,规划方案还包括辽中环线、成渝环线、海南环线、珠三角环线、杭州湾环线共 5

条地区性环线,2段并行线和30余段联络线。

国家高速公路网规划建成后,可以形成"首都连接省会、省会彼此相通、连接主要地市、覆盖重要县市"的高速公路网络。这个网络能够覆盖10多亿人口,直接服务区域GDP占全国总量的85%以上;实现东部地区平均30分钟、中部地区平均1小时、西部地区平均2小时抵达高速公路,客货运输的机动性将有显著提升。这一规划预计需要30年完成。

(2) 调整汽车吨位构成,向汽车列车化方向发展

我国中型车比重较高,重型车及轻型车比重较低。汽车吨位构成不合理。需要调整汽车吨位构成,使重型车、轻型车同中型车均衡发展。目前我国公路运输柴油货车的平均燃油单耗是4.6L/(100吨公里),汽油车为6.9L/(100吨公里)。用柴油车替代汽油车,可以降低油耗,减少排放。

(3) 开展多种运输方式

广泛开展专用汽车运输、拖挂运输。特别是专用车朝着大型化、专用化方向发展。如集装箱运输,大型厢式汽车、罐式汽车、大型冷藏汽车运输。汽车的拖挂运输可以提高载运量、节约燃料、降低成本。目前,一车一挂的汽车总重一般为32~42吨,一车两挂或三挂以上的汽车列车总重达60吨以上。

(4) ITS智能运输系统蓬勃发展

ITS智能运输系统采用先进的信息通信技术,形成人、车、路三位一体,从而大大提高道路交通的安全性和运输效率。

4.1.3 公路运输的特点

公路运输与其他运输方式相比,具有的特点:

(1) 优点:公路运输是一种机动灵活、简捷方便的运输方式,在短途货物集散运转上,它比铁路、航空运输具有更大的优越性,尤其在实现"门到门"的运输中,其重要性更为显著。尽管其他各种运输方式各有特点和优势,但或多或少都要依赖公路运输来完成最终两端的运输任务。例如铁路车站、水运港口码头和航空机场的货物集疏运输都离不开公路运输。

(2) 缺点:载重量小,不适宜装载重件、大件货物,不适宜走长途运输;车辆运行中震动较大,易造成货损货差事故,同时,运输成本费用较水运和铁路为高。

4.2 公路货物运输设备与设施

4.2.1 公路货物运输设备

公路货物运输车辆是具有独立原动机与载运装置,能自行驱动行驶,专门用于运送货物的非轨道式车辆。汽车由车身、动力装置、底盘3部分组成。车身包括驾驶室、车厢两部分。动力装置是驱动汽车行驶的动力源。底盘是车身和动力装置的支座。

汽车按行驶道路条件分为公路用汽车和非公路用汽车。前者是根据公路和城市道路

的要求设计的；后者是为矿区、土路等专用道路或无道路地区设计的，不受公路对汽车轴荷、外廓尺寸等规定的限制。汽车按所用动力装置主要分为汽油机汽车、柴油机汽车。此外，还有电动汽车、太阳能汽车等。在货物运输中使用的汽车种类很多，主要种类如下：

1. 普通货车

公路货物运输所承运货物，大多数为普通货物，因此这类货物通常采用普通货车进行运输。普通货车按载重量的不同分为轻型货车、中型货车和重型货车。

(1) 轻型货车。载重吨位在 2 吨以下，较多为低货台，人力装卸比较方便，主要用于市内运输、集货、配送和宅配运输等。

(2) 中型货车。载重吨位为 2~8 吨，主要用于市内运输，我国常用于城市与城市、城市与乡村之间的运输。

(3) 重型货车。载重吨位在 8 吨以上，主要用于长途干线的运输。

2. 厢式货车

厢式货车具有载货车厢，还具有防雨、隔绝等功能，安全性能好，能防止货物散失、被盗等；但由于自重较重，所以无效运输比例较高。主要种类有：

(1) 按货厢高度分为高货厢、低货厢两种。高货厢底座为平板，虽不大适合人力装卸，但车上堆垛没有障碍；低货厢的货台在车轮位置有凸起，影响装车。

(2) 按开门方式分为后开门式、侧开门式、两侧开门式、侧后开门式、顶开式和翼式。后开门式适用于后部装卸，方便手推车等进入装卸，货车后部与站台接近，占用站台少，有利于叉车装卸；侧开门式适用于边部叉车装卸，货车侧部与站台接近，占用站台长度较长；顶开式适用于吊车装卸；翼式适用于两侧同时装卸。

3. 专用车辆

专用车辆适用于装运某种特定的用普通货车或厢式货车装运效率较低的货物。这种车的通用性较差，往往只能单程装运，运输成本高。主要包括油罐车、冷藏车、洒水车、混凝土搅拌车等。随着经济的发展，专用汽车的品种和数量日益增多。经常使用的专用汽车有 500 余种，在工业发达国家，专用汽车的品种可达千种以上。

4. 自卸车

自卸车(图 4.1)是工矿企业和建筑工地用于装载散装原料、砂土并能使货箱自动倾翻卸货的汽车。这种车辆使运输与装卸有机结合，在没有良好的装卸设备的条件下，依靠车辆本身的附设设备进行装卸作业。例如，翻卸车、随车吊、尾部带升降板的尾板车等。

图 4.1 自卸车

5. 牵引车和挂车

(1) 牵引车

牵引车又称拖车，是专门用于拖挂和牵引挂车的。牵引车分为全挂式和半挂式两种。按照牵引车司机室的形式可以分为平头式和长头式两种。

① 平头式牵引车：优点是司机室短，视线好，轴距和车身短，转弯半径小；缺点是发动机位于司机座位下，司机受到机器振动的影响，舒适性较差。

② 长头式牵引车：优点是发动机和前轮布置在司机室的前面，舒适感较好，撞车时，司机较为安全，修理方便；缺点是司机室较长，整个车身长，回转半径较大。

(2) 挂车

挂车(图 4.2)本身没有发动机驱动，而是通过杆式或架式拖挂装置，由牵引车或其他的汽车牵引；挂车只有与牵引车或其他汽车一起组成汽车、列车，才能构成一个完整的运输工具。挂车结构简单，保养方便，并且自重小，在运输过程中使用挂车可以提高运输效率。挂车有半挂车、全挂车、轴式挂车和重载挂车等种类。

① 半挂车：挂车的总重量一部分由牵引车承受的称为半挂车。

② 全挂车：挂车的总重量由它自身承受的称为全挂车。

③ 轴式挂车：是一种单轴车辆，专用于运送长、大件货物。

④ 重载挂车：是一种大载重量的挂车，可以是全挂车，也可以是半挂车，专用于运输笨重的特大货物，其载货量可达 300 吨。

半挂车

全挂车

图 4.2　挂车

(3) 汽车列车

列车是由牵引车或单车拖带挂车或半挂车组成的车列，又称为汽车列车。根据牵引车和挂车的拖带方式不同，可分为以下三种(见图 4.3)。

① 半拖挂汽车列车

它是用牵引车来拖带半截集装箱的挂车。集装箱的重量由牵引车和挂车的车轴共同承担，故轴的压力较小；由于后车轴承担了部分集装的重量，故能得到较大的驱动力。这种挂车全长较短，便于倒车和转向。

② 全拖挂汽车列车

它是用牵引力杆架与挂车连接，牵引车本身可以作为普通载重货车使用，挂车亦可以用支腿单独支撑。

③ 双联拖挂汽车列车

它是在半拖挂方式后面再加上一个全挂车，实际上是牵引拖带两节底盘车。后一节挂车会摆动前进，应用较少。

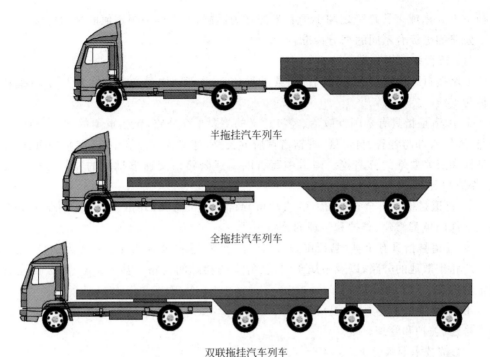

图 4.3 汽车列车三种拖带形式

4.2.2 公路货物运输设施

公路货物运输主要设施包括公路和货运站。

1. 公路

公路是一种线性工程构造物。它主要承受汽车荷载的重复作用和经受各种自然因素的长期影响。因此,对于公路的要求,不仅要有缓和的纵坡、平顺的线形,而且要有牢固可靠的人工构造物、稳定坚实的路基、平整而不滑的路面以及其他必要的防护工程和附属设备。

公路的基本组成部分包括：路基、路面、桥梁、涵洞、隧道、防护工程(护栏、挡土墙、护脚)、排水设备(边沟、截水沟、盲沟、跌水、急流槽、渡水槽、过水路面、渗水路堤)、山区特殊构造物(半山桥、路台、明洞)。此外,为了适应行车,还应设置行车标志、加油站、路用房屋、通信设施、附属工厂及绿化栽植等。

我国公路常用的路面主要有碎石路面、砾石级配路面、加固土路面、沥青表面处理路面、沥青灌入式路面、沥青碎石路面、沥青混凝土路面和水泥混凝土路面,不同的面层类型适合于不同等级的路面。

"桥隧"是桥梁、涵洞和隧道的简称,都是为车辆通过自然障碍(河流、山岭)或跨越其他立体交叉的交通线而修建的建筑物。桥梁和涵洞的共同点在于车辆在其上面行驶可跨越河流,一般桥梁的单跨径较涵洞大,总长较涵洞长。隧道与涵洞相似,但隧道主要用于穿越山丘,车辆是在隧道内行驶的。涵洞与桥梁是指按照《公路工程技术标准》规定,单孔跨径小于5米或多孔跨径之和小于8米的称为涵洞,大于这一规定值的称为桥梁。

公路的等级有不同的划分标准:

(1) 按行政等级分类

公路按行政等级分为国道、省道、县道和乡道,一般把国道和省道称为干线,县道和乡道称为支线。

① 国道是指具有全国性政治、经济意义的主要干线公路,包括重要的国际公路,国防公路,连接首都与各省、自治区、直辖市首府的公路,连接各大经济中心、港站枢纽、商品生产基地和战略要地的公路等。国道中跨省的高速公路由交通部批准的专门机构负责修建、养护和管理。

② 省道是指具有全省(自治区、直辖市)政治、经济意义,并由省(自治区、直辖市)公路主管部门负责修建、养护和管理的公路干线。

③ 县道是指具有全县(县级市)政治、经济意义,连接县城和县内主要乡(镇)、主要商品生产和集散地的公路,以及不属于国道、省道的县际间公路。县道由县、市公路主管部门负责修建、养护和管理。

④ 乡道是指主要为乡(镇)村经济、文化、行政服务的公路。乡道由乡(镇)人民政府负责修建、养护和管理。

(2) 按技术等级分类

公路按技术等级是根据公路的使用任务、功能和流量进行的划分,分为高速公路、一级公路、二级公路、三级公路和四级公路。

① 高速公路:全部控制出入、专供汽车在分隔的车道上高速行驶的公路。主要用于连接政治、经济、文化上重要的城市和地区,是国家公路干线网中的骨架。一般年平均每昼夜汽车通过量2.5万辆以上。

② 一级公路:为供汽车分向、分车道行驶,并部分控制出入、部分立体交叉的公路,主要连接重要政治、经济中心,通往重点工矿区,是国家的干线公路。一般年平均昼夜交通量为:四车道 15 000～30 000 辆;六车道 25 000～55 000 辆。

③ 二级公路:连接政治、经济中心或大工矿区等地的干线公路,或运输繁忙的城郊公路。一般能适应各种车辆行驶,二级公路一般年平均昼夜交通量为 3 000～7 500 辆。

④ 三级公路:沟通县及县以上城镇的一般干线公路,通常能适应各种车辆行驶。三级公路一般年限年平均昼夜交通量为 1 000～4 000 辆。

⑤ 四级公路:沟通县、乡、村等的支线公路。通常能适应各种车辆行驶,四级公路一般年平均昼夜交通量为:双车道 1 500 辆以下;单车道 200 辆以下。

2. 货运站

公路货运站是专门办理货物运输业务的汽车站,其主要任务是安全、方便、及时地完成货物运输生产作业。货运站的布局除了生产、生活用房外,主要是停车场的设置。大型汽车站还设有保养场、修理厂和加油站等,小型车站设有修车场和各级保养站。

(1) 货运站的分类

货运站可分为整车货运站、零担货运站和集装箱货运站三类。

① 整车货运站。主要经办大批货物运输,有的整车货运站也兼营小批货物运输。整

车货运站的作业包括托运、承运、受理业务、结算运费等。

② 零担货运站。专门办理零担货物运输业务,是进行零担货物作业、中转换装、仓储保管的营业场所。零担货运站的作业内容及程序是:受理托运、检货司磅、验收入库、开票收费、装车与卸车、货物交接、货物中转、到达与交付等。

③ 集装箱货运站。主要承担集装箱的中转运输任务,所以又称集装箱中转站。集装箱货运站的主要业务是:集装箱"门到门"运输与中转运输;集装箱适箱货物的拆箱、装箱、仓储和接取送达;集装箱的装卸、堆放和检查、清洗、消毒、维修;车辆、设备的检查、清洗、维修和存放;为货主代办报关、报检等货运代理业务。

(2) 货运站的主要功能

① 运输组织功能。主要包括承运货物的发送、中转、到达等作业,组织与其他运输方式的换装运输和联合运输及货物的装卸、分发、保管、换装作业,进行运力的调配和货物的配载作业,制订货物运输计划,进行货物运输全过程的质量监督与管理等工作。掌握货源信息和货流变化规律以及货源的分布、流向、流量、流时等,实现货物的合理运输。

② 中转换装功能。货运站应为货物中转和因储运需要而进行的换装运输提供服务。利用货运站内部装卸设备、仓库、堆场、货运受理点以及相应的配套设施,保证中转货物安全可靠地完成换装作业,及时地运送到目的地。

③ 装卸储存功能。货运站面向社会开放,为货主提供仓储、保管、包装服务,代理货主销售、运输所存储的货物,并在货运站场内进行各种装卸搬运作业,以利于货物的集、疏、运。

④ 多式联运和运输代理功能。货运站除从事公路货物运输外,还应与其他运输方式开展联合运输,充分发挥各种运输方式的特点和优势,逐步完善综合运输体系。货运站应通过交通信息中心和自身的信息系统,与其他运输方式建立密切的货物联运关系,协调地开展联合运输业务。运输代理是指货运站为其服务区域内的各有关单位或个体,代办各种货物运输业务,为货主和车主提供双向服务,选择最佳运输线路,合理组织多式联运,实行"一次承运,全程负责",达到方便货主,提高社会效益和经济效益的目的。

⑤ 信息功能。通过建立信息中心,使货运站与该地区有关单位,乃至与周围省、市,以及与全国各省、市、区的货运站场形成信息网络,从而获取和运用有关信息,进行货物跟踪、仓库管理、运输付款通知、运费结算、托运事务处理、发货事务处理和运输信息交换等。通过网络系统,使货运站与港口、码头等交通设施有机联系,相互衔接,实现联网运输与综合运输。同时面向社会提供货源、运力、货流信息和车、货配载信息等服务。

⑥ 综合服务功能。货运站除开展正常的货运生产外,还应提供与运输生产有关的服务,如为货主代办报关、报检、保险等业务,提供商情信息等服务,开展商品的包装、加工、展示等服务,代货主办理货物的销售、运输、结算等。

4.3 公路货物运输组织管理

公路运输主要是指使用各种车辆运输工具在公路上进行客、货运输的方式。随着我国公路建设速度的不断提高,公路运输成为实现"门到门"运输的最好的运输方式。于是,加强公路运输管理,灵活开展各种运输业务,对于提高运输质量和运输速度都有明显的好处。

4.3.1 公路货物运输的分类

1. 公路运输货物的分类

(1) 普通货物。货物在运输、装卸、保管中无特殊要求的,为普通货物。如沙子、石头、钢材、水泥、粮食等。普通货物又可细分为三等。例如,沙石、垃圾、炉渣等属于一等货物,粮食、棉花、文体用品等属于二等货物,瓜果蔬菜、水产品等属于三等货物。

(2) 特种货物。货物在运输、装卸、保管中需采取特殊措施的,为特种货物。特种货物在运输中必须采取相应措施或工艺,以确保货物的安全。特种货物又分为长大笨重货物、危险货物、贵重货物和鲜活易腐货物四种。

(3) 轻泡货物。货物每立方米体积重量不足 333 千克的,为轻泡货物。其体积按货物(有包装的按货物包装)外廓最高、最长、最宽部位尺寸计算。

(4) 禁运货物。禁运货物是指未经相关部门特别批准,国家交通部《汽车货物运输规则》禁止普通公路运输的货物。禁运货物包括以下 6 种:

① 贵重物品:货币、有价证券、金、银、珠宝、钻石、玉器、钥匙及高价值收藏物品如(字画、邮票等)严禁运输;

② 军用物品:各种枪支、雷管、导火索、炸药、子弹等物品严禁运输;

③ 计算机软件内存:媒介中存储的各类数据及信息严禁运输;

④ 烟制品:各种卷烟严禁运输;

⑤ 各种木材:必须提供木材准运证后方可承运,否则严禁承运;

⑥ 有毒有害物品:放射性、核材料、酸、碱性及腐蚀物品、剧毒物品严禁运输。

2. 公路运输的分类

公路运输有不同的分类方式,主要有以下几种:

(1) 按运输组织方法分类,分为零担货物运输、整车货物运输和集装箱运输三类。

① 托运人一次托运货物计费重量 3 吨及以下的,为零担货物运输。

② 托运人一次托运货物计费重量 3 吨以上或不足 3 吨,但其性质、体积、形状需要一辆汽车运输的,为整车货物运输。因货物的体积、重量的要求,需要大型或专用汽车运输的,为大型特型笨重物件运输。

③ 采用集装箱为容器,使用汽车运输的,为集装箱汽车运输。

(2) 按运输速度分类,可分为一般货物运输、快件货物运输和特快专运。

① 一般货物运输,即普通速度运输或称慢运。

② 快件货物运输,指在规定的距离和时间内将货物运达目的地,它要求运输部门要在最短的时间内将货物安全、及时、完好无损地送到目的地。快件零担货运是指从货物受理的当天 15:00 时起算:300 公里运距内,24 小时以内运达;1 000 公里运距内,48 小时以内运达;2 000 公里运距内,72 小时以内运达。

③ 特快专运,应托运人要求,采取即托即运,在约定时间内运达的运输方式。

(3) 按运输距离分类,可分为长途运输和短途运输。

① 长途运输,运输距离在 25 公里以上。

② 短途运输,运输距离在 25 公里及 25 公里以下。

4.3.2 公路货物运输基本作业管理

总体来讲,公路货运过程包括以下 3 个阶段。

(1) 准备阶段。包括组货、承运、理货、调派车辆和计费等作业。其主要任务是进行货源调查和预测,与发货人签订运输合同或协议,落实托运计划,做好运输生产前的商务工作,调派汽车驾驶员和车辆。

(2) 生产阶段。包括装货、车辆运行、卸货等作业。其主要任务是编制和执行汽车运行作业计划,组织货物装车、车辆运行和到达目的地后的卸货作业。

(3) 结束阶段。包括交货和结算运费等作业。其主要任务是与收货人办理货物交接手续,结清运杂费等。

本节主要就公路整车货物运输及零担货物运输,介绍其作业流程。

1. 公路整车货物运输作业流程

(1) 受理托运

受理托运是整车货物运输工作的第一个环节,这一环节要做好货物包装,确定货物重量,同时要办理相关单据事务。

① 货物包装。即做好待运输货物的外包装工作,同时在运输车辆上贴上货物的运输指示标志。

② 确定重量。运输货物质量分为实际质量和计费质量。货物重量的确定必须准确。货物重量是包含包装重量在内的毛重。

③ 办理单据。托运人向起运车站办理托运手续,填写货物托运单。

(2) 核算制票

发货人办理货物托运时,应按规定向车站缴纳运杂费,并领取承运凭证——货票。

(3) 组织装车

组织装车前对运输车辆进行技术检查和货运检查,确保运输安全和货物完好,同时充分利用车辆的车载重量和容积。

(4) 途中作业

货物在运输途中如发生装卸、换装、保管等作业,驾驶员之间、驾驶员与站务人员之间,还应认真办理交接检查手续。为了方便货主,整车货物还允许中途拼装或分卸作业,考虑到车辆周转的及时性,应对整车拼装或分卸工作进行严密组织。

① 途中货物交接。一般情况下交接双方可按货车现状及货物装载状态进行交接,必要时可按货物件数和重量交接,由交货方编制记录备案。

② 途中货物整理或换装。货物在运输途中发现有装载偏重、超重、撒漏等情况时,应对货物加以整理和换装,必要时调换车辆,同时登记备案。

(5) 到达作业

包括货运票据的交接,货物卸车、保管和交付等内容。整车货物一般直接卸在收货人仓库或者货场内,并由收货人自理。收货人确认卸下货物无误并在货票上签收后,货物交付即完毕。货物在到达地向收货人办完交付手续后,完成该批货物的全部运输过程。

2. 公路零担货物运输作业流程

(1) 受理托运

受理托运是零担货运作业中的首要环节。由于零担货运线路、站点较多,货物种类繁杂,包装形状各异,性质不一,因此受理人员必须熟知营运范围内的线路、站点、运距、中转范围、车站装卸能力、货物的理化性质及运输限制等一系列业务知识和有关规定。此外,托运站必须公布办理零担货运的线路、站点(包括联运站、中转站)、班期、里程和运价,张贴托运须知、包装要求及限运规定等。受理托运时,必须由托运人认真填写托运单,承运人审核无误后方可承运。

(2) 过磅起票

业务人员在收到零担货物托运单后,应及时验货过磅,并认真点件交接,做好记录。零担货物过磅后,连同"托运单"交仓库保管员按托运单编号填写标签及有关标志,并根据托运单和磅码单填写"零担运输货票",照票收清运杂费。各站零担货运营业收入,应根据零担货票填造"货运营业收入日报",向主管公司或主管部门报缴。

(3) 验收入库

零担仓库要有良好的通风、防潮、防火和照明设备,库房严禁烟火。露天堆放货物时,要有安全防护措施。把好仓储保管关,可以有效地杜绝货损货差。零担仓的货位,一般可划分为进仓待运货位、急运货位、到达待交货位和以线路划分货位,以便分别堆放。货物进出仓库要履行交接手续,持单验收入库和出库;要以票对货,票票不漏,做到票、货相符。

(4) 配载装车

① 按车辆的容载量和货物长短、大小、性质进行合理配载,填制配装单和货物交接清单。填单时应根据货物先远后近、先重后轻、先大后小、先方后圆的顺序填写,以便按次装车。对不同到达站和中转的货物要分单填制,不得混填一单。且配载时需注意:中转先运、急件先运、先托先运、合同先运的原则;对一张托运单和一次中转的货物,须一次运清,不得分送。凡是可以直达运送的货物,必须直达运送,必须中转的货物,应合理流向配载,不得任意增加中转环节。充分利用车辆的载重量进行轻重配装、巧装满装。认真执行货物混装限制规定,确保安全。加强预报中途各站的待运量,并尽可能使同站卸装的货物在吨位和容积上相适应。

② 各种随货单证,分附于交接单后面。

③ 按单核对货物堆放位置,做好标记。

④ 装车。完成上述准备工作后,便可装车。装车时,除按交接清单的顺序要求点件装车外,还要注意以下事项:将贵重物品放在防压、防撞的位置,保证其运输安全。货物装妥后,要复查货位,防止错装、漏装;确认无误后,驾驶员(或随车理货员)要清点随货单证并在交接单上签章。检查车辆关锁及遮盖捆扎等情况。

(5) 车辆运行

零担车必须按期发车,不得误班。如属有意或过失责任造成误班必须按章对责任人给予处罚。定期零担班车应按规定线路行驶。凡规定停靠的中途站,车辆必须进站,并由中途站值班人员在行车路单签证。行车途中,驾驶员(随车理货员)应经常检查车辆装载情况。如有异常情况,应及时处理或报请就近车站协助处理。

(6) 中转交接

卸货班车到站后,仓库理货员应会同驾驶员(或随车理货员)检查车载情况,检查运输途中有无异状,并作记录,然后按货物交接清单点交验收。如无异常,则由仓库理货员在"交接单"上签字,并加盖专用章;如发现异常情况,则应按下列情况分别处理:

① 无货时,双方签注情况后,在"交接单"上销号,将原单返回。

② 有货无单时,经查验标签,确系运到车站,应予收货,并填写收件内容,双方签章后,交起运站查补票据。

③ 货物到站错误时,由原车带回起运站或带至货物应到站。

④ 货物短缺、破损、受潮、污染和腐坏时,由到达站会同驾驶员(或随车理货员)验货,复磅签章后,填写"商务事故记录单",按商务事故处理程序办理。

零担货物的中转作业一般有三种方法:

① 全部落地中转(落地法)。全部落地中转是指将整车零担货物全部卸下交中转站入库,由中转站按货物的不同到站重新集结,另行安排零担货车分别装运,继续运到目的地。这种方法简便易行,车辆载重量和容积利用较好,但装卸作业量大,仓库和场地的占用面积大,中转时间长。

② 部分落地中转(坐车法)。部分落地中转是指由始发站开出的零担货车,装运有一部分要在途中某地卸下,转至另一路线的货物,其余货物则由原车继续运送到目的地。

这种方法的部分货物不用卸车,减少了作业量,加快了中转作业速度,节约了装卸劳力和货位,但对留在车上的货物的装载情况和数量不易检查清点。

③ 直接换装中转(过车法)。直接换装中转是指当几辆零担车同时到站进行中转作业时,将车内部分中转零担货物由一辆车向另一辆车直接换装,而不到仓库货位上卸货。组织过车时,既可以向空车上过,也可向留有货物的重车上过。

这种方法在完成卸车作业的同时完成了装车作业,提高了作业效率,加快了中转速度;但对到发车辆的时间等条件要求较高,容易受意外因素干扰而影响运输计划。

(7) 货物交付

货物交付是零担运输的最后环节。货物入库后,应及时用电话或书面通知收货人凭"提货单"提货,并作好通知记录;逾期提取的按有关规定办理。对预约"送货上门"的货物,则由送货人按件点交收货人签收。货物交付要按单交付,件检件交,做到票货相符。货物点交完毕后,应及时在提货单上加盖"货物交讫"戳记。

零担货运通常由多个运输企业(或站、点)连续作业才能完成,因此在零担运输作业的全过程中,每个环节都必须严格办理交接手续;否则就会产生手续不清、责任不明等问题。

4.3.3 公路货物运输单证管理

公路货物运输单据包括货物托运单、货票及运杂费结算单、行车路单等票据。

1. 货物托运单

货物托运单是托运人向运输单位提出运输要求，同时说明货物内容、运输条件和其他约定事项的一种原始凭证。货物托运单一般由承运方按照统一制式进行印刷，由申请运输托运方进行填写。托运单是发货人托运货物的原始依据，也是车站承运货物的原始凭证。单据规定了承托双方在货物运输过程中的权利、义务和责任。货物托运单载有托运货物的名称、规格件数、包装、质量、体积、货物保险价和保价值，发货人姓名和地址，货物装卸地点，以及承托双方有关货运的事项。车站接到发货人提出的货物托运单后，应进行认真审查，确认无误后办理登记。货物托运单由各类运输企业自行印制，虽然它们的外在表现形式各不相同，但包含的主体内容是一致的。

2. 货票

发货人办理货物托运时，应按规定向车站交纳运杂费，并领取承运凭证——货票。货票是一种财务性质的票据，是根据货物托运单填写的。在始发站是向发货人核收运费的收费依据，在到站是收货人办理货物交付的凭证之一。货票也是企业统计完成货运量，核算营业收入及计算有关货运工作指标的原始凭证。始发站在货物托运单和货票上加盖承运日期之时即算承运，承运标志着企业对发货人托运的货物开始承担运送义务和责任。如表 4.1 所示。

表 4.1 公路货物运输货票

××省汽车运输货票

托运人：				车属单位：						牌照号：
装货地点						发货人		地址		电话
卸货地点						收货人		地址		电话
运单或货签号码				计费里程		付款人		地址		电话
货物名称	包装形式	件数	实际重量（吨）	计费运输量	吨公里运价			运费金额	其他费收		运杂费小计
					吨公里	货物等级	道路等级	运价率		项目	金额	
										装卸费		
运杂费合计金额（大写）											
备注								收货人签收盖章			

开票单位（盖章）： 　　　　　　　　　　　　　　开票人：

承运驾驶员： 　　　　　　　　　年　　月　　日

说明：1. 本货票适合所有从事营业性运输的单位和个人的货物运输费结算；
2. 本货票共分4联：第一联(黑色)存根；第二联(红色)运费收据；第三联(浅蓝色)报单；第四联(绿色)收货回单经收货人盖章后送车队统计。

3. 行车路单

行车路单是货物运输营运车辆从事运输生产的凭证,它是企业调度机构代表企业签发给汽车驾驶员进行生产的指令。行车路单的管理采用"分工协作"的方法,即由企业的计划统计部门、业务调度部门、物资供应部门与车队、车站领导共同负责。计划统计部门负责行车路单的印制、发放,对路单所包含的内容进行设计和规定填写要求,计算工作量及运行消耗和各项经济技术指标;调度部门主要进行行车路单的签发,车队完成任务后,车队调度员进行审核;车队的车辆驾驶员负责对行车的路线进行记录,作为整个货物运输过程的凭证;车站领导按照行车路单的记录对车辆的行驶线路进行审核。

行车路单的管理必须做到以下两点:

(1) 行车路单必须严格按顺序号使用,要采取有效措施防止空白路单的丢失;

(2) 行车路单的记录必须按要求填准、填全,车队调度员对交回路单的各项记录负初审责任。

4.3.4 货物运输组织形式

1. 公路合同运输

合同运输一般是指公路运输企业根据运输合同组织的货物运输,它是实行责任运输和计划运输的一种行之有效的运输组织形式,为世界各国普遍采用。实行合同运输可以明确签订合同的承运人和托运人(包括收货人)的权利、义务和责任,保障当事人的合法权益,简化托运手续,维护运输秩序,组织合理运输,提高经济效益。对托运人,有利于掌握运输数量和时间,有计划地安排生产活动;对承运人,有利于编制科学的运输生产计划,合理调度车辆,组织均衡生产,提高运输生产效率,保证运输质量,提高经营管理水平。

公路运输企业为组织好合同运输,应对经营范围内的运输市场进行调查,确切地了解货物流量、流向、流时及运输距离。定期运进原料、运出产品的厂矿企业和均衡调进、调出物资的商业等单位适宜采用合同运输。运输合同是依法签订的书面协议,具有法律效力。

运输合同规定的托运人和承运人的权利、义务和责任,双方必须遵守。运输合同的内容随合同运输的种类不同而有所不同,主要内容有运输量、货物品类及包装标准、运输时间、起运和到达地点、装卸责任及方法、交接手续及办法、计费标准及结算方式、运输质量要求及保障安全的措施、违约及货损赔偿处理等。

合同运输根据合同的时效可分为长期合同运输、短期合同运输和临时合同运输。长期合同运输一般是按双方签订的年度运输合同组织运输;短期合同运输是指季度、月度的合同运输;临时合同运输是一个或几个运次可以完成的合同运输。此外,汽车运输企业还可以同铁路、水路等其他运输方式的经营单位订立协议,共同作为承运人同托运人签订运输合同,组织联运,这种合同称联运合同。货物的起运、中转、交付由各运输企业实行责任运输。

2. 公路集中运输

在公路运输中组织集中运输是指由一个公路运输企业把货物从一个发货点(车站、码头、仓库等)运往许多收货点,或从许多发货点运往一个收货点的一种公路货物运输组织形式。实行集中运输前,各收发货单位自行派人派车取送货物,经常造成车辆亏载或空驶,且常因车辆到发集中,等待装卸时间长,甚至造成道路堵塞,以致浪费了运力和人力。

实行集中运输,由发货单位负责装货,运输单位负责货物的运输和交接(由驾驶员完成),收货单位负责卸货。收、发货单位不必派人取、送货物,节省了人力。实行集中运输可以加强货运的计划性,便于统一调度车辆,组织循环运输,减少空驶,提高运输效率,从而减少车辆的需要量,加快货物运达速度,降低运输成本,并为使用汽车列车、专用运输汽车和装卸机械创造了条件。

3. 公路循环运输

公路运输的循环运输是指载货汽车沿环形路线运行的运输,是提高汽车行程利用率的一种行车组织方法。

载货汽车承担较多的货运业务时,行驶路线可分为往复式和循环式两种。汽车重复行驶于两点之间的路线称为往复式(又称摆式)行驶路线;汽车行驶于两个以上的装货点和卸货点构成的环形路线称为循环式行驶路线。在往复式路线上,当汽车一程(指一个行程)不载货时,若不计收发车的进出场空驶,则行程的一半是空驶,即行程利用率仅为50%。在市内短途货物运输的装、卸点很多的情况下,调度部门在编制汽车运行作业计划时,可组织车辆沿循环式路线行驶,即实行循环运输。

组织循环运输,一般可按经验就近调拨空车,或利用线性规划方法求出空车调拨的最优方案,据以编制汽车运行作业计划,以减少车辆空驶,提高行程利用率,从而充分发挥车辆运输效率,节约运力,降低运输成本。

4. 公路零担运输

零担货物运输的特点是:货物批量小,品种繁多,站点分散,运输组织要求严密。公路运输企业开展汽车零担货物运输业务,需要选择合理的零担货运路线,建立相应的零担货运站,确定运行周期,开行零担货运班车。

零担货运路线一般以城市为中心,或以铁路、水路的重点站港为枢纽,通往周围集散货物的乡镇。公路零担货运站是公路零担货物的集散点,设有与货流量相适应的储货仓库、装卸机具和商务、理货、装卸人员。公路零担货运站分为普通零担货运站、中转联运站、危险货物零担货运站等。零担货运班车一般采用专用载货汽车,定线、定站、定期运行。班期时间依据零担货物的流量和零担货运车辆的载重量确定,一般分为每日班、隔日班、三日班、五日班、十日班等。

公路零担货物运输的组织形式,主要分为固定式零担运输和非固定式零担运输两种。

(1) 固定式零担运输

固定式零担运输是类似客运班车的一种运输组织形式,也叫"四定运输",即定线路、定班期、定车辆、定时间,通常又称为汽车零担货运班车(简称零担班车)。零担班车一般是以营运范围内零担货物流量、流向及货主的实际要求为基础组织运行。运输车辆主要以厢式专用车为主。零担班车包括3种营运组织形式:直达式零担班车、中转式零担班车和沿途式零担班车。

① 直达式零担班车。直达式零担班车是指在起运站将多个托运人托运的同一到站

且可以配载的零担货物装在同一车内,直接送达目的地的一种零担班车。这种形式可加快零担货物的送达速度,避免中转换装作业,确保货物完好并节省中转费用,效果较好,在组织零担货物运输时应尽可能地利用这种形式,但它受到货源数量、货流及行政区域的限制,如图 4.4 所示。

图 4.4　直达式零担班车

② 中转式零担班车。中转式零担班车是指在起运站将多个托运人托运的同一线路、不同到达站,且允许配装的零担货物装在同一车内运至规定中转站,卸后复装,重新组织成新的零担班车运往目的地的一种零担班车。这种零担运输形式对运量零星、流向分散的零担货物的运输很适用,符合零担货物的特点,但耗费的人力、物力较多,作业环节也较复杂,还涉及中转环节的理货、堆码、保管等作业,中转站必须配备相应的仓库等作业条件,确保货物及时、安全、准确地到达目的地,如图 4.5 所示。

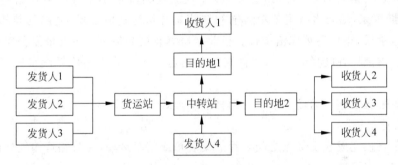

图 4.5　中转式零担班车

③ 沿途式零担班车。这种形式类似城市公交运输,它是指在起运站将多个托运人托运的同一线路不同到达站且允许配装的零担货物装在同一车内,在沿途各计划停靠站卸下或装上零担货物继续前进,直至抵达终点站的一种零担班车。这种方式组织工作较为复杂,车辆在途中运行时间较长,但它能更好地满足沿途各站点的需要,能充分利用车辆的载重和容积,是一种不可或缺的零担班车组织形式,如图 4.6 所示。

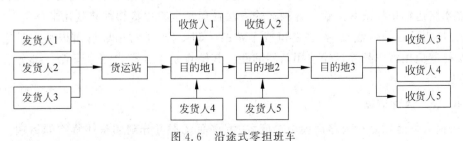

图 4.6　沿途式零担班车

(2) 非固定式零担运输

非固定式零担运输是指按照零担货流的具体情况,根据实际需要,临时组织而成的运输形式。该运输形式可以作为零担货运班车的补充,但由于这种组织形式缺少计划性,只适宜在新辟零担货运线路或季节性零担货运线路上使用。例如,在尚未开行零担货运班车的运输线路上,当受理托运的零担货物达到一定数量时,可组织不定期的一次性零担货物运输。

公路运输企业在承办公路零担货运或其与铁路、水路、航空等运输方式实行零担货物联运时,通常实行起点站受托、一次托运、一次收费、中转站换装、到达站交付的运输办法和全程运输责任制。为便于零担货物的托运,汽车运输企业一般为托运者提供电话托运、信函电报托运、上门装货、送货到家、代办包装等多种服务形式。

5. 公路集装箱及整车运输

公路集装箱运输是把货物装在集装箱内用汽车载运的一种现代化公路货物运输形式。这种运输形式是第一次世界大战后出现的。20世纪60年代以后在许多国家得到迅速的发展。在日本及欧洲的许多国家里,公路集装箱运输的运量已占陆上集装箱运输总运量的80%~90%。

我国的公路集装箱运输是20世纪50年代为铁路接运小型集装箱开始的。20世纪70年代末期以来,随着水路集装箱运输和铁路集装箱运输的发展,公路集装箱运输作为它们的接运手段,运量逐年成倍增长。目前港口集装箱的集疏运主要依靠公路运输,铁路集疏运量仅占港口吞吐量的1%,而铁路集装箱运量大部分也要依靠汽车完成"门到门"运输的。

公路集装箱及整车运输一般可有两种组织形式。

(1) 直达运输

由汽车直接完成收发货点之间全程的集装箱或整车运输,在公路运输发达的国家,这种运输形式发展迅速。

(2) 联运及载车运输

公路集装箱及整车运输可作为集装箱联运的组成环节,为水路集装箱运输和铁路集装箱运输接运、集散货物。当公路集装箱及整车运输作为联运组成环节时,会使用到联运中的载车运输这种组织形式。

载车运输是用牵引车将装有集装箱或整车货物的半挂车拖上船舶或铁路货车,半挂车被送到指定港站后,再另用牵引车拖下,运往目的地。载车运输在铁路运输中称驮背运输,在水路运输中称滚装运输。这种运输方法在运输全程中货物都装载在半挂车上,既能保持公路直达运输的优点,省去港口或车站的装卸工作,不占用堆场面积和及时集散货物,又能避免用汽车长途运输费用高的问题。其缺点是半挂车占用了车船一部分有效运载能力。

6. 公路大件运输

公路大件运输是指公路运输中对庞大、沉重而又不可分割的整体货物的运输。大件在体积和重量上超过普通载货汽车容许的装载容积和重量,并超过公路线形和桥涵通过能力的规定限界,运输时需要采取一定的工程技术和运输组织措施。

随着现代大工业的发展,化工、石油、冶金和电力等工业所用设备的体积和重量日益增大,一件设备往往重达百吨到几百吨,宽高可达五六米,长可达几十米,甚至更多。这类大件的长途运输,有些可以利用水路运输或铁路运输,在没有水路或铁路的地区,或者由于水路运输受航道深度和桥梁净空等限制,铁路运输受隧道、桥梁、车站限界等限制,因而不得不利用限制条件较少、困难易于克服的公路运输;而且几乎所有水路和铁路大件运输的目的地,距离码头或铁路车站的这段路程最终也要由公路运输来完成。公路大件运输通常利用超重型汽车列车组织实施。

运输大件,因车货总重、外廓尺寸等超过公路规定限界,需要向有关交通管理部门申报,采取必要的工程技术和运输组织措施。运输前,要查清所运大件的重量、尺寸、重心和支点位置,配备相应的车辆,落实所经路段、桥涵的承载能力,公路宽度、弯道半径、纵坡、路拱的几何尺寸,立交和隧道等结构物的净空限界,公路上空电线和两侧的障碍物等情况,制订运输方案。对于不适于超重型汽车列车通过的路段要改建,桥涵要加固,障碍要排除,或者采取临时措施,如绕道行驶、搭建便桥、修建便道等。对于重量和尺寸特殊的大件,必要时应先进行行车模拟试验,以检验所经公路能否通过。实际运输时,交通管理部门要事先向群众公告,并临时分段封闭交通,由指挥车、高空架线车等开道,以排除各种干扰和上空障碍。通过大城市时,还可根据情况安排在夜间运输,以减少对城市正常交通的影响。

7. 公路包车运输

公路包车运输是指公路运输企业根据用户确定的路线、里程或时间提供汽车载运旅客或货物的业务。按行驶里程包用汽车称为计程包车;按使用时间包用汽车称为计时包车。

公路包车运输是发挥公路运输机动灵活特点的一种运输组织形式。货物包车运输主要是计时的,多发生在货物重量、运距不易准确预计,货物性质或道路条件限制使车辆不能按正常速度行驶,或者装卸次数多、时间过长等情况下;货物计程包车则多发生在货物的性质对运输有特殊要求的时候。计程包车和计时包车,都以包用整车为原则,不论汽车是否满载,均按汽车的核定装载能力(吨位、座位)计费。

货物包车运输的计费里程包括自装货点至卸货点(多点装卸为第一个装货点至最后一个卸货点)的实际有载运输里程和由车站(库)至装货点及由卸货点至车站(库)的空驶装卸里程。空驶装卸里程计费标准一般比运输里程低。

计时包车用车时间由包车单位确定。用车时间指由车辆到达包车单位指定地点起至完成任务时止的时间,其中车辆故障修理和驾驶员用餐等停歇时间及其他承包方责任延续时间应予扣除。整日包车,一日按8h计算,实际使用时间超过8h的按实际使用时间计算。计时包车一日实际行驶里程超过一定限额时,有的改按计程包车核收费用。

4.4 公路货物运费计算

公路货物运费包括运费和其他费用。运费是指公路承运人在运输货物时依照所运货物的种类、重量、运送距离而收取的费用,它是公路货物运输费用的重要组成部分。其他费用也称杂费，主要是指包括装卸费在内的公路货物运输过程中产生的相关费用。公路货物运输包含整车运输、零担运输、集装箱运输以及计时包车货物运输，不同的运输方式，其运输费用计算方式不同。

4.4.1 公路货物运费分类

1. 基本运价

以普通中型吨位车辆在正常营运路线从事长途整车运输一等货物的运价为基本运价。基本运价分为整批货物基本运价、零担货物基本运价和集装箱基本运价三种。

（1）整批货物基本运价，指整批一等普通货物在等级公路上运输的每吨千米运价。

（2）零担货物基本运价，指零担普通货物在等级公路上运输的每千克千米运价。

（3）集装箱基本运价，指各类标准集装箱重箱在等级公路上运输的每箱千米运价。

2. 普通货物运价

我国将公路运输的普通货物，根据各类货物运输组织工作的难易程度不同，分为一等货物、二等货物和三等货物三个等级，并实行分等计价。以一等货物为计价基础，二等货物加成15%，三等货物加成30%。

3. 特种货物运价

特种货物运价分为长大笨重货物运价，危险货物运价和贵重、鲜活货物运价三种。

（1）长大笨重货物运价

① 一级长大笨重货物运价在整批货物基本运价的基础上加成40%～60%。

② 二级长大笨重货物运价在整批货物基本运价的基础上加成60%～80%。

（2）危险货物运价

① 一级危险货物在整批（零担）货物基本运价的基础上加成60%～80%。

② 二级危险货物在整批（零担）货物基本运价的基础上加成40%～60%。

（3）贵重、鲜活货物运价

贵重、鲜活货物运价在整批（零担）货物基本运价的基础上加成40%～60%。

4. 特种车辆运价

按车辆的不同用途，在基本运价的基础上，加成计算。但如同时运用特种车辆运价和特种货物运价两个价目时，不得同时加成计算。

5. 非等级公路货物运价

非等级公路货物运价在整批（零担）货物基本运价的基础上，加成10%～20%。

6. 吨（箱）次费

吨次费：对整批货物运输在计算运费的同时，按货物重量加收吨次费。吨次费由运输管理部门确定，运距在25千米以内吨次费为3元，25千米以上的，每15千米递减0.20元，且递减到235千米为止，即运距超过235千米，不计吨次费。

箱次费：对公路集装箱运输在计算运费的同时，加收箱次费。箱次费按不同箱型分别确定。

7. 快运货物运价

快运货物运价按计价类别在相应运价的基础上加成计算。

8. 集装箱运价

(1) 标准集装箱运价。标准集装箱重箱运价按照不同规格箱型的基本运价执行,标准集装箱空箱运价在标准集装箱重箱运价的基础上减成计算。

(2) 非标准集装箱运价。非标准集装箱重箱运价按照不同规格的箱型,在标准集装箱重箱运价的基础上加成计算,非标准集装箱空箱运价在非标准集装箱重箱运价的基础上减成计算。

(3) 特种集装箱运价。特种集装箱运价在箱型基本运价的基础上按照装载不同特种货物的加成幅度加成计算。

9. 包车运价

包车运价按照不同的包用车辆分别制定。

10. 出入境汽车货物运价

出入境汽车货物运价,按双边或多边出入境汽车运输协定,由两国或多国政府主管机关协商确定。

4.4.2 公路货物运输的其他费用

(1) 调车费。应托运人要求,车辆调出所在地而产生的车辆往返空驶,应计收调车费。

(2) 延滞费。车辆按约定时间到达约定的装货或卸货地点,因托运人或收货人责任造成车辆和装卸延滞,应计收延滞费。

(3) 装货(箱)落空损失费。应托运人要求,车辆开至约定地点装货(箱)落空造成的往返空驶里程,按其运价的50%计收装货(箱)落空损失费。

(4) 排障费。运输大型特型笨重物件时,因对运输路线的桥涵、道路及其他设施进行必要的加固或改造所发生的费用,称为排障费。排障费由托运人负担。

(5) 车辆处置费。应托运人要求,运输特种货物、非标准箱等需要对车辆改装、拆卸和清理所发生的工料费用,称为车辆处置费。车辆处置费由托运人负担。

(6) 检验费。在运输过程中国家有关检疫部门对车辆的检验费以及因检验造成的车辆停运损失,由托运人负担。

(7) 装卸费。由托运人负担。

(8) 通行费。货物运输需支付的过渡、过路、过桥、过隧道等通行费由托运人负担,承运人代收代付。

(9) 保管费。货物运达后,明确由收货人自取的,从承运人向收货人发出提货通知书的次日(以邮戳或电话记录为准)起计,第4天开始核收货物保管费;应托运人的要求或托运人的责任造成的需要保管的货物,计收货物保管费。货物保管费由托运人负担。

(10) 道路阻塞停车费。汽车货物运输过程中,如发生自然灾害等不可抗力造成的道路阻滞,无法完成全程运输,需要就近卸存、接运时,卸存、接运费用由托运人负担。

(11) 运输变更手续费。托运人要求取消或变更货物托运手续,应收变更手续费。

4.4.3 公路货物运费计算步骤

1. 确定计费重量

(1) 计量单位。

① 整批货物运输以吨为单位(零担货物计费重量吨以下计至 100 千克,不足 100 千克的,四舍五入);

② 零担货物运输以千克为单位(零担货物起码计费重量为 1 千克。重量在 1 千克以上,尾数不足 1 千克的,四舍五入);

③ 集装箱运输以箱为单位。

(2) 计费重量的确定。

① 一般货物。

整批、零担货物的计费重量均按毛重(含货物包装、衬垫及运输需要的附属物品)计算。货物计费重量一般以起运地过磅重量为准。起运地不能或不便过磅的货物,由承、托双方协商确定计费重量。

② 轻泡货物。

整批轻泡货物的计费重量按车辆标记吨位计算。零担运输轻泡货物以货物包装最长、最宽、最高部位尺寸计算体积,按每立方米折合 333 千克计算其计费重量。

③ 包车运输的货物。

按车辆的标记吨位计算其计费重量。

④ 散装货物。

如砖、瓦、砂、石、土、矿石、木材等,按体积由各省、自治区、直辖市统一规定的重量换算标准计算其计费重量。

⑤ 托运人自理装车的货物。

按车辆额定吨位计算其计费重量。

⑥ 统一规格的成包成件货物。

根据某一标准件的重量计算全部货物的计费重量。

⑦ 接运其他运输方式的货物。

无过磅条件的,按前程运输方式运单上记载的重量计算。

⑧ 拼装分卸的货物。

按最重装载量计算。

2. 确定货物等级

确定货物属于普通货物还是特种货物,在普通货物中属于一等、二等还是三等,在特种货物中属于长大笨重货物、危险货物还是贵重鲜活货物,从而确定其运价。

3. 确定计费里程

(1) 计费里程的单位。

公路货物运输计费里程以公里为单位,尾数不足 1 公里的,进整为 1 公里。

(2) 计费里程的确定。

① 货物运输的计费里程,按装货地点至卸货地点的实际载货的营运里程计算;营运里程以省、自治区、直辖市交通行政主管部门核定的营运里程为准,未经核定的里程,由承、托双方商定。

② 同一运输区间有两条(含两条)以上营运路线可供行驶时,应按最短的路线计算计费里程或按承、托双方商定的路线计算计费里程。

③ 拼装分卸的货物,其计费里程为从第一装货地点起至最后一个卸货地点止的载重里程。

④ 出入境汽车货物运输的境内计费里程以交通主管部门核定的里程为准;境外里程按毗邻国(地区)交通主管部门或有权认定部门核定的里程为准。未核定里程的,由承、托双方协商或按车辆实际运行里程计算。

⑤ 因自然灾害造成道路中断,车辆需绕道而驶的,按实际行驶里程计算。

⑥ 城市市区里程按当地交通主管部门确定的市区平均营运里程计算;当地交通主管部门未确定的,由承、托双方协商确定。

4. 确定计时包车货运计费时间

(1) 计时包车货运计费时间以小时为单位,起码计费时间为 4 小时;使用时间超过 4 小时,按实际包用时间计算。

(2) 整日包车,每日按 8 小时计算;使用时间超过 8 小时,按实际使用时间计算。

(3) 时间尾数不足半小时的舍去,达到半小时的进整为 1 小时。

5. 公路运费计算

(1) 整批货物运费的计算公式。

整批货物运费(元)=吨次费(元/吨)×计费重量(吨)+整批货物运价(元/吨公里)×计费重量(吨)×计费里程(公里)+货物运输其他费用(元)

吨次费=吨次费率×计费重量

吨次费是整批货物运费计算时,按货物重量加收的费用。

(2) 零担货物运费计算公式。

零担货物运费(元)=计费重量(千克)×计费里程(公里)×零担货物运价(元/千克公里)+货物运输其他费用(元)

(3) 集装箱运费计算公式。

重(空)集装箱运费(元)=重(空)箱运价(元/(箱·公里))×计费箱数(箱)×计费里程(公里)+箱次费(元/箱)×计费箱数(箱)+货物运输其他费用(元)

箱次费=箱次费率×计费箱数

箱次费是在计算公路集装箱运费时,按不同箱型分别加收的费用。

重箱运价按照不同箱型的基本运价执行,空箱运价在标准集装箱重箱运价的基础上减成计算。

一般,集装箱运价高于整车运价,但低于零担运价。

（4）包车运费的计算公式。

包车运费(元)＝包车运价(元/吨小时)×包用车辆吨位(吨)×计费时间(小时)＋货物运输其他费用(元)

（5）其他费用计算公式。

装卸费＝装卸费率×毛重×装卸次数

返程空驶调车费＝基本运费×调车费率

保价费＝保价费率×货物价值

将上述各项费用相加，就是公路运输费用总额，尾数以元为单位，不足1元时四舍五入。

【例4-1】 零担运输运费计算

某公司欲将一批仪器设备由北京发往上海，这批设备的总重量为2 867.8千克，另外，这批货物的货值为2.5万元，该公司希望为货物进行保价运输，保价费率为3‰，请计算总运费。

经查中国交通部核发的《中国交通营运里程图》，北京至上海的营运里程为1 243公里。按照规定，当前的零担运输指导价为0.46(元/吨公里)，另外，经查"公路普通货物运价分等表"，机器设备属于三等货物，因此，其运价为0.46×(1＋30％)＝0.598(元/吨公里)。经双方商定，按运价的50％收取返程空驶调车费。

分析 由于货物的重量小于3吨，故此批货物的运输属于零担运输。由于零担货物运费(元)＝计费重量(千克)×计费里程(公里)×零担货物运价(元/千克公里)＋货物运输其他费用(元)，因此，计算运费的关键是确定计费重量、计费里程、零担货物运价和其他费用。

解：（1）本批货物的重量为2 867.8千克，按照零担运输计费重量的规定，本批货物的计费重量为2 868千克。

（2）本次货物的基本运费＝2 868×1 243×(0.598/1 000)＝2 131.82＝2 132(元)（以元为单元，四舍五入）

（3）本批货物的返程空驶调车费为2 132×0.5＝1 066(元)。

（4）保价费为25 000×0.003＝75(元)。

（5）此批货物由北京运往上海的总运费＝基本运费＋返程空驶调车费＋保价费＝2 132＋1 066＋75＝3 273(元)。

【例4-2】 整批货物运输运费计算

某公司欲将5吨变性淀粉由北京发往广州。这批货物的货值为1.5万元，该公司希望为货物进行保价运输。

经查中国交通部核发的《中国交通营运里程图》，北京至广州的营运里程为2 172公里。按照规定，当前的整批货物运输指导价为0.3元/吨公里，另外，经查"公路普通货物运价分等表"，变性淀粉属于三等货物，因此，其运价为0.3×(1＋30％)＝0.39(元/吨公里)。经双方商定，按运价的50％收取返程空驶调车费。

分析 由于货物的重量大于3吨，故此批货物的运输属于整批运输。由于整批货物运费(元)＝吨次费(元·吨)×计费重量(吨)＋整批货物运价[元/(吨公里)]×计费重量(吨)×计费里程(公里)＋货物运输其他费用(元)，因此，计算运费的关键是确定整批货物运价、计费重量、计费里程、吨次费和其他费用。

解：（1）本批货物的重量为 5 吨，故本批货物的计费重量为 5 吨。

（2）本批货物的基本运费＝0.39×5×2 172＝4 235.4＝4 235(元)(四舍五入)。

（3）运距 25 公里及以下为短途。25 公里以内吨次费为 3 元，25 公里以上的，每 15 公里递减 0.20 元，且递减到 235 公里为止。运距超过 235 公里的，不计吨次费。因此，本次运输不应收取吨次费。

（4）本次货物由托运人自行装车，承运人负责卸车，因此，本批货物的装卸费＝装卸费率×毛重×装卸次数＝8(元·吨)×5(吨)×1(次)＝40(元)。

（5）本批货物的返程空驶调车费为 4 235×0.5＝2 117.5＝2 118(元)(四舍五入)。

（6）保价费为 15 000×0.003＝45(元)。

（7）此批货物由北京运往广州的总运费＝基本运费＋装卸费＋返程空驶调车费＋保价费＝4 235＋40＋2 118＋45＝6 438(元)。

本章小结

在许多经济发达国家，随着高速公路的大量出现，集装箱直达运输的推广及汽车大型化的发展，公路运输在载重量、运输成本等方面正逐步得到改善。一些国家的公路运输已逐步取代铁路的地位，成为长途客运乃至货运的重要运输方式。本章主要从公路运输发展概况着手，介绍了公路货物运输设备与设施、公路货物运输的组织管理、公路货物运费计算等方面的内容。

公路货物运输设备与设施包括汽车、公路、公路货运站等内容。公路货运组织的运行方式分为：汽车合同运输、集中运输、循环运输、零担运输、集装箱运输、整车运输、大件运输以及包车运输等。公路货物运费计算主要包括零担和整车运输两种运费计算。

复习与思考

1. 公路运输的特点是什么？
2. 简述公路货运过程。
3. 公路货运组织的运行方式分为几种？分别是什么？
4. 制定公路运价的基本原则是什么？
5. 简述公路运输运杂费的收款办法。

在线自测

案例分析

美国与巴西治理超载超限运输的经验

1. 美国治理超载超限运输

公路超载超限运输曾经肆虐美国,因此美国拥有长期治理超载超限运输的经历和丰富的经验。在美国的主要考察地是亚利桑那州,该州毗邻墨西哥,北美自由贸易协定的签订使得美墨两国之间的经济贸易往来频繁,公路运输十分活跃,而超载超限运输在该州的干线公路上也十分猖獗。

亚利桑那州位于美国西南部,毗邻墨西哥,按照当地公路部门的提法,亚利桑那州是一个通道州,也就是说该州境内的很大一部分交通量是过境交通量,尤其在北美自由贸易协定生效之后,过境交通所占份额愈来愈高,为此治理公路超载超限运输的工作对于保护公路设施、提高公路交通安全、征收相关的公路税费都具有十分重要的意义。

(1) 美国(包括亚利桑那州)对于车辆尺寸、重量的限制

美国(包括亚利桑那州)各级交通主管部门对于车辆尺寸、重量(总重和轴重)这两个参数都非常重视,美国相关法规对这两项参数都有明确的规定。由于有法规的保证,执法部门对于车辆的检查是有法可依的。

美国1956年就通过立法确定联邦的车辆重量标准,其后又通过立法确定联邦的车辆外形尺寸标准,但此前各州都有各自的车辆重量和车辆外形尺寸的规定,根据美国法律,原有各州的标准在各州仍然有效。美国联邦公路法对普通货车没有长度规定,但各州对半挂货车的长度均有明确规定,各州间的规定不尽相同,从14.63米到18.14米都有。除此以外,联邦政府对特殊车辆,如载运车辆的挂车、载运小船的挂车以及运输饮料的挂车和列车挂车都有各自的长度规定,这些车辆的长度往往大于普通货车的长度,有些车辆的长度可长达22.86米,即75英尺。美国全联邦对车辆的总重限定为8万磅(1磅=453.592克),大约为36吨,美国联邦公路轴重的标准为:单轴轴重约为12 000磅,双连轴轴重为17 000磅。

(2) 美国对公路执法、车辆超载、公路破坏关系的认识

美国的研究表明,如果车辆违规超重10%,公路损坏程度将会增加40%,如果执法力度降低20%,超载程度会增加近20%。总之,较低的执法力度会导致更多的车辆违规超载,而较高的执法力度会使车辆违规超载情况降低。表4.2说明了美国几个州在高低执法力度情况下车辆的违规情况。

从表4.1可以看出,执法力度高时,除爱达荷州外的其他州的车辆违规超载超限率都不超过2.0%,而在执法力度低时这几个州的车辆违规率最低也达12%,最高则达34%。即使是爱达荷州,执法力度高低不同时的车辆违规率差别也高达20%。

表 4.2　执法力度不同时的车辆违规率

州	执法力度高时的车辆违规率/%	执法力度低时的车辆违规率/%
弗吉尼亚	0.5～2.0	12～27
马里兰	1.0	34
亚利桑那	1.5	30
威斯康星	1.0	20
爱达荷	11.9	32
佛罗里达	1.4	13
蒙大拿	1.0	29

(3) 亚利桑那州车辆检测站的配置及功能

亚利桑那州共建有22个固定式机动车辆检测站，这些检测站可分为三类，第一类为涉外检测站，共有6个，都设置在亚利桑那州和墨西哥交界的干线公路上；第二类为州际检测站，共有4个，分别设置在8号、10号、15号和40号州际公路边界上；第三类为非州际检测站，主要设置在仅次于州际公路的主要公路上，这些检测站往往远离人口密集的区域，它们起着很重要的作用，因为一些超载超限运输的司机往往企图绕过检测装备完善的州际检测站。一般的固定检测站拥有多台称重设备，便于对商用车辆进行高效检测。亚利桑那州每年通过固定监测站对7 007辆商业车辆进行相关项目的检查。绝大部分检测站实际上是公路网内的当地应急反应中心。固定检测站也有其固有的缺点，就是容易被有些驾驶员通过驶往其他公路逃避检测，因此必须有高效的称重检测系统。

由于存在违规驾驶员逃避检查的倾向，科学全面的检测应该由固定检测和移动检测相结合的系统来进行。不定点检测对于超载超限运输的检查是非常有效的。由于某些商业车辆也是大型车，车辆接受检查使得驾驶员不解并且容易引起问题。美国同时还采用半移动式滑行称重装置对车辆进行称重，这些装置对车辆的每根轴或每一组轴进行称重，并因此得到车辆的总重。另外，美国还采用另一种装置来测定车辆的超重情况，即车轮测重仪。这种车轮测重仪主要用于汽车列车，因为对于汽车列车而言，不适于用轴或轴组称重。这种称重仪虽然效率低，但精度较高。近年来，美国致力于检测站的自动化。自动化检测站利用电子视频技术以提高效率，此技术的使用大大节约了人力资源，使得电子称重在公路上成为可能，并且使守法车辆照常行驶。

(4) 车辆及驾驶员电子档案的建立与普及

在参观美国亚利桑那州车辆检测站时，检测站的工作效率给考察组成员留下了深刻的印象，除了良好的设施和先进的装备条件外，管理完好的车辆及驾驶员电子档案也是检测站工作高效率的重要原因。当车辆驶过检测站的某一地点时，检测站内设置的电子扫描装置即时将置于驾驶员车窗的车牌号码扫入计算机系统，计算机马上便可通晓车辆的相关技术参数，如车辆的外形尺寸、车辆的型式、车辆的允许总重、允许的轴重(单轴与双联轴的轴重标准不同，由于轴距不同，不同轴距双联轴的轴重标准也不同，在这种情况下，车辆的总重也存在不同的限制)等。如果未建立完善的电子档案，即使测出车辆的轴重与总重，也不能准确地对车辆超载情况进行判别。计算机还可以从电子档案中立即提取驾驶员的相关信息，尤其是驾驶员的安全记录、车辆违规记录以及其他犯罪记录。这些记录将与当前的违规记录一起作为对驾驶员处罚的根据。这些处罚包括经济的,即罚款;刑事的,即法庭起诉;从业的,即能否继续从事当前职业。电子档案的建立,一方面大大降低了检测站工作人员的工作强度;另一方面又杜绝了驾驶员产生逃避处罚的侥幸心理。

2. 巴西圣保罗州的治超

巴西的发展程度与我国大体相当,其国内的铁矿石运输和农副产品运输在公路运输方式上也有很大的运输量,且这两类货物的运输均是超载超限运输的潜在货类。

圣保罗州政府共设有15个厅局,运输局是其中之一,除运输局之外,州政府内还设有一个运输局成为市运输局,主管圣保罗州内3个较大城市内的交通与运输。换言之,除3个大城市的交通运输外,州内其他地区的交通运输都由本运输局负责。州运输局下设5个部门:DESA部门,即公路建设处;DER部门,即公路管理养护处;DAESP部门,即民航处;DH部门,即水运处;ARTESP部门,即民营公路管理处(收费公路管理处)。

从技术等级而言,圣保罗州共有各类公路近20万公里,其中无路面公路16.5万公里,有路面公路32 977公里,在有路面公路中,两车道公路为26 708公里,四车道公路为4 370公里,高于四车道的公路1 899公里。从行政管理而言,圣保罗州联邦政府管理的公路1 052公里,其中收费公路232公里;市政府管理的公路11 650公里,州政府管理的公路21 533公里,其中收费公路4 238公里。

圣保罗州运输局对公路用户进行多方面的管理与服务,对车辆的超速行驶、车辆的技术性能及老旧程度、车辆的超载超限都进行检查与管理。

圣保罗州运输局对货运车辆的超载超限运输较为重视,这是因为巴西的工业企业大多集中在该州,所以该州的公路货运较其他州发达,而圣保罗州有比其他州更为繁重的超载超限运输治理任务。根据州运输局的规定,在该州行驶的货运车辆,其载重量不得超过27吨(与我国现行标准持平)。

圣保罗州在干线公路与其他州的交界处都设置有车辆重量检测站,对出入本州的所有商用车辆都进行重量检测,重量检测也分为车辆总重和单轴轴重两项参数进行。该负责人介绍,圣保罗州对超载超限运输的治理要明显好于其他各州。

3. 值得借鉴的经验

通过对两国尤其是美国的技术考察,对两国相关部门对公路超载超限运输治理有了较为明确和全面的认识,有许多经验值得我们借鉴与参考。

(1) 完善的公路及公路运输法规

美国是一个法制建设相当完备的国家,建立了系统、全面的法规体系。《联邦法规全书》(Code of Federal Regulations)就集中体现了这一点,全书共分50章,汇总了美国社会各方面的法律、法规,有关公路领域的法规主要集中在HIGHWAYS的名称下(Title 23 HIGHWAYS)。这一部分针对公路工程、公路运输管理和公路交通安全等方面制定了详尽的法律条款。Title 23共分三章,覆盖了公路资金使用、规划与研究、交通基础设施管理、交通工程、公路用地与环境保护、公共交通、公路安全、智能运输系统、联邦属地的公路、州立公路安全项目以及国家公路研究院等内容。第二章中的第657款专门对汽车的外形尺寸和总重做出了详细的规定和要求,以加强交通安全管理和减少公路使用损坏。包括:标准设置的目的、标准的定义、相关政策、实施标准所要达到的目标、执法程序、检测鉴定要求、检测鉴定内容、检测结果的提交、未能进行检测鉴定的影响与后果、降低经费支持的必要程序等。

(2) 公路路政执法的一体化

包括亚利桑那州在内的美国全境内的公路运输秩序总的来说是良好的,虽然超载超限运输也时有发生,但比例较低。这固然有美国公路运输法规较为完善、公众法制意识较强的原因,但美国公路执法的统一性也是公路运输秩序良好的原因。在美国,从事路政管理的人员具有在公路上执法的权力,他们可独立地对车辆进行检查,对违规行为进行认定,并对认定的违规车辆及人员进行处理或处罚。

(3) 违规超载运输处罚的从严化和明确化

美国和巴西与我国一样存在卸载的处理措施,但在国界和省界入口处,如果超载则不允许车辆入境,同时发现超载后,要给予相应的经济处罚。表 4.3 列示出了美国亚利桑那州不同重量超载时所规定的罚款数目。从表 4.3 可以看出经济处罚的力度还是很大的,超载 1 吨左右,将被罚款 743 美元,折合人民币 4 500 元左右,如果超载 5 吨则罚款 3 243 美元,折合人民币 20 000 元左右。由此可见国外对于超载运输处罚的力度。从表 4.3 中还可以看出,罚款的档次分明,没有任何任意降低或提高罚款金额的余地。

表 4.3 美国亚利桑那州的超重罚单

根据 ARS 28-1100A1,A2,A328-5437

三类轻罪		1st 违章
从(磅)	到(磅)	罚款金额/美元
0	1 000	25.00
1 001	1 250	203.00
1 251	1 500	383.00
1 501	2 000	563.00
2 001	2 500	743.00
2 501	3 000	923.00
3 001	3 500	1 535.00
3 501	4 000	1 787.00
4 001	4 500	2 039.00
4 501	4 750	2 291.00
4 751	5 000	2 543.00
5 001	6 000	2 643.00
6 001	7 000	2 743.00
7 001	8 000	2 843.00
8 001	9 000	2 943.00
9 001	10 000	3 043.00
10 001	11 000	3 143.00
11 001	12 000	3 243.00
12 001	13 000	3 343.00
13 001	14 000	3 443.00
14 001	15 000	3 543.00
15 001	16 000	3 643.00
超重高于 16 001 磅需法庭处理		

(4) 超载超限运输治理的长效化和制度化

美国对公路超载运输的治理是一种完全的日常管理,检测站的人员有编制、经费有来源、设施设备有保证。检测站对超载车辆的检测处理都有固定格式的处理程序和表格,这也反映了治理的制度化。美国亚利桑那州还有对超载运输车辆的交通肇事起诉书。超载超限也属交通肇事范围,超载严重的还要受到法庭的起诉。

(5) 固定检测和流动监测的合理配置及综合使用

美国早期对公路超载超限运输车辆的检测都由设在州界和国界的干线公路上的固定检查站进行检查和检测,但其后发现有相当一部分非法的驾驶员驶离干线公路,选择了辅助道路逃离固定检测站的检查,为此,近年来美国还开发了便携式车辆称重装备,以便对行进中的车辆进行流动检测,这种检测可在任何公路上进行抽检。固定检测站和流动检测站的配合使用将极大地扩大对车辆的检测范围,防止车辆逃避检测。

(6) 固定检测站的选址、内部格局和设备配备

美国干线公路上的许多固定式检测站,由于过大的交通量,使得固定检测站的待检车辆过多,形成车辆的阻塞,而这其中也有不少合法运输的商用车辆。为了减少干线公路检测站附近的车辆阻塞,近年来美国在许多干线公路固定检测站的前方,先利用动态测重装置对车辆进行大体分类,合法运输的车辆仍可在干线公路上行驶,被怀疑为超重运输的车辆被引入到检测站前方的专用道路上。这种专用道路一般为1~2公里,经过复检后,再进入到静态测重装置上进行检测,这样可以减少干线公路甚至专用公路上的车辆排队现象。图4.7列示出了亚利桑那州干线公路典型检测站的布局。

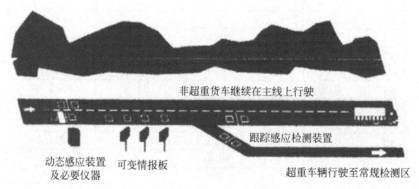

图4.7 货车识别系统主线布局

另外,检测站还装备有其他相关的电子视频设备以便于对待检车辆进行监督。

案例来源:中国道路运输网,http://www.chinarta.com。

思考题:
1. 巴西圣保罗州治理超载的措施有哪些?
2. 巴西和美国治理超载的措施有哪些值得我们借鉴?

第5章 水路货物运输

本章关键词

水路运输(water shipping)　　　　提单(bill of lading)
海洋运输(ocean shipping)　　　　租船合同(charter party)
内河运输(inland water transportation)　定程租船(voyage charter)
班轮运输(liner transport)　　　　定期租船(time charter)
租船运输(tramp)

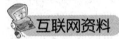**互联网资料**

http://www.chinashippinginfo.net/
http://www.chinaports.com.cn/
http://www.cosco.com.cn/

> 水路运输有着悠久的历史。人类还在石器时代,就以木作舟在水上航行,后来才有了独木舟和船。人类在古代就已利用天然水道从事运输。中国是世界上水路运输发展较早的国家之一。由于科技的快速发展,传统的水路运输方式受到不小的冲击,迫使运输行业不得不借助技术实现创新改革来适应时代的需求。"一带一路"建设给水路运输经济发展带来开放发展的良好机遇。"一带一路"建设将打造陆海内外联动、东西双向开放的全面开放新格局,推进亚欧大陆桥集装箱海铁联运大通道建设,加强不同运输方式之间的互联性,水路运输在其中占有重要位置,具有良好的发展前景。

5.1 水路货物运输概述

5.1.1 水路运输的发展历史和重要性

水路运输是以船舶为交通工具、在水域沿航线载运旅客和货物的一种运输方式。它是目前各主要运输方式中兴起最早、历史最长的运输方式。人类在古代就已利用天然水道从事运输。最早的运输工具是独木舟和排筏,以后出现木船。帆船出现于公元前4000年。15—19世纪是帆船的鼎盛时期。19世纪蒸汽机驱动的船舶出现后,水路运输工具出现飞跃发展。当代世界商船队中已有种类繁多的各种现代化运输船舶。中国是世界上水路运输发展较早的国家之一。公元前2500年已经制造舟楫,商代有了帆船。公元前500年前后中国开始开凿运河。公元前214年建成了连接长江和珠江两大水系的灵渠。京杭运河则沟通了钱塘江、长江、淮河、黄河和海河五大水系。唐代对外运输丝绸及其他货物的船舶直达波斯湾和红海之滨,其航线被誉为海上丝绸之路。明代航海家郑和率领巨大船队七下西洋,历经亚洲、非洲30多个国家和地区。中国水路运输在相当长的历史时期内,对经济、文化发展和对外贸易交流起着十分重要的作用。

与其他几种运输方式比较,水路运输运载能力大、成本低、能耗少、投资省,是一些国家国内和国际运输的重要方式之一。一些国家水路运输的货物周转量占各种运输方式总货物周转量的10%~20%,个别国家超过50%。水路运输既是一种古老的运输方式,也是一种现代化的运输方式。在出现铁路以前,水上运输同以人力、畜力为动力的陆上运输相比,无论运输能力、运输成本还是方便程度,都处于优越的地位。在历史上,水运的发展对工业的布局带来很大的影响。资本主义国家早期的工业大多沿通航水道的两岸设厂,形成沿着江、河布局的所谓"工业走廊"。

虽然受到其他运输方式发展的影响,但正因为水上运输具有载量大、成本低的特点,所以直到今天大宗物资的运输仍依靠水路,或者说尽量利用水路。如我国海上的"北煤南运""南粮北调",以及长江流域各省市的物资调运等。这些畅通的水运路线常被人们誉为"黄金水道"。我国内河航运主要以长江、珠江、淮河水系及其水网地区为主,通航里程占全国水路运输的80%以上。我国东部毗邻渤海、黄海、东海、南海,有1.8万公里的海岸线,沿海运输具有重要地位。

地球表面积51 100万平方公里,其中海洋约占总表面积的71%,海洋运输具有极其重要的地位。它是增进人类全球性经济联系的纽带,是沟通联系各个国家和地区的主要运输方式,尤其是国际贸易和国际货物运输的最主要手段。在人类历史走向21世纪的今天,在航空仍不能解决大批量货物运输的现实情况下,量大价廉和较为便捷的海上运输仍将是联系全球性经济贸易的主要方式,承担着全球性、区域间的货物运输,成为世界经济全球一体化和区域化服务的主要运输纽带。目前,世界贸易总运量的75%以上是利用海洋运输来完成的;我国的对外贸易运输中90%以上的货物运输是通过海洋运输实现的。

5.1.2 水路运输的分类及特点

1. 水路运输的分类

水路运输按其航行的区域,大体上可划分为远洋运输、沿海运输和内河运输三种形式。

(1)远洋运输:远洋运输通常是指利用船舶跨越大洋的海上运输。

(2)沿海运输:沿海运输是指利用船舶在我国沿海区域各地之间的运输。

(3)内河运输:内河运输是指利用船舶、排筏和其他浮运工具,在江、河、湖泊、水库及人工水道上从事的运输。

2. 水路运输的特点

(1)水路运输的主要优点

① 运输量大。船舶货舱与机舱的比例比其他运输工具都大。因此,可以供作货物运输的舱位及载重量均比陆上运输或空运庞大。世界上最大的石油船装载量达 55 万吨;巨型客轮已达 8 万吨;集装箱船已达 7 万吨,每次可装载集装箱 4 000TEU(集装箱计算单位 TEU,把 20 英尺集装箱作为一个计算单位);内河运输中,美国最大顶推船队运载能力超过 5 万~6 万吨。

② 运输成本低。虽然水运的站场费用高,但由于船舶的载运能力大,运输距离比较远,路途费用低,所以总的来说运输成本低。美国内河航运的运输成本只有铁路运输的 1/5~1/4,海运成本只是铁路运输的 1/8 多一些。载运量大和运输成本低是水运最突出的两个优点。

③ 通过能力强。利用天然航道完成运输,航道四通八达,通过能力一般不受自然条件限制。尤其是海上航道,其通过能力几乎不受限制。

④ 占地少、投资小。水路运输利用天然航道,投资较少,且节省土地资源。海上运输道的开发几乎不需要支付费用。内河虽然有时要花费一定的开支疏通河道,但比修建铁路的费用小很多。而且,航道的建设还可以与兴修水利和电站结合起来。水路运输的主要投资用于修建港口、码头、导航设施和购置运输设备。

⑤ 劳动生产率高。船舶的载运能力大,所需要的劳动力与载运量并不成比例增加,所以劳动生产率相对较高。

⑥ 有利于开展国际贸易。海洋运输是实现国际贸易和各国友好往来的主要运输方式。

(2) 水路运输的主要缺点

① 速度慢。轮船在水中行驶,阻力较大,速度提高比较困难。

② 适应性差,受气候影响大。内河运输受自然条件的限制很大,如航道水深、航道走向、通航质量、季节性缺水、冬季冰冻等问题。海洋运输也受到港湾的水深、风浪等气候和水文条件的限制。

③ 货物直达性较差。如果托运人或收货人不在航道上,就要依靠公路或铁路运输进行转运。

5.2 水路货物运输设备与设施

5.2.1 水路货物运输设备

船舶是水路运输的主要工具,具体包括船、驳、舟和筏等。船和驳是现代水路运输工具的核心。船是装有原动机的,而驳则是没有动力装置的。

1. 干散货船

干散货船又称为散装货船,是用以装载无包装的大宗单一货物的船舶。一般指专用于装运谷物、煤炭、矿石和盐等散装货物的船舶。散装货物一般都是廉价的原材料或农产品,因此散装船的运量很大,目前其数量仅次于油船。

干散货船按总载重量(DW:dead weight)可分级如下:

(1) 小型散货船——2万吨＜DW＜2.7万吨；

(2) 轻便型散货船——3.5万吨＜DW＜4万吨；

(3) 巴拿马型船——DW＞6万吨；

(4) 好望角型船——DW＞10万吨。

由于吨位越大，单位运费越低，因此，个别航线的散货船有达到30万吨以上的。

2. 油船

油船，又称为油轮，是用来专门装运散装石油（原油及石油产品）类、液体货物类的船舶，是远洋运输中的特大型、大型船舶。油船上的货物是通过油泵和输油管进行装卸的，因此，油船上不需设吊货杆或起货设备。目前，载货量在5万吨以上的油船已很普遍。大型油船的载货量为20万～30万吨，超大型油船的载货量已达到50万吨。油船可分为原油船和成品油船，成品油船结构与原油船相似，但吨位较小，防火、防爆要求较高。

3. 杂货船

杂货船又称为普通货船，主要用于装载一般包装、袋装、箱装和桶装的件杂货。由于件杂货的批量较小，杂货船的吨位也较散货船和油船更小，远洋杂货船总载重量在1万～1.4万吨之间；近洋杂货船总载重量在5 000吨左右；沿海杂货船总载重量在3 000吨以下。其货舱一般分为两层或多层，以防底部货物被压损，舱口上通常设有3～5吨的起货设备，有些在个别舱口上还设有数十吨以上的大型起货设备。

4. 液化气船

液化气船是专门用来装运经液化的天然气体和石油气体的船舶。其中专门装运液化天然气的船称为液化天然气船；专门装运石油液化气的船称为液化石油气船。液化气船的液舱结构不同于其他货船，它采用全密封的金属罐。按液化气的贮存方式不同分成三类：压力式液化气船、低温压力式液化气船和低温式液化气船。

5. 滚装船

滚装船是用来专门装运以载货车辆为货物单元的船舶，是一种快速运输货物的新型船舶。此类船舶一般在其侧面或前后设有与码头连接的开口斜坡。它的优点是船和码头都不需设置起重设备，载货汽车能够带货自行上船或下船，装卸速度快、效率高，是实现水陆直达运输的好方法。由于载货汽车需占用大量的货舱容量，因此，货舱的利用率低，运输成本高。

6. 载驳船

载驳船（图5.1）是专门用来装运以载货驳船为货物单元的船舶。载驳船的运输方法是先将各种货物装在统一规格的驳船里，再将驳船装到载驳船上，到达中转港后卸下驳船，然后用拖船或推轮将驳船队或驳船拖带或顶推到目的港。它的最大优点是装卸效率高，且不受港口水深的影响，不需占用码头泊位，不需装卸机械，不需对货物换装倒装，便于海－河联运。但造价高，货驳的集散组织复杂。

7. 集装箱船

集装箱船是专用装载集装箱或混装集装箱的高速货船。集装箱船具有瘦长的船体外

图 5.1 载驳船

形,为了减少风浪影响,一般都采用球鼻首船型。各种货物在装船前先装入标准货箱(集装箱,也称货柜),集装箱的装卸通常由岸上起重机进行,集装箱船一般不配备装卸设备。集装箱船的载货量以运载 20 英尺标准集装箱(TEU)的数量来表示船只的大小。

8. 冷藏船

冷藏船是指设有冷藏设备,专门用来装运易腐、鲜活货物的船舶。船上设有冷藏系统,能调节多种温度以适应货物的不同温度需要。其吨位一般较小,大都在几百至几千吨。

9. 木材船

木材是专门用来装运木材或原木的船舶。这种船舱口大,舱内无梁柱和其他妨碍装卸的设备,船舱及甲板均可装载木材,船舷两侧设有一米以上的船舷,船上一般都设有起重量较大的装卸设备。木材船的吨位一般在 5 000~20 000 吨。

10. 驳船、拖船和推船

驳船是内河运输的主要载运工具,本身一般无自航能力,需拖船或推船等机动船带动形成船队进行运输。特点为设备简单、吃水浅、载货量大,并可根据货物运输要求而随时编组。少数增设了机动装置的驳船称为机动驳船。

拖船和推船都是动力船,本身一般不装载货物,而起拖带和推动驳船的作用,前者在驳船前面,拖带驳船前进,后者在驳船后面,顶推驳船往前行进。

5.2.2 水路货物运输设施

水路货物运输主要设施为港口、航道、航标。

1. 港口

港口通常是指水港,由水域和陆域两大部分组成。水域是供船舶进出港以及在港内运转、锚泊和装卸作业使用的,因此,要求它有足够的深度和面积,水面基本平静,流速和缓,以使船舶安全操作;陆域是供货物装卸、堆存和转运使用的,主要包括码头和泊位、仓库和堆场、铁道专用线和汽车线、装卸机械和辅助生产设施等部分，因此要求其应有适当的高程、岸线长度和纵深。

按照不同的标准，港口可分为不同类别。

（1）按用途分类

港口按用途可分为商港、渔港、工业港、军港和避风港。

① 商港。主要供旅客上下和货物装卸转运用的港口。商港又可分为一般商港和专业港。一般商港是用于旅客运输和装卸转运各种货物的港口，例如，我国的上海港、天津港、大连港、宁波港，荷兰的鹿特丹港，美国的纽约港，英国的伦敦港，日本的神户港等；专业港是专门进行某一种货物或以此种货物为主的装卸的港口，例如，我国的秦皇岛港、舟山港主要进行煤炭运输，舟山港的岱山基地专门从事石油运输，中国香港的维多利亚港主要从事集装箱运输，澳大利亚的丹皮尔港以装运铁矿石为主。

② 渔港。专为渔船服务的港口，例如，沈家门渔港。

③ 工业港。固定为某一工业企业服务的港口。它专门负责为该企业进行原料、产品和所需物资的装卸转运工作，例如，宝钢港、甘井子港等。

④ 军港。专供军舰船使用的港口，例如，旅顺港。

⑤ 避风港。在大风情况下供船舶临时避风用的港口，一般只有一些简单的系靠设备。

（2）按地理位置分类

港口按地理位置又可分为海港、河港和湖港。

① 海港。在自然地理和水文气象条件方面具有海洋性质，而且是专为海运服务的港口。它又分为海湾港（例如大连港、青岛港、横滨港、神户港等）、海峡港（例如湛江港、维多利亚港、新加坡港等）和河口港（例如上海港、黄埔港、鹿特丹港、纽约港、伦敦港等）。

② 河港。位于江河沿岸、最具有河流水文特性的港口。例如，我国长江沿岸的重庆港、武汉港和南京港等，松花江沿岸的哈尔滨港、佳木斯港，西江两岸的梧州港、贵港等。

③ 湖港（水库港）。位于湖泊或水库岸边的港口。世界上位于北美五大湖区的湖港最具影响。

（3）按潮汐的影响分类

港口按潮汐的影响还可分为开敞港、闭合港和混合港。

① 开敞港。港内水位潮汐变化与港外相同，即港内水域和海洋连通的港口，我国现有的港口多属于此类。

② 闭合港。港口水域与外海隔开，使港内水位不受潮汐的影响，以保证低潮时港内仍有足够水深供船舶停靠，例如，伦敦港、利物浦港和阿姆斯特丹港等。

③ 混合港。既有闭合的港池，又有开敞的港池的港口，例如，比利时的安特卫普港。

（4）按在水运系统中的地位分类

港口按在水运系统中的地位可分为世界性港、国际性港和地区港。

① 世界性港是指在各大陆之间有庞大货流活动的主要口岸，是国际货物集散的枢纽，例如，维多利亚港、新加坡港、上海港、伦敦港和马赛港等。

② 国际性港是指与国外一些港口有海运业务联系的港口，例如，深圳港、大连港、青

岛港和宁波港等。

③ 地区港是指主要为某一地区社会经济服务的港口,例如,营口港、福州港和威海港等。

2. 航道

航道是水路运输的基础。随着运输生产与科学技术的发展,船舶尺度的增大,船舶运行密度的增加和纵横水运网的逐步形成,现代水上航道已不仅是天然航道,而是包括人工运河、进出港航道以及保证航行安全的航行标志系统和现代通信导航设备系统在内的工程综合体。

航道主要分为以下三类:

(1) 海上航道

海上航道属自然水道,其通过能力几乎不受限制。但是,随着船舶吨位的增加,有些海峡或狭窄水道会对通航船舶产生一定的限制。例如,位于新加坡、马来西亚和印度尼西亚之间的马六甲海峡,为确保航行安全、防止海域污染,三国限定通过海峡的油船吨位不超过 22 万吨,龙骨下水深必须保持 3.35 米。

(2) 内河航道

内河航道大部分是利用天然水道加上引航的导标设施构成的。世界上内河航道里程较长的国家有俄罗斯、中国、巴西和美国。

(3) 人工航道

人工航道又称运河,是由人工开凿,主要用于船舶通航的河流。人工航道一般都开凿在几个水系或海洋的交界处,以便使船舶缩短航行里程,降低运输费用,扩大船舶通航范围,进而形成一定规模的水运网络。一些著名的国际通航运河对世界航运的发展和船舶尺度的限制影响很大,主要有:

① 苏伊士运河。通航水深:16 米;通行船舶:最大的船舶为满载 15 万吨或空载 37 万吨的油船;通行方式:单向成批发船和定点会船;通过时间:10~15 小时。

② 巴拿马运河。通航水深:13.5~26.5 米;通行船舶:6 万吨级以下或宽度不超过 32 米的船只;通过时间:16 小时左右。

3. 航标

用以帮助船舶定位、引导船舶航行、表示警告和指示碍航物的人工标志,全称为助航标志。航标设置在通航水域及其附近,用以表示航道、锚地、碍航物、浅滩等,或作为定位、转向的标志。航标也用来传送信号,如标示水深,预告风情,指挥狭窄水道交通等。永久性航标的位置、特征、灯质、信号等都载入各国出版的航标表和海图。

(1) 按照设置地点,航标可分为沿海航标与内河航标。

① 沿海航标。建立在沿海和河口地段,引导船舶沿海航行及进出港口与航行。它分为固定航标和水上浮动航标两种。固定航标设在岛屿、礁石、海岸,包括灯塔、灯桩、立标;水上浮动航标是浮在水面上,用锚或沉锤、链牢固地系留在预定海床上的标志,包括灯船与浮标。

② 内河航标。是设在江、河、湖泊、水库航道上的助航标志,用以标示内河航道的方

向、界限与碍航物,为船舶航行指示安全航道。它由航行标志、信号标志和专用标志三类组成。(2)按照工作原理分类,有视觉航标、音响航标与无线电航标。

5.3 内河货物运输组织管理

内河运输(inland water transportation)是水上运输的一个组成部分。它是内陆腹地和沿海地区的纽带,也是边疆地区与邻国边境河流的连接线,在现代化的运输中起着重要的辅助作用。内河运输早期在我国南方就存在,主要用于盐、茶叶、丝绸等货物运输。

5.3.1 内河运输的特点和作用

1. 内河运输的特点

内河运输又称河运,是利用船舶和其他水运工具,通过河流和湖泊或人工运河、水库,运送货物和旅客的一种运输方式。内河运输是水上运输的一个重要组成部分,同时也是连接内陆腹地和沿海地区的纽带。它具有运量大、投资少、成本低、耗能小的特点,它对一个国家的国民经济和工业布局起着重要作用,故世界各国无不重视本国内河运输系统的建设。

2. 内河运输的作用

内河运输具有水运的全部优势,是我国交通运输的重要组成部分之一,是国民经济各部门之间的纽带和桥梁,对发展经济、改善人民生活及促进我国现代化交通运输体系的全面发展,具有重要意义。内河运输适宜装运大宗货物,如矿砂、粮食、化肥、煤炭等,而且由于航运平稳,在运送石油等危险货物时也较安全。造船工业的发展使船舶的结构性能日趋完善,现代化载驳船的出现,使内河驳船运输与海洋运输紧密衔接、融为一体,减少了中间环节,加速了船货周转,降低了运输成本。

5.3.2 内河运输的组织形式

我国内河运输的发展条件

在内河运输中,主要是利用天然航道进行水上运输。与海上运输相比,内河航道的特点是狭窄、弯曲、水浅、流急、风浪小;有的航段设有船闸、桥梁、过江电缆等碍航设施;洪枯水位差大;不同航段的水深、宽窄、曲率半径和流速均不相同。驳船队运输就是为适应内河航道的特点而发展起来的。内河驳船按有无动力可分为机动驳船和非机动驳船,按拖带和顶推方法分为拖驳和推驳。按船型可分为普通驳和分节驳。近几年来,世界各国对内河机动驳运输的研究和发展较快,在我国内河运输发达的省份,机动驳也相继增多。机动驳因其吃水较浅,对码头条件要求不高,抗风浪性能较好,对航道条件适应能力强,具有机动灵活、周转快、效率高的特点,适于运输价高和需运送速度快的件杂货。

1. 驳船队运输的特点

与机动货船相比,驳船队运输有其独特的技术经济特征,具有以下主要特点:

(1)吃水小、运送速度快、运输质量高。在相同载货量情况下,驳船的吃水比机动货船小得多,这对于在水深受限的航线上实现大载量运输具有很大的意义;对开展干支直达,减少中转环节,加快运送速度和提高货运质量也是十分有利的。

（2）经济性和灵活性好。驳船队运输是将驳船编队运行,可根据内河航线沿线分布港点多和货源较为分散的特点沿途编解,货物装卸也可分散到各个码头泊位进行,既具有大吨位船的经济性,又拥有小吨位船的灵活性。

（3）动力装置的利用率高。驳船队运输是把动力部分和载货部分分开。驳船队到港进行装卸作业时,拖(推)船可不必等待,随时与已装好货的驳船编队航行,大大提高了动力装置的利用率。

（4）抗风浪能力较机动货船差。驳船队是由多艘驳船编组而成,其抗风浪能力较机动货船差。

（5）航速较低。在同样载量和航速情况下,驳船队阻力大。所以,若主机功率相同,驳船队航速较机动货船低。

综上所述,驳船队非常适宜在内河运输,它是内河货运的主要形式。

2. 拖带运输和顶推运输

（1）拖带运输

在人类历史上,内河运输是人类较早采用的一种运输方式,而且历来是作为一种重要的运输方式。最早人类只能利用自然河道,后来逐渐认识掌握河流的运动规律,才开始整治河道,挖掘运河,建筑船坝,使河流适合人类运输的需要,现代内河航道水流平稳,畅通宽直,吃水较深,一些大的内河可以容纳大型船舶直驶上流。早期内河运输都是单一船舶运输。尽管改进船舶结构,增大载重量吨位,但载重量受内河条件制约有一定的限度。开始采用拖带运输后,内河运输量成倍增长,成为内河运输发展的一个重要里程碑,而且在很长时间里,拖带运输一直是内河主要的运输方式之一。

（2）顶推运输

至20世纪,内河运输方式又发生了一次巨大的变化,传统的拖带运输方式开始逐渐退出历史舞台,代之兴起的是顶推运输方式。实践证明,顶推运输是一种先进的运输方式。特别是出现分节驳顶推运输后,许多技术先进国家都相继广泛采用,成为内河航区的主要运输方式。

顶推运输方式与拖带运输相比,具有如下优越性:

① 阻力小、航速高。拖带运输是拖船在前,驳船在后,通过拖纤拖带航行。拖船螺旋桨打出的水流干扰后面的驳船,使驳船运行阻力增加。而顶推运输是推船在驳船之后,处于驳船的伴流中,不受上述水流干扰,推船阻力降低。同时推船螺旋桨在驳队的伴流中工作,伴流速度大,进速低,螺旋桨推进效率高。而且驳船不处于螺旋桨的尾流中,不受螺旋桨诱导速度的影响,阻力比吊拖驳船小;再者驳船队与推船组成整体,不会产生吊拖时的偏转摆动。因此,顶推运输运行阻力小,推进效率高。

② 操作性能好。顶推船队操作性能好主要体现在3个方面:一是由于推船与驳船队系结成整体,只要在推船上操舵,整个船队便跟随回转。所以,驳船队的航行便于控制,舵效高,同时避免了吊拖时发生的偏摆现象。二是顶推船队可由推船驾驶员集中操纵,从而避免了吊拖船队中拖船与驳船队之间操纵不协调的现象。三是顶推船队的倒车制动性好,在船队有搁浅或碰撞危险时,推船可以开倒车制动船队前进,甚至使船队后退,从而可

避免或减少事故的发生。而吊拖船队碰到上述危险时,拖船不仅不能开倒车制动驳船队后退,甚至还可能发生驳船冲撞拖船的危险。

③ 可改善驳船船员工作和生活条件。由于驳船与推船系结在一起,一般只需在推船上操舵,驳船船员无须操舵,而且驳船船员能利用推船上的绞关绞收系缆,也可利用推船上的电力机械绞锚,大大减轻了驳船船员的劳动强度。另外,驳船可使用推船电源、装置航行灯、信号灯和照明灯,驳船船员也可在休息时间到推船上看电视,改善文化生活条件,丰富业余生活。

④ 加强技术管理。轮驳结为一体,便于加强轮驳间的联系。遇有紧急情况时,轮驳间便于沟通,及时联系,互通情况,协调配合,以确保安全航行。

当然,拖带运输也有顶推运输无法替代的优点。如拖带运输对驳船的强度要求较低;船队的系结、编队简单方便;抗风浪能力强;在狭窄、弯曲及浅水急流的航段上,无论是操纵性能还是过滩能力都较顶推运输强。因此,在我国的大运河、长三角地区以及风浪大、狭窄弯曲的航段上仍少不了拖带运输。

3. 普通驳和分节驳

(1) 普通驳。普通驳首尾两端斜削呈流线型,备有锚和舵。

(2) 分节驳。分节驳两端呈箱型(全分节驳),或一端斜削、另一端呈箱形(半分节驳)。

目前,世界上分节驳船队主要有两种类型:全分节驳船队和半分节驳船队。

① 全分节驳船队

全分节驳船队是一种很理想的船队。它是由一艘首驳、一艘尾驳和若干艘箱形中间驳组成,从而使整个驳船队具有一艘船样的光顺线型,不仅降低运行阻力,而且中间箱驳载货量大、结构简单、造价低。但是箱形的中间驳必须有首尾驳配合,不宜单独航行,否则阻力太大。因此只适用于途中不需要编解的直达运输。

② 半分节驳船队

半分节驳船队是由外形酷似全分节首尾驳的半分节驳组成,前后驳可以紧密系结。但由于前后驳首尾联结处下部有空当,接缝阻力较大,适用于中途需挂靠的非直达运输。

4. 分节驳运输主要特点

(1) 载货量大。在同样船队尺度下,载货量较普通驳船增加8%~14%。

(2) 阻力小、航速高、节能。在相同功率和队形的情况下,可比普通顶推船队提高船速6%~15%,千吨千米油耗下降20%左右。

(3) 投资省。分节驳结构简单,建造周期短、造价低。与同吨位普通驳船相比造价可降低15%~20%。

(4) 运输成本低。由于分节驳大部分都是无人、无舵、无锚,可降低各种费用,劳动生产率也可大大提高。一般情况下运输成本比普通顶推运输降低20%~30%。

(5) 分节驳编队整齐、操纵灵活,可以整队通过船闸、桥梁。

(6) 易于标准化和系列化。尺度、线型、系结装置、编队形式等的标准化和系列化利于调度和编队。

5.3.3 内河运输的基本作业管理

1. 货物托运

托运货物时,托运人应该填写货物运单、提交货物、支付费用。

(1) 填写货物运单

水路货物运单一般为六联。第一联为起运港存查联;第二联为解缴联,由起运港航运公司留存;第三联为货运收据联,由起运港交托运人留存;第四联为船舶存查联,由承运船舶留存;第五联为收货人存查联;第六联为货物运单联,是提货凭证,收货人交款、提货、签收后交到达港留存。具体填写要求如下:

① 一份运单填写一个托运人、收货人、起运港、到达港;

② 货物名称填写具体品名,名称过繁的可以填写概括名称;

③ 规定按重量或体积择大计费的货物应当填写货物的重量和体积(长、宽、高);

④ 填写的各项内容应当准确、完整、清晰;

⑤ 危险货物应填制专门的危险货物运单(红色运单)。国家禁止利用内河以及其他封闭水域等航运渠道运输剧毒化学品以及交通部门禁止运输的其他危险化学品,除上述以外的危险化学品,只能委托有危险化学品运输资质的运输企业承运。因此,托运人在托运危险货物时,必须确认水运企业的资质。

(2) 提交货物

填写运单后应向承运人提交货物,托运人应该按照以下要求办理:

① 按双方约定的时间、地点将托运货物运抵指定港口暂存或直接装船。

② 货物的名称、件数、重量、体积、包装方式、识别标志等应当与运输合同的约定相符。

③ 须包装的货物应根据货物的性质、运输距离及中转等条件作好货物的包装,在货物外包装上粘贴或拴挂货运标志、指示标志和危险货物标志。

④ 散装货物按重量或船舶水尺计量数交接,其他货物按件数交接。

⑤ 散装液体货物由托运人装船前验舱认可,装船完毕由托运人会同承运人对每处油舱和管道阀进行施封。

⑥ 运输活动物,应将绳索拴好牲畜,备好途中饲料,派人随船押运照料。

⑦ 使用冷藏船运输易腐、保鲜货物,应在运单内载明冷藏温度。

⑧ 托运危险货物,托运人应当按照有关危险货物运输的规定办理,并将其正式名称和危险性质以及必要时应当采取的预防措施书面通知承运人。

⑨ 对单件货物重量或者长度(沿海为 5 吨、12 米,长江、黑龙江干线为 3 吨、10 米)超过标准的,应当按照笨重、长大货物运输办理,在运单内载明总件数、重量和体积。

⑩ 整船散装的货物,如果托运人在确定重量时有困难,则可要求承运人提供船舶水尺计量数作为其确定重量的依据。

(3) 支付运费

托运人按照约定向承运人支付运费。如果约定在装运港船上交货,运费由收货人支付则应当在运输单证中载明,并在货物交付时向收货人收取。如果收货人在约定指定目的地交货,托运人应交纳货物运输保险费、装运港口作业费等费用。

2. 货物的领取

收货人接到到货通知办理提货手续,主要做提交取货单证、检查验收货物、支付费用这三件事。

(1) 提交取货单证

① 收货人接到到货通知后,应当及时提货。接到到货通知后满 60 天,收货人不提取或托运人也未派人处理货物时,承运人可将该批货物作为无法交付货物处理。

② 收货人应向承运人提交证明收货人单位或者经办人身份的有关证件及由托运人转寄的运单提货联或有效提货凭证,供承运人审核。

③ 如果货物先到,而提货单未到或单证丢失时,收货人还需提供银行的保函。

(2) 检查验收货物

收货人提取货物时,应当按照运输单证核对货物是否与之相符,检查包装是否受损、货物有无灭失等情况。

① 发现货物损坏、灭失时,交接双方应当编制货运记录;确认不是承运人责任的,应编制普通记录。

② 收货人在提取货物时没有提出货物的数量和重量异议,视为承运人已经按照运单的记载交付货物。

(3) 支付费用

按照约定在提货时支付运费,并须付清滞期费、包装整修费、加固费用以及其他中途垫款等。

因货物损坏、灭失或者迟延交付所造成的损害,收货人有权向承运人索赔,承运人可依据有关法规、规定进行抗辩。托运人或者收货人不支付运费、保管费以及其他费用时,承运人对相应的运输货物享有留置权,但另有约定的除外。查验货物无误并交清所有费用后,收货人在运单提货联上签收后取货。

5.3.4 内河运输的合同管理

沿海货物运输和内河货物运输统称国内水路货物运输。水路货物运输合同,是指国内沿海港口、沿海与内河港口,以及内河港口之间由承运人收取运费,负责将托运人托运的货物经水路由一港运至另一港的合同。几十年来,我国一直把国际海上货物运输与国内沿海与内河的货物运输区别对待,采用不同于国际海上运输的管理体制,主要表现在国内水路货物运输实行运费统一定价,船舶和货物按计划调配,运输单证采用不可转让的运单制,运单随船而行,不可转让,不能作为跟单信用证的单证,承运人实行完全过失责任制,对船长船员在驾驶和管理船舶上的过失所引起的货物损失承担赔偿责任等。我国《海商法》第二条第二款规定:"本法第四章海上货物运输合同的规定,不适用于中华人民共和国港口之间的海上货物运输。沿海运输合同适用《中华人民共和国经济合同法》。"我国交通部根据该法规定,经国务院批准制定和发布了《水路货物运输合同实施细则》,自

1987年7月1日起施行,2018年1月8日修订;1995年9月1日起实施《水路货物运输规则》和《水路货物运输管理规则》。我国《海商法》第四条还规定:"中华人民共和国港口之间的海上运输和拖航,由悬挂中华人民共和国国旗的船舶经营。但是,法律、行政法规另有规定的除外。"

运单是国内水路货物运输最基本的合同形式。《水路货物运输合同实施细则》规定:"大宗物资运输,可按月签订货物运输合同。对其他按规定必须提送月度托运计划的货物,经托运人和承运人协商同意,可以按月签订货物运输合同或以运单作为运输合同。零星货物运输和计划外整批货物运输,以货物运单作为运输合同。""如承、托运双方当事人无须商定特约事项的,可以用月度托运计划表代替运输合同。""在实际办理承托运手续时,托运人还应向承运人按批提出货物运单,作为运输合同的组成部分。"根据这一规定,水路货物运输形式有二:一是月度货物运输合同;二是运单。前者适用于计划内大宗物资运输,后者适用于零星货物运输和计划外货物运输。在按月签订货物运输合同的情况下,也必须签发运单,作为运输合同的组成部分。实践中,还有按季度、半年、一年签订的运输合同,也存在航次租船合同形式。

以运单作为运输合同,托运人只需根据货物的基本情况以及承托双方商定的运输条件填写运单,承运人在运单上加盖承运日期戳,运输合同即告成立。运单首先是货物运输合同,赖以确定承托双方的权利义务关系。其次运单也是承运人接收货物的收据。运单记载的货物数量或重量是承运人接收货物的初步证据,至卸货港发生货物灭失、短少或损坏,承运人应承担赔偿责任,除非承运人能够证明货物的灭失、短少或损坏是由于承运人可以免责的事由造成的。最后运单还是承运人据以交付货物的主要凭证。承运人在目的港必须核对收货人的身份,将货物交给运单记载的收货人。

根据《合同法》和《水路货物运输合同实施细则》的规定,签订水路货物运输合同应注意以下几点:

(1) 必须遵守国家法律,符合国家政策和计划。任何单位和个人不得利用合同进行违法活动,扰乱经济秩序,破坏国家计划,损害国家利益和社会公共利益,牟取非法收入。

(2) 必须贯彻平等互利、协商一致、等价有偿的原则。任何一方不得把自己的意志强加给对方。

(3) 除短途驳运、摆渡零星货物,双方当事人应可以即时清结者外,订立的水路货物运输合同也应当采用书面形式。大宗物资运输,可按月签订货物运输合同。对其他按规定必须提送月度托运计划的货物,经托运人和承运人协商同意,可以按月签订货物运输合同或以货物运单作为运输合同。零星货物运输和计划外的整批货物运输,以货物运单作为运输合同。

(4) 按月签订的货物运输合同应具备下列基本内容:
① 货物名称;
② 托运人和收货人名称;
③ 起运港和到达港,海江河联运货物应载明换装港;
④ 货物重量,按体积计费的货物应载明体积;
⑤ 违约责任;

⑥ 特别条款。
(5) 货物运单应具备下列内容:
① 货物名称;
② 重量、件数,按体积计费的货物应载明体积;
③ 包装及运输标志;
④ 起运港和到达港,海江河联运货物应载明换装港;
⑤ 托运人、收货人名称及详细地址;
⑥ 运费、港口费和有关的其他费用及其结算方式;
⑦ 承运日期;
⑧ 运到期限(规定期限和商定期限);
⑨ 货物价值;
⑩ 双方当事人商定的其他事项。

5.4 海洋货物运输组织管理

5.4.1 海洋运输的特点及作用

海洋运输是指以船舶为工具,通过海上航道运送旅客或货物的一种运输方式,简称海运。由于铁路、公路运输无法满足国际贸易跨越海洋的要求,而航空运输又受到货运量的限制,因此海洋运输在国际贸易中占绝对的主导地位,经济比较发达的临海国家和地区都十分重视发展海洋运输。

目前,世界外贸海运量在外贸货运总量中占80%左右,若按货物周转量计则高达90%以上。我国海岸线长达32 000多千米,沿海拥有许许多多终年不冻的优良港口,长江等江河沿岸也有许多对外开放的港口。在我国港口与世界各主要港口之间,现在已开辟众多的定期和不定期的海上航线。作为目前我国最大的远洋运输公司,中国远洋运输集团总公司所属的船舶已有固定航线300多条,航行于世界上160多个国家和地区的1 600多个港口。海洋运输与其他运输方式相比,具有下列特点。

1. 海洋运输的特点

(1) 海洋运输的优点

① 运输量大。国际货物运输是在全世界范围内进行的商品交换,地理位置和地理条件决定了海洋运输是国际货物运输的主要手段。从技术性能看,海洋运输的运输能力最大,货物运输能力几乎不受限制,其中主要原因是船舶向大型化发展,如50万~70万吨的巨型油船,16万~17万吨的散装船,以及集装箱船的大型化使得船舶的载运能力远远大于火车、汽车和飞机,是运输能力最大的运输工具。

② 具有灵活性。海上运输利用天然航道四通八达,不像火车、汽车要受轨道和道路的限制,因而其灵活性要超过其他各种运输方式。如果因政治、经济、军事等条件的变化,还可随时改变航线驶往有利于装卸的目的港。

③ 运输成本低。船舶的航道天然构成,船舶运量大,港口设备一般均为政府修建,船

舶经久耐用,节省燃料,所以货物的单位运输成本相对低廉。据统计,海运运费一般约为铁路运费的1/5、公路汽车运费的1/10,航空运费的1/30,这就为低值大宗货物的运输提供了有利的竞争条件。

④ 对货物的适应性强。由于上述特点使海洋运输基本上适应各种货物的运输。如石油井台、火车、机车车辆等超重大货物,其他运输方式是无法装运的,船舶一般都可以装运。

(2) 海洋运输的缺点

① 运输的速度慢。由于商船的体积大,水流的阻力大,加之装卸时间长等其他各种因素的影响,货物的运输速度比其他运输方式慢,又由于海洋运输的距离相对较长,因此运输时间也长,比较适合于运量大、运距长,对时间要求不太紧、运费负担能力相对较低的货运任务。

② 风险较大。由于船舶海上航行受自然气候和季节性影响较大,海洋环境复杂、气象多变,随时会有遇上狂风、巨浪、暴风、雷电、海啸等人力难以抗衡的海洋自然灾害袭击的可能,遇险的可能性比陆地、沿海要大。同时,海洋运输还存在着社会风险,如受到战争、罢工、贸易禁运等因素的影响。为转嫁损失,海洋运输的货物、船舶保险尤其应引起重视。

尽管海洋运输存在着速度慢、风险大等不利因素,但由于其运输量大、运费低廉等优越性,它在国际贸易中所占的地位和所起的作用及其重要性仍大大越过其他几种运输方式。

3. 海洋运输的作用

(1) 海洋是国际贸易运输的主要方式。海洋货物运输虽然存在速度较低、风险较大的不足,但是由于它通过能力大、运量大、运费低,以及对货物适应性强等长处,加上全球特有的地理条件,使它成为国际贸易中主要的运输方式。集装箱运输的兴起和发展,不仅使货物运输向集合化、合理化方向发展,而且节省了货物包装用料,相关运杂费,减少了货损货差,保证了运输质量,缩短了运输时间,从而降低了运输成本。

(2) 海洋运输是国家节省外汇支付,增加外汇收入的重要渠道之一。在我国运费支出一般占外贸进出口总额10%左右,尤其大宗货物的运费占的比重更大,贸易中若充分利用国际贸易术语,争取我方多派船,不但节省了外汇的支付,而且还可以争取更多的外汇收入。特别是把我国的运力投入到国际航运市场,积极开展第三国的运输,为国家创造外汇收入。目前,世界各国,特别是沿海的发展中国家都十分重视建立自己的远洋船队,注重发展海上货物运输。一些航运发达国家,外汇运费的收入成为这些国家国民经济的重要支柱。

(3) 发展海上运输业有利于改善国家的产业结构和国际贸易出口商品的结构。海洋运输是依靠航海活动的实践来实现的,航海活动的基础是造船业、航海技术和掌握技术的海员。造船工业是一项综合性产业,它的发展又可带动钢铁工业、船舶设备工业、电子仪器仪表工业的发展,促进整个国家产业结构的改善,我国由原来的船舶进口国,近几年逐渐变成了船舶出口国,而且正在迈向船舶出口大国的行列。由于我国航海技术的不断发展,外派劳务已引起了世界各国的重视。海上运输业的发展,使得我国的远洋运输船队已进入世界十强之列,为今后大规模的拆船业提供了条件,不仅为我国的钢铁厂冶炼提供廉价的原料、节约能源和进口矿石的消耗,而且可以出口外销废钢。由此可见,海上运输业的发展,不仅能改善国家产业结构,而且会改善国际贸易中的商品结构。海上运输船队是国防的重要后备力量,海上远洋运输船队历来在战时都被用作后勤运输工具。美、英等国把商船队称为"除陆、海、空之外的第四军种",苏联的商船队也被西方国家称为"影子舰队"。可见,它对战争的胜负所起的作用。正因为海上运输占有如此重要的地位,世界各国都很重视海上航运事业,通过立法加以保护,从资金上加以扶植和补助。

5.4.2 班轮运输

海上运输按照船舶的经营方式划分主要有班轮运输(又称定期船运输)和租船运输(又称不定期船运输)两种。

班轮运输(liner transport)是指船舶在固定的航线上和港口间按事先公布的船期表航行,从事客、货运输业务并按事先公布的费率收取运费。

1. 班轮运输的特点

(1)"四固定"。班轮运输的"四固定"即航线固定、港口固定、船期固定和费率的相对固定。这是班轮运输的基本特点。

(2) 运价内已包括装卸费用。货物由承运人负责配载、装卸,承运人和托运人双方不计算滞期费和速遣费。

(3) 承托双方的权利、义务、责任、豁免以船公司签发的提单条款为依据。

2. 班轮运输的作用

(1) 特别有利于一般杂货和小额贸易货物运输。在国际贸易中,除大宗商品利用租船运输外,零星成交、批次多、到港分散的货物,只要班轮有航班和舱位,不论数量多少,也不论直达或转船,班轮公司一般均愿意接受承运。

(2) 有利于国际贸易的发展。班轮运输的"四固定"特点,为买卖双方洽谈运输条件提供必要依据,使买卖双方有可能事先根据班轮船期表,商定交货期、装运期以及装运港口,并且根据班轮费率表事先核算运费和附加费用。从而能比较准确地进行比价和核算货物价格。

(3) 提供较好的运输质量。参加班轮运输的船公司所追求的目标是,保证船期,提高竞争能力,吸引货载。班轮公司派出的船舶一般技术性能好,设备较全,质量较好,船员技术水平也较高。此外,在班轮停靠的港口,一般都有自己专用的码头、仓库和装卸设备,有良好的管理制度,所以货运质量较有保证。

(4) 手续简便,方便货方。班轮承运人一般采取码头仓库交接货物的做法,并负责办理货物的装卸作业和全部费用。通常班轮承运人还负责货物的转口工作,并定期公布船期表,为货方提供极大方便。

3. 班轮货运程序

(1) 揽货和订舱

揽货是指从事班轮运输经营的船公司为使自己所经营的班轮运输船舶能在载重量和

舱容上得到充分利用,力争做到"满舱满载",以期获得最好的经营效益而从货主那里争取货源的行为。揽货的实际成绩如何,直接影响到班轮船公司的经营效益并关系着班轮经营的成败。为了揽货,班轮公司首先要为自己所经营的班轮航线、船舶挂靠的港口及其到、发时间制定船期表并分送给已经建立起业务关系的原有客户,并在有关的航运期刊上刊载,使客户了解公司经营的班轮运输航线及船期情况,以便联系安排货运,争得货源。

订舱是指托运人或其代理人向承运人,即班轮公司或它的营业所或代理机构等申请货物运输,承运人对这种申请给予承诺的行为。承运人与托运人之间不需要签订运输合同,而是以口头或订舱函电进行预约,只要船公司对这种预约给予承诺,并在舱位登记簿上登记,即表明承托双方已建立有关货物运输的关系。

杂货班轮通常会在多个挂靠港进行装卸作业,因此船公司在承揽货载或接受订舱时应注意以下问题:

① 船舶舱位的分配。船公司首先会参考过去的实际情况,预先就各装货港分别对在该航线上各航船舶的舱位进行适当的分配,定出限额。各装货港的营业所、代理机构只能在所分配的船舶舱位范围内承揽货载。特殊情况下发生所分配的舱位不够或者过剩,要根据各港代理的舱位报告进行调整,以多补少,以使船舶舱位得到充分利用。

② 订舱货物的性质、包装和重量。承运人承揽货载时,必须考虑各票货物的性质、包装和每件货物的重量及尺码等因素,因为不同种类的货物对运输和保管有不同的要求。例如重大件货物可能会受到船舶及装卸港口的起重机械能力影响和船舶舱口尺寸的限制;忌装货物的积载问题;各港口对载运危险货物船舶所作的限制。

③ 装卸港及过境港的法规。国际贸易货物的装货港、卸货港或过境港往往分属于不同的国家,所使用的法律或港口当局的规章和管理办法等也常不相同。例如,可能根据装货港的法规允许装船的货物,根据卸货港的法规却禁止卸货,或者对于装运某种货物的船舶禁止或限制入港。所以,在承揽货载时,应对有关国家法律和港口规章或管理办法进行充分了解。

(2) 装船

装船是指托运人应将其托运的货物送至码头承运船舶的船边并进行交接,然后将货物装到船上。如果船舶是在锚地或浮筒作业,托运人还应负责使用自己的或租用的驳船将货物驳运至船边办理交接后将货物装到船上,亦称直接装船。对一些特殊的货物,如危险货物、冷冻货、鲜活货、贵重货多采用船舶直接装船。而在班轮运输中,为了提高装船效率,减少船舶在港停泊时间,不致延误船期,通常都采用集中装船的方式,集中装船是指由船公司在各装货港指定装船代理人,在各装货港的指定地点(通常为码头仓库)接受托运人送来的货物,办理交接手续后,将货物集中并按货物的卸货次序进行适当的分类后再进行装船。

(3) 卸货

卸货是指将船舶所承运的货物在卸货港从船上卸下,并在船舶交给收货人或代其收货的人和办理货物的交接手续。船公司在卸货港的代理人根据船舶发来的到港电报,一方面编制有关单证联系安排泊位和准备办理船舶进口手续,约定装卸公司,等待船舶进港后卸货;另一方面还要把船舶预定到港的时间通知收货人,以便收货人及时做好接受货物的准备工作。在班轮运输中，为了使分属于众多收货人各种不同的货物能在船舶有限的停泊时间内迅速卸完，通常都采用集中卸货的办法，即由船公司所指定的装卸公司作为卸货代理人总揽卸货以及向收货人交付货物的工作。

卸货时，船方和装卸公司应根据载货清单和其他有关单证认真卸货，避免发生差错，然而由于众多原因难免不发生将本应在其他港口卸下的货物卸在本港，或本应在本港卸下的货物遗漏未卸的情况，通常将前者称为溢卸，后者称为短卸。溢卸和短卸统称为误卸。关于因误卸而引起的货物延迟损失或货物的损坏转让问题，一般在提单条款中都有规定，通常规定因误卸发生的补送、退运的费用由船公司负担，但对因此而造成的延迟交付或货物的损坏，船公司不负赔偿责任。如果误卸是因标志不清、不全或错误，以及因货主的过失造成的，则所有补送、退运、卸货和保管的费用都由货主负担，船公司不负任何责任。

（4）交付货物

实际业务中船公司凭提单将货物交付给收货人的行为。具体过程是收货人将提单交给船公司在卸货港的代理人，经代理人审核无误后，签发提货单交给收货人，然后收货人再凭提货单前往码头仓库提取货物并与卸货代理人办理交接手续。交付货物的方式有仓库交付货物、船边交付货物、货主选择卸货港交付货物、变更卸货港交付货物、凭保证书交付货物等。

① 仓库交付货物。先将从船舱上集中卸下的货物运至班轮公司或其卸货代理人的仓库，然后由卸货代理人向收货人交付货物，并在码头仓库与卸货代理人办理货物的交接手续。这是班轮运输中最基本的交付货物方式。

② 船边交付货物。船边交货又称"现提"。收货人到班轮公司在船公司卸货港的代理人处办理提货手续，获得提货单，然后凭提货单直接到码头船边提取货物，并办理交接手续。收货人要求船边提货必须事先征得船公司或其代理人的同意。这种方式适合尽快提取的货物，如贵重货物、冷冻货物等。

③ 选港交货。货主选择卸货港交付货物是指货物在装船时货主尚未确定具体的卸货港，待船舶开航后再由货主选定对自己最方便或最有利的卸货港，并在这个港口卸货和交付货物。

④ 变更卸货港交付货物。是指在提单上所记载的卸货港以外的其他港口卸货和交付货物。

⑤ 凭保证书交付货物。是指收货人无法以交出提单来换取提货单提取货物，按照一般的航运惯例，常由收货人开具保证书（即保函），以保证书交换提货单，然后持提货单提取货物。为了方便，船公司及银行都印有一定格式的保证书。其作用包括凭保函交付货物、凭保函签发清洁提单、凭保函倒签预借提单等。在凭保函交付货物的情况下，收货人保证在收到提单后立即向船公司交回全套正本提单，承担应由收货人支付的运费及其他费用的责任；对因未提交提单而提取货物所产生的一切损失均承担责任，并表明对于保证内容由银行与收货人一起负连带责任。船公司同意凭保证书交付货物是为了尽快地交货，而且除了有意欺诈外，船公司可以根据保证书将因凭保证书而发生的损失转嫁给收货人或保证银行。但是，由于违反运输合同的义务，船公司对正当的提单持有人仍负有赔偿

一切损失责任的风险。

5.4.3 租船运输

租船运输(shipping by chartering)又称不定期船(tramp)运输。它与班轮运输不同，船舶没有预定的船期表、航线和港口。船期、航线及港口均按租船人(charterer)和船东(shipowner)双方签订的租船合同(charter party)规定的条款行事。也就是说，根据租船合同，船东将船舶出租给租船人使用，以完成特定的货运任务，并按商定运价收取运费。

1. 租船运输的特点和作用

(1) 租船运输的特点。租船运输的特点包括以下几点：

① 租船运输没有固定的航线、固定的装卸港口和固定的船期。它根据租船人的需要和船东的可能，由双方洽商租船运输条件，并以租船合同形式加以肯定，作为双方权利与义务的依据。

② 没有固定的运价。租船运价受租船市场供求关系的制约，船多货少时运价低；反之则高。

③ 租船运输一般是整船洽租并以装运货值较低、成交数量较多的大宗货物为主。

(2) 租船运输的作用。租船运输的作用包括以下几点：

① 租船一般是通过租船市场，由船租双方根据自己的需要选择适当的船舶，满足不同的需要，为开展国际贸易提供便利；

② 国际间的大宗货物主要是以租船运输，由于运量大，单位运输成本较低；

③ 租船运价是竞争价格，所以租船运价一般比班轮运价低，有利于低值大宗货物的运输；

④ 只要是船舶能安全出入的港口，租船都可以进行直达运输；

⑤ 一旦贸易增加、船位不足时，而造船、买船又难以应急，租船运输可起到弥补需要的作用。另外，如一时舱位有余，为避免停船损失，可借租船揽货或转租。

2. 租船方式

国际上使用较广泛的租船方式主要有以下四种：

(1) 定程租船(voyage charter)。定程租船又称航次租船，是以航程为基础的租船方式。在这种租船方式下，船方必须按租船合同规定的航程完成货物运输任务，并负责船舶的经营管理以及船舶在航行中的一切费用开支，租船人按约定支付运费。

定程租船有以下特点：①船舶的经营管理由船方负责。②规定一定的航线和装运的货物种类、名称、数量以及装卸港口。③船除对船舶航行、驾驶、管理负责外，还应对货物运输负责。④在多数情况下，运费按所运货物数量计算。⑤规定一定的装卸期限或装卸率，并计算滞期费、速遣费。⑥船租双方的责任、义务，以定程租船合同为准。

定程租船按运输形式又可分为以下几种：①单程租船也称单航次租船(single voyage charter)。即所租船舶只装运一个航次，航程结束时租船合同即告终止。②来回程租船(round trip charter)。这是租船合同规定在完成一个航次任务后接着再装运一个回程货载的运输形式。③连续单程租船(consecutive trip charter)。这一运输形式要求在同一去向的航线上连续完成多个单航次运输。它的特点是完成若干个连续的航次,不能中断;船舶必须是一程运货,一程空放,船东不能利用空船揽载其他货物,一般航程较近。

(2) 定期租船(time charter)。定期租船简称期租船,它由船舶出租人将船舶租给租船人使用一定期限,并在规定的期限内由租船人自行调度和经营管理,租金按月(或30天)、按每载重吨(DWT)若干金额计算。

定期租船有以下特点:①租赁期间,船舶的经营管理由租船人负责;②不规定船舶航线和装卸港口,只规定船舶航行区域;③除特别规定外,可以装运各种合法货物;④船方负责船舶的维护、修理和机器的正常运转;⑤不规定装卸期限或装卸率,不计算滞期费、速遣费;⑥租金按租期每月每吨若干金额计算;⑦船租双方的权利与义务,以期租船合同为准。

(3) 光船租船(bare boat charter)。它实际上也是定期租船的一种,与一般定期租船不同的是,船东不负责提供船员,只是将船交给租方使用,由租方自行配备船员,负责船舶的经营管理和航行各项事宜,但是,把船交给租船人支配,船东往往心存疑虑。另外,由于雇用和管理船员工作繁重复杂,租船人对这种方式也缺乏兴趣。因此光船租船方式在租船市场上较少采用。

(4) 包运租船(contract of affreightment)

船舶所有人提供给租船人一定吨位(运力),在确定的港口之间,以事先约定的年数、航次周期和每航次较均等的货运量,完成运输合同规定的全部货运量的租船方式。包运租船的特点有以下几个:①包运租船合同中不指定某一船舶及其国籍,仅规定租用船舶的船级、船龄及其技术规范等。船舶所有人必须根据这些要求提供能够完成合同规定每个航次货运量的运力。这给船舶所有人在调度和安排船舶方面提供了方便。②由船舶所有人负责船舶的营运调度,并负责有关的营运费用。③运费按船舶实际装运货物的数量及商定的费率计算,按航次结算。④租期的长短取决于运输货物的总运量及船舶的航次周期所需要的时间。⑤运输的货物主要是运量较大的干散货或液体散装货物。承租人通常是货物贸易量较大的工矿企业。⑥航次费用的负担责任划分一般与航次租船方式相同。

3. 租船运输的作业程序

船舶所有人是租船市场上的船舶供给方,而承租人则是船舶的需求方。借助于当今的通信技术条件,船舶所有人和承租人在开展租船业务时,绝大多数是通过电话、电传、电子邮件、传真等通信手段洽谈的。从发出询盘到签订租船合同的租船业务全过程称为"租船程序"(chartering procedure or chartering process)。租船程序与国际贸易的商品交易一样,也有询盘、报盘、还盘、接受和签订合同五个环节。在租船市场上,由需求船舶的租船人和提供船舶运力的船东通过租船经纪人互通情况,讨价和还价,最后成交签订合同。

(1) 询盘(inquiry)。询盘的目的和作用是让对方知道发盘人的意向和需求的概况。承租人发出询盘的目的是以适当的洽租条件,直接或通过租船经纪人寻求合适的船舶来运输货物;船舶所有人发出询盘的目的是承揽货物运输业务。询盘的内容一般包括必须让对方知道的项目,简明扼要。

承租人询盘的主要内容项目一般包括：承租人的名称即营业地点；货物种类、名称、数量、包装形式；装卸港口或地点、装卸费用条件；受载期及解约期；租船方式和期限；船舶类型、载重吨、船龄、船级；交船和还船地点、航行范围；希望采用的租船合同范本等。

船舶所有人询盘的主要内容项目一般包括：出租船舶的类型、船名、船籍、吨位、航行范围；船舶的各种包装状态下的积载容积；受载日期、船舶供租方式、供租期限；适载货物等。

上述内容只是一般情况，询盘人可根据实际需要、不同的租船方式及内容等作出改变。询盘阶段一般不进行具体的租船业务洽谈，主要目的是收集运输市场对询盘内容的反映。所以，询盘又分为一般询盘和特别询盘。一般询盘具有了解市场情况的优势，多方发出询盘，以得到更多的报盘，从而获取最佳选择。特别询盘则是看准一个合适对象具体进行洽询，不向市场公开。

询盘可以向船舶经纪人或租船代理人发出，通过他们在租船市场上寻找合适的租船对象，也可直接向船舶所有人或承租人发出。

(2) 发盘(offer)。发盘又称报价，承租人或船舶所有人围绕询盘中的内容，就租船涉及的主要条件答复询盘方。向对方发盘也就意味着对询盘内容存在兴趣，所以在发盘时，应考虑对方接受发盘内容的可能性。

发盘的内容包括租船业务的主要条件，也构成租船合同的基础内容。这些主要内容包括：对船舶技术规范和船舶状况的要求；租船洽谈的方式及期限；受载期及解约日；滞期和速遣条件；运费、租金及支付条件；货物种类、数量、要求的包装形式；装卸港口及航线；交还船地点、航行范围；采用的租船合同范本以及要增添或删减的条款。

由于租船合同项目很多，不可能在发盘中开列很多条款，上述的主要条件也是可变的。为了解决洽租过程中的困难，租船业务中的一方一般会事先拟制一个租船合同样本，等正式发盘时使用。在租船合同样本中，特定的可变项目，如船东名称、船名、货物名称、数量、装卸港口、受载期和运价等，均留待洽租时具体商定。每次洽租，首先开列上述主要租船条件，而将次要条件在主要条件达成协议后，再进行商议。

不同的发盘形式具有不同的约束力和不同的法律效力。现行的发盘形式有绝对发盘和条件发盘，习惯上也分别称为实盘(firm offer)和虚盘(offer without engagement)。绝对发盘(absolute offer)在一项发盘中写有"firm"字样的均可视为绝对发盘。绝对发盘是指具有绝对成交的意图，主要条款明确肯定、完整而无保留，具有法律效力。发盘方不能撤回或更改发盘中的任何条件，接受发盘的一方也不能试图让发盘方改变条件。绝对发盘时，发盘人会规定对方接受并答复的期限，即时限(time limit for reply)。发盘人在时限内不得再向第二方作出相同内容发盘；接受绝对发盘方要在时限结束前，就发盘中的条件给予明确答复，否则无效。时限的长短在租船业务中没有统一标准，是由发盘人决定的，主要取决于发盘方的意愿和市场的行情；长则几天，短则只有十几分钟，乃至立即答复。

条件发盘是指发盘方在发盘中对其内容附带某些"保留条件"(subjects)，所列各项条件仅供双方进行磋商，接受发盘方可对发盘中的条件提出更改建议的发盘方式。在条件发盘中,没有"firm"字样,也不规定答复时限,对发盘中的各项条件达成协议之前,条件发盘对双方不具约束力。因此,内容相同的条件发盘可向几个不同的接受方同时发出,就其内容进行反复的探讨和修改。按照国际航运惯例,发盘方应遵循"先复先交易"(first come, first service)的原则,与第一答复方洽谈。

(3) 还盘(counter offer)。还盘是指接受发盘的一方对发盘中的一些条件提出修改,或提出自己的新条件,并向发盘人提出的工作过程。

还盘的目的在于要求对方更改对自己不利的,或合同执行上不可行的洽租条件。这时,要仔细审查对方发盘的内容,决定哪些可以接受,哪些不能接受,要进行修改和补充并逐一提出。还盘中没有涉及的对方发盘中的条件,都被认为是可以接受的条件。

还盘也有虚实之分,还实盘时,对方一经接受,合同即告成立。还虚盘时,必有附带条件,这时还盘会反复多次,直到双方达成协议或终止洽谈。

在租船过程中,并非对所有的发盘予以还盘。如果对方的发盘完全不能接受或者可以接受的条件很少,另一方也可以采用发盘形式要求对方还盘。这表明接受最初发盘的一方不予接受对方的绝大多数条件,但仍有继续洽谈的意愿。

(4) 受盘(acceptance)。受盘即为明确接受或确认对方所报的各项租船条件。这是租船程序的最后阶段。最后一次还实盘的全部内容被双方接受就是租船业务成交的标志,各种洽租条件对双方都具有法律约束力。

有效的受盘必须在发盘或还盘规定的时限内,且不能有保留条件,若时限已过,则欲接受的一方必须要求另一方再次确认才能生效。当发盘方放弃"保留条件"而要求对方受盘时,受盘方应确认收到的是一项不附带任何保留条件的实盘(clean fixture);而在发盘方要求对方先予以受盘,而后再取消保留条件情况下,受盘方为保护自己的利益,避免不必要的法律纠纷,必须规定发盘方在接受受盘后取消保留条件的时间限制。如果发盘方没有在该时间限制内正式放弃保留条件,受盘方的受盘仍不具备任何约束力。

(5) 签约(conclusion of a charter party)。正式的租船合同是在合同主要条款被双方接受后开始拟制的。受盘后,双方共同承诺的实盘中的条款已产生约束双方的效力。按照国际惯例,在条件允许的情况下,双方应签署一份"确认备忘书"(Fixture Note),作为简式的租船合同(参见下列样本)。

FIXTURE NOTE

31 st Jan. 2005

M/V . "…………"

(or Suitable Substitute Vessel)

It is mutually agreed between Messrs 船舶所有人的名称及详细地址 as owners and Messrs 承租人的名称及详细地址 as charterers that:

1. Cargo 20,000t wheat in bags 5% more or less at owner's option (owners to declare quantity to be shipped 2 days before vessel arriving at loading port).

2. Loading at one safe port Shanghai.

3. Discharging at one safe port Oakland.

4. Lay days and Canceling Date: 15th to 30th March 2005.

5. Freight rate USD 10.00 per Metric ton F. I. O. S CQD both ends.

6. 100% Freight prepaid by 2T to owner's account in US Dollar at Shanghai after completion of loading before releasing Bill of Loading.

7. Any dues/taxes on vessel and/ or freight to be for Owners' account. Any dues/taxes on cargo to be for Charterers' account.

8. If charterers fail to ship as agreed quantity, they are liable to pay the deadfreight at the freight rate as agreed.

9. Otherwise details as per '94 GENCON C/P.

For and on Behalf of　　　　　　　　　　　　　　　For and on Behalf of
（Owners）　　　　　　　　　　　　　　　　　　　　（Charterers）

确认备忘书没有固定统一的格式，一般包括以下内容：确认备忘书签订日期；船名，或可替代船舶；签约双方的名称和地址；货物名称和数量；装卸港名称及受载期；装卸费用负担责任；运费或租金率、支付方法；有关费用的分担（港口使用费、税收等）；所采用标准租船合同的名称；其他约定特殊事项；双方当事人或其代表的签字。

签约可由承租人或船舶所有人自己签约；也可以授权租船代理人签约。租船代理人签约时要说明由谁授权代表当事人（承租人或船舶所有人）签约以及代理人的身份。若代理人不表明自己的身份，在发生法律问题时，则被认为是当事人，从而负有履行租船合同的法律责任。租船合同通常制作正本两份，签署后由船舶所有人和承租人双方各持一份存档备用。

4. 租船合同范本

租船是通过船舶所有人与承租人签订租船合同来实现和约定法律责任的。租船合同又称租船契约，是船舶出租人以一定的条件，向承租人提供一定的船舶或一定的舱位，就运输货物或旅客时相互间承担的权利和义务作出明确约定的协议。

租船合同的签订是一项非常细致和严密的工作，没有统一的格式条款而逐项商定会需要较长的时间。为了简化签订租船合同的手续，节约签订租船合同所需费用，同时为了利用在合同中列入对自己有利的一些条款，维护自己的利益，国际上的一些航运协会、大型船舶公司、货主垄断组织，根据自身的特点，并结合货物种类、航线等，都会预先编制供承租人和船舶所有人双方选用的租船合同范本，其中会列出合同的主要条款作为洽谈合同的基本意向。

租船合同范本的大多数是船舶所有人或代表船舶所有人利益的航运协会单方面拟定的，与承租人的利益会有一些冲突。因此，承租人与船舶所有人之间要对租船合同范本的条款进行删减、修改和补充。为了便于进行此工作，每一租船合同范本都为其规定代码，并为每一条款规定代号，且在每一行文字前给出行次编号。使用这些代码和编号即可方便地进行同条款的商定。

租船合同范本的种类很多，实际数字有百种以上。由于运载货物、航线不同，租船合同有着各种不同的范本。如英国航运公会认可，并得到公认的用于煤炭运输的合同范本有16种；用于木材运输的合同范本有7种；用于谷物运输的合同范本有11种。同时随着租船方式的不同,合同范本也不同。

无论航次、定期或光船租船方式都有适用于该种租船方式的租船合同范本。这些范本根据是否得到公认和是否得到广泛采用而分为标准租船合同格式(standard CIP form)、非标准租船合同格式(non-standard CIP form)和厂商租船合同范本(private CIP form)。

标准租船合同通常是指由英国航运工会、波罗的海国际航运公会、纽约土产交易所和日本海运集会所等公共机构所制定或认可,并被公认和广泛采用的合同格式。非标准租船合同通常是指不属于标准租船合同范围,但其格式有一定的规律,并常被采用的合同格式。厂商租船合同则是一些大宗货主为租赁船舶而制定的特殊合同格式。

下面介绍的是目前在国际航运市场中3种主要的标准租船合同格式。

(1) 统一杂货租船合同

统一杂货租船合同(uniform general charter),简称为"金康"(GENCON),是波罗的海国际航运公会的前身"波罗的海白海航运公会"于1922年制定、经英国航运公会采用的。合同几经修订,当前租船市场上选用的就是1994年修订后的。1994年最近一次修订时,在合同条款上作了较大的修订,将原来的17项条款,增列为19项。

这个租船合同范本是20世纪20年代适应当时国际贸易急骤发展,货物种类大量增加的需要而制定的。它是一个不分货种和航线,适用范围比较广泛的航次租船合同的标准格式。

(2) 定期租船合同

定期租船合同(time charter party)又称"土产格式"(NYPE Form),是美国纽约土产交易所(New York Produce Exchange)制定的定期租船合同的标准格式。这一标准格式得到波罗的海国际航运公会与船舶经纪人和代理人联合会推荐,现行使用的是1993年修订版,代码为"NYPE 93"。由于它的内容较全面,而且一般都认为它的规定比较公平,所以得到了较广泛的使用。

(3) 标准期租船合同

标准期租船合同(uniform time charter party),又简称为"BALTIME"。该标准定期租船合同格式由波罗的海国际航运协会于1909年制定,并由英国航运公会认可。现行使用的是1974年的修订版。

"波尔的姆"(BALTIME)格式和"土产格式"(NYPE Form)的主要区别在于两者的条款内容各有侧重。一般地说,"波尔的姆"侧重于船舶所有人的利益,这是国际航运界所公认的。至于"土产格式",虽然有人认为侧重于承租人的利益,但是也有不少人认为它的内容较"波尔的姆"格式更公平一些,并没有过于偏袒承租人的利益。因此,在航运市场不够景气的时候,使用较多的反而是"土产格式"。

5.5 水路货物运输单证

5.5.1 海运提单

1. 提单的定义

提单是国际货物海上运输中的重要单证之一,也是信用证交易形式下银行结汇、买方提取货物的关键票据,在国际贸易中起着不可替代的作用。我国《海商法》第七十一条规定:"提单,是指用以证明海上货物运输合同和货物已经由承运人接收或者装船,以及承运人保证据以交付货物的单证……"在实际业务中,提单所涉及的主要有承运人、托运人、收货人、提单持有人等。其中,承运人通常是与托运人签订运输合同,承担运输任务的航运公司;托运人是与承运人签订运输合同,送交所运送货物的人;收货人是有权提货的人,常常是对外贸易中的买方。以上各方之间权利、义务关系就构成了提单关系的主要内容。

2. 提单的性质与作用

在海上货物运输中的班轮运输和大多数航次租船运输中,承运人都会应托运人的要求签发海运提单。因此,了解提单的性质、作用对明确承运人、托运人、收货人之间的权利、义务,对更好地理解贸易、运输合同各方的关系,保护自身利益有重要意义。

(1) 提单是承运人出具的接收货物的收据。在航运业发展的初期,贸易商往往就是船东自己,因此也并没有划分承运人和托运人关系的提单。随着科技、贸易的快速发展,专门从事贸易的贸易商、专门从事航运的承运人出现,为解决他们之间的货物交接问题,分清货物损失的责任,出现了最早的提单。因而,货物收据的功能也是提单最早所具有的一项职能。

现在,各国法律一般认为提单是承运人或其代理人签发的证明其已收到或接管货物的证明。根据我国《海商法》和被世界许多国家接受的《海牙—维斯比规则》提单正面有关货物品名、标志、包数或件数、重量或体积、外表状况等的描述构成承运人按此状况收到或接收货物的初步证据,即一旦货物运抵目的港后被发现与所描述的状况不同,承运人就要承担赔偿责任。但如果在装船时货物数量不足或包装破裂或表面破损等情况存在,而收货人已经知道或者收货人就是托运人本身,那么承运人对该损失不予赔偿。如果提单被转让,收货人是提单的善意受让人,又称善意第三者时,提单则为最终证据,换句话讲,即使货物的这些缺陷在装船时就已经存在,承运人也要对善意第三者的损失予以赔偿。

(2) 提单是海上运输合同的证明。中国《海商法》第四十一条规定:"海上货物运输合同,是指承运人收取运费,负责将托运人托运的货物经海路由一港运至另一港的合同。"海运合同因海运的营运方式不同而分为租船运输下的租船合同和班轮运输合同。这里把班轮提单看作班轮运输的运输合同证明而不是合同,有两个原因。第一,虽然在提单印就的格式内详细列有承、托双方责任、义务条款,一旦产生纠纷提单往往作为确定当事各方责任的重要依据。但是提单的签发是在承运人接收货物,甚至是货物装船之后,而此时运输合同早已在履行的过程之中。再有,提单是由承运人或他的代理人签发的包含印就条款的一种商业票据。提单的签署只是承运人单方面的行为,在此之前他并没有就提单内容与托运人商议,条款不是双方合意的结果,所以提单只能说是运输合同成立的证明,而不能看作运输合同本身。当提单与运输合同或提单与承、托双方原来的协议内容有差异时,应以运输合同或原来的协议为准。

(3) 提单是承运人据以交付货物的单证。提单提货凭证的职能构成现代国际贸易的基础。现代国际贸易中,一手交钱一手交货的现金交易少之又少,以信用证为代表的信用交易占据相当大的比重,而提单的提货凭证作用就构成信用证交易的基础。以 CIF 买卖为例,卖方在装货港货交承运人后取得已装船提单。在现金交易下,卖方必须等到货到目的港买方提取货物并认可后才可收到货款。但在信用证买卖中,卖方取得已装船提单后就可以携带提单及其他必备文件到银行结汇,取得货款,这就是所谓的"交单即交货"或称象征性交货。此时的买方虽然没有掌握货物,但凭通过转让得到的提单取得货物的推定占有权和提取权,进而控制货物。

提单的权利凭证作用还表现在提单的转让上。早在 1855 年英国实施的提单法中就规定提单所代表的权利可以不经承运人的同意,经背书而转让给第三者,由此确立了提单提货凭证的性质。现在,各国的法律都承认提单是一种可转让的商业票据,提单的转让同时意味着货物推定占有权的转让,提单的受让人就是新的有权提取货物的人。

提单还是承运人据以交付货物的凭证。作为运输合同的一方,承运人有义务在目的港将货物交给有权提取货物的人,但因为提货权已随提单同时转让,正本提单的合法持有者就当然拥有货物的请求权,因此承运人就有义务在提单持有人请求时交付货物,至于他是否是买卖合同中的买方并不重要。有人将这称为"认单不认人"。

在实际业务中,出于各种原因,有时承运人将货物交付给只有副本提单甚至是根本没有提单的贸易商,一般称为"副本提单放货"或"单个放货"。这些做法是根本错误的。如果货物交付后,正本提单持有人出现并请求提取货物,那么承运人将不得不赔偿提单持有人的损失,所以作为航运公司应竭力避免副本提单放货或者无单放货。

3. 提单的分类

按照不同的分类标准,提单有以下一些分类。

(1) 按货物是否已装船分类

按货物是否装船,提单可分为已装船提单和收货待运提单。

① 已装船提单(on board or shipped B/L)。已装船提单是指整批货物全部装进货舱或甲板后,船长或承运人或其授权的代理人凭大副收据所签发的提单。

② 收货待运提单(received for shipment B/L)。收货待运提单是指承运人在接管托运人送交的货物后,装船之前应托运人的要求签发的提单,不填船名和装船日期。一般买方不愿意接受该种提单,银行结汇也不接受。

(2) 按货物外表状况有无批注分类

按货物外表状况有无批注分类,提单可分为清洁提单和不清洁提单。

① 清洁提单(clean B/L)。清洁提单指在装船时货物的外表状况良好,承运人对提单上所记载的"外表状况良好"未做相反批注的提单。银行结汇、提单转让一般都要求是清洁提单。但清洁提单只说明承运人确认货物在装船时外表状况良好,无破损,并不能保证货物内在品质的完好,更不能排除货物具有无法直接观察到的内在瑕疵。

② 不清洁提单(unclean B/L or foul B/L)。不清洁提单指承运人在提单上对有关货物或包装状况不良或存在缺陷等情况加以批注的提单。因为提单具有货物收据的性质,承运人负有保持货物外表状况良好的责任。清洁提单表明货物表面状况良好,如果卸货时货物表面残损但提单为清洁提单就显示承运人在运输途中未尽到自己照料货物的责任,承运人就可能要赔偿由此造成的损失,所以在装船时一旦发现货物表面残损承运人就要在提单上注明,如"包装箱破损""货物表面污渍""渗漏"等以免除自身责任,这就形成了

不清洁提单;又因为货物表面状况不良很可能对货方造成损失,因为银行一般不接受不清洁提单。实际业务中,因为不清洁提单对托运人十分不利,有时托运人会向承运人出具保函以将不清洁提单换取清洁提单,方便银行结汇。由于这种做法掩盖提单签发时的真实情况,因此承运人将要会承担由此而产生的风险责任。如承运人不能以保函对抗善意的第三方,承运人要赔偿收货人的损失,然后根据保函向托运人追偿赔偿;如承运人接受了具有欺骗性质的保函后,不但要承担赔偿责任,而且还会丧失责任限制的权利。各国法律对保函效力的态度不一,有的一概不予承认,有的则认为有善意的保函有效(如我国)。由于保函换取清洁提单的做法有时确实能起到变通的作用,所以在实践中难以完全拒绝。比如在货物只是外表存在轻微的缺陷,如果不接受保函,将影响船期或合同的履行。为了解决问题,承运人接受保函,应视为承、托双方的一项保证赔偿协议。这种保函是在善意的条件下接受的,虽然对收货人没有约束力,但对承、托双方有效,可以得到我国法律的认可。但是托运人会以承运人在运输途中没有适当、谨慎地保管和照料货物为借口,因此,承运人要向托运人追偿也是很困难的。

(3) 按提单收货人一栏的记载分类

按提单收货人一栏的记载分类,提单可分为记名提单、不记名提单和指示提单。

① 记名提单(named B/L)。记名提单是指在提单的收货人一栏内具体填写某一特定人或公司名称的提单。只能由提单上写明的特定的收货人提取,不得背书转让,因此,在贸易中使用不多,一般在运输展览品或贵重物品时使用。

② 不记名提单(bearer B/L)。不记名提单指提单上收货人一栏未指明具体收货人,只填写"持有人"(bearer)字样,即货交提单持有人或在收货人一栏空白的情况。不记名提单仅凭交付转让,手续简便,流通性极强,承运人交付货物也仅以提单为依据,提单持有人被视为货主,但在提单遗失时很难区分非法获取提单者和提单的善意受让人,造成货物丢失或引起纠纷。因此,不记名提单的风险很大,在国际贸易中很少使用。

③ 指示提单(order B/L)。指示提单指在提单上收货人一栏内填写"凭指示"(To order)或"凭××指示"(To order of ××)字样的提单。指示提单可以是不记名指示(不标明指示人),也可以是记名指示(标明指示人)。指示人可以是托运人、收货人或者是银行。指示提单是一种可转让的商业票据,提单持有人以通过背书的方式将指示提单转让给第三者。无论是指示提单或不记名提单转让时都无须经过原提单签发人即承运人的同意。交付货物时,对承运人来讲只要提单真实,背书连续,指示提单持有人的身份符合提单上所记载的指示,就可交付货物,完成自己的交付义务。由此可见,指示提单既转让方便,又有一定的流通性,又比不记名提单的安全性强,所以它是国际贸易中使用最为广泛的一种提单。

(4) 按不同的运输方式分类

按不同的运输方式分类,提单可分为直达提单、转船提单和多式联运提单。

① 直达提单(direct B/L)。直达提单是指由承运人签发的,货物从装货港装船后中途不经过转船而直接运抵卸货港的提单。

② 转船提单(transshipment B/L; through B/L)。转船提单是指在装货港的船舶不直接驶往目的港,而要在中途港换装其他船舶运抵目的港,由承运人为这种货物运输而签

发的提单。转船提单实际上是海海联运方式下签发的提单。

③ 多式联运提单(combined B/L; intermodal B/L; multimodel transport B/L)。多式联运提单是指货物由海路、内河、铁路、公路和航空等两种以上不同运输方式共同完成全程运输时所签发的提单。这种提单主要用于集装箱运输。多式联运提单一般由承担海运区段运输的船公司签发。

(5) 按照提单使用的效力分类

按照提单使用的效力分类,提单可分为正本提单和副本提单。

① 正本提单。正本提单是指在法律和商业上都是公认有效的提单。正本提单上有时注明有"Original"字样,提单上有承运人、船长或代理人签字盖章并注明了签发提单的日期。正本提单一般签发一式两份或一式三份,凭其中任何一份提货后,其余各份作废,因此一般买方或银行要求卖方提供全部正本提单,即全套提单。

② 副本提单。副本提单是指仅作为工作上参考之用的提单。副本提单上一般注明"Copy"或" Non negotiable"字样,提单上没有承运人、船长或其代理人的签字盖章。副本提单没有法律效力。

(6) 按提单签发人不同分类

按提单签发人不同分类,提单可分为班轮提单和仓至仓提单。

① 班轮提单(liner B/L; ocean B/L)。是班轮公司所签发的提单。班轮提单是指在班轮运输中,由班轮公司或其代理人所签发的提单。在集装箱运输中,班轮公司通常为整箱货签发提单。

② 仓至仓提单(NVOCC B/L; house B/L)。仓至仓提单是指由无船承运人(NVOCC)或其代理人所签发的提单。在集装箱班轮运输中,无船承运人通常为拼箱货签发提单。当然,无船承运人也可以为整箱货签发提单。

(7) 按签发提单时间分类

在正常情况下,提单的签发时间为货物装船完毕的时间。但有些提单可能是不符合法律规定或者对货运业务有一定影响,如预借提单、倒签提单、顺签提单、过期提单等。

① 预借提单(advanced B/L)。预借提单是由于种种原因,在信用证或买卖合同规定的装运期或信用证有效期到来之时,托运人未能及时备妥货物或因为船期延误货物未能装船完毕,为及时结汇向承运人预先借用的提单。预借提单的风险比倒签提单更大。因为货物尚未装船或未装船完毕,货物能否安全装船、是否能全部装船、将在什么时间装船、货物装船时的状况都不得而知。如果此时提单业已签出,对提单善意持有人的交付义务已经存在,承运人处于被动地位的可能性就会更大。总之,预借提单也是既违约又违法,常被视为欺诈,因而可能给承运人带来许多不必要的麻烦,甚至是损失。

② 倒签提单(antidated B/L)。倒签提单是指货物装船完毕后,承运人应托运人的要求,在货物实际装船日期迟于信用证或合同规定的装运期限时,倒签日期以符合装运期限的一种提单。签发这种提单,承运人承担的风险很大,特别当市场货价下跌时,收货人可以以"伪造提单"或"假提单"为借口,拒绝收货或要求补偿保证金。承运人签发倒签提单,隐瞒装船时间是出于托运人个人利益,很难说是善意行为,法院一般对保函不会承认,承运人也很难根据保函免除自身的赔偿责任。从法律的角度分析,无论出于什么原因,虚

假的装船时间一方面是对运输合同的违反,另一方面,交货时间被看作是买卖合同的要件,伪造装船时间是对收货人利益的重大侵犯,因此倒签提单是一种既违约又违法的行为,在许多国家都被视为卖方和船方的共同欺诈,一经发现,承运人将不得不与托运人共同赔偿收货人因此遭受到的损失。

③ 顺签提单(post-date B/L)。顺签提单是指在货物装船完毕后,承运人或其代理人应托运人要求签发的晚于货物实际装船完毕日期的提单。也就是说实际装船完毕的日期早于提单的签发日期。不管是预借提单、倒签提单,还是顺签提单,这些做法都掩盖了提单签发时的实际情况。许多国家法律的规定和判例表明,这些情况下一旦货物引起损坏,不但要负责赔偿,而且要丧失享受责任限制和援用免责条款的权利。

(8) 其他特殊提单

① 过期提单(stale B/L)。过期提单是指由于出口商取得提单后未能及时到银行议付的提单。在信用证支付方式下,每个信用证都规定了有效期与装运期限,有的信用证还规定了交单期限。出口商必须在规定的交单期内到银行结汇;如果信用证没有规定交单期限,则要求出口商在货物装船日期起 21 天内到银行交单议付,但无论如何也不能晚于信用证的有效期,超过这一期限银行将不予接受。

② 甲板货提单(on deck B/L)。此类提单通常注有"货装甲板"字样。货物装在甲板上,除易受日晒雨淋影响外,还可能因海上风浪过大被冲入海中,因其他原因导致货物灭失或损坏的可能性也更大。

4. 提单正面内容

为切实保护自身利益,各大航运公司都定有自己的提单格式,但这些格式大体相似,分为正面条款和背面条款两部分。

提单的正面大多记载与货物和货物运输有关的事项,这些项目有的是法定必须记载的,也有的是承运人出于自身业务需要而记载的。提单的正面主要记载以下几部分内容。

(1) 托运人提供并填写的部分,这个部分包括托运人、收货人、通知方的名称,货物名称、标志和号码、件数、毛重、尺码等。各国海商法和国际公约大都明确规定托运人应该对所填写资料的正确性负责,如填写错误,则托运人要赔偿因此给承运人造成的一切损失和增加的费用。

(2) 承运人需填写的部分,这个部分主要包括船名、装货港、卸货港、签单时间、地点等。与托运人相同,承运人也要对所填写内容的正确性负责。此外,如承运人需要对货物表面状况加批注或船货双方协议扩大、缩小承运人责任或有其他特别约定也要在提单上注明,否则这些约定对提单的善意受让人无效。

(3) 提单的文字条款,包括:

① 外表状况良好条款。说明外表状况良好的货物已装在上述船上,并应在上列卸货港或该船所能安全到达并保持浮泊的附近地点卸货。

② 内容不知条款。说明货物重量、尺码、标志、号数、品质、内容和价值是托运人提供的,承运人在装船时并未核对。

③ 承认接受条款。说明托运人、收货人和本提单的执行人接受并同意本提单和提单背面所记载的一切印刷、书写或打印的规定、免责事项和条件。

1993年7月1日颁布实施的《中华人民共和国海商法》第七十三条对提单正面法定应记载的事项规定包括：货物的品名、标志、包数或者件数、重量或者体积，以及运输危险货物时对危险性质的说明；承运人的名称和主营业所；船舶名称；托运人的名称；收货人的名称；装货港和在装货港接收货物的日期；卸货港；多式联运提单增列接收货物地点和交付货物地点；提单的签发日期、地点和份数；运费的支付；承运人或者其代表的签字。

（4）提单正面的其他内容。提单缺少上述一项或几项并不影响提单的性质。实践中，为了满足业务上的需要，提单正面记载的内容一般还包括以下几个项目。

① 提单的号码(B/L. NO. _____)：承运人或其代理人按承运人接受托运货物的先后次序或按舱位入货的位置编排的号码。

② 托运人(shipper)的名称和营业所：出口商或信用证没有特殊规定时应填写信用证受益人的名称和地址，如果信用证要求以第三者为托运人必须按信用证的要求予以缮制。

③ 收货人或指示(consignee or order)的名称：收货人的指定关系到提单能否转让，以及货物的归属问题，收货人的名称必须按信用证的规定填写。

④ 通知地址(notify address)：被通知人即进口方或进口方的代理人，如信用证有具体规定，要严格按照信用证规定缮制。

⑤ 海运船只(ocean vessel)：本栏按实际情况填写承担本次运输货物的船舶的名称和航次。

⑥ 交货地点(place of delivery)：本栏只有在转船运输时填写。

⑦ 收货地点(place of receipt)：本栏只有在转船运输时填写。

⑧ 标志和号码(marks and nos)，又称唛头，是提单与货物联系的主要纽带，是收货人提货的重要依据，必须按信用证或合同的规定填写。如无唛头规定时可注"NO MARKS"(N/M)。

⑨ 包装种类和件数，货名(number and kind of packages, description of goods)：此栏按货物是散装货、裸装货还是包装货的实际情况填写。

⑩ 毛重和尺码(gross weight and measurement)：此栏填写货物的毛重总数和体积总数。

⑪ 运费和其他费用(freight and charges)：此栏填写运费及额外的附加费用。

⑫ 运费支付地点(freight payable at)：此栏按信用证的规定填写。

5．提单背面条款内容

提单背面是印就的条款，主要规定承运人和货方之间的权利、义务和责任豁免。这些规定在双方出现争议时将成为重要的法律依据。多数航运公司提单的背面都包括两类：一类属于强制性条款，其内容不能违背有关国家的海商法规、国际公约或港口惯例的规定，违反或不符合这些规定的条款是无效的；一类是任意性条款，即上述法规、公约和惯例没有明确规定，允许承运人自行拟订的条款。所有这些条款都是表明承运人与托运人以及其他关系人之间承运货物的权利、义务、责任与免责的条款，是解决他们之间争议的依据。各船公司的提单背面条款繁简不一，有些竟达三四十条，但内容大同小异，现将主要条款内容介绍如下：

（1）定义条款（definition）。各船公司的提单中，一般都订有定义条款，对作为运输合同当事人一方的"货方"（merchant）的含义和范围作出规定，将"货方"定义为"包括托运人、受货人、收货人、提单持有人和货物所有人"。

（2）首要条款（paramount clause）。说明提单所适用的法律依据，即如果发生纠纷时，应按哪一国家的法律和法庭裁决。这一条款一般印刷在提单条款的上方，通常列为第一条。

（3）承运人责任条款（carrier's responsibility clause）。说明签发本提单的承运人对货物运输应承担的责任和义务。由于提单的首要条款都规定了提单所适用的法规，而不论有关提单的国际公约或各国的海商法都规定了承运人的责任，凡是列有首要条款或类似首要条款的提单都不再以明示条款将承运人的责任列记于提单条款中。如果首要条款规定《海牙规则》适用于本提单，那么，《海牙规则》所规定的承运人责任，也就是签发本提单的承运人对货物运输应承担的责任和义务。

（4）承运人责任期间条款（carrier's period of responsibility clause）。各船公司的提单条款中都列有承运人对货物运输承担责任的开始和终止时间的条款。根据《海牙规则》，承运人从装船开始到卸船为止的期间对货物负责，也即通常所称的"钩至钩"（tackle to tackle）责任，具体指货物从挂上船上吊机的吊钩到卸货时下吊钩为止。但这种规定与普通班轮运输现行的"仓库收货、集中装船"和"集中卸货、仓库交付"的货物交接做法不相适应，一些船公司为了争揽货载，也常将责任期间向两端延伸，并将延伸了的责任期间列记于提单条款之中。因此，针对这种情况以及集装箱运输出现之后的实际情况，《汉堡规则》将承运人的责任期间扩大至"包括在装货港、在运输途中以及在卸货港，货物在承运人掌管下的全部时间"。这与《海牙规则》比较起来，无疑是延长了承运人的责任期间，加重了承运人的责任。

（5）免责条款（exception clause）。由于提单的首要条款都规定了提单所适用的法规，而不论有关提单的国际公约或各国的海商法都规定了承运人的免责事项，所以不论提单条款中是否列有免责事项条款的规定，承运人都能按照提单适用法规享受免责权利。譬如《海牙规则》有17项免责事项，如地震、海啸、雷击等天灾、战争、武装冲突和海盗袭击，检疫或司法扣押、罢工停工、触礁搁浅、在海上救助或者企图救助人命或者财产，因托运人过失如包装不良、货物的自然特性或者固有缺陷如容积或重量的"正常损耗"等免责事项。

（6）索赔条款（claim clause）。索赔条款包括损失赔偿责任限制，即指已明确承运人对货物的灭失和损坏负有赔偿责任应支付赔偿金时，承运人对每件或每单位货物支付的最高赔偿金额；索赔通知（notice of claim），亦称为货物灭失或损害通知（notice of loss damage）；诉讼时效，即指对索赔案件提起诉讼的最终期限等。

（7）包装与唛头标志条款（packing and mark clause）。要求在起运之前，托运人对货物加以妥善包装、货物唛头必须确定明显，并将目的港清楚地标明在货物外表，在交货时仍要保持清楚。

（8）运费条款（freight clause）。预付运费应在起运时连同其他费用一并支付。如装运易腐货物、低值货物、动植物、舱面货等，其运费和其他费用必须在起运时全部付清。到付费用在目的港连同其他费用一起支付。另外，承运人有权对货物的数量、重量、体积和内容等进行查对,如发现实际情况与提单所列情况不符,而且所付运费低于应付运费,承运人有权收取罚金,由此而引起的一切费用和损失应由托运人负担。

(9) 留置权条款(lien clause)。如果货方未交付运费、空仓费、滞期费、共同海损分摊的费用及其他一切与货物有关的费用,承运人有权扣押或出售货物以抵付欠款,如仍不足以抵付全部欠款,承运人仍有权向货方收回差额。

(10) 转运或转船条款(transshipment clause)。如果需要,承运人有权将货物转船或改用其他运输方式或间接运至目的地。由此引起的费用由承运人负担,但风险由货方负担。承运人的责任只限于其本身经营船舶所完成的运输。

(11) 卸货和交货条款(discharging and delivery clause)。船到卸货港后,收货人应及时提货,否则承运人有权将货物卸到岸上或卸在其他适当场所,一切费用和风险应由货方承担。

(12) 动植物和舱面货条款。根据《海牙规则》,这些货物不包括在"货物"的范围之内,因此承运人对这些货物的灭失或损坏不负赔偿责任。但是只有对运输合同载明并且实际装舱面甲板上的"舱面货",承运人才可免责。

(13) 危险货物条款(dangerous cargo clause)。危险货物的装运必须由托运人在装船时声明,如不声明可标明,承运人有权将该货卸下、抛弃或消灭而不予赔偿。除了以上介绍的提单正背面的内容外,需要时承运人还可以在提单上加注一些内容,也就是批注。

除以上条款外,提单背面一般还有装货、卸货和交货条款,驳船费条款,冷藏货条款,索赔通知和诉讼时效条款,战争、冰冻、检疫、罢工、港口拥挤条款等。

6. 提单的签发和流转

提单的签发和流转是涉及提单各当事人、关系方的重要业务活动,理解这些活动的法律效力,对减少提单纠纷,加快提单流转速度意义重大,应受到各方的重视。

(1) 提单的签发。签发提单是航运公司的一项重要业务,直接关系到承运人的切身利益。正如提单定义中所描述的那样,提单是船长、承运人或其代理人签发的。其中,承运人作为与托运人签订运输合同,提供运输服务的一方当然具有提单的签署权;不仅如此,对承运人来讲签署提单不仅是权利,也是一项义务,《海牙规则》第三条就有"在收到货物之后,承运人或船长或承运人的代理人,应依照托运人的请求,发给托运人提单……"的规定。至于船长,几乎所有国家的法律都认为船长是承运人的法定代理人。因此,船长的签单权是不需要承运人的特别授权的,这与"承运人的代理人"不同。此处的"代理人"特指经由承运人特别委托,有权签署提单的代理。

提单必须经过签署才产生效力。通常承运人(ABC)本人签发提单显示:ABC AS CARRIER;代理人(XYZ)代签提单显示:XYZ AS AGENT FOR ABC AS CARRIER;载货船船长(OPQ)签发提单显示:CAPTAIN OPQ AS MASTER。

提单的签发日期应该是提单上所列货物实际装船完毕日期,并且必须与收货单的日期相一致。这是因为在国际贸易中,买卖双方对货物的装运期限事先都有约定,并且都把签发提单的日期看作货物装船的日期,如果提单签发日期与货物实际装船日期不符,将会导致买方提出索赔,甚至按合同约定,撤销信用证或解除贸易合同。另外,只有将货物装入船舱后,才能判别所装货物外表状况是否良好,或件数是否与申报数字相一致。如果货物未装船完毕即签发提单,或签发提单日期提前于实际装船完毕时间,不仅可能扩大承运人的赔偿责任,而且可能被看作对第三者的欺诈行为。

提单还有正本和副本的区别。通常在提到提单时所指的都是正本提单。一般正本提单一式三份,各份提单效力相同,可独立使用。以其中一份提货后,其他各份失效。副本提单则数量不限,但提单上没有提单签发人的签章,只能用于承运人日常业务,不具有法律效力。为防止因为提单流失在外引起纠纷,损害提单善意持有人的利益,实际业务中许多银行在开立信用证时都规定贸易商在办理结汇或其他事项时全套三份正本必须同时使用。

（2）提单的转让。提单是货物所有权证明,提单的转让意味着货物所有权由原提单持有人转移到提单的受让人手中,这一过程通常通过背书实现。

所谓背书是指提单所有人在提单背面写明由某人提取货物或者凭某人的指示提取货物,并签字盖章的书面声明。其中作出背书行为的原提单持有人称为背书人;提单受让人又称为被背书人。与汇票等其他可转让的商业票据相似,提单的背书转让不必经过提单签发人,即承运人的同意。但不同的是,转让后,后手的权利不优于前手,所以提单只能称为"准流通票据"。

提单的背书根据其内容不同可分为记名背书和不记名背书(又称空白背书)。记名背书时,提单背面不仅有背书人自己的名称、签章,而且要写明被背书人的名称。空白背书时背书人只签署自己的名称,而不写明谁是受让人。记名提单和空白提单在法律上都是有效的,其中记名提单如经空白背书后效力相当于不记名提单,仅凭交付转让。

5.5.2 水路货物运输的其他主要单证

1. 托运单

托运单(booking note,B/N)俗称"下货纸",是托运人根据贸易合同和信用证条款内容填制的,向承运人或其代理办理货物托运的单证。承运人根据托运单内容,并结合船舶的航线、挂靠港、船期和舱位等条件考虑,认为合适后,即接受托运。

2. 装货单

装货单(shipping order,S/O)是接受托运人提出装运申请的船公司,签发给托运人,凭以命令船长将承运的货物装船的单据。装货单既可用作装船依据,又是货主凭以向海关办理出口货物申报手续的主要单据之一,所以装货单又称"关单",对托运人而言,装货单是办妥货物托运的证明。对船公司或其代理而言,装货单是通知船方接受装运该批货物的指示文件。

3. 收货单

收货单(mates receipt,M/R)又称大副收据,是船舶收到货物的收据及货物已经装船的凭证。船上大副根据理货人员在理货单上所签注的日期、件数及舱位,并与装货单进行核对后,签署大副收据。托运人凭大副签署过的大副收据,向承运人或其代理人换取已装船提单。

由于上述三份单据的主要项目基本一致,我国一些主要口岸的做法是将托运单、装货单、收货单、运费通知单等合在一起,制成一份多达 9 联的单据。各联作用如下:第一联由订舱人留底,用于缮制船务单证;第二、第三联为运费通知联,其中一联留存,另一联随账单向托运人托收运费;第四联装货单经海关加盖放行章后,船方才能收货装船;第五联收货单及第六联由配舱人留底;第七、第八联为配舱回单;第九联是缴纳出口货物港务费申请书。

4. 装货清单

装货清单(loading list,L/L)是承运人根据装货单留底,将全船待装货物按目的港和货物性质归类,依航次、靠港顺序排列编制的装货单汇总清单,其内容包括装货单编号、货名、件数、包装形式、毛重、估计尺码及特种货物对装运的要求或注意事项的说明等。装货清单是船上大副编制配载计划的主要依据,又是供现场理货人员进行理货、港方安排驳运、进出库场以及承运人掌握情况的业务单据。

5. 载货清单

载货清单(manifest,M/F)又称舱单,是一份按卸货港顺序逐票列明全船实际载运货物的明细表。载货清单是国际上通用的一份十分重要的单证。

船舶办理出口(进口)报关手续时,必须递交一份经船长签字确认的载货清单。它是海关对出口(进口)船舶所载货物出(进)国境实施监督管理的单证。

载货清单也可作为船舶载运所列货物的证明,是随船单证之一。

6. 提货单

提货单(delivery order,D/O)是收货人或其代理人据以在现场(码头仓库或船边)提取货物的凭证。

值得注意的是,提货单的性质与提单完全不同,它只不过是船公司或其代理人指令码头仓库或装卸公司向收货人交付货物的凭证而已,不具备流通及其他作用。为了慎重,一般都在提货单上记有"禁止流通"字样。

5.6 水路货物运费计算

5.6.1 班轮运输运费计算

班轮运费是海洋运输承运人为承运货物而收取的报酬,而计算运费的单价(或费率)则称班轮运价。

1. 班轮运价的特点

(1) 班轮运价高于租船运输价格。班轮运输船舶要有较高的技术性能,有适宜装运各种货物的舱室及设备,因而使得船舶造价较高。班轮挂靠的港口多,为班轮运输设施的服务网络也多,增加班轮营运成本。由于班轮需按固定时间挂靠固定港口,难以保证船舶满载满舱,影响航次营运收入。由于以上原因,班轮经营人就需要通过提高运输价格的方法保证正常的营运收入。

(2) 班轮运价相对稳定。班轮运价是通过运价本的形式予以公布的,运价本中包括的货物种类繁多,航线复杂,运价制定后,短期内相对稳定。为稳定运价,1983年10月生效的《联合国班轮公会行动守则》也规定两次调整运价的间隔不得少于15个月。

(3) 班轮运价是垄断性的价格。由于班轮运输投资巨大,世界上大部分班轮运输航线为少数大的班轮公司所垄断。这些大的班轮公司为了控制、协调班轮运输业务,又组成若干行业组织——班轮公会。很长一段时间,班轮运输航线都是由班轮公会控制的,班轮公会实行统一的班轮运价或制定最低运价标准。目前班轮公会的势力已大大被削弱。

(4) 班轮货物有较强的运费承受能力。班轮货物大多是经过深加工的工业制成品,其附加价值较高,尤其是高科技产品。因此,运费在这类货物的总价值中所占比例相对较小,它对运价的波动承受力就相对强一些。班轮货物的运费约占商品价格的 1.1%～28.4%,大宗廉价货物的这一比例为 30%～50%。

2. 班轮运价的分类

(1) 按运价的制定者划分

① 班轮公会运价。班轮公会制定的运价,为参加公会的班轮公司所使用。它规定的运价比较高,是一种垄断性的运价表,承运的条件也有利于船方。

② 班轮公司运价。由班轮公司自己制定的运价表。

③ 货方运价。由货方制定,船方接受使用的运价表。能制定运价表的货方,一般是较大的货主,并能保证常年有稳定的货源供应。

(2) 按运价的表现形式划分

① 等级运价。等级运价是将全部商品分成若干等级,每一个等级有一个基本费率。该运价表的优点是基本费率数目少,大多数班轮公司都采用这种运价。

② 单项费率运价。这是一种分别对各种不同的商品在不同航线上逐一制定的运价。这种运价使用起来比较方便,根据商品的名称及所运输的航线,即可直接查找出该航线上运输的运价。船公司一般会对所经营的特定班轮航线采用这种运价形式。比如适用于美国航线的运价表,即属此类。

③ 航线运价。这是不分运输距离的长短,只按航线、商品名称或等级制定的运价。与航线运价相对应的是递远递减的距离运价,但当运输距离增加到一定程度,这种递远递减的规律即不再发生作用。由于远洋运输的距离通常都较长,递远递减规律对远洋运输成本的影响较小,甚至已不起作用。而各航线包括港口使费、装卸效率等因素,各挂靠港口的条件却对运输成本起着重要的作用。因此,远洋运输通常都分航线、按商品种类或等级制定运价。这种不论距离远近,以航线上各挂靠港口的平均距离为基础制定的运价就是航线运价。在航线运价的条件下,对于某一商品,只要其起运港和目的港是同一航线上规定挂靠的基本港口,就不论运输距离的远近,都按同一运价计收运费。通常,采用等级运价的班轮公司都同时采用航线运价,而同时采用这两种运价形式的运价就是人们常说的航线等级运价。

3. 班轮运费的计算

(1) 班轮运费的计算标准

① 按货物的毛重计收。在运价表中,以"W"字母(英文 weight 的缩写)表示。一般

以一公吨为计算单位,吨以下取两位小数。但也有按长吨或短吨计算的。

② 按货物的体积计收。在运价表中,以"M"字母(英文 Measurement 的缩写)表示。一般以 1 立方米为计算单位。但也有按 40 立方英尺为 1 尺码吨计算的。

③ 按货物的毛重或体积计收运费,计收时取其数量较高者。在运价表中以 W/M 字母表示。按惯例凡 1 重量吨货物的体积超过 1 立方米或 40 立方英尺者即按体积收费;1 重量吨货物其体积不足 1 立方米或 40 立方英尺者,按毛重计收。

④ 按货物的价格计收运费,又称从价运费。在运价表中以"adval"(拉丁文 ad valorem 的缩写)表示。一般按商品 FOB 货价的百分比计算运费。按从价计算运费的,一般都是高值货物。

⑤ 按货物重量或体积或价值三者中最高的一种计收,在运价表中以"W/M or adval"表示。也有按货物重量或体积计收,然后再加收一定百分比的从价运费。在运价表中以"W/M plus adval"表示。

⑥ 按货物的件数计收。如汽车、火车头按辆(per unit),活牲畜如牛、羊等按头(per head)计费。

⑦ 大宗低值货物按议价计收运费(open rate)。如粮食、豆类、煤炭、矿砂等。上述大宗货物一般在班轮费率表内未被规定具体费率。在订舱时,由托运人和船公司临时洽商议订。议价运费比按等级运价计算运费为低。

⑧ 起码费率(minimum rate)。它是指按每一提单上所列的重量或体积所计算出的运费,尚未达到运价表中规定的最低运费额时,则按最低运费计收。应当注意的是,如果不同商品混装在同一包装内,则全部运费按其中较高者计收。同一票商品如包装不同,其计费标准及等级也不同。托运人应按不同包装分列毛重及体积,才能分别计收运费,否则全部货物均按较高者收取运费。同一提单内如有两种或两种以上不同货名,托运人应分别列出不同货名的毛重或体积,否则全部将按较高者收取运费。

(2) 附加费

班轮运价由基本费率(basic freight rate)和多种附加费(additionals or surcharges)构成。

基本费率即班轮航线内基本港之间对每种货物规定的必须收取的费率,包括各航线等级费率、从价费率、冷藏费率、活牲畜费率及议价费率等。

附加费是对一些需要特殊处理的货物或由于客观情况的变化等使运输费用大幅度增加,班轮公司为弥补损失而额外加收的费用。附加费的种类很多,而且随着客观情况的变化而变化。以下为常见的附加费。

① 超重附加费(over weight surcharge)。一件货物的重量(毛重)达到或超过一定重量时,该货物即为超重货物。各船公司对一件货物重量规定的限量不一致。超重货物在装卸、配载等方面会增加额外劳动和费用,故船公司要加收超重附加费。

② 超长附加费(over length surcharge)。一件货物的长度达到或超过规定的长度,该货物即为超长货物。对超长货物的长度限制各船公司也不一样。超长货物同超重货物一样,在装卸、配载时会增加额外劳动和费用,因此船公司要加收超长附加费。

③ 燃油附加费(bunker adjustment factor or bunker surcharge,缩写为 BAF or BS)。这是因燃油价格上涨而加收的费用。

④ 港口附加费(port surcharge)。港口附加费指由于一些港口设备差,装卸效率低,费用高,因船舶成本增加而加收的附加费。

⑤ 港口拥挤附加费(port congestion surcharge)。港口拥挤附加费是由于港口拥挤,船舶需长时间等泊,为弥补船期损失而收取的附加费。该项附加费随港口拥挤程度的变化而调整。如港口恢复正常,该项附加费即可取消,所以变动性很大。

⑥ 货币贬值附加费(currency adjustment factor,CAF)。货币贬值附加费指为弥补因收取运费的货币贬值造成的经济损失而收取的费用。一般随着货币贬值的幅度按基本费率的百分比收取。

⑦ 绕航附加费(deviation surcharge)。由于某种原因,船舶不能按正常航线而必须绕道航行,从而增加航运开支,为此加收的附加费称绕航附加费。这是一种临时性的附加费,一般来说,如正常航道恢复通行,该项附加费即被取消。

⑧ 转船附加费(transshipment surcharge)。对运往非基本港的货物,需在中途港转运至目的港,为此而加收的附加费称转船附加费。

⑨ 直航附加费(direct additional)。对运往非基本港的货物,一次货量达到一定数量时,船方可以安排直航卸货,为此需加收直航附加费。直航附加费一般比转船附加费低。

⑩ 选卸港附加费(additional for optional destination)。由于贸易上的原因,在办理货物托运时尚不能确定具体卸货港,需要在预先选定的两个或两个以上的卸货港中进行选择,为此而加收的费用称选卸港附加费。在这种情况下,货方必须在该航次中船舶抵达第一卸货港 48 小时前向船方宣布。选择卸货港只限于船舶航次规定的挂港或航区内,并按所列供选择的港口中计费高的费率计算。如实际选择了费率低的港口卸货,多收部分运费不予退回。

班轮附加费名目繁多。除上述各项附加费外,还有变更卸货港附加费(additional for alteration of destination)、洗舱费(cleaning charge)、熏蒸费(fumigation charge)、冰冻附加费(ice additional)等。各种附加费的计算方法主要有两种:一种是以百分比表示,即在基本费率的基础上增加一个百分比;另一种是用绝对数表示,即每运费吨增加若干金额,可以与基本费率直接相加计算。

(3) 班轮运费的计算公式

1) 班轮运费的计算公式为

$$F = F_b + \sum S$$

式中,F 表示运费总额,F_b 表示基本运费,S 表示某一项附加费。基本运费是所运货物的数量(重量或体积)与规定的基本费率的乘积,即 $F_b = f \cdot Q$ [式中,f 表示基本费率,Q 表示货运量(运费吨)]。

附加费是指各项附加费的总和。在多数情况下,附加费按基本运费的一定百分比计算,其公式如下:

$$\sum S = (S_1 + S_2 + \cdots + S_n) \cdot F_b = (S_1 + S_2 + \cdots + S_n)fQ$$

式中,$S_1, S_2, \cdots, S_n$ 为各项附加费率。代入运费计算公式,可得

$$F = F_b + \sum S = fQ + (S_1 + S_2 + \cdots + S_n)fQ$$
$$= (1 + S_1 + S_2 + \cdots + S_n)fQ$$

如附加费以绝对数表示,则附加费总额如下:

$$\sum S = (S_1 + S_2 + \cdots + S_n)Q$$

代入运费计算公式是

$$F = F_b + \sum S = fQ + (S_1 + S_2 + \cdots + S_n)Q$$

(4) 班轮运费的计算步骤

① 审查托运人提供的货物名称、重量、尺码(是否超重、超长),装卸港口是否需要转船以及卸货港的选择等;

② 根据货物名称,从有关运价表中查出该货物的计费标准及运价等级;

③ 查找所属航线的等级费率表,找出该等级货物的基本费率;

④ 查出各附加费的费率及计算方法;

⑤ 根据上述各种内容,将各项数据代入班轮运费计算公式予以计算。

【例5-1】 上海运往肯尼亚蒙巴萨港口"门锁"(小五金)一批计100箱。每箱体积为20厘米×30厘米×40厘米。每箱重量为25千克。当时燃油附加费为40%。蒙巴萨港口拥挤附加费为10%,求该批货物运费。

解:(1) 查阅货物分级表。门锁属于小五金类,其计收标准为 W/M,等级为 10 级。

(2) 计算货物的体积和重量。

100 箱的体积为:(20厘米×30厘米×40厘米)×100箱=2.4(立方米)。

100 箱的重量为:25×100箱=2.5(公吨)。

由于 $2.4m^3$ 小于 2.5 公吨,因此计收标准为重量。

(3) 查阅"中国—东非航线等级费率表",10级费率为 443 港元,则基本运费为

$$443 \times 2.5 = 1\ 107.5(港元)$$

(4) 附加运费为

$$1\ 107.5 \times (40\% + 10\%) = 553.75(港元)$$

(5) 上海运往肯尼亚蒙巴萨港 100 箱门锁,其应付运费为

$$1\ 107.50 + 553.75 = 1\ 661.25(港元)$$

5.6.2 租船运输运费

1. 按计费单位划分

租船运价按计费单位可以划分为每吨运费和包舱运费。在程租船舶中,所运货物是大宗的,除木板按板尺(B/M)计费以外,一般按每重量吨多少美元计费。但在运送铁屑、圆木等杂物时,常采用包舱运输形式,这时按照船舶的全部或部分舱位收取一笔包租运费。

2. 按租船方式划分

按租船方式分为程租船运价和期租船运价。程租船是在签订合同后,船舶应立即到达装货地点受载的一种租船形式。其运输劳务费为程租船运价,按货吨计算。程租船运价是随市场变化而变化的。当运力大于运量时,运价下降,反之,则运价上升。因此,程租船运价是不定期市场上的一种典型的运价形式。程租船运价高低还与运输距离、货物种类、装卸费、港口使用费和佣金高低有关。一般包括:运费、装卸费、滞期费和速遣费。

(1) 滞期费。是指在规定的装卸期间内,如果租船人未能完成装卸作业,为了弥补船方的损失,对超过的时间租船人应向船方支付一定的罚款。

(2) 速遣费。是指租船人在规定的装卸期限内提前完成装卸作业,则所节省的时间船方要向租船人支付一定的奖金(相同的时间下,速遣费一般为滞期费的一半)。

期租船一般是当货主或航运公司预计船舶供应可能出现紧张状态时,采取的一种事先租船的形式。它是双方在对市场情况进行预测的基础上达成的在船舶租用一段期限的合同形式,期租带有一定的投机性和风险性,因为市场船舶供给状况和行情有时是由人为因素造成的。同时,对未来行情变化也不好准确掌握。期租船定价是以船舶载重吨和时间来计价的。

3. 按租船期限划分

按租船期限分为短期租船运价与长期租船运价。为期不过 1 年者为短期,超过 1 年为长期。租期不同反映的租金水平也不同。不定期船还有包运、航次期租、光船租赁等方式,其运价大体上脱离不了上述几种主要运价形式。

本章小结

水路运输是以船舶为交通工具,在水域沿航线载运旅客和货物的一种运输方式。水路运输运载能力大、成本低、能耗少、投资省,是一些国家国内和国际运输的重要方式之一。

本章介绍了水路货物运输的分类、特点、发展情况,水路货物运输的设备与设施,重点介绍了内河运输和海洋运输不同的货物运输组织程序及货运作业中使用的单证。将海洋运输分班轮运输和租船运输两类,分别介绍其特点、作用及作业程序,并详细讲解了班轮运费的计算方法。

复习与思考

1. 水路运输的特点是什么?
2. 海运的特点是什么?班轮运输特点是什么?它与租船运输有何区别?
3. 程租船和期租船有何区别?
4. 海运提单的性质和作用是什么?
5. 是否所有的提单都能流通转让?为什么?

6. 试述班轮货运流程?
7. 租船合同的洽商程序包括哪几步?
8. 某公司出口到澳大利亚悉尼港某商品100箱,每箱毛重30千克,体积0.035立方米,运费计算标准为W/M 10级。查10级货直运悉尼港基本运费为200元人民币,加货币附加费35.8%,再加燃油附加费28%,港口拥挤费25%。求运费。

在线自测

案例分析

倒签提单风险巨大

一、基本案情

上海某公司先后与伦敦毕公司和瑞士洛公司分别签订了两份出售大麦的贸易合同,卖给毕公司大麦××长吨,每吨单价为××英镑,卖给洛公司大麦××长吨,每吨单价为××英镑,两批总价为××英镑,装船日期都订明为××年12月至××年1月。交货地点均为鹿特丹。付款办法是以保兑的不可撤销的信用证,凭单据付款。装运船只原由某运输公司(简称运输公司)洽定12月份受载的"东轮"装运,后因该轮临时损坏,在日本修理,不能1月份内到上海,运输公司改派或租船"曲轮"到上海装运,但该轮直至1月30日上午才到达,装货时又遇连日风雪,直到2月11日才装完,2月13日开航。当时由上海外轮代理公司签发了1月31日的"装船提单"给上海某公司,凭此提单向上海中国银行办理了结汇手续,货款于2月22日收清。

该轮驶离上海后,毕公司于3月25日来电对"曲轮"的装货日期提出异议,并要求提供1月份的装船证明。上海某公司一面同有关单位研究对策,一面复电肯定货物是1月底装载的,拒不给予"证据"。直至4月15日才去信解释,说明大麦是在1月30日开始装载的,并强调了提单是正常的,因而无须提供证明。当时买方本来打算拒绝收货,但由于卖方始终未曾说明真相,无法抓住责任,于是改变做法,到4月23日"曲轮"抵达鹿特丹港时,毕公司照常提货,而洛公司则来电表示提单的装船日期是伪造的,拒不收货,并提出索赔。这时上海某公司认为这个责任是属于运输方面的,因而电复拒不承认。这样就促使两个买方采取联合行动,一面卸货,一面聘请律师要求查看航海日志,拍取照片,向当地法院起诉,控告船方伪造证件,并申请法院扣船。4月25日,船被扣,后由华夏公司在4月29日委托汉堡船舶代理人瑞克公司出具约××万英镑银行担保,才释放扣留的船舶,在银行担保有效期间,洛公司提出了赔偿××万英镑的要求,毕公司要求赔偿××万荷兰盾。

二、处理结果

经过4个多月的往返交涉,最后,卖方终于承认赔偿两批货物的损失共计××英镑,买方才同意撤回诉讼结案。

三、法律分析

已装船提单是指在货物装船后签发的提单。这种提单上注有船名,同时还注明装船日期,表明货物已在该日装上船舶。国际货物买卖合同和信用证一般都规定,卖方必须提供已装船清洁提单,以确保货物确实装于指定船舶之上,从而降低买方的风险。

倒签提单是指在货物装船后签发的,以早于货物实际装船日期为签发日期的提单。信用证一般都规定货物装运期限,当货物实际装船日期晚于信用证规定的装运期限时,为避免结汇受阻,托运人就可能要求签发此种提单,以顺利结汇。倒签提单通常会被法院认定为构成欺诈行为,尤其是在货价下跌或是货物具有很强的时效性的情况下。倒签提单的情况下虽然发货人通常会出具保函,但是,如果此种行为被认定为欺诈,保函不仅不能对抗无辜的收货人,而且在发货人与承运人之间也将被认定为无效,这样承运人在向收货人赔偿损失之后,根据保函向发货人或者其他提供保函的人追偿时,将很难得到法律的保护。

同时,对于倒签提单行为能否享受《海商法》或国际公约规定的免责和责任限制的问题,我国司法实践中多是从倒签提单的欺诈性质入手,来认定承运人丧失免责和责任限制。对此,SCRUTYON ON CHARTERPARTIES 一书作了更为明确、合理的解释,该书指出:"人们认为无论是《海牙—维斯比规则》第三条第六款之时效,或是第四条第五款之责任限制,均不能适用于上述讨论的侵权索赔。虽然两项规则均不限于适用货损或灭失索赔,这些规则仅涉及与货物'有关的'索赔,但是在某些方面也与货物运输有关。一项直接基于装船文件上的误述的诉因,而非基于任何声称运输本身的错误,并非该规则本意处理的索赔类型。"

四、经验教训

英国法律把合同中的装运日期视为合同的要件。违反合同要件,受损害一方不仅可以拒绝收货,同时有索赔损失的权利。我们的经办人员对"倒签提单"的违法性及其可能产生的严重后果认识不足,所以应从本案中吸取教训。

1. 运输公司上海某公司应重合同守信用,按期装运出口货

运输公司在船期变动后,本应及时将实际情况告诉上海某公司并赶紧采取切实可行的办法使货物按时装船,但运输公司明知船期已极其紧迫,却还安排船只去青岛装了一批货,致使装船日期更晚了。上海某公司在"东轮"不能按期抵沪装货的情况下,仍电复对方该轮即将抵沪装货,以此搪塞对方。改装另外的船只后,买方曾先后三次来电报要求提供装船证明,此时,上海某公司明知大麦价格下跌深恐对方以此拒收货物而影响贸易任务,企图侥幸摆脱责任,仍坚持错误,结果我方完全陷入被动的局面。

2. 运输和贸易要密切配合

由于运输公司对船舶动态了解不够及时,直到买方来电通知"东轮"损坏后,才另找"曲轮"代替。同时又认为只要船舶于1月底前赶到上海,就算完成了任务,而没有积极设

法使托运人的货物早日装船,作为托运人的上海某公司一方,仅从推卸责任方面着想,没考虑到推卸责任可能产生的后果。按理说,在遇到船期延误时,运输公司首先应尽快找船替代,力争按期装运货物,实在不行时,应尽早将实情告诉托运人,请他们很好地与客户洽商,争取买方展延信用证或更改装船日期,这样就会避免造成巨额损失。

3. 不能误解"倒签提单"为惯例

国外,一些班轮公司或其代理,有时为了与货主搞好关系和揽货,也倒签提单,而我方错误地认为,这是国际惯例,同时对于倒签提单使船货双方可能遭受的后果也没有估计到。

4. 对"装船提单"的法定含义认识不足

在装运工作中,认为只要掌握船已到港开始装货,就可以把提单的装船日期按照装货开始的日期填写,而没认识到"装船提单"的定义必须是把全部货物装上船,同时盲目地认为过去倒签提单也没有出过大问题,于是觉得这是解决紧迫问题的好办法,这是错误的。

5. 未能及时总结和接受教训

就在此案发生前,装有上海某公司货物的瑞克麦斯船只,曾因船方倒签提单,被买方发现,向船方提出索赔,结果使船方损失××万英镑。当时,某公司虽无经济损失,但作为卖方,买方也曾提出了意见,这本应引起某公司的警惕和注意,但运输公司和上海某公司都未能引起足够的重视,接着便发生了此案,教训是深刻的。

案例来源:孟于群.国际货物运输物流案例集[M].北京:中国商务出版社,2005.

思考题:

1. 什么是倒签提单,和已装船提单有何区别?
2. 倒签提单在实际运用中会带来哪些风险?

第6章 航空货物运输

本章关键词

航空货物运输(air cargo transportation)
国际民用航空组织(international civil aviation organization, ICAO)
国际航空运输协会(international aviation transport association, IATA)
航权(traffic rights)
航协区(iata traffic conference areas)
航线(air route)

航空运单(air waybill)
航空主运单(master air waybill, MAWB)
航空分运单(house air waybill, HAWB)
体积重量(measurement weight)
特种货物运价(special cargo rate, SCR)
普通货物运价(general cargo rate, GCR)
货物的等级运价(commodity classification rate, CCR)

互联网资料

http://www.caac.gov.cn/
http://www.carnoc.com/
http://www.airnews.cn/

> 世界上第一,同时是历史上最长的一条定期航班是荷兰皇家航空公司于1920年5月17日首开的伦敦至阿姆斯特丹定期航班。在其运作的第一年里,荷兰皇家航空公司共运送了345名乘客,22吨货物和3吨邮件。继1924年10月开辟通往印度尼西亚的第一条国际航线后,该公司又于1929年开通了到亚洲的定期航班。这在第二次世界大战爆发前,一直是世界上最长的航线。

6.1 航空货物运输概述

6.1.1 航空运输的发展

采用飞机、直升机及其他航空器运输货物的运输方式称为航空货物运输。航空货物运输(air cargo transportation)是超越国界的现代化的货物运输方式。它是目前国际上安全迅速的一种运输方式。

最初使用飞机进行运输仅用于运送邮件,始于1918年5月5日在纽约—华盛顿—芝加哥间,同年 6 月 8 日在伦敦—巴黎间出现了定期邮政航班飞行。第一次世界大战结束后,就有更多的欧美国家开始使用飞机运送人员、邮件和货物。随着航空工业的发展,专门用于运输的飞机相继出现,20 世纪 30 年代初期,美国生产的 CD-3 型运输机得到较为广泛的应用。在一些国家和地区也初步形成航线网。同时,工业发达国家开始研制多台发动机的大型单翼全金属结构的运输机,进行远程、越洋飞行的尝试。

第二次世界大战中,喷气技术开始在航空领域应用,远程轰炸机和军用运输机在战争中得到很大发展;大战结束后,战争中发展起来的航空技术转入民用,定期航线网在全世界逐步展开,航空运输开始作为一种国际贸易货物运输方式出现。20 世纪 50 年代初,大型民用运输机陆续问世。20 世纪 60 年代,航空运输进入现代化的国际航空运输时代。

目前,航空运输已发展成为一个规模庞大的行业。以世界各国主要都市为起点的世界航线网已遍及各大洲。

6.1.2 航空运输的特点

航空运输虽起步晚,但发展却异常迅速,原因之一在于它具有许多其他运输方式所无法比拟的优越性,其特点集中体现在以下 6 个方面:

1. 具有较高的运送速度

航空运输在各种运输方式中速度最快,其时速为 1 000 公里左右,这是航空运输的最大特点和优势。现代喷气式客机,巡航速度为 800~900 公里/小时,比汽车、火车快 5~10 倍,比轮船快 20~30 倍,而且距离越长,航空运输所能节约的时间越多,快速的特点也越显著。航空货物运输成为国际市场上商品竞争的强有力的手段。

2. 适于鲜活、易腐和季节性商品的运送

快捷的交通工具大大缩短了货物在途时间,对于那些易腐烂、变质的鲜活商品,时效性、季节性强的报刊、节令性商品,抢险、救急品的运输,这一特点显得尤为突出。鲜活、易腐商品对时间要求高,如果运输时间过长,则会使商品丧失其原有使用价值,这类商品可采用航空运输。对于季节性商品,则要求在销售季节之前运到市场,否则过期将无法销售,滞存仓库不但增加费用,而且积压资金。采取航空运输,可满足这类商品对时效性和季节性的要求。运送速度快,在途时间短,也使货物在途风险降低,因此许多贵重物品、精密仪器也往往采用航空运输的形式。

3. 安全、准确

与其他运输方式比航空运输的安全性较高,2019 年商业旅客航空运输中大型飞机的致命事故率仅为每百万航班 0.18 起,平均每 558 万架次航班有一起致死事故。航空公司的运输管理制度也比较完善,货物的破损率较低,如果采用空运集装箱的方式运送货物,则更为安全。

4. 可节省包装、保险、利息等费用

航空运输由于速度快、商品周转期短,存货可相应减少,资金回收较为迅速,从而大大节省利息费用。另外企业仓储费用也可以降低。加之航空货物运输货损、货差较少,可降低保险费用。与其他运输方式相比,航空运输的包装简单,包装成本减少。

5. 不受地面条件影响,深入内陆地区

航空运输利用天空这一自然通道,不受地理条件的限制。对于地面条件恶劣交通不便的内陆地区非常合适,有利于当地资源的出口,促进当地经济的发展。

航空运输使本地与世界相连,对外的辐射面广,而且航空运输相比较公路运输与铁路运输占用土地少,对寸土寸金、地域狭小的地区发展对外交通无疑是十分适合的。

6. 航空运输费用较高,运量有限

当然,与其他运输方式相比,航空运输也有自己的局限性。航空运输的不利之处在于航空货运的运输费用较其他运输方式更高,不适合低价值货物;飞机的舱容有限,对大件货物或大批量货物的运输有一定的限制;飞机飞行安全容易受恶劣气候影响等。

但总的来讲,随着新兴技术得到更为广泛的应用,产品寿命周期日益缩短,产品更趋向薄、轻、短、小、高价值,管理者更重视运输的及时性、可靠性。因此,今后适用于航空运输的商品会越来越多,航空运输的作用也会日益重要。

6.1.3 国际航空运输组织

目前世界上有多个国际性航空组织,具有较大影响的主要有两个:一个是国际民用航空组织(ICAO);另一个是国际航空运输协会(IATA)。

1. 国际民用航空组织(International Civil Aviation Organization,ICAO)

ICAO 是主权国家政府之间的国际性组织,成立于 1947 年 4 月 4 日,总部设在加拿大的蒙特利尔市。它的宗旨是保障《国际民用航空公约》的实施,"开发国际航行的原则和技术,促进国际航空运输的规划和发展"。它的作用是制定和监督执行有关航空运输飞行安全和飞行秩序的标准。在业务上,促进发展和平利用航空技术,保证飞行安全;在政治上,尊重主权,协调发展。

我国于 1974 年 2 月 25 日宣布承认《国际民用航空公约》和有关修正协议书,并参加国际民用航空组织的活动。同年 9 月,在国际民用航空组织的大会上,我国当选为理事国。

2. 国际航空运输协会(International Aviation Transport Association,IATA)

IATA 是全世界航空公司之间最大的一个国际性民间组织。它于 1945 年 4 月在古巴的哈瓦那成立,总部设在加拿大的蒙特利尔市,分别在安曼、圣地亚哥、新加坡和华盛顿设有地区办事处。IATA 的主要宗旨是促进国际航空运输安全、规范和经济的发展;促进航空运输业界的合作。它的主要任务是,制定国际航空客货运输价格、运载规则和运输手续,协助航空运输企业间的财务结算,执行 ICAO 制定的国际标准和程序。

IATA 由经营国际定期或不定期航班的航空公司参加。它的会员有两种:正式会员(经营国际定期客运航班的航空公司)和准会员(不经营国际定期客运航班的航空公司)。协会会员所属国家必须是有资格参加 ICAO 的国家。IATA 的活动一般分为行业协会活动和运价协调活动两大类。行业协会活动通常以程序性会议形式进行,所有会员都必须参加。会议主要讨论国际性客运和货运的价格与代理、客货运输专用票据格式、行李规定运价、订座程序等问题。运价协调活动一般通过运价协调会议方式进行,会员可以选择参加。会议主要讨论客票价格、货运费率与运价、代理人佣金率等问题。

6.2 航空货物运输设备与设施

6.2.1 航空器

航空器是指任何能借助空气的反作用力而在大气中获得支持的机器,主要指飞机。随着航空运输的不断发展,飞机从小型机进入大型宽体机,现代飞机载重量大,速度高,飞行高度可达万米以上,飞行安全,稳定性强。

1. 飞机的结构

飞机一般由机体、动力装置、飞机系统和机载设备4部分组成。

(1) 机体。飞机机体由机翼、机身、尾翼(组)和起落架等组成。机翼是为飞机飞行提供举力的部件,同时它还是油箱和起落架舱的安放位置。机身是飞机的主体,设置有驾驶舱、客舱、货舱,是装载人员、货物、燃油、武器、各种装备和其他物资的部件,连接机翼、尾翼、起落架和其他有关构件。尾翼(组)由垂直尾翼和水平尾翼组成。垂直尾翼包括垂直安定面和方向舵,具有提供方向(航向)稳定性和操纵性的作用;水平尾翼包括水平安定面和升降舵,具有提供俯仰稳定性和操纵性的作用。飞机起落架的主要部件有支柱、机轮、减震装置和收放机构等,其功能主要是使飞机起降时能在地面滑跑和滑行,以及使飞机能在地面移动和停放。

(2) 动力装置。动力装置产生推动飞机前进的动力。飞机飞行速度提高到需要突破"音障"时,要使用结构简单、重量轻、推力大的涡轮喷气式发动机。

(3) 飞机系统。飞机系统包括飞机操作系统、液压传动系统、燃油系统、空调系统和防冰系统等。

(4) 机载设备。机载设备主要是为驾驶员及维修人员提供有关飞机各系统的工作情况和相关信息的设备。现代大型运输机驾驶舱内的机载设备包括飞行和发动仪表、导航、通信和飞行控制等辅助设备。

2. 航空器的分类

(1) 按照飞机动力及速度划分,常见的飞机有螺旋桨式飞机、喷气式飞机和超音速飞机3种。

① 螺旋桨式飞机。利用螺旋桨的转动将空气向机后推动,借其反作用力推动飞机前进。所以螺旋桨转速越高,飞行速度越快。但当螺旋桨转速高到某一程度时,会出现"空气阻碍"(air barrier)的现象,即螺旋桨四周已成真空状态,再加快螺旋桨的转速飞机的速度也无法提升。

② 喷气式飞机。将空气多次压缩后喷入飞机燃烧室内,使空气与燃料混合燃烧后产

生大量气体以推动涡轮,然后于机后以高速度将空气排出机外,借其反作用力使飞机前进。它的结构简单,制造、维修方便,速度快,节约燃料费用,装载量大,使用率高(每天可飞行 16 小时),所以目前已经成为世界各国机群的主要机种。

③ 超音速飞机。是指航行速度超过音速的飞机。如英法在 20 世纪 70 年代联合研制成功的协和式(concorde)飞机。目前超音速飞机由于耗油大、载客少、造价昂贵、使用率低,使许多航空公司望而却步。又由于它的噪音很大,被许多国家的机场以环境保护的理由拒之门外或者被限制在一定的时间起降,限制了它的发展。

(2) 按照用途的不同,飞机也可分为客机、全货机和客货混合机。

① 客机。主要运送旅客,一般行李装在飞机的深舱。由于直到目前为止,航空运输仍以客运为主,客运航班密度高、收益大,所以大多数航空公司都采用客机运送货物。不足的是,由于舱位少,每次运送的货物数量十分有限。

② 全货机。飞机的主舱和下舱都用于装载货物,运量大,可以弥补客机的不足,但经营成本高,只限在某些货源充足的航线使用。

③ 客货混合机。可以同时在主舱运送旅客和货物,并根据需要调整运输安排,是最具灵活性的一种机型。

6.2.2 航空港

航空港是航空运输用飞机场及其服务设施的总称。飞机场简称机场,是用于飞机起飞、着陆、滑行、停放、维修等活动的场地,其中有为飞行服务的各种建筑物和设施。在航空港内,除飞机场外,还有为客、货运输服务的设施,如候机楼、货运站等。航空港和飞机场是两个含义不同的概念,但在民用航空中往往混用,例如,北京的国际航空港习惯上称北京首都机场。

1. 航空港的分类

航空港按照所处的位置分干线航空港和支线航空港,按业务范围分国际航空港和国内航空港。其中国际航空港需经政府核准,可以用来供国际航线的航空器起降营运,空港内配有海关、移民、检疫和卫生机构。国内航空港仅供国内航线的航空器使用,除特殊情况外不对外国航空器开放。

2. 航空港的构成

航空港一般由飞行区、客货运输服务区和机场维修区 3 个部分组成。

(1) 飞行区。飞行区是航空港的主要区域,占地面积最大。飞行区域有跑道、滑行道和停机坪,以及各种保障飞行安全的设施,无线电通信导航系统、目视助航设施等。航空港内供飞机起降用的跑道,根据飞行量和风向风力条件,可以设一条或多条。一般在好天气条件下,以目视飞行时,一条跑道每小时可以起降飞机 45~60 架次;在坏天气条件下,以仪表飞行时,每小时可起降 20~40 架次。为保证飞机安全起飞和着陆,在飞行区上空划定净空区,即在机场及其邻近地区上空,根据在本机场起降飞机的性能,规定若干障碍物限制,不允许地面物体超越限制面的高度。这些限制面以上的空域称为净空区。净空区的规定可以随飞机的发展而改变。

（2）客货运输服务区。货运输服务区是旅客、货物、邮件运输服务设施所在区域。区内设施包括客机坪、候机楼、停车场等，其主要建筑是候机楼。区内还配备有旅馆、银行、公共汽车站、进出港道路系统等。货运量较大的航空港还设有专门的货运站。在客机坪附近设有管线加油系统，其特点是使用高压油泵，在30分钟内向飞机加注的燃油有时高达几十吨。

（3）机务维修区。机务维修区是维修厂、维修机库、维修机坪等设施的所在区域，区内还有为保证航空港正常工作所必需的各项设施，如供水、供电、供热、供冷、下水等各种公用设施以及消防队、急救站、自动电话站、储油库、铁路专用线等。

整个航空港的布局以跑道位置的安排为基础。根据跑道位置布置滑行道、客机坪、货坪、维修机坪以及其他飞机活动场所。客货运输服务区的位置通常位于连接城市交通网并紧邻飞行区的地方。

3. 航空港的基础设施

通常来讲，航空港内配有以下设施：

（1）跑道与滑行道：前者供航空器起降，后者是航空器在跑道与停机坪之间出入的通道。

（2）停机坪：供飞机停留的场所。

（3）指挥塔或管制塔：为航空器进出航空港的指挥中心。其位置应有利于指挥与航空管制，维护飞行安全。

（4）助航系统：为辅助安全飞行的设施。包括通信、气象、雷达、电子及目视助航设备。

（5）输油系统：为航空器补充油料。

（6）维护修理基地：为航空器做归航以后或起飞以前的例行检查、维护、保养和修理。

（7）货栈。

（8）其他各种公共设施：包括给水、电、通信交通、消防系统等。

4. 跑道

（1）跑道的平面布置。跑道是供飞机起飞时加速和着陆时减速滑跑用的带状地面，是航空港的组成部分之一。运输机用的跑道大多设有铺筑面。为了保证飞机在接地过早、滑出跑道或中断起飞时的安全，跑道两侧设有道肩和侧安全道，跑道两端设端安全道。这些设施和跑道一起组成升降带。跑道的方位主要是根据当地风的恒风向和附近障碍物的位置确定的。

（2）跑道的分类。跑道按道面结构可分为土质的、草皮的和人工铺筑的。土质道面的跑道和草皮道面的跑道多供农用飞机季节性、临时性使用或班次较少的地方航线的小型飞机使用。人工铺筑的道面一般称高级道面，按性质分为柔性道面和刚性道面两种。柔性道面多指沥青胶结粒料道面；刚性道面是指混凝土或钢筋混凝土道面。

根据机场是否拥有仪表着陆系统，跑道可分为仪表跑道和非仪表跑道。仪表跑道按设备的精密程度又可分为非精密进近跑道和一类、二类、三类精密进近跑道。其中，三类精密进近跑道按精密程度又分为A、B、C三种。

(3) 跑道的技术要求。跑道要有一定的长度、宽度、坡度、平坦度以及结构强度和摩擦力等。

① 长度：跑道长度根据机场起降的主要机型在标准大气条件下（即大气压力为760毫米水银柱，气温为15℃，无风）的技术性能，以及当地的标高、地形坡度、气温和风等因素确定。例如，在标准大气条件下，"运五"飞机使用跑道的长度只需600米，而波音707型客机则需3 200米左右。在高原和高温情况下，因空气稀薄须增加跑道长度。上坡有利于缩短着陆滑跑长度，下坡有利于缩短起飞滑跑长度。具有高摩擦力的平坦道面有利于缩短起飞和着陆滑跑的长度。侧安全道的长度等于跑道长度。端安全道的长度，一、二级机场为200米，三级机场为150米，四级机场为50米。

② 宽度：宽度是根据飞机起降时约有大部分的轮迹都集中在以跑道中心线为中心的25～30米范围内这一事实确定的。从20世纪60年代起，多数国家的跑道都规定为45米宽，连同道肩共60米。

③ 坡度：为便于排水和减少修建的工程量，对跑道的坡度规定有各种限制。例如，对跑道的不同部分有最大纵坡和变坡的限制，有最大和最小横坡的限制等。基本原则是跑道的坡度变化越小和变化次数越少越好。但是，要考虑修建工程的经济合理性。以我国的现行规定为例，对一级机场的纵坡限制是跑道两端各长1/4的部分不大于0.005，其他部分不大于0.010，而坡度变化不大于0.010；横坡限制是不大于0.015，不小于0.008。

④ 平坦度：跑道平坦度的标准是用长3米的直尺放在道面的任何地方检查时，直尺底边的任何地方与道面表面之间没有大于3毫米的间隙。平坦度不良，不仅使旅客不舒适，而且会导致飞机起落架和其他部分的结构损坏，甚至发生事故。

⑤ 结构强度：道面结构强度与飞机全重、起落架及轮子布局、胎压和运行频率有关，道面每个点所承受的载荷和重复次数各不相同，因此跑道各部位道面的厚度也不相同。从纵向看，跑道两端承受飞机的静载荷和低速滑行时的重量，而跑道中部，飞机滑行到此时已有一定速度，产生一定的空气浮力，道面的载荷就减少了。因此，跑道两端比中间厚。从横向看，跑道两侧比中间25～30米范围内的道面薄。

⑥ 摩擦力：跑道表面要具有一定的粗糙度，保证机轮与道面之间产生一定的摩擦力，以防止在跑道潮湿、积水时发生机轮打滑、失控，造成事故。保证道面具有适当摩擦力的关键是选材合适，施工方法得当。跑道使用一段时间后，如道面变得过于光滑，则可以在跑道上刻槽、加铺多孔磨阻层或颗粒封层。

6.2.3 航线、航段和航路

1. 航线

民航运输企业在获得航空运输业务经营许可证之后，必须按照规定的线路进行，可以在允许的一系列站点（即城市）范围内提供航空客货邮运输服务。由这些站点形成的航空运输路线，叫作航空交通线，简称航线（air route）。航线由飞行的起点、经停点、终点、航路、机型等要素组成。航线不仅确定航行的具体方向、经停地点，还根据空中交通管理的需要，规定航路的宽度和飞行的高度层，以维护空中交通秩序，保证飞行安全。

航线按其飞行的路线分为国内航线和国际航线：飞机飞行的线路其起止点均在国内

的称为国内航线;飞机飞行的线路跨越本国国境,通达其他国家的航线,称为国际航线。此外,我国还有地区航线之称,主要根据我国的特殊情况,目前内地到香港之间的航线,就称为地区航线。

2. 航段

航段通常分为旅客航段(Segment,简称航段)和飞行航段(Leg,通常称为航节)。旅客航段指能够构成旅客航程的航段,例如,北京—上海—旧金山航线,旅客航程有三种可能:北京—上海、上海—旧金山和北京—旧金山。飞行航段是指航班飞机实际飞行的航段,例如,北京—上海—旧金山航线,飞行航段为北京—上海和上海—旧金山。

3. 航路

民航运输服务是航空器跨越天空在两个或多个机场之间的飞行。为了保障飞行安全,必须在机场之间的空中为这种飞行提供相对固定的飞行线路,使之具有一定的方位、高度和宽度,并且在沿线的地面设有无线电导航设施。这种经政府有关当局批准的,飞机能够在地面通信导航设施指挥下沿一定高度、宽度和方向在空中作航载飞行的空域,就称为航路(air way)。

划定航路以连接各个地面导航设施的直线为航路中心线,在航路范围内规定有上限高度、下限高度和航路宽度。航路的宽度决定于飞机能保持按指定航迹飞行的准确度、飞机飞越导航设施的准确度、飞机在不同高度和速度时的转弯半径,并需加必要的缓冲区,因此航路的宽度不是固定不变的。《国际民用航空公约》附件第十一条规定,当两个全向信标台之间的航段距离在 50 英里(92.6 千米)以内时,航路的基本宽度为中心线两侧各 4 英里(7.4 千米);航段距离在 50 英里以上时,根据导航设施提供飞机保持航迹飞行的准确度进行计算,扩大航路宽度。

在欧美国家,航陆空域高度层分为三种:一是低空航路空域,宽 16 千米,平均海拔高度在 4 423 米以下;二是中空航路空域,宽 26 千米,高度在平均海拔 4 423~7 320 米之间;三是高空航路空域,宽度没有规定,高度在平均海拔 7 320 米以上,专供喷气飞机使用。

在我国境内飞行密集的航线上建立的航路,其宽度为 20 千米(航路中心线两侧各 10 千米),它沿途应有良好的备降机场、良好的导航设备和监视雷达,以保证飞机准确地在航路内飞行。目前,我国建立的航路主要有北京—上海、北京—广州—深圳、上海—广州、广州—昆明等 20 条。

4. 空中走廊

空中走廊是在机场飞行频繁的地区,为减少飞行冲突、提高飞行空间的利用率,在机场区域内划定飞机进出机场的空中通道,它的宽度 8~10 千米。目前,我国划有空中走廊的机场有沈阳、北京、上海、武汉、广州、成都等城市。

6.2.4 航空运输其他相关知识

1. 航班

按照民航管理当局批准的民航运输飞行班期时刻表、使用指定的航空器、沿规定的航线在指定的起讫经停点停靠的客货邮运输飞行服务,称为航班(flight service)。航班分为去程航班和回程航班。航班用航班号标识其具体的飞行班次。我国的民航飞行航班号一般采用两个字母的航空公司代码加4位数字组成。航空公司代码由民航总局规定公布。后面的4位数字第一位代表航空公司的基地所在地区,第二位表示航班的基地外终点所在地区(1为华北,2为西北,3为华南,4为西南,5为华东,6为东北,8为厦门,9为新疆),第三位、第四位表示这次航班的序号,单数为由基地出发向外飞的去程航班,双数表示飞回基地的回程航班。例如,MU5305,上海—广州航班,MU为东方航空公司代码,5代表上海所在华东地区,3代表广州所在的华南地区,05为序号,单数是去程航班。

2. 航权

航权(traffic rights)是指国际航空运输中的过境权和运输业务权。航权的概念起源于1944年"芝加哥会议",亦称为"空中自由权"(freedoms of the air),其法律根据是1944年的《国际航班过境协定》(通称《两大自由协定》)和《国际航空运输协定》(通称《五大自由协定》)的规定。

第一航权:领空飞越权。在不着陆的情况下,本国航机可以在协议国领空上飞过,前往其他国家目的地。例如,北京—旧金山,中途飞越日本领空,那就要和日本签订领空飞越权,获取第一航权,否则只能绕道飞行,增加燃料消耗和飞行时间。

第二航权:技术经停权。本国航机可以因技术需要(如添加燃料、飞机故障或气象原因)在协议国降落、经停,但不得作任何业务性工作,如上下客、货、邮。例如,北京—纽约,如果由于某飞机机型的原因,不能直接飞抵,中间需要在日本降落并加油,但不允许在该机场上下旅客和货物。此时就要和日本签订技术经停权。

第三航权:目的地下客和货权。第三航权指一个国家或地区的航空公司自其登记国或地区载运客货至另一个国家或地区的权利。本国航机可以在协议国境内卸下乘客、邮件或货物。例如,北京—东京,如获得第三航权,中国民航飞机承运的旅客、货物可在东京进港,但只能空机返回。

第四航权:目的地上客和货权。第四航权指一个国家或地区的航空公司自另一个国家或地区载运客货返回其登记国或地区的权利。本国航机可以在协议国境内载运乘客、邮件或货物返回。例如,北京—东京,如获得第四航权,中国民航飞机能载运旅客、邮件或货物搭乘原机返回北京。

第五航权:中间点权或延远权。第五航权也称为经停第三国境内某点上下旅客或货物权(第三国运输权)。第五航权指一个国家或地区的航空公司在其登记国或地区以外的两国或地区间载运客货,其航班的起点必须为其登记国或地区的权利,但可以先在第三国的地点作为中转站上下客货。第五航权是要和两个或两个以上的国家进行谈判。例如,新加坡—厦门—芝加哥,新加坡航空获得第五航权,可以在新加坡—芝加哥航线上在厦门经停,上下客货。

(1) 承运人本国(第一国始发地)—中途经停第三国—目的地国(第二国)

承运人从本国运输客货到另一国家时中途经过第三国(也就是始发地国家和目的地国家以外的其他国家),并被允许将途经第三国拉的客货卸到目的地国。这种权利是第五航权的一种。

（2）承运人本国（第一国始发地）—目的地国（第二国）—以远点第三国

第五航权的第二种是以远点国家的运输，承运人将自己国家始发的客货运到目的地国家，同时又被允许从目的地国家上客货，并被允许运到另一国家。

第六航权：桥梁权。本国航机可以用两条航线的名义，接载甲国和乙国乘客及货物往返，但途中必须经过本国。例如，伦敦—首尔—东京，大韩航空将源自英国的旅客运经首尔后再运到东京。

第七航权：完全第三国运输权。本国航机可以在境外接载乘客和货物，而不用返回本国。即本国航机在甲、乙两国间接载乘客和运载货物。例如，伦敦—巴黎，由德国汉莎航空公司承运。

第八航权：国内运输权。本国航机可以到协议国作国内航线运营，可以在协议国国境内两个不同的地方接载乘客、货物往返，但航机以本国为终点站。例如，北京—成都，由日本航空公司承运。

航权是国家重要的航空权益，必须加以维护，在国际航空运输中交换这些权益时，一般采取对等原则，有时候某一方也会提出较高的交换条件或收取补偿费以适当保护本国航空企业的权益。

6.3 航空货物运输组织管理

6.3.1 航空货物运输组织方式

航空货物运输方式主要有以下 7 种：

1. 班机运输

班机（schedule airline）是指在固定的航线上定期航行的航班，这种飞机固定始发站、目的站和途经站。一般航空公司的班机都使用客货混合型飞机（combination carrier）。一方面搭载旅客，一方面又运送小批量货物。但一些较大的航空公司在一些航线上开辟定期的货运航班，使用全货机（all cargo carrier）运输。

由于班机有固定的航线、固定的始发和停靠港，并定期开航，收发货人可以确切地掌握起运和到达的时间，保证货物能够安全迅速地运送到世界各地投入市场。因此，班机运输颇受贸易界人士的欢迎，尤其是对运送国际市场上急需的商品、鲜活易腐货物以及贵重货物是非常有利的。然而，由于班机大多使用客货两用型飞机以客运为主，故货运仓位有限，不能满足大批量货物及时出运的要求，只能分期分批运输。

2. 包机运输

当货物批量较大，而班机又不能满足需要时，一般就采取包机运输方式。包机运输（chartered carrier）可分为整架包机和部分包机两种。

（1）整架包机。这是指航空公司或包机代理公司，按照与租机人双方事先约定的条件和运价，将整架飞机租给租机人，从一个或几个航空站装运货物至指定目的地的运输方式。它适合于运输大批量货物,运费一次一议,随国际航空运输市场的供需情况而变化。但中国民航的包机运费,则是以每一飞行千米固定费率核收费用的,并对空放每一飞行千米收运价80%的空放费。因此,大批量货物使用包机来回程都有货载,运费比较低,比只使用单程载货运费低。这种租机要在货物装运前一个月与航空公司联系,以便航空公司安排飞机运载和向起降机场及有关政府部门申请入境及办理有关手续。

整架包机的优点:①解决班机仓位不足的矛盾;②货物全部由包机运出,节省时间和多次发货的手续;③弥补没有直达航班的不足,且不用中转;④减少货损、货差或丢失的现象;⑤在空运旺季缓解航班紧张状况;⑥解决海鲜、活动物的运输问题。

(2) 部分包机。这是指几家航空货运代理公司(或发货人)联合包租一架飞机,或者由包机公司把一架飞机的舱位分别卖给几家航空货运代理公司。这种部分包机方式适合于1吨以上但不足整机的货物,运费较班机为低,但运送的时间却比班机长。

包机运输满足了大批量货物进出口运输的需要,同时包机运输的运费比班机运输的低,且随国际市场供需情况的变化而变化,给包机人带来了潜在的利益。但包机运输是按往返路程计收费用,存在回程空放的风险。与班机运输相比,包机运输可以由承租飞机的双方议定航程的起止点和中途停靠的空港,因此更具灵活性。但包机时间比班机长,尽管部分包机有固定时间表,却往往因其他原因不能按时起飞。同时,各国政府为了保护本国航空公司利益,常对从事包机业务的外国航空公司实行各种限制。除了需降落非指定地点外的其他地点时,一定要向当地政府有关部门申请,同意后才能降落(如申请入境、通过领空和降落地点)。目前,有一些航空公司在西欧和中国香港之间开办部分包机业务。

3. 集中托运

集中托运方式(consolidation)是指航空货运代理公司把若干批单独发运的货物组成一整批,向航空公司办理托运,采用一份航空总运单集中发运到同一到达站,或者运到某一预定的到站,由航空货运代理公司在目的地指定的代理收货,然后再报关,并根据集中托运人签发的航空分运单分拨给各实际收货人的运输方式,也是航空货物运输中开展最为普遍的一种运输方式。

航空公司有按不同重量标准公布的多种运费费率,而且采用递减原则,托运的每批货物越多或越重,则按每千克或每磅收取的费率就越低。这就使得航空货运代理公司可以把从不同的发货人那里收集的小件货物集中起来后使用航空公司较低的运价,从而赚取运价的差额。将货物集中托运,还可使货物到达航空公司到达地点以外的地方,延伸了航空公司的服务,能够为货主提供方便。发货人将货物交与航空货运代理后,即可取得货物分运单,并可持分运单到银行尽早办理结汇。这种集中托运业务在国际航空运输界中开展比较普遍,也是航空货运代理的主要业务之一。目前,我国在中日和西欧中的一些航线已与有关航空货运代理开展了这种业务。

4. 联合运输方式

联合运输方式是包括空运在内的两种以上运输方式的联合运输。具体的做法有陆空联运(火车—飞机联合运输,train-air;卡车—飞机联合运输,truck-air,均简称为TA)、陆空陆联运(train-air-truck,TAT)等。我国空运出口货物通常采用陆空联运方式。这是因为,我国幅员辽阔,而国际航空港口岸主要有北京、上海、广州等。虽然省会城市和一些主要城市每天都有班机飞往上海、北京、广州,但班机所带货量有限,费用比较高。如果采用国内包机,费用更高昂。因此在货量较大的情况下,往往采用陆运至航空口岸,再与国际航班衔接。由于汽车具有机动灵活的特点,在运送时间上更可掌握主动,因此一般都采用"TAT"联运方式组织出运。我国长江以南的外运分公司目前办理陆空联运的具体做法是用火车将货物运至香港,然后,在香港经飞机空运至中转地航空站,再通过当地代理,用卡车运至目的地,整个运送时间一般至欧洲在15天左右。由于香港至世界各地的货运包机和客货班机较多,货物出运快,运价也便宜,一般约为正常班机的一半或2/3。长江以北的公司多采用火车或卡车将货物送至北京、上海航空口岸出运。

5. 航空快递业务

航空快递业务(air express service)又称航空急件传送,是目前国际航空运输中最快捷的运输方式。它不同于航空邮寄和航空货运,由一个专门经营该项业务的公司和航空公司合作,通常为航空货运代理公司或航空速递公司。派专人以最快的速度在货主、机场、用户之间运输和交接货物。该项业务是在国际上两个空运代理公司之间通过航空公司进行的。特别适用于急需的药品、医疗器械、贵重物品、图纸资料、货样及单证等的传送,被称为"桌到桌运输"(desk to desk service)。

航空快递业务主要有以下三种形式:

(1)门/桌到门/桌(door/desk to door/desk)。门/桌到门/桌的服务形式也是航空快递公司最常用的一种服务形式。首先由发件人在需要时电话通知快递公司,快递公司接到通知后派人上门取件,然后将所有收到的快件集中到一起,根据其目的地分拣、整理、制单、报关、发往世界各地,到达目的地后,再由当地的分公司办理清关、提货手续,并送至收件人手中。在这期间,客户还可依靠快递公司的电脑网络随时对快件(主要指包裹)的位置进行查询,快件送达之后,也可以及时通过电脑网络将消息反馈给发件人。

(2)门/桌到机场(door/desk to airport)。与前一种服务方式相比,门/桌到机场的服务指快件到达目的地机场后不是由快递公司去办理清关、提货手续并送达收件人的手中,而是由快递公司通知收件人自己去办理相关手续。采用这种方式的多是海关当局有特殊规定的货物或物品。

(3)专人派送(courier on board)。专人派送是指由快递公司指派专人携带快件在最短时间内将快件直接送到收件人手中。这是一种特殊服务,一般很少采用。

以上三种服务形式相比较,门/桌到机场形式对客户来讲比较麻烦,专人派送最可靠、最安全,同时费用也最高。而门/桌到门/桌的服务介于上述两者之间,适合绝大多数快件的运送。

上述三种方式中,第二种服务较为简单,收费较低,但收货人感到很不方便;第三种服务周到,但费用高;第一种则是综合了上述两种服务的优点,大多数航空公司、空运代理公司、航空速递公司均采用此种方式。

与普通的航空货物运输所不同的是,航空速递公司办理快运业务对货物在整个运输过程中有专人负责,从而使货物衔接时间大为缩短。此外,在运输途中货物始终在专人的监管之下,故比一般货物安全。其登门取货,送货上门,服务到办公室,代办各种运输和报关手续,给发、收货人带来极大方便,同时又能及时提供货物运输交接信息,对货物的查询能做到及时答复。总之,航空急件传送概括起来有以下特点:运输快捷,服务安全可靠,送交有回音,查询快而有结果。

6. 送交业务

在国际贸易往来中,通常出口商为了推销产品、扩大贸易,往往向推销对象赠送样品、目录、宣传资料、刊物、印刷品等。这些物品空运至到达国后,委托当地的航空货运代理办理报关、提取、转运等工作,最后送交给收件人。在到达时所发生的报关手续费、税金、运费、劳务费等一切费用,均由航空货运代理先行垫付后向委托人收取。由于这一业务十分方便,许多私人物品运送也采用了这一方式。

7. 货到付款

货到付款(cash on delivery)是由发货人或其代理与承运人之间达成协议,由承运人在货物到达后交予收货人的同时,代收航空运单上所记载的货款,然后寄给发货人或其代理人。承运人在办理一批货到付款的货物时,按货到付款总额的一定百分比计收劳务费。货到付款的劳务费、航空运费、声明价值费等可由发货人预付,也可由收货人到付。

6.3.2 航空货物运输基本作业管理

航空运输的业务流程一般包括:货物的托运、货物的运送以及货物的到达和交付几个环节。

1. 航空出口货物运输作业

航空货物出口程序是指航空货运代理公司从发货人手中接货,到将货物交给航空公司承运这一过程所需要通过的环节,所需要办理的手续,以及必备的单证。它的起点是从发货人手中接货,终点是将货物交给航空公司。出口业务环节包括:托运受理、订舱、接单接货、制单、进行出口商品的相关检验、出口报关、发运、费用结算、信息传递。

(1) 托运受理

托运人即发货人。发货人在货物出口地寻找合适的航空货运代理公司,为其代理空运订舱、报关、托运业务;航空货运代理公司根据自己的业务范围、服务项目等接受托运人委托,并要求其填制航空货物托运书,以此作为委托与接受委托的依据,同时,提供相应的装箱单、发票。

货物托运一般有以下几点规定值得注意。

① 托运人托运货物一般应在民航营业时间到航空公司市内货运营业处,或者承办航空货运业务的航空代理公司货运部办理。托运人如托运大量、超大、超重、大批贵重易碎及需要特殊照料和赶班机运送的货物,可请托运人或应托运人的要求按约定时间在机场办理。

② 托运人托运货物凭本人居民身份证或其他有效身份证件,填写货物托运书,向承运人或其代理人办理托运手续。如果承运人或其代理人要求出具单位介绍信或其他有效证明时,托运人也应予以提供。

③ 托运政府规定限制运输的货物,以及需要办理公安和检疫等手续的货物,均应随

附有效证明文件。
　　④ 托运货物的重量、体积、包装、标记等均应符合民航的规定。
　　⑤ 在货物中不得夹带政府禁止运输和限制运输的物品和危险品。
　　⑥ 每张货物托运书,只能托运到达一个地点、一个收货人的货物。
　　⑦ 属于下列情况的,不能用同一张货物托运书托运：运输条件不同的货物,如急救药物和普通货物；不同运价的货物,如动物和普通货物。
　　⑧ 个人托运的物品,必须在货物托运书上详列物品的内容和数量。
　(2) 订舱
　　订舱指航空货运代理公司向航空公司申请运输并预订舱位的行为。订舱须按发货人的要求和货物本身的特点而定。大宗货物、紧急物资、鲜活易腐物品、危险物品、贵重物品等,必须预订舱位；非紧急的零散货物,可以不预先订舱。
　　订舱的具体做法和基本步骤：接到发货人的发货预报后,向航空运输部门领取并填写订舱单,写明货物的体积、名称、重量、件数、目的港和要求出运的时间。航空公司根据实际情况安排航班和舱位。
　(3) 接单接货
　　接单就是航空货运代理公司在订妥舱位后,从发货人手中接过货物出口所需的一切单证,其中主要是报关单证。接货就是指航空货运代理公司把即将发运的货物从发货人手中接过来并运送到机场。接货与接单同时进行。接货时应根据发票和装箱单清点货物,核对货物的数量、品名、合同号是否与货运单据一致,检查货物外包装是否符合运输要求,有无残损,然后与发货人办理交接手续。货物接到机场后,或者先入货运代理仓库,或者直接进入航空公司或地面服务公司的仓库。
　(4) 制单
　　航空货运代理公司缮制航空货运单,包括总运单和分运单。它是空运出口业务中最重要的环节,运单填写的正确与否直接关系到货物能否及时、准确地运达目的地。
　　运单号由11位数字组成,前3位与后8位之间间隔一定的距离,前3位数字为航空公司的代号,如中国国际航空公司的代号为099,日本航空公司的代号为131,法国航空公司的代号为057；后8位数字的前7位是顺序号,第8位数字为检查号。
　　货物的实际重量,以在航空公司计量处过磅所取得的重量为准,重量单位用千克或磅来表示。
　　运价类别一般用"M""N""Q""C""R""S"等代号来表示。
　(5) 进行出口商品的相关检验
　　根据出口商品的种类和性质,按照进、出口国家的有关规定,对其进行商品检验、卫生检验、动植物检验等。
　(6) 出口报关
　　出口报关是指发货人或其代理人在发运货物之前,向出境地海关提出办理出口手续的过程。
　(7) 发运
　　发运是向已事先预订好舱位的航空公司交单交货,由航空公司安排航空运输。

交单是将随机单据和应由承运人留存的单据交给航空公司。随机单据包括第3联航空运单正本、发票、装箱单、产地证明、品质鉴定书。

交货是把与单据相符的货物交给航空公司。

（8）费用结算

这主要涉及同发货人、承运人和国外代理人三个方面的结算，即向发货人收取航空地面运费及各种手续费、服务费，向承运人支付航空运费并向其收取佣金，可按协议与国外代理结算到付运费及利润分成。

（9）信息传递

航空货运代理公司在发运货物后，及时将发运信息传递给发货人，向其提供航班号单号和出运日期等，并随时提供货物在运输过程中的准确信息。

2. 航空进口货物运输流程

航空货物进口程序是指航空货物从入境到提取或转运的整个过程中所需通过的环节、所需办理的手续以及必备的单证。航空货物入境后，要经过各个环节才能提出海关监管场所，而每经过一道环节都要办理一定的手续，同时出具相关的单证，如商业单据、运输单据及所需的各种批文和证明等。

（1）到货

在国外发货之前，由外方将运单、航班、件数、重量、品名、实际收货人及其地址、联系电话等内容通过传真或电子邮件发至目的地，这一过程被称为预报。到货预报的目的是让目的地做好接货前的所有准备工作。对于到货预报，要注意中转航班和分批货物的情况。中转点航班的延误会使实际到达时间和预报时间出现差异；从国外一次性运来的货物在国内中转时，由于国内载量的限制，往往采用分批的方式进行运输。

航空货物入境后，即处于海关监管之下，相应的货物存在海关监管仓内。同时，航空公司根据运单上的收货人发出到货通知。

（2）分类整理

航空货运代理公司在取得航空运单后，根据自己的习惯进行分类整理，其中集中托运货物和单票货物、运费预付和运费到付货物应区分开来。

集中托运货物需要对总运单项下的货物进行分拨，对每一分运单的货物分别进行整理。分类整理后，航空货运代理公司可将每票货物编上公司内部的编号，以便于用户查询和内部统计。

（3）到货通知

航空货运代理公司根据收货人资料寄发到货通知，告知其货物已到港，催促其速办报关、提货手续。货物到目的港后，为减少货主仓储费、避免海关滞报金，应尽早、尽快、尽妥通知货主到货情况，提请货主配齐有关单证，尽快报关。实践中，"早"，是指到货后，第1个工作日内就要设法通知货主；"快"，是指尽可能用传真、电话预先通知客户，单证需要传递的，尽可能使用特快专递，以缩短传递时间；"妥"，要求保证在一星期内以电函、信函形式第3次通知货主，并应将货主尚未提货情况告知发货人，两个月时，再以电函、信函形式第4次通知货主，3个月时，货物可能已交海关处理，此时再以信函形式第5次通知货主，告知货主货物将被处理，提醒货主采取补救办法。

到货通知应向货主提供到达货物的以下信息：运单号、分运单号、货运公司；件数、重量、体积、品名、发货公司、发货地；运单、发票上已编注的合同号，随机已有单证数量及尚缺的报关单证；运费到付数额，地面服务收费标准；集运商及仓库的地址（地理位置图）、电话、传真、联系人；提示货主海关有超过14天报关收取滞报金，以及超过3个月未报关货物上缴海关处理的规定。

（4）缮制单证

根据运单、发票及证明货物合法进口的有关批文缮制报关单，并在报关单的右下角加盖报关单位的报关专用章。

（5）报关

将制作好的报关单证连同正本的货物装箱单、发票、运单等递交海关，向海关提出办理进口货物报关手续。海关在经过初审、审单、征税等环节后，放行货物。只有经过海关放行后的货物才能提出海关监管场所。

（6）提货

凭借盖有海关放行章的正本运单到海关监管场所提取货物，并送货给收货人，收货人也可自选提货。在海关监管场所提货时，仓库方面会检验提货单据上各类报关、报验章是否齐全，并登记提货人的单位、姓名、身份证号以确保发货安全。

货物交接时须再次检查货物外包装情况，遇有破损、短缺，应向货主交代清楚。对分批到达货物，收回原提货单，出具分批到达提货单，待后续货物到达后，通知货主再次提取。因航空公司责任造成的破损、短缺，应由航空公司签发商务记录。因集运商责任造成的破损、短缺，应由代理公司签发商务记录，并应尽可能会同货主、商检单位尽快在仓库进行商品检验，确定货损程度，避免以后运输中货损情况加剧。

（7）费用结算

货主或委托人在收货时，应结清各种费用，如到付运费、垫付佣金、单证、报关费、仓储费（含冷藏、冷冻、危险品、贵重品特殊仓储费）、装卸费、铲车费、航空公司到港仓储费、海关预录费、检验等代收代付费、关税及垫付佣金等。

6.3.3 航空运单

1. 航空运单的性质和作用

航空运单（air waybill）是承运人和托运人双方的运输合同，是由承运人或其代理人签发的一份重要的货物单据。它有别于海运提单，不是代表货物所有权的物权凭证，因此是不可议付的单据。航空运单必须做成记名抬头，同时不能背书转让。其性质和作用主要有：

（1）承运合同

航空运单是发货人与承运人之间的运输合同，一旦签发，便成为签署承运合同的书面证据，该承运合同必须由发货人或其代理与承运人或其代理签署后方能生效。

（2）货物收据

当发货人将其货物发运后，承运人或其代理将一份航空运单正本交给发货人，作为已接受其货物的证明，也就是一份货物收据。

(3) 运费账单

航空运单上分别记载着属于收货人应负担的费用和属于代理的费用,因此可以作为运费账单和发票,承运人可将一份运单正本作为记账凭证。

(4) 报关单据

当航空货物运达目的地后,应向当地海关报关。在报关所需各种单证中,航空运单通常是海关放行查验时的基本单据。

(5) 保险证书

若承运人承办保险或者发货人要求承运人代办保险,则航空运单即可作为保险证书。载有保险条款的航空运单又称为红色航空运单(red air waybill)。

(6) 承运人内部业务的依据

航空运单是承运人在办理该运单项下货物的发货、转运、交付的依据,承运人根据运单上所记载的有关内容办理这些有关事项。

每份航空运单有三份正本和至少六份以上副本。正本背面印有承运条款,其中第一份交发货人,是承运人或其代理收到货物后出具的收据;第二份由承运人留存作为记账凭证;第三份随货同行,到目的地后交给收货人作为接收货物的依据。

在发货人或其代理和承运人或其代理履行签署手续并注明日期后,运单即开始生效。只要运单上没有注明日期和签字盖章,承运人就可不承担对货物的任何责任,货物也不受承运合同的约束。当货物一旦交给运单上所记载的收货人后,运单即告终止,亦即承运人完成了货物的全程运输责任。

2. 航空运单的种类

航空运单分为以下两大类:

(1) 航空主运单

凡由航空公司签发的航空运单称为主运单或总运单(master air waybill,MAWB)。

第一批由航空运输公司发运的货物都须具备主运单,它是承运人办理该运单项下货物的发运和交付的依据,是承运人与托运人之间订立的运输契约。航空主运单运输合同的当事人的双方,一方是作为实际承运人的航空公司,另一方是作为托运人的航空货运代理公司。

(2) 航空分运单

航空分运单是由航空货运代理人在办理集中托运业务时签发给每一发货人的运单(house air waybill,HAWB)。航空分运单运输合同的当事人的双方,一方是航空货运代理公司,另一方是发货人。货物到达目的站后,由航空货运代理公司在该地的分公司或其代理凭主运单向当地航空公司提取货物,然后按分运单分别交各收货人。航空主运单航空分运单的应用,可参阅图6.1,航空运单的中英文样本分别见图6.2和图6.3。

3. 航空运单的内容及缮制

(1) 航空运单编号(air waybill number),航空运单最上方的编号由航空公司填写。编号前3位一般是各国航空公司的代号,如中国民航的代号为999,日本航空公司的代号为131等。

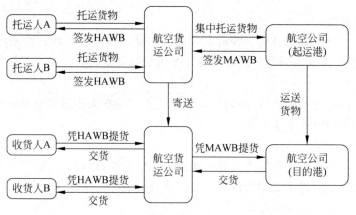

图 6.1　航空运单使用流程

始发站 Airport of Departure		目的站 Airport of Destination		不得转让　NOT　NEGOTIABLE 　　　　　　　　　　　天津市外企航空服务中心 航空货运单　　　　　　中国　　　天津 AIR WAYBILL 印发人 Issued by			
托运人姓名、地址、邮编、电话号码 Shipper's Name Address Postcode & Telephone No.							
				航空货运单第一、二、三联为正本,并具有同等法律效力。 Copies 1,2 and 3 of this Air Waybill are originals and have the same validity			
收货人姓名、地址、邮编、电话号码 Consignee's Name, Address Postcode & Telephone No.				结算注意事项 Accounting Information			
				填开货运单的代理人名称 Issuing Carrier's Agent Name			
航线 Routing	到达站 To	第一承运人 By First Carrier		到达站 To	承运人 By	到达站 To	承运人 By
航空/日期 Flight/Date		航空/日期 Flight/Date		运输声明价值 Declared Where for Carriage		运输保险价值 Amount of Insurance	
储运注意事项及其他 Handing Information and Others							
件数 No. of_Pca 运价点 RCP	毛量 (千克) Gross Weight (kg)	运价种类 Rate Class	商品代号 Comm Item No.	计费重量 (千克) Chargeable Weight (kg)	费率 Rate/kg	航空运费 Weight Charge	货物品名(包括包装、尺寸或体积) Description of Goods (incl. Package Dimensions or Volume)

图 6.2　航空运单样本(一)

预付 Prepaid	到付 Collect	其他费用 Other Charges
航空运费 Weight Charge		托运人郑重声明,此航空货运单上所填货物品名和货物运输声明价值与实际交运货物品名和货物实际价值完全一致,并对所填航空运单和所提供的与运输有关文件的真实性和准确性负责。 Shipper certifies that description of goods and decl ared value for carriage on the face here of are consistent with actual description of goods and actual value of goods and that particulars on the face here of are correct.
声明价值附加费 Variation Charge		
地面运费 Surface Charge		
其他费用 Other Charges		托运人或其代理人签字、盖章 Signature of Shipper or His Agent _____
		填开日期　　　填开地点　　填开人或其代理人签字、盖章 Executed on(Date)　At(Place)　Signature of Issing Carrier of Its Agent
总额(人民币) Total(CNY)		
付款方式 Form of Payment		C05- 正本 3(托运人联)甲 ORIGINAL 3(FOR SHIPPER)A

图 6.2 （续）

Shipper's name and address	NOT NEGOTIABLE Air Waybill Issued by
Consignee's name and address	It is agreed that the goods described herein are accepted in apparent good order and condition (except as noted) for carriage SUBJECT TO THE CONDITIONS OF CONTRACT ON THE REVERSE HEREOF, ALL GOODS MAY BE CARRIED BY ANY OTHER MEANS. INCLUDING ROAD OR ANY OTHER CARRIER UNLESS SPECIFIC CONTRARY INSTRUCTIONS ARE GIVEN HEREON BY THE SHIPPER. THE SHIPPER'S ATTENTION IS DRAWN TO THE NOTICE CONCERNING CARRIER'S LIMITATION OF LIABILITY. Shipper may increase such limitation of liability by declaring a higher value of carriage and paying a supplemental charge if required.
Issuing Carrier's Agent Name and City	
Agents IATA Code	Account No.	

图 6.3　航空运单样本(二)

Airport of Departure(Add. of First Carrier) and Requested Routing						Accounting Information		
to	By first carrier	to	by	to	by	Currency	Declared Value for Carriage	Declared Value for Customs
Airport of Destination		Flight/Date		Amount of Insurance		INSURANCE-If carrier offers insurance and such insurance is requested in accordance with the conditions there of indicate amount to be insured in figures in box marked "Amount of Insurance"		
Handling Information								
No. of Pieces	Gross Weight	Rate Class		Chargeable Weight	Rate/Charge		Total	Nature and Quantity of Goods
Prepaid Weight Charge Collect					Other Charges			
Valuation Charge								
Tax								
Total Other Charges Due Agent					Shipper certifies that the particulars on the face here of are correct and that insofar as any part of the consignment contains dangerous goods, such part is properly described by name and is in proper condition for carriage by air according to the applicable Dangerous Goods Regulations. _____ Signature of Shipper or his agent			
Total Other Charges Due Carrier								
Total Prepaid		Total Collect			Executed on _____ at _____ Signature of issuing Carrier or as Agent			
Currency Conversion Rates		CC Charges in des. Currency						
For Carrier's Use Only at Destination		Charges at Destination			Total Collect Charges		AIR WAYBILL NUMBER KEW-51000788	

图 6.3 （续）

（2）承运人（carrier）即航空公司。《UCP 500》第二十七条规定，若信用证要求空运单据，银行将接受表面标明承运人名称的单据。

（3）发货人名称及地址（shipper's name and address），信用证结算方式一般填写受益人名称，托收结算方式一般填写合同卖方的名称地址。如信用证另有规定则按信用证要求填写。

（4）发货人账号（shipper's account number），一般可以不填。

（5）收货人名称及地址（consignee's name and address），此栏在托收结算中一般填写合同中的买方。信用证结算方式，有的是以买方为收货人，有的以开证行为收货人，根据信用证的规定填写。

（6）收货人账号（consignee's account number），一般可不填。

(7) 签发运单的承运人的代理人名称及城市(issuing carrier's agent name and city)，本栏若运单由承运人的代理人签发时，可填写实际代理人名称及城市名。如果运单直接由承运人本人签发，此栏则可空白不填。

(8) 代理人国际航空运输协会代号(agent's IATA code)，一般可不填(IATA 系"International Air Transport Association"的缩写)。

(9) 代理人账号(account number)，可填写代理人账号，供承运人结算时使用。一般不填。

(10) 起飞机场和指定航线(airport of departure and requested routing)，一般仅填写起航机场名称即可。

(11) 会计事项(accounting information)，指与费用结算的有关事项。如运费预付、到付或发货人结算使用信用卡号、账号以及其他必要的情况。

(12) 转运机场/首程船/路线及目的地(to/by first carrier/routing and destination)，货物运输途中需转运时按实际情况填写。

(13) 目的地机场(airport of destination)，即货物运输的最终目的地机场。

(14) 航班/日期(仅供承运人使用)(flight/date for carrier's use only)，即飞机航班号及其实际起飞日期。但本栏所填内容只能供承运人使用，因而该起飞日期不能视为货物的装运日期(一般以航空运单的签发日期作为装运日期)。《UCP 500》第二十七条规定，就本条款而言，在空运单据的方格内(注有"仅供承运人使用"或类似意义的词语)所表示的有关航班和起飞日期的信息，将不视为"发运日期的专项批注"。

(15) 货币及费用代码(currency and charges code)，货币及费用代码即支付费用使用货币的国际标准电码表示，如 USD、HKD 等，费用代码可以不填。

(16) 运费/声明价值及其他费用(WT/VAL and other)，"声明价值费"(valuation charge)，是指下列第 17 栏向承运人申报价值时，必须与运费一起交付申报价值费。若该栏费用是预付，则在"PPD"(prepaid)栏下打"×"。若是待付，则在"collect"栏下打"×"。此栏应注意与第 11 栏保持一致。

(17) 运费申报价值(declared value for carriage)，填写托运货物总价值，一般可按发票额填列，如不愿申报，则填"NVD"(no value declared)，即无申报价值。

(18) 海关申报价值(declared value for customs)，此栏所填价值是提供给海关的征税依据。当以出口货物报关单或商业发票作为征税依据时，本栏可空白不填或填"AS PER INVOICE"，如果货物系样品等数量少且无商业价值，可填"NCV"(no commercial value)。

(19) 保险金额(amount of insurance)，如发货人根据本运单背面条款要求保险，则在本栏内注明保险金额；若无，可填 NIL。

(20) 处理情况(handling information)，可利用本栏填所需要注明的内容。如 A. 被通知人；B. 飞机随带的有关商业单据名称；C. 包装情况；D. 发货人对货物在途时的某些特别指示等；E. 对第二承运人的要求等。

(21) A. 件数(number of piece)，填入所装载的总包装件数(本栏中的 RCP 系"rate combination point"的缩写，意即税率组成点)。

B. 毛重/千克/磅(gross weight/KG/B)，填写以千克或磅为计量单位的货物毛重。

C. 费率等级(rate class)，根据航空公司的有关资料，按实际填列费率等级的代号，费率等级代号有"M""N""Q""C""R""S"六种。

"M"为 minimum charge，即货物的起运费率。

"N"为 normal under 45KGs rate，即45千克以下的普通货物的费率。

"Q"为 quantity over 45KGs rate，即45千克以上普通货物的费率。

上述以45千克为计算界限，因此称为重量分界点(weight break point)。

"C"为 special commodity rate，即特种货物费率。

"R"为 reduced class rate less than normal rate，即折扣费率。对少数货物，可按"N"费率给予一定百分比的折扣。

"S"为 surcharged class rate，more than normal rate，即加价费率。对少数货物，按"N"费率加一定的百分比。

D. 商品编号(commodity item number)，按费率等级填列商品编号，一般可不填。

E. 计费重量(chargeable weight)，填列货物实际毛重，若属于"M"费率等级和以尺码计费者，则此栏可空白。

F. 费率(rate/charges)，填写实际计费的费率。

G. 运费总额(total)，填计收运费的总额，即计费重量与费率的乘积。

H. 货物品名和数量（包括体积或容积）(nature and quantity of goods incl. dimensions or volume)，此栏填写合同或信用证中规定的货物名称、唛头、数量及尺码。

I. 计重运费(weight charges)(prepaid /collect)(预付/待付)，在对应的"预付"或"待付"栏内填入按重量计算的运费额。

(22) 其他费用(other charges)，其他费用金额，当发生诸如运单费、危险货物费、起运地仓储费和目的地仓储费等费用时填写；若无此类费用，则可空白不填。

(23) 声明价值费(valuation charges)，一般空白不填。

(24) 因代理人需要而产生的费用(total other charges due to agent)，一般空白不填。

(25) 因承运人需要而产生的费用(total other charges due to carrier)，一般填写"as arranged"。

(26) 预付费用总额/待付费用总额(total prepaid/total collect)，指预付或待付的费用及其他费用总额，可在相应栏内填列"as arranged"。

(27) 发货人或其代理人签名(signature of shipper on his agent)，签名后以示保证所托运的货物并非危险货物。

(28) 承运人或其代理人签字及签发运单日期、地点(executed on date at place, signature of issuing carrier or it's agent)，签单以后正本航空运单方能生效。本栏所表示的日期为签发日期，也就是本批货物的装运日期。如果信用证规定运单必须注明实际起飞日期，则以该所注的实际起飞日期作为装运日期。本栏的日期不得晚于信用证规定的装运日期。以代理人身份签章时，如同提单一样，需在签章处加注"as agents"；承运人签章则加注"as carrier"。

(29) 正本(original),航空运单正本按国际惯例为一式三份。第一份"original 1(for issuing carrier)",由航空公司留存;第二份"original 2(for consignee)",随飞机转给收货人;第三份"original 3(for shipper)",交给发货人。虽然正本签发三份,但银行允许只提交一份正本。副本9份,由航空公司按规定和需要分发。

6.4 航空货物运费计算

6.4.1 航空货物运输区划

在国际航空运输中,费用的各项规章制度、运费水平都是由国际航协统一协调、制定的。在充分考虑世界上各个不同国家、地区的社会经济、贸易发展水平后,国际航协将全球分为三个航协区(IATA traffic conference areas),分别为第一航协区、第二航协区和第三航协区。每个航协区内又分成几个亚区。

1. 第一航协区

一区(TC1):包括北美、中美、南美、格陵兰、百慕大和夏威夷群岛。

2. 第二航协区

二区(TC2):整个欧洲大陆(包括俄罗斯的欧洲部分)及毗邻岛屿,包括冰岛、亚速尔群岛、非洲大陆和毗邻群岛、亚洲的伊朗及伊朗以西地区。本区主要有三个亚区:

(1) 非洲区:含非洲大多数国家及地区,但非洲北部的摩洛哥、阿尔及利亚、突尼斯、埃及和苏丹不包括在内。

(2) 欧洲区:包括欧洲国家和非洲北部的摩洛哥、阿尔及利亚、突尼斯三个国家和土耳其(既包括欧洲部分,也包括亚洲部分)。俄罗斯仅包括其欧洲部分。

(3) 中东区:包括巴林、塞浦路斯、埃及、伊朗、伊拉克、以色列、约旦、科威特、黎巴嫩、阿曼、卡塔尔、沙特阿拉伯、苏丹、叙利亚、阿联酋、也门等。

3. 第三航协区

三区(TC3):整个亚洲大陆及毗邻岛屿(已包括在二区的部分除外)、澳大利亚、新西兰及毗邻岛屿,太平洋岛屿(已包括在一区的部分除外)。其中可分为:

(1) 南亚次大陆区:包括阿富汗、印度、巴基斯坦、斯里兰卡等南亚国家。

(2) 东南亚区:包括中国(含港、澳、台地区)、东南亚诸国、蒙古、俄罗斯亚洲部分及土库曼斯坦等独联体国家、密克罗尼西亚等群岛地区。

(3) 西南太平洲区:包括澳大利亚、新西兰、所罗门群岛等。

6.4.2 计费重量

在计算航空货物运输费用时,要考虑货物的计费重量、有关的运价和费用以及货物的声明价值。其中,计费重量是按实际重量和体积重量两者之中较高的一种计收。也即是在货物体积小、重量大的情况下,以实际重量(即毛量)作为计费重量;在货物体积大、重量小的情况下,就以货物的体积重量作为计费重量。

1. 实际重量

实际重量(actual weight)是指一批货物包括包装在内的实际总重量。凡重量大而体积相对小的货物用实际重量作为计费重量。具体界限是每6 000立方厘米或366立方英寸的体积,其重量大于1千克,或者166立方英寸体积,其重量大于一磅的称为重量货物。重量货物以实际重量作为计费重量。如果货物的毛重以千克表示,计费重量的最小单位是0.5千克,当重量不足0.5千克时,按0.5千克计算,超过0.5千克不足1千克时按1千克计算。

2. 体积重量

体积重量(measurement weight)——对于体积大而重量相对小的轻泡货物,即凡1千克重量体积超过6 000立方厘米或366立方英寸一面重量体积超过166立方英寸者,以体积重量作为计费重量。体积重量的计算方法是:

(1) 不考虑货物的几何形状,分别量出货物的最长、最宽和最高的部分,单位为厘米或英寸,三者相乘得出体积,尾数四舍五入。

(2) 将体积折算成公斤(或磅)。

我国民航规定以6 000立方厘米折合为1千克为计算标准。如一批货物体积为24 000立方厘米,实际重量为2千克,则其体积重量为24 000/6 000＝4千克。

3. 计费重量

计费重量是按货物的实际毛重和体积重量两者之中较高的计算。如上例中即应以4千克计费。当一批货物由几件不同的货物所组成,如集中托运的货物,其中有重货也有轻泡货,其计费重量则采用整批货物的总毛重或总的体积重量两者之中较高的一个计算。

例如,一批货物的实际毛重是31.8千克,体积是187 200立方厘米,则体积重量为31.2千克,货物的计费重量为32千克。

6.4.3 航空货运运价及运费计算

航空货物运输运价按照制定的途径可分为:双边协议运价和多边协议运价。双边协议运价是指根据两国政府签订的通航协定中有关运价条款,由通航的双方航空公司通过磋商,达成协议并报经双方政府,获得批准的运价。多边协议运价是指在某地区内或地区间各有关航空公司通过多边磋商取得共识,从而制定并报经各有关国家、政府,获得批准的运价。航空货运运价按照公布的形式可分为公布直达运价和非公布直达运价。公布直达运价指承运人直接公布的,从运输始发地机场至目的地机场间的直达运价。它包括普通货物运价、特种货物运价(指定商品运价)、等级货物运价和集装箱货物运价。非公布直达运价:当始发地机场至目的地机场间没有公布直达运价,承运人可使用两段或几段运价的组合。它包括比例运价和分段相加运价。

1. 公布直达航空运价的种类

1) 普通货物运价(general cargo rate,GCR)

普通货物运价是指没有特殊规定而为普通货物制定的运价。

当一批货物没有特种货物运价,也没有可适用的等级运价时,就必须使用普通货物运价。普通货物运价适用于承运一般的货物,通常,各航空公司公布的普通货物运价针对所承运货物数量的不同规定几个计费重量分界点(breakpoints)。最常见的是45千克分界点,将货物分为45千克以下的货物(该种运价又被称为标准普通货物运价,即normal general cargo rates,运价类别代号N)和45千克以上(含45千克)的货物(等档运价,运价类别代号Q)。另外,在世界上的许多地区对更高的重量点又进一步公布更低的运价。如100千克、200千克、300千克,甚至1 500千克等各栏运价。运价的数额随运输货量的增加而降低,这也是航空运价的显著特点之一。

由于对较高的重量点提供较低的运价,因此一批40千克重的货物,按45千克以下的普通货物运价所计收的运费反而高于一批45千克重的货物。按45千克以上的普通货物运价计收的运费,以北京—伦敦航线为例:普通货物运价为

45千克以下　　　　　　(N) 37.25元/千克
45千克以上　　　　　　(Q) 26.66元/千克
300千克以上　　　　　 (Q) 24.30元/千克
500千克以上　　　　　 (Q) 19.71元/千克
1 000千克以上　　　　　(Q) 18.10元/千克

如普通货物一件288千克,从北京运至伦敦,计费:
用45千克以上运价计算:26.66×288=7 678.08(元)
用较高一级重量分界点计算:24.3×300=7 290(元)
两者相比较,取其低者。

因此当一个较高的起码重量能提供较低的运费时,则可使用较高的起码重量作为计费重量。这个原则也适用于那些普通货物运价加减一个百分比的等级运价。

【例6-1】 根据下列资料计算航空运输的运费,并说明航空货运单运费计算栏的填制方法。

Routing(路线):BEIJING,CHINA (BJS) to AMSTERDAM,HOLLAND(AMS)
Commodity(商品):PARTS;Gross Weight(总重量):386千克;Dimension(尺寸):101厘米×58厘米×32厘米。从北京至阿姆斯特丹的公布运价表如表6.1所示。

表6.1 北京至阿姆斯特丹的公布运价表

BEIJING Y. RENMINBI	CN CNY	BJS Kgs	
AMSTERDAM	NL	M	320.00
		N	50.22
		45	41.53
		300	37.52

解:① Gross Weight(总重量):38.6千克

Volume(体积):101厘米×58厘米×32厘米=187 456立方厘米

Volume Weight(体积重量):187 456立方厘米÷6 000立方厘米/千克≈31.2千克

(货物体积重量是指将一份航空运单的货物总体积,按照每6 000立方厘米折合1千克计算所得的重量。)

Chargeable Weight(计费重量):39.0千克(总重量进位取整)

Applicable Rate(适用的等级):GCR N 50.22CNY/千克

货物的计费重量乘以相应重量等级。

Weight Charge(按重量计费):$39.0 \times 50.22 = 1\,958.58$

② 较高重量分界点的较低运价与分界点计费重量相乘

Chargeable Weight(计费重量):45.0千克

Applicable Rate(适用的等级):GCR Q 41.53CNY/千克

Weight Charge(按重量计费):$45.0 \times 41.53 = 1\,868.85$

将①与②比较,取运费较低者 Weight Charge(按重量计费):CNY1 868.85

航空货运单运费栏填写如表6.2所示。

表6.2 航空运单运费栏

No. of Pieces Rcp	Gross Weight	kg Lb	Rate Class		Chargeable Weight	Rate/ Charge	Total	Nature and Quantity of Goods (Incl. Dimension or Volume)
				Commodity Item No.				
1	38.6	K	N		45.0	41.53	1 868.85	PARTS Dimes:101cm×58cm×32cm

2) 特种货物运价(special cargo rate,SCR)

特种货物运价又称为指定商品运价(specific commodity rates,SCR),是指自指定的始发地至指定的目的地而公布的适用于特定商品、特定品名的低于普通货物运价的某些指定商品的运价。它是由参加国际航空运输协会的航空公司,根据在不同航线上有经常性特种货物运输的发货人的要求,或为促进某地区的某种货物的运输,向国际航空运输协会提出申请,经同意后制定的。其目的是向发货人提供一种优惠的运价,使发货人能充分使用航空公司的运力。

特种货物运价用于在特定的始发站和到达站航线上运输的特种货物。公布特种货物运价时,同时公布起码重量。特种货物运价往往低于普通货物的运价。

国际航空运输协会公布特种货物运价时将货物划分为以下类型:

0001~0999食用动物和植物产品;

1000~1999活动物和非食用动物及植物产品;

2000~2999纺织品、纤维及其制品;

3000~3999金属及其制品,但不包括机械、车辆和电器设备;

4000~4999机械、车辆和电器设备;

5000~5999非金属矿物质及其制品;

6000~6999化工品及相关产品;

7000~7999纸张、芦苇、橡胶和木材制品;

8000~8999 科学、精密仪器、器械及配件；

9000~9999 其他货物。

其中每一组又细分为 10 个小组,每个小组再细分,这样几乎所有的商品都有一个对应的组号,公布特种货物运价时只要指出本运价适用于哪一组货物就可以了。

因为承运人制定特种运价的初衷主要是使运价更具竞争力,吸引更多客户使用航空货运形式,使航空公司的运力得到更充分的利用,所以特种货物运价比普通货物运价要低。因此,适用特种运价的货物除了满足航线和货物种类的要求外,还必须达到承运人所规定的起码运量(如 100 千克)。如果货量不足,而托运人又希望适用特种运价,那么货物的计费重量就要以所规定的最低运量(100 千克)为准,该批货物的运费就是计费重量(在此是最低运量)与所适用的特种货物运价的乘积。

【例 6-2】 Routing(路线):BELIJING,CHINA(BJS)to NAGOYA,JAPAN(NGO)
Commodity(商品):FRESH ORANGE;Gross Weight(总重量):EACH 47.8 千克;
TOTAL6 PIECES;Dimension(尺寸):128 厘米×42 厘米×36 厘米×6。公布运价表如表 6.3 所示。

表 6.3 北京至名古屋的公布运价表

BEIJING Y. RENMINBI	CN CNY	BJS Kgs	
NAGOYA	JP	M	230.00
		N	37.51
		45	28.13
	0008	300	18.80
	0300	500	20.61
	1093	100	18.43
	2195	500	18.80

解:Gross Weight(总重量):47.8×6=286.8 千克

Volume(体积):128 厘米×42 厘米×36 厘米×6=1 161 216 立方厘米

Volume Weight(体积重量):161 216 立方厘米÷600 立方厘米/千克=193.54 千克

分析:由于计费重量没有满足指定商品代码 0008 的最低重量要求 300 千克,因此先用普通货物运价计算。

①按普通货物运价使用规则计算:

Chargeable Weight(计费重量):287.0 千克(总重量进位取整)

Applicable rate(适用等级):GCR/Q45 28.13CNY/千克

货物的计费重量乘以相应重量等级

Weight Charge(按重量计费):287.0×28.13=8 073.31

②按指定商品运价使用规则计算

Actual Gross Weight(实际总重量):286.8 千克

Chargeable Weight(计费重量):300 千克

Applicable Rate(适用等级)：SCR0008/Q300 18.80CNY/千克

Weight Charge(按重量计费)：300×18.80＝5 640.00

①与②比较，取运费较低者。

Weight Charge(按重量计费)：CNY5 640.00

航空货运单运费栏填写如表 6.4 所示。

表 6.4　航空运单运费栏

No. of Pieces Rcp	Gross Weight	Kg Lb	Rate Class	Chargeable Weight	Rate/ Charge	Total	Nature and Quantity of Goods(Incl. Dimension or Volume)
			Commodity Item No.				
6	287.0	K	0008	300	18.80	5 640.00	FRESH ORANGE Dimes：128cm×42cm×36cm×6

3) 货物的等级运价(commodity classification rate, CCR; class rates, CR)

货物的等级运价仅适用于在指定的地区内少数货物的运输，通常是在普通货物运价基础上加减一定百分比。当某一种货物没有特种货物运价可适用时，方可使用合适的等级运价。其起码重量规定为 5 千克。

适用等级运价的主要货物是：

(1) 活动物、活动物的集装箱和笼子；

(2) 贵重物品；

(3) 尸体；

(4) 报纸、杂志、定期刊物、书籍、商品目录、盲人和聋哑人专用设备和书籍等出版物；

(5) 作为货物托运的行李。

其中(1)～(3)项通常在普通货物运价基础上增加一定百分比，称为等级运价加价(surcharged rates)；(4)～(5)项在普通货物运价的基础上减少一定百分比，称为等级运价减价(rebates rates)。中国至世界各地的贵重货物，按照普通货物 45 千克以下运价的 200%收费。尸体或骨灰，有的按照 N 运价，有的按照 N 运价的 200%收费。报纸、杂志等按普通货物 45 千克以下运费的 50%收费。若按照 45 千克以上运价收费低于前者，则按 Q 价收费。行李按普通货物 45 千克以下运费的 50%收费。机动车辆按照普通货物运价的 200%收费。

部分活动物运价表见表 6.5。

说明：

① 该活体动物运价表适用于所有地区，但不包括 ECAA 国家(欧共体协会协议国家)之间。

② IATA 将全球分成三个业务区。表中"Within1""Within2""Within3""Between1＆2""Between2＆3""Between3＆1"中的数字"1""2""3"分别代表业务 1 区、业务 2 区、业务 3 区。

表6.5 活动物运价表(ECAA国家除外)

	IATA AREA					
	Within 1	Within 2	Within 3	Between 1&2	Between 2&3	Between 3&1
All LIVE ANIMALS Except: Baby Poultry less than 72 hours old	175% of Normal GCR	175% of Normal GCR	150% of Normal GCR Except: 1 below	175% of Normal GCR	150% of Normal GCR Except: 1 below	150% of Normal GCR Except: 1 below
Baby Poultry less than 72 hours old	Normal GCR	Normal GCR	Normal GCR Except: 1 below	Normal GCR	Normal GCR Except: 1 below	Normal GCR Except: 1 below

Exception1: Within and from the south West Pacific sub-area: 200% of the applicable GCR

最低运费:(不包含ECAA国家之间)活体动物的最低运费标准为200%M。

③ ALL LIVE ANIMALS Except: Baby poultry less than 72 hours old.(意为:所有活体动物,除了出生不到72小时的家禽。)

④ 当表中出现"the normal GCR"时,表示使用运价表中的45千克以下普货运价。即N运价(当不存在45千克重量点时,N运价表示100千克以下普通货物运价)。此时,运价的使用与货物的计费重量无关。

⑤ 当表中出现"the Normal GCR的百分比"(如:150% of the Normal GCR)时,表示在运价表中N运价的基础上乘以这个百分比(如:150%N)。此时,运价的使用与货物的计费重量无关。

⑥ 动物的容器以及食物等应包含在活体动物的计费重量中。

需要补充说明的是:该运价表来源于《国际航空货物运价及规则手册》(The Air Cargo Tariff,TACT)。此手册由国际航协统一出版发行,主要提供与航空运输相关的货运业务信息。TACT分为三册:一是TACT规则(TACT Rules);二是TACT运价表—世界范围分册(TACT Rates—Worldwide);三是TACT运价表—北美分册(TACT Rates—North America)。TACT每年出版三期,分别在2月、6月和10月,生效期为发行当月的日期。因此该运价表中数据实际会有调整。

【例6-3】 Routing(路线):SHANGHAI CHINA(SHA) to ROME,ITALY(ROM);Commodity(商品):PARROTS(鹦鹉);Gross Weight(总重量):3千克;TOTAL:1 PIECES;Dimension(尺寸):40厘米×30厘米×30厘米×1。公布运价表如表6.6所示。

解:查找活动物运价表,从上海运往罗马,属于自3区运往2区,运价为150%N。

Gross Weight(总重量):3千克

Volume(体积):40厘米×30厘米×30厘米×1=36 000立方厘米

Volume Weight(体积重量):36 000立方厘米÷6 000立方厘米/千克=6千克

Chargeable Weight(计费重量):6千克

表 6.6 上海至罗马的公布运价表

SHANGHAI Y. RENMINBI	CN CNY		SHA Kgs
ROME	IT	M	125.00
		N	16.43
		45	12.08
		100	11.08
		300	9.17
		500	7.96

Applicable rate(适用等级):150%N=150%×16.43=24.645=24.65CNY

Weight Charge(按重量计费):6×24.65=147.90CNY

(不包含 ECAA 国家之间)活体动物的最低运费标准为 200%M

Minimum charge:200%M=200%×125.00=250.00CNY

所以 Weight Charge:250.00CNY

航空货运单运费栏填写如表 6.7 所示。

表 6.7 航空运单运费栏

No. of Pieces Rcp	Gross Weight	Kg Lb	Rate Class	Commodity Item No.	Chargeable Weight	Rate/Charge	Total	Nature and Quantity of Goods(Incl. Dimension or Volume)
1	3	K	S	M2000		250.00	250.00	PARROTS Dimes: 40cm×30cm×30cm×1 LIVE ANIMALS

4)起码运费(minimum charges,运价类别代号为 M)

起码运费是航空公司办理一批货物所能接受的最低运费,是航空公司在考虑办理即使很小的一批货物也会产生的固定费用后制定的。

如果承运人收取的运费低于起码运费,就不能弥补运送成本。因此,航空公司规定无论所运送的货物适用哪一种航空运价,所计算出来的运费总额都不得低于起码运费。若计算出的数值低于起码运费,则以起码运费计收,另有规定的除外。

不同地区有不同的起码运费,不管使用哪一种运价,运费都不能低于公布的起码运费。但对特种货物运价则有时有例外,对此,一般都在有关运价前标明一个特种号码,说明"一般起码运费不适用"。

航空货运中除以上介绍的四种公布的直达运价外,还有一种特殊的运价即成组货物运价(united consignment rate,UCR;united load device rate,ULDR),适用于托盘或集装箱货物。集装箱货物运价适用于采用集装箱运输的货物,由于集装箱运输可以减少包装费和搬运费,因此其运价大大低于普通货物运价。

2. 公布的非直达航空运价

在航空货物运价(the air cargo rates,TACR)中,当货物的始发地与目的地之间无公布的直达运价时,可采用比例运价或分段相加运价的办法,组成最低全程运价。

1) 比例运价(construction rates)

比例运价是运价手册上公布的一种不能单独使用的运价附加数(add on amount),当货物的始发地与目的地无公布直达运价时,可采用比例运价与已知的公布直达运价相加构成非公布直达运价。

运价制定的主要原则是根据航空运输成本和运输距离,因此在航空货物运价(the air cargo tariff,TACT)手册中公布有世界各主要城市间的直达运价,但为了缩短篇幅,TACT 手册中未能将所有的城市(较小城市)的运价都公布出来,为了弥补这一欠缺,同时也为了方便使用者自行构成运价,根据运价制定原则规定了一个运价的比例范围。只要是运输距离在同一个距离的比例范围内(或接近这个范围),就可采用以某一点为运价的组合点,然后用组合点至始发地或目的地的公布运价与组合点至始发地或目的地的比例数相加或相减,便可以构成全程运价。

比例运价在使用时应注意:

① 比例运价只适合国际货物运输,不适用国内货物运输。

② 采用比例运价时,必须严格遵守普通货物比例运价只能与普通货物运价相加,指定商品比例运价只能与指定商品运价相加,集装箱的比例运价只能与集装箱运价相加的原则。

③ 采用比例运价构成直达运输时,比例运价可加在公布运价的两端,但每一端不能连加两个或者两个以上的比例运价。

④ 当始发地或目的地可以经不同的运价组成点与比例运价相加组成不同的直达运价时,应采用最低运价。

⑤ 运价的构成不影响货物的运输路线。

【例 6-4】 从上海运至亚历山大普通货物 15 千克,计算航空运费。

运价资料:

上海—开罗　　　　标准普通货物运价 72.93 元/千克

开罗—亚历山大　　运价附加数 0.06EGP/千克

1 美元=6.83 元(CNY)

1 美元=5.537 5 埃及镑(EGP)

解:亚历山大无直达运价,可按比例运价组成的运价进行计算。

上海—亚历山大运价=72.93+0.06÷5.537 5×6.83=73.00(元/千克)

计算重量 15 千克

航空运费 73.00×15=1 095.00(元)

上海至亚历山大全程应收运费为 1 095.00 元。

2) 分段相加运价(sector rates)

① 货物的始发地至目的地无公布直达运价公布,同时也不能采用比例运价构成全程运价时,可使用分段相加运价。

② 在选择运价相加点时,应选择若干个不同的运价相加点,相互比较,取其中构成最

低运价的一点。

③ 运价相加原则，详见表 6.8。

表 6.8 运价相加原则

运价类别	可相加运价
国际普通货物运价 international GCR	1. 普通货物比例运价（construction rates of GCR） 2. 国内运价（domestic rates） 3. 国际普通货物运价（international GCR） 4. 过境运价（tran border rates）
国际指定商品运价 international SCR	1. 指定商品比例运价（construction rates of SCR） 2. 国内运价（domestic rates） 3. 过境运价（tran border rates）
国际等级货物运价 international class rates	1. 国内运价（domestic rates） 2. 过境运价（tran border rates）

④ 货币换算：公布直达运价是以始发地国家的货币公布的，货物航空运费也是以始发国货币计算的，因此分段相加运价中，各段运价的货币必须统一换算成始发国货币。

3. 航空附加费

1) 声明价值费（valuation charge）

与海运或铁路运输的承运人相似，航空承运人也要求将自己对货方的责任限制在一定的范围内，以限制经营风险。

按《华沙公约》规定，对由于承运人的失职而造成的货物损坏、丢失或错误等所承担的责任，其赔偿的金额为每千克 20 美元或 7.675 英镑或相等的当地货币，如果货物的价值超过上述值，即增加承运人的责任，承运人要在收取运费的同时收取声明价值费。否则即使出现更多的损失，承运人对超出的部分也不承担赔偿责任。

货物的声明价值是针对整件货物而言，不允许对货物的某部分声明价值。声明价值费的收取依据货物的实际毛重，计算公式为

声明价值费＝（货物价值－货物毛重×20 美元/千克）×声明价值费费率

声明价值费的费率通常为 0.5%。大多数的航空公司在规定声明价值费率的同时还要规定声明价值费的最低收费标准。如果根据上述公式计算出来的声明价值费低于航空公司的最低标准，则托运人要按照航空公司的最低标准缴纳声明价值费。

2) 其他附加费（other charges）

在国际航空货物运输中，航空运费是指自运输始发地机场至运输目的地机场之间的航空费用，在实际工作中，对于航空公司或其代理人将收运的货物自托运人手中运至收货人手中的整个运输组织过程，除了发生航空运费外，在运输的始发站、中转站、目的站经常发生与航空运输相关的其他费用。

其他费用是指除了航空运费和声明价值附加费以外的费用，如货到付款劳务费、货运单费、中转手续费等。货到付款劳务费是指承运人接受发货人的委托，在货物到达目的地后交给收货人的同时，代为收回运单上规定的金额，承运人则按货到付款金额收取规定的

劳务费用。

4. 航空运价的选用原则

如上所述,航空运价有特种货物运价、等级运价和普通货物运价,而航空运费是选择其中一种计算,但如遇两种运价均可适用时,则应首先使用特种货物运价,其次是等级运价,最后是普通货物运价。这就是选用航空运价的原则,但如一些重量起点的运价低于特种货物运价时,则可使用这个较低的普通货物运价,这样做的目的是尽可能为发货人提供最低的运价。

当使用等级运价或普通货物运价计算出的运费低于按特种货物运价计算出的运费时,则可使用这个等级运价或普通货物运价。但下列情况除外:

(1) 如果在同一起码重量下特种货物运价高于等级运价或普通货物运价,就应该使用这个特种货物运价;

(2) 如果等级运价高于普通货物运价,就应该使用这个等级运价。

5. 航空运费的计算规则

航空货物运输费用包括基本运费和其他附加费。基本运费根据确定的运价率和计费重量计算。计算公式分别为

$$总运费 = 基本运费 + 附加费$$

$$基本运费 = 运价率 \times 计费重量$$

其计算规则如下:

(1) 货物运费以"元"为单位,元以下四舍五入。

(2) 按重量计算的运费与最低运费相比,取其高者。

(3) 按实际重量计算的运费与按较高重量分界点运价计算的运费比较,取其低者。

(4) 分段相加组成运价时,不同区段组成的运价相比,取其低者。

【例 6-5】 航空货物运输费用的计算

某航空公司欲将一批商品样本由北京运往日本东京,这批样本的毛重为 25.2 千克,体积为 82 厘米×48 厘米×32 厘米,货物的价值为 30 美元/千克。计算该票货物的航空运费。航空公司公布的运价如表 6.9 所示。

表 6.9 航空公司运价表

BEIJING Y. RENMINBI	CN CNY	BJS Kgs	
TOKYO	JP	M N 45	230.00 37.51 28.13

分析 由题中得知,该票货物属于普通货物,故应采用普通货物运价。计算运费的关键是确定计费重量和运价率,算出运费后与起码运费比较,取高者。

解:(1) 确定计费重量

本批货物的体积重量为 $82 \times 48 \times 32 / 6\,000 = 20.992 = 21$ 千克,实际毛重为 25.2 千克,

二者比较,实际毛重较大,所以应选取实际毛重作为本批货物的计费重量,即为 25.5 千克。

(2) 确定运价率

本批货物的计费重量小于 45 千克,所以从航空公司公布的运价中,可找出相应的运价率为 37.51 美元/千克。

(3) 计算基本运费

由基本运费=运价率×计费重量,可算出该批货物的基本运费为 $37.51×25.5=956.505=957$(美元)(以元为单位,四舍五入)。

(4) 计算附加费

本批货物的价值为 30 美元/千克,所以其声明价值附加费=$(25.2×30-25.2×20)×0.5\%=1.26$(美元)。

(5) 计算总运费

本批运输的起码运费为 230.00 元,小于按计费重量算出的运费,所以本次运输的运费=基本运费+附加费=$957+1.26=958.26=958$(美元)。

本章小结

航空运输作为一种重要的运输方式,与其他运输方式比较有着不可比拟的优势。本章主要从国际航空运输的发展开始,阐述了航空运输的特点和国际航空运输组织,介绍了航空运输的设备和设施,主要介绍了航空器、航空港、航线等相关知识,并说明了航空货物运输的组织方式和基本作业流程,重点介绍了作业管理中用到的航空运单的使用。在航空运费的计算中,从航空运价和货物的计费重量两方面,结合例题详细讲解了航空运费的计算步骤。

复习与思考

1. 国际航空运输组织主要有哪几个?
2. 航空运输有哪几种方式?各自的特点是什么?
3. 什么是航空货物运输中的集中托运?它对货方有什么好处?
4. 简述航空运单的性质和作用。
5. 航空货物运输中的体积重量指什么?应如何计算?

在线自测

案例分析

航空货运市场发展中出现的新竞争势力

随着全球贸易持续增长、新出口订单不断创下新高,全球航空货运需求强劲增长。据了解,除拉丁美洲以外,全球各地区航空公司同期货运需求同比均有所增长。其中,欧洲和亚太地区航空公司货运增长最为强劲,占行业总需求增长的2/3;北美、中东及非洲航空公司货运需求也保持了一定增长。跨境电商市场高速发展,是全球空运需求增长的重要原因。

一、电商拓展业务领域,成为航空货运市场上的新竞争者

随着亚马逊的扩张(美国的 Prime 会员数从 3 500 万增加至 5 000 万),它也越来越追求快递的时效性,开始打造自己的航空货运业务,以避免受到货运航空公司的延误,跟上电子商务快速发展的脚步。这都起源于亚马逊2年前遭遇到的快递灾难。当时圣诞季的采购潮压垮了 UPS,亚马逊大量的客户直到节日结束之后才收到圣诞礼物。亚马逊不得不退还客户快递费用,并补偿价值20美元的礼品卡。因此,亚马逊开始考虑更多的依赖自身的航空货运服务。一名了解亚马逊计划的飞机租赁公司高管称,亚马逊已经接触多家货运飞机租赁商——已经与 ATSG、阿特拉斯航空、卡利塔航空进行了详细磋商。

目前亚马逊已经与 ATSG 合作,使用5架767飞机以亚马逊的名义在威明顿进行有限的试运营评估。飞机追踪服务商 FlightAware 数据显示,ATSG 每天有从威明顿飞往达拉斯、坦帕、安大略、艾伦镇的5个航班。亚马逊在这些机场附近设有仓库。同时,亚马逊继续扩大其航空货运业务,租赁20架飞机投入其航空货运业务,新增的这些飞机也可能会在威明顿小机场(Wilmington Air Park)运营。该机场有两条跑道,德国 DHL 曾使用该机场并作为其美国运营枢纽。

不久之前,亚马逊推出了自家的 Prime 飞机,又在英国完成了首次无人机快递投递。据路透社最新报道,亚马逊已经租赁了不少于40架飞机,以便随时随地满足客户的需求。亚马逊在拓展其航空货运业务的过程中,面临的最大挑战之一就是为航空货运业务找到必需的货机。767飞机是最合适的机型,但是目前数量有限,且比较抢手。此外,亚马逊目前并没有航空运营许可证(AOC),不能运营商业航班。这意味着亚马逊需要借助货机租赁商来启动其业务。根据货运专家的数据,新767货机每月的租赁价格约为60万~65万美元。由于可用的767新飞机较少,亚马逊可能会寻求二手的客改货飞机,每月租赁价格约为30万~32.5万美元。飞机租赁公司高管称:"在过渡阶段,亚马逊可能会与拥有767飞机的服务商签订合作协议,启动其航空货运服务。然后他们也会购买属于自己的飞机。"

此外,不同于货运公司的飞机通常在晚上9点前起飞并会在中途停靠增加包裹的做法,亚马逊的货运飞机经常在半夜起飞,中途也很少停留,这也有助于进一步缩短航运时间。至于起飞时间晚,亚马逊方面解释是因为很多人更喜欢在下班后才下单,飞机晚些起

飞可以更快地将商品运送到客户手中。

为了节约成本,这些飞机都会装载重量相对轻的货物。因为联邦快递(UPS)和FedEx这类传统货运公司都是按体积而非重量计费,因此,在运输诸如纸巾等体积大而重量轻的物品时,就显得很不划算,所以亚马逊想要用自家的飞机运输这类商品以降低成本。来自机场的数据表明,亚马逊货机的货运量通常为其最大承载量的37%~52%,而FedEx和UPS这一数据分别为53%和56%。亚马逊在美国境内至少有10个机场部署有飞机,这些飞机主要运输轻型货物。按路透社的说法,"亚马逊正在抢走FedEx和UPS最具价值的业务"。

亚马逊方面表示,租赁飞机只是为了加快运输效率,以及在节日期间支援货物伙伴,解决货运负担。近几年,FedEx和UPS在圣诞节期间均出现过延迟交货现象,他们只会在节假日普通物流无法满足客户需求时才会运用这些飞机。"我们在运输方面的努力是作为一个补充,而不是为了取而代之。"亚马逊发言人凯利-奇斯曼在接受路透社采访时说道。

但亚马逊已同意从肯塔基州辛辛那提/北肯塔基国际机场(Cincinnati/Northern Kentucky International Airport)租用约900英亩的土地,租期50年,投资14.9亿美元在该州建立一座航空货运中心。亚马逊将从当地政府获得4000万美元的税收激励,该航空货运中心正式落成后,将创造2000多个就业机会。值得一提的是,全球最大的物流中转中心UPS世界港和FedEx最大的包裹分检中心均设在肯塔基州境内。有业内人士称,亚马逊此举将减少对UPS和FedEx等传统货运巨头的依赖,将来有望成为他们的直接竞争对手,亚马逊甚至可以为其他零售商提供运送服务。

二、中欧班列冲击国际航空货运市场

中欧班列之所以会在很大程度上冲击到国际航空货运市场主要是因为两者面向的是同类客户群和竞争市场,承运的货品种类高度重叠。中欧班列承运的货物品类主要有进出口家用电器、汽车配件、飞机零件、食品、服装百货以及跨界电商货物等,货物品类逐步向高附加值转移,IT产品等电子产品已经成为中欧班列基础货源,而这些恰恰是国际航空货运的传统承运品类。同样的客户市场狭路相逢,双方的竞争优劣势各是什么呢?

从速度与成本来看,航空货运以速度著称,有助于企业随行就市,应对瞬息万变的市场行情。中欧班列的速度虽然略逊于航空,但已经在很大程度上满足了大多数企业的基本需求。以中欧班列蓉欧快铁为例,从成都开往波兰罗兹用时不到11天,这一时间大约是海运的1/3,虽然不如空运快捷,但价格却更低廉。

除了周转周期短的优势外,航空货运还具有安全准确性高、货损货差少等优点,适于高新技术产品等高价值货品的运输。但同时飞行安全容易受恶劣气候影响,而中欧班列在应对天气影响方面显然会从容很多。

三、航空货运企业的应对措施

(1)传统航空货运企业通过新科技解决包装和运输难题

据外媒报道,全球线上零售额有望达到4万亿美元,国际物流巨头UPS当然不会放过这样的市场机遇,但随着对电商业务的发力,包装和运输越来越成为困扰UPS的难题。为了解决上述难题,UPS建立专业的包装创新中心,解决包装和运输问题,通过采用先进

的技术减少外包装纸箱的使用,减少原来包装87%的体积重量,从而有效解决包装难题。

(2) 国内航空货运企业整合资源,打造航空货运服务平台

① 整合资源。国务院办公厅印发的《关于推动中央企业结构调整与重组的指导意见》,针对民航业明确提出了"鼓励航空货运等领域央企共同出资组建股份制专业化平台"和"稳妥推进航空服务等领域企业重组"。全行业应尽快落实,深化改革,整合资源,以合力应对中欧班列的强力竞争。

② 寻求保障。全行业在统筹整合、统一认识的基础上,要积极争取国家发改委、交通、海关、质检等部门的支持,强化机场周边配套服务支撑能力、提升空港通关便利化程度;要寻求主要航空货运枢纽城市政府在规划、资金等方面的有力保障、全面支持和积极配合。

③ 打造航空货运服务平台。要在保障运输安全的前提下,统筹优化运输组织和集疏运系统,不断提高国际航空货运的运行效率和效益。要借助"互联网+"推进空运企业数字化转型,运用大数据分析,优化供需对接,增强服务营销能力,着力打造干支结合、精准高效的国际航空货运服务平台。

案例来源:锦程物流网,http://www.jctrans.com,根据《国际航空货运如何应对中欧班列崛起》等文章整理。

思考题:

1. 亚马逊如何开拓航空货运市场?
2. 电子商务在航空货运企业的发展中起到了怎样的作用?

第 7 章　集装箱货物运输

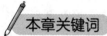

成组运输(unitized transport)　　　　集装箱运输(container transport)
托盘运输(pallet transport)　　　　　　包箱费率(commodity box rates)

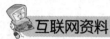

http://www.jctrans.com/
http://china.56en.com/

> 集装箱运输最早出现在美国,20 世纪 60 年代末推广到世界各地。近年来,我国的集装箱运输也有很快的发展,已在大连、天津、青岛、上海、广州黄埔等海港建立了集装箱码头。集装箱运输采用专门装载货物集装箱(一般为件杂货集装箱),通过海、河、铁路、公路等运输方式进行门到门的联合运输,是物质装备基础较强、技术较先进的现代化运输形式。它在装卸、运输与中转全过程中全部实行机械化、标准化、系列化与专业化。集装箱运输首先于 1926 年在欧洲公路与铁路间正式运营,以后发展为以港口与海运为中心的国际集装箱联运。目前已是世界上发展最快且又较为广泛的运输形式之一。

7.1　集装箱运输概述

集装箱运输是以集装箱为集合包装和运输单位,适合门到门交货的成组运输方式,是成组运输的最高形态。

7.1.1　成组运输和托盘运输

1. 成组运输

成组运输(unitized transport)是运输领域内的一种运输自动化大生产方式。它是采用一定的办法,把分散的单件货物组合在一起,成为一个规格化、标准化的大的运输单位进行运输。成组运输适于机械化、自动化操作,便于大量编组运输,加速货物周转,提高运输效率,减少货损货差,节省人力物力,降低运输成本。

最初的成组方式是使用网罗和绳索铁皮把几件货物捆扎在一起组成一个运输单位,这是成组运输的雏形。后来,把若干件货物堆装在一块垫板上作为一个运输单位。随后,在垫板运输的基础上进而发展到托盘运输。托盘运输比垫板运输前进了一大步,不仅运输单位增大,而且更便利和适合机械操作。直至20世纪50年代,被称为运输革命的集装箱运输的产生,为标准化的成组运输方式提供了极为有利的条件,使自动化大生产开始适用于运输领域。

经过标准化和规格化的成组货物,适合机械化和自动化的运输。成组运输能大大提高运输效率、降低运输成本,具有安全、迅速、节省等优点。特别是集装箱运输的开展,货物无须倒载,可在各种运输方式之间自动顺利地转换,因而有利于大陆桥运输和多式联合运输的开展。

2. 托盘运输

托盘运输(pallet transport)是货物按一定要求成组装在一个标准托盘上组合成为一个运输单位并便于利用铲车或托盘升降机进行装卸、搬运和堆存的一种运输方式,它是成组运输的初级形态。

托盘(pallet)是按一定规格形成的单层或双层平板载货工具。在平板上集装一定数量的单件货物,并按要求捆扎加固,组成一个运输单位,便于运输过程中使用机械进行装卸、搬运和维存。

(1) 托盘种类。托盘通常以木制,但也有用塑料、玻璃纤维或金属制成的。托盘上也可以另加上层装置,按结构不同,常见的有下列三种:

① 平板托盘:由双层板或单层面板另加底脚支撑构成,无上层装置。

② 箱形托盘:以平板托盘为底,上面有箱形装置;四壁围有网眼板或普通板,顶部可以有盖或无盖。

③ 柱形托盘:以平板托盘为底,四角有支柱,横边有可以移动的边轨,托盘装货时便于按照需要调整长度或高度。

(2) 托盘运输的特点。托盘运输的优点,可以归纳为以下几点:

① 搬运和出入库场都可用机械操作,有利于提高运输效率,缩短货运时间,减小劳动强度。

② 以托盘为运输单位,货物件数变小,体积重量变大,而且每个托盘所装数量都相等,既便于点数,理货交接,又可以减少货损货差事故。

③ 投资比较小,收效比较快。

托盘运输的局限性有以下几点:

① 托盘承运的货物范围有限,最适合托盘运输的货物是箱装罐头食品、硬纸盒装的消费品等比较小的包装商品。大的、形状不一的家具,机械以及散装冷冻等货物,不适于采用托盘进行运输。

② 托盘运输虽然设备费用减少,但要增加托盘费用。同时,由于增加了托盘的重量和体积,相应地就减少了运输工具的载量。

③ 托盘运输是向成组运输前进了一步,但它的效果还不足以从根本改变传统的流通方式,特别是不能满足国际多式联运的要求。例如,它不能像集装箱那样,可以密封越过国境和快速转换各种运输方式。

(3) 采用托盘运输应注意的事项。

① 装载托盘货物的范围有一定限制,不是所有货物都可用托盘运输。适宜于托盘运

输的货物以包装件杂货物为限,散装、裸装、起重超长或冷藏货物均不能以托盘运输。危险货物以托盘运输时,切勿将性质不同的危险货物装在同一托盘上。

② 必须符合托盘积载的规定。诸如,同一批货物装载每个托盘的数量和重量必须一致,不能有多有少;不同收货人的货物不能装同一托盘;托盘平面应全部装载货物,码齐放平。

③ 每一托盘货载,必须捆扎牢固具有足够的强度和稳定平衡,这样既能承受一般海上风险,经受装卸操作和移动,也能在其上面承受一定的压力。

④ 货物以托盘运输时,必须在所有运输单证上注明"托盘运输"字样。在提单上除列明一般必要的项目外,尚须列明托盘数量和托盘上装载的货物件数。因为这关系到,一旦货物发生灭失或损坏,按什么标准计算赔偿的问题。

7.1.2 集装箱运输

1. 集装箱运输的定义

集装箱(container)又称"货柜""货箱",原义是一种容器,具有一定的强度和刚度,专供周转使用并便于机械操作和运输的大型货物容器。因其外形像一个箱子,又可以集装成组货物,故称"集装箱"。

集装箱运输是指以集装箱这种大型容器为载体,将货物集合组装成集装单元,以便在现代流通领域内运用大型装卸机械和大型载运车辆进行装卸、搬运作业和完成运输任务,从而更好地实现货物"门到门"运输的一种新型、高效率和高效益的运输方式。

2. 集装箱的分类

(1) 集装箱按其用途不同,可分为以下几种:

① 杂货集装箱(dry container),又称通用集装箱。适于装载各种干杂货,包括日用百货、食品、机械、仪器、医药及各种贵重物品等;为最常利用的标准集装箱,国际标准化组织建议使用的 13 种集装箱均为此类集装箱。

② 散货集装箱(solid bulk container),是用以装载大豆、大米、麦芽、面粉、饲料以及水泥、化学制品等各种散装的粉粒状货物的集装箱。使用这种集装箱,可以节约包装费用,提高装卸效率。

③ 罐状集装箱(tank container),适用于酒、油类、化学品等液体货物,并为装载这类货物而具有特殊结构和设备的集装箱。

④ 平台集装箱(plat form container),以运输超重、超长货物为目的,并且在超过一个集装箱能装货物的最大重量和尺寸时,可以把两个集装箱连接起来使用,甚至可加倍装载一个集装箱所能装载的重量或长度的平台集装箱。

⑤ 框架集装箱(flat rack container),用以装载不适于装在干货集装箱或开顶集装箱的长大件、超重件、轻泡货、重型机械、钢管、裸装机床和设备的集装箱。这种集装箱没有箱顶和箱壁,箱端壁也可卸下,只留箱底和四角柱来承受货载。这种集装箱既可从上面,也可从侧面用铲车进行装卸。

⑥ 开顶集装箱(open top container),这种集装箱适于装载玻璃板、钢制品、机械等重

货,可以使用起重机从顶部装卸。为了使货物在运输中不发生移动,一般在箱内底板两侧各埋入几个素环,用以穿过绳索捆绑箱内货物。

⑦ 冷藏集装箱(refrigerated container),这种集装箱附有冷冻机,用以装载冷冻货物或冷藏货物。其温度可以在$-28℃\sim26℃$之间调节,在整个运输过程中,启动冷冻机可以保持指定的温度。

⑧ 通风集装箱(ventilated container),箱壁有通风孔,内壁涂塑料层,适宜装新鲜蔬菜和水果等怕热怕闷的货物。

⑨ 保温集装箱(insolated container),箱内有隔热层,箱顶又有能调节角度的进出风口,可利用外界空气和风向来调节箱内温度,紧闭时能在一定时间内不受外界气温影响。适宜装运对温湿度敏感的货物。

⑩ 汽车集装箱(car container),是一种专门设计用来装运汽车,并可分为两层装货的集装箱。

牲畜集装箱(pen container),可通风并带有喂料、除粪装置,以铁丝网为侧壁的,用于运输活牲畜的牲畜集装箱。

挂式集装箱(dress hanger container),专供挂运成衣的挂衣集装箱等。

(2) 按材料不同分类

集装箱按材料不同可以分为以下几种:

① 钢集装箱,其外板用钢板,结构部件也均采用钢材。这种集装箱最大优点是强度大、结构牢、焊接性和水密性好,且价格低廉。但其重量大,易腐蚀生锈。由于自重大,降低了装货量;而且每年一般需要进行两次除锈涂漆,使用期限较短,一般为11~12年。

② 铝集装箱,通常说的铝集装箱,并不是纯铝制成的,而是各主要部件使用最适量的各种轻铝合金,故又称铝合金集装箱。一般都采用铝镁合金,这种铝合金集装箱的最大优点是重量轻,铝合金的相对密度约为钢的1/3,20英尺的铝集装箱的自重为1 700千克,比钢集装箱轻20%~25%,故同一尺寸的铝集装箱可以比钢集装箱装更多的货物。铝集装箱不生锈,外表美观。

铝镁合金在大气中能自然形成氧化膜,可以防止腐蚀,但遇海水则易受腐蚀,如采用纯铝包层,就能对海水起很好的防蚀作用,最适合于海上运输。铝合金集装箱的弹性好,加外力后容易变形,外力除去后一般就能复原。因此最适合于在有箱格结构的全集装箱船上使用。此外,铝集装箱加工方便,加工费低,一般外表需要涂其他涂料,维修费用低,使用年限长,一般为15~16年。

③ 玻璃钢集装箱,是用玻璃纤维和合成树脂混合在一起制成薄薄的加强塑料,用黏合剂贴在胶合板的表面上形成玻璃钢板而制成的集装箱。玻璃钢集装箱的特点是强度大、刚性好。玻璃钢的隔热性、防腐性、耐化学性都比较好,能防止箱内产生结露现象,有利于保护箱内货物不遭受湿损。玻璃钢板可以整块制造,防水性好,还容易清洗。此外这种集装箱还有不生锈、容易着色的优点,故外表美观。由于维修简单,维修费用也低。玻璃钢集装箱的主要缺点是重量较大,与一般钢集装箱相差无几,价格也较高。

④ 不锈钢集装箱,不锈钢是一种新的集装箱材料,它有如下优点:强度大,不生锈,外表美观;在整个使用期内无须进行维修保养,故使用率高,耐蚀性能好。其缺点是:价

格高,初始投资大;材料少,大量制造有困难,目前一般都用作罐式集装箱。

3. 集装箱运输的特点

集装箱运输(container transport)与传统的货物运输相比较,具有以下特点:

(1) 提高货运速度,加快运输工具及货物资金的周转

运输的合理化关键在于装卸合理化,集装箱运输的特点是将一件件的杂货集中,成组装入一个特制的箱内,整个运输过程则以这个箱子为作业对象。这就可以提高装卸机械化程度,改善劳动条件,减少作业次数;而且集装箱还可以在雨天装卸,可以有效地缩短装卸作业时间。集装箱运输工具的运行速度较快,不仅有利于车船周转,提高港口、仓库的吞吐能力,而且可因货物资金周转加快及其利息减少而使货主盈利。

(2) 减少货损货差,提高货运质量

在集装箱运输中,货物装在箱内,从一种运输工具转运到另一种运输工具不需换装,货损货差及被盗的可能性大大减小,货运质量得以提高,保险费也较低。

(3) 节省货物包装费用,减少运杂费支出

用集装箱装运货物,商品的外包装可以简化。例如,原来用木箱的可改用纸箱,有的服装直接用挂衣箱运输。此外,集装箱运输,发货人在发货地一次托运交货,海关、商检在发货地被验封箱后,运输途中可凭原铅封放行,不必再拆箱检验货物,不但节省时间费用,而且简化货运监管手续。再者,集装箱可在露天存放,代替仓库,可省下部分仓储费。

(4) 运输成本降低

车船周转加快,装卸货减少,劳动条件改善,都会对降低运输成本有影响。

由于上述特点,大大有利于解决传统运输中久已存在而又不易解决的问题,如货物装卸操作重复劳动多,劳动强度大,装卸效率低,货损货差多,包装要求高,运输手段烦琐,运输工具周转迟缓,货运时间长等。

4. 集装箱运输的关系人

随着集装箱运输的逐步发展、成熟,与之相适应的、有别于传统运输方式的管理方法和工作机构也相应地发展起来,形成一套适应集装箱运输特点的运输体系。其主要包括:

(1) 经营集装箱货物运输的实际承运人(actual carrier)。掌握运输工具,并参与集装箱运输的承运人。包括经营集装箱运输的船公司、联营公司、公路集装箱运输公司、航空集装箱运输公司等。因为集装箱可视为运输工具可以分离的组成部分,所以许多实际集装箱承运人都拥有大量的集装箱,以利于集装箱的周转、调拨、管理以及集装箱与车、船、飞机的衔接。

(2) 无船承运人(non-vessel operating common carrier,NVOCC),即集装箱运输经营人。在集装箱运输中经营集装箱货运的揽货、装箱、拆箱、内陆运输及经营中转站或内陆站业务,但不掌握运载工具的专业机构,称为无船承运人。这和传统的承运人概念不同。传统运输中,承运人必须实际经营运输工具,而无船承运人则不一定具有船舶、卡车、飞机、火车等运输工具。无船承运人实际上是一个中间承运商。它在承运人和托运人之间起到中间桥梁作用。对真正的货主来说他是承运人,而对实际承运人来说,他又是托运人。通常无船承运人应受所在国法律制约,在政府有关部门登记。

(3) 集装箱租赁公司(container leasing company)。这是随着集装箱运输发展而兴起的一种新兴行业。它专门经营集装箱的出租业务。常见的租赁方式有程租(leasing by voyage)、期租(leasing by time)、航区内租(leasing by range)以及包租(leasing by agreement)等。集装箱租赁可以使租箱人节省因集装箱闲置而发生的非生产性损失和管理费用的支出,可以减少集装箱的自然耗损,也可消除因货运流向、流量的不平衡而产生的空箱运输,并可减少生产投资。

(4) 联运保赔协会(through transit club)。该协会是1968年6月在伦敦建立起来的一种由船公司互保的保险组织。它由英国三大保赔协会(Pand Iclub),即联合王国保赔协会(U. K. Club)、西英格兰保赔协会(West of England Club)和标准保赔协会(Standard Club)组成,对集装箱运输中可能遭受的一切责任、损害、费用等进行全面统一的保险。

(5) 集装箱码头(堆场)经营人。集装箱装卸作业区(container terminal)是指办理集装箱重箱或空箱装卸、存储、保管、交接的场所,包括码头车站前方堆场(marshalling yard)和后方堆场(container yard,CY)。后方堆场的主要业务是接受托运人或集装箱货运站送来的箱子,签发场站收据或设备交接单,对进口的箱子则根据不同情况交给收货人或货运站或留下。集装箱码头(堆场)是具体办理集装箱在码头的装卸、交接、保管的部门,它受托运人或其代理人以及承运人或其代理人的委托提供各种集装箱运输服务。

(6) 集装箱货运站(container freight station,CFS),是处理拼箱货的场所。它办理拼箱货的交接、配箱积载后,将箱子送往CY,还接受CY交来的进口货箱,并对其进行拆箱、理货、保管,最后拨交给收货人,同时按承运人的委托对集装箱进行加铅封和签发场站收据等单证。从货运站的任务看,它实际上起到了货物集中、疏散的作用。一般货运站都设在码头车站内或附近。

(7) 货主(略)。

7.2 集装箱货物运输组织管理

7.2.1 集装箱货物装箱及交接方式

由于集装箱是一种新的现代化运输方式,它与传统的货物运输有很多不同,做法也不一样,目前国际上对集装箱运输尚没有一个行之有效并被普遍接受的统一做法。但在处理集装箱具体业务中,各国的做法大体近似,现根据当前国际上对集装箱业务的通常做法,简介如下:

1. 集装箱货物装箱方式

根据集装箱货物装箱数量和方式分为整箱和拼箱两种。

(1) 整箱(full container load,FCL),是指货方自行将货物装满整箱以后,以箱为单位托运的集装箱。这种情况在货主有足够货源装载一个或数个整箱时通常采用。除有些大的货主自己置备有集装箱外,一般都是向承运人或集装箱租赁公司租用一定的集装箱。空箱运到工厂或仓库后,在海关人员的监管下,货主把货装入箱内,加锁、铅封后交承运人并取得站场收据(dock receipt),最后凭收据换取提单或运单。

(2) 拼箱(less than container load,LCL),是指承运人(或代理人)接受货主托运的数量不足整箱的小票货运后,根据货类性质和目的地进行分类整理,把去同一目的地的货集中到一定数量,拼装入箱。由于一个箱内有不同货主的货拼装在一起,所以叫拼箱。这种情况在货主托运的货物数量不足装满整箱时采用。拼箱货的分类、整理、集中、装箱(拆箱)、交货等工作均在承运人码头集装箱货运站(container freight station)或内陆集装箱转运站(inland container depot)进行。

2. 集装箱货物交接方式

如上所述,集装箱货运分为整箱和拼箱两种。因此,在交接方式上也有所不同,大致有以下四类:

(1) 整箱交、整箱接(FCL/FCL),承运人以整箱为单位负责交接。货物的装箱和拆箱均由货方负责。货主在工厂或仓库把装满货后的整箱交给承运人,收货人在目的地以同样整箱接货。

(2) 拼箱交、拆箱接(LCL/LCL),货主将不足整箱的小票托运货物在集装箱货运站或内陆转运站交给承运人,由承运人负责拼箱和装箱(stuffing,vanning)。运到目的地货运站或内防转运站,由承运人负责拆箱(unstuffing,devanning),拆箱后,收货人凭单接货。货物的装箱和拆箱均由承运人负责。

(3) 整箱交、拆箱接(FCL/LCL),货主在工厂或仓库把装满货后的整箱交给承运人,在目的地的集装箱货运站或内陆转运站由承运人负责拆箱后,各收货人凭单接货。

(4) 拼箱交、整箱接(LCL/FCL),货主将不足整箱的小票托运货物在集装箱货运站或内陆转运站交给承运人。由承运人分类调整,把同一收货人的货集中拼装成整箱,运到目的地后,承运人以整箱交,收货人以整箱接。

上述各种交接方式中,以整箱交、整箱接效果最好,也最能发挥集装箱的优越性。

3. 集装箱货物交接地点

集装箱货物的交接,根据贸易条件所规定的交接地点不同一般分为以下9种:

(1) 门到门(Door to Door):从发货人工厂或仓库至收货人工厂或仓库;

(2) 门到场(Door to CY):从发货工厂或仓库至目的地或卸箱港的集装箱堆场;

(3) 门到站(Door to CFS):从发货工厂或仓库至目的地或卸箱港的集装箱货运站;

(4) 场到门(CY to Door):从起运地或装箱港的集装箱堆场至收货人工厂或仓库;

(5) 场到场(CY to CY):从起运地或装箱港的集装箱堆场至目的地或卸箱港的集装箱堆场;

(6) 场到站(CY to CFS):从起运地或装箱港的集装箱堆场至目的地或卸箱港的集装箱货运站;

(7) 站到门(CFS to Door):从起运地或装箱港的集装箱货运站至收货人工厂或仓库;

(8) 站到场(CFS to CY):从起运地或装箱港的集装箱货运站至目的地或卸箱港的集装箱堆场;

(9) 站到站(CFS to CFS)：从起运地或装箱港的集装箱货运站至目的地或卸箱港的集装箱货运站。

以上9种交接方式，进一步可归纳为以下4种方式：

(1) 门到门。这种运输方式的特征是，在整个运输过程中，完全是集装箱运输，并无货物运输，最适宜于整箱交、整箱接。

(2) 门到场站。这种运输方式的特征是，由门到场站为集装箱运输，由场站到门是货物运输，适宜于整箱交、拆箱接。

(3) 场站到门。这种运输方式的特征是，由门至场站为货物运输，由场站至门是集装箱运输，适宜于拼箱交、整箱接。

(4) 场站到场站。这种运输方式的特征是，除中间一段为集装箱运输外，两端的内陆运输均为货物运输，适宜于拼箱交、拼箱接。

注："门"指发收货人工厂或仓库；"场"指港口的集装箱堆场；"站"指港口的集装箱货运站。

7.2.2 集装箱货物运输基本作业管理

本节以集装箱货物海运出口业务为例说明集装箱货物运输的作业流程。

1. 接受货主委托

货主根据贸易合同或信用证条款规定，在托运前一定时间填制好集装箱货物托运单(CONTAINER BOOKING NOTE，也称场站收据)直接向船公司申请订舱，或填制出口货运代理委托书(有委托人签字盖章)委托货运代理人(简称货代)订舱。货主若是委托代理的，集装箱货物托运单可由货代填写。

货代接到货主委托后，应先从以下几方面确认：该单位在出口地海关备案(年审)情况；报关单据是否齐备(全套报关单据有委托报关协议、出口货物报关单、装箱单、发票、合同、出口收汇核销单及海关监管条件涉及的各种证件)；海关监管条件中所要求的各种证件是否齐备；该票货物配哪种集装箱；有无特殊要求等内容。根据货物数量、性质和适箱情况，航线、船期、运价、箱位和集装箱类型，以及运输条件和用证要求决定是否可以接受订舱委托，若不能接受或某些要求无法满足，则及时做出反应，以免耽误船期，承担不必要的法律责任。根据与船公司的协议或经与船公司或其代理人联系，取得订舱口头确认，可以满足货主的委托要求，即可办理委托代理手续，建立委托代理关系。

2. 订舱配载

货代根据货主的海运委托书的要求，填写集装箱货物托运单(场站收据)，与船公司落实舱位(取得船名、航次、提单号)、装箱点、集港时间、地点。

船公司或其代理公司审核托运单，根据自己的运力、航线等具体情况考虑发货人的要求，决定接受与否，若接受申请，在装货单(场站收据副本)上签章，以表明承运货物的"承诺"，填写船名、航次、提单号，留下船代留底联和运费通知(一)、(二)联共三联；若七联单仅留底联，将其余各联退给托运人作为对该批货物订舱的确认，以备向海关办理货物出口报关手续。

船公司或其代理公司承诺后,根据留底联编制集装箱货物清单,然后分送集装箱堆场(CY)、集装箱货运站(CFS),据以安排空箱及办理重箱的交接、保管和装船。

这里,物选箱(集装箱)、箱选物和正确配载是一个重要环节,应该是既合理配载(即保证船、箱、物的安全),又充分利用集装箱的容积和重量。

(1) 集装箱的选用

在集装箱货物运输中,为了船、货、箱的安全,必须根据货物的性质、种类、容积、重量和形状来选择适当的集装箱;否则,不仅对某些货物不能承运,而且也会因选用不当而导致货损。集装箱货物对集装箱的选用可作以下考虑。

① 清洁货物和污秽货物:可选用杂货集装箱、通风集装箱、开顶集装箱、冷藏集装箱。

② 贵重货物和易碎货物:可选用杂货集装箱。

③ 冷藏货物和易腐货物:可选用冷藏集装箱、通风集装箱、隔热集装箱。

④ 散货:可选用散货集装箱、罐状集装箱。

⑤ 动物和植物:选择牲畜集装箱、通风集装箱。

⑥ 笨重货物:选择开顶集装箱、框架集装箱、平台集装箱。

⑦ 危险货物:可选杂货集装箱、框架集装箱、冷藏集装箱。

(2) 集装箱的配载

集装箱的配载要充分利用集装箱的容积和载重,集装箱在配载时应注意以下事项:

① 轻货应放在重货上面。

② 干货、湿货不能放在同一箱内,如难以避免时,湿货绝对不能放在干货上面。

③ 对怕受潮货物,不能与容易"出汗"的货物同装一箱。

④ 怕吸收异味的货物,绝对不能与放出强烈气味的货物同装一箱。

⑤ 容易生灰尘的货物,不能与某些易被灰尘污损的货物同装一箱。

⑥ 瓶装或罐装液体货无法避免与其他干货拼装一箱时,在任何情况下,前者必须装在底层,并须加以隔垫,而且还应有足够的垫板放在液体货下。

3. 提取空箱

船公司或其代理公司在接受托运中请后,即签发集装箱发放通知单(通常由船公司无偿借给货主使用),连同集装箱设备交接单一并交给托运人或货运代理人,据此到集装箱堆场或内陆站提取空箱。通常整柜货货运的空箱由发货人到集装箱码头堆场领取,有的货主有自备箱;拼箱货货运的空箱由集装箱货运站负责领取。

提取空箱时,在集装箱装卸作业区的门卫处,由装卸作业区的门卫会同提取集装箱的卡车司机代表集装箱堆场及集装箱使用人对集装箱及其附属设备的外表状况进行检查,然后分别在设备交接单上签字,设备交接单双方各执一份。特别注意的是在交接集装箱时或之前,应对集装箱的箱体、附件及清洁状态进行检查。

4. 报验、报关

发货人或其货运代理人依照国家有关法规并根据商品特性,在规定的期限之内填好申报单,分别向商检、卫检、动植检等口岸监管检验部门申报检验。经监管检验部门审核或查验,视不同情况分别予以免检放行或经查验、处理后出具有关证书放行。

发货人或货运代理人依照国家有关法规,于规定期限内持报关单、场站收据五至七联(七联单是二至四联)、商业发票、装箱单、产地证明书等相关单证向海关办理申报手续。根据贸易性质、商品特性和海关有关规定,必要时还需提供出口许可证、核销手册等文件。经海关审核后,根据不同情况分别予以直接放行或查验后出具证书放行,并在场站收据第五联(装货单)上加盖放行章。

5. 货物装箱

应装箱根据货运代理的集装箱出口业务员编制的集装箱预配清单,在集装箱货运站或发货人的仓库进行。集装箱货物装箱的方式为下面两种。

(1) 整箱货装箱

由发货人或其货运代理人办理货物出口报关手续,在海关派员监装下自行负责装箱,施加船公司或货运代理集装箱货运站铅封和海关关封。发货人或其货运代理人缮制装箱单和场站收据,在装箱单上标明装卸货港口、提单号、集装箱号、铅封号、重量、件数、尺码等。

若在内陆(发货人仓库)装箱运输至集装箱码头的整箱货,应有内地海关关封,并应向出境地海关办理转关手续。

(2) 拼箱货装箱

拼箱货装箱是由货运代理人将接收有多个发货人运往不同收货人,而不足一整箱的零星货物集中起来交给集装箱货运站,货运站根据集装箱预配清单核对货主填写的场站收据,并负责接货,请海关派人监装,拼装整箱装箱、施封,并制作装箱单。

其具体程序是:货主或其代理人将不足整箱的货物连同事先缮制的场站收据,送交集装箱货运站,集装箱货运站核对由货主或其代理人缮制的场站收据和送交的货物,接收货物后,在场站收据上签收。如果接收货物时,发现货物外表状况有异状,则应在场站收据上按货物的实际情况做出批注。集装箱货运站将拼箱货物装箱前,须由货主或其代理人办理货物出口报关手续,并在海关派人监督下将货物装箱,同时还应从里到外地按货物装箱的顺序编制装箱单。

6. 交接和签收

港口根据出口集装箱船舶班期,按集装箱货物的装船先后顺序向海上承运人或其代理人发出装船通知,海上承运人应及时通知托运人。托运人或其代理人在收到装船通知后,应于船舶开装前 5 天开始,将出口集装箱和货物按船舶受载先后顺序运进码头堆场或指定货运站,并于装船前 24 小时载至进港。装箱人应在装船前 48 小时向海上承运人提供集装箱装箱单及有关出口单证。

(1) 整箱货的交接和签收

不论是由货主自行装箱的整箱货物,还是由货运代理人安排装箱的整箱货物,或者是由承运人以外的集装箱货运站(CFS)装运的整箱货物,经海关监装并施加海关关封后的重箱,随同按装箱顺序缮制的装箱单、设备交接单(进场),以及场站收据,通过内陆的公路、铁路或水运送交港口的集装箱堆场,集装箱堆场的检查桥或门卫同送箱人(专职业务员或卡车司机)对进场的重箱检验后,双方签署设备交接单,集装箱堆场业务人员则在校对集装箱清单(或订舱清单)、场站收据和装箱单后,接收货物并在场站收据上签字,然后将经过签署的场站收据的装货、收货单两联留下,场站收据正本退还送箱人。集装箱入港站堆场等待装船。承运人从在港站接收装箱时起就应对其负责。

(2) 拼箱货的交接和签收

不属于承运人的集装箱货运站(CFS)的拼箱货,其交接和签收的程序与整箱货相同。在承运人的集装箱货运站或港站集装箱堆场装运的拼箱货,承运人自从有关发货人或其货运代理人手中收到拼箱货时起,就应对货物负责,承担费用,将拼箱货装箱,并将集装箱装上船。

7. 换取提单

发货人凭托运单向集装箱运输经营人或其代理换取集装箱提单,然后去银行办理结汇。港站集装箱堆场签发场站收据以后,将装货单联留下作结算费用和今后查询,而将大副收据联交理货人员送船上大副留存。货运代理人收到签署后的场站收据正本,到船公司或其代理人处,交付预付运费,要求换取提单。船公司还要确认在场站收据上是否有批注,然后在已编制好的提单上签字。因为集装箱运输有其特殊性,那就是货物的交接一般不在船边,故场站收据换来的提单大多是备运(待装)提单。

根据《跟单信用证统一惯例》,除信用证另有规定外,备运(待装)提单银行可以接受,若要将备运(待装)提单转化为已装船提单,必须在提单上打上船名及"已装船"批注,并经承运人或其代理人签章和加注日期。因此,目前常见的用于集装箱运输的提单,除正面明确表示"Received in apparent good Order and condition..."外,还在正面下端设有"Laden on Board the Vessel"装船备忘录栏,以便根据信用证要求,在必要时将备运提单转化为已装船提单。

8. 集装箱装船

集装箱进入港区集装箱堆场后,港务公司根据待装集装箱的流向和装船顺序制订装船计划,并将出运的箱子调整到集装箱码头前方堆场,按顺序堆码于指定的箱位。待船靠岸后,即可装船出运。

集装箱船舶配载由海上承运人或其代理人编制预配图,港口据此编制船舶配载图,并经海上承运人确认。

船舶到港后,港口按集装箱装船计划和船舶配载图,组织按顺序装船,装船完毕后,由外轮理货公司编制船舶积载图。

船舶代理人应于船舶开航前 2 小时向船方提供提单副本、舱单、集装箱装箱单、集装箱清单、集装箱积载图、特殊货物集装箱清单、危险货物说明书等完整的随船单证,并于开航后采用传真、电传、邮寄等方式向卸货港或中转港发出必要的有关资料。

7.2.3 集装箱货物运输主要单证

集装箱货物运输的主要单证包括:

1. 托运单

托运单又称下货纸,通常为一式九联(含场站收据,其英文为 dock receipt,D/R),由发货人或货代在固定格式的托运单上进行缮制。

场站收据是承运人委托集装箱装卸区、中转站或内陆站收到整箱货或拼箱货后签发的收据。场站收据的作用,相当于传统运输中的大副收据,证明已经收到托运货物并对货物开始负有责任,是发货人向船公司换取提单的凭证。场站收据一般都由发货人或其代理人根据船公司已制定的格式进行填制,并跟随货物一起运至集装箱码头堆场,由承运人或其代理人在收据上签字后交还给发货人,证明托运的货物已经收到。发货人据此向承运人或其代理人换取待装提单或已装船提单,并根据买卖双方在信用证中的规定可向银行结汇。

承运人或其代理人(如场站业务员)在签署场站收据时,应仔细审核收据上所记载的内容与运来的货物实际情况是否相一致,如货物的实际情况与收据记载的内容不一致,则必须修改。如发现货物或集装箱有损伤情况,则一定要在收据的备注栏内加批注,说明货物或集装箱的实际状况。

2. 装箱单

集装箱装箱单(container load plan,CLP)是详细记载每一个集装箱内所装货物的名称、数量及箱内货物积载情况的单证。是向海关申报的必要单证,还是货、港、船三方交接货箱,船方编制船舶积载计划、制作舱单、装卸港(地)安排运输和拆箱作业不可短缺的资料。

每个载货集装箱都要制作这样的单证,它是根据已装进箱内的货物情况制作的,是集装箱运输的辅助货物舱单。由于集装箱装箱单是详细记载箱内所载货物情况的唯一单证,因此在国际集装箱运输中,集装箱装箱单是一张极为重要的单证,其功能主要体现在以下几个方面:

① 在装货地点作为向海关申报货物出口的代用单证;
② 作为发货人、集装箱货运站与集装箱码头堆场之间货物的交接单;
③ 作为向承运人通知集装箱内所装货物的明细清单;
④ 在进口国及途经国作为办理保税运输手续的单证之一;
⑤ 单证上所记载的货物和集装箱的重量是计算船舶吃水差和稳性的基本数据;
⑥ 当发生货损时,作为处理事故索赔的原始依据之一。

由此可见,装箱单记载内容准确与否,对保证集装箱货物运输的安全有着非常重要的意义。

3. 设备交接单

设备交接单(equipment interchange receipt)是集装箱进出港区、场站时,用箱人、运箱人与管箱人或其代理人之间交接集装箱及其他机械设备的凭证,并兼有管箱人发放集装箱的凭证的功能,当集装箱或机械设备在集装箱码头堆场或货运站借出或回收时,由码头堆场或货运站制作设备交接单,经双方签字后,作为两者之间设备交接的凭证。其背面条款主要包括以下内容:

① 出租人(集装箱所有人)的义务：集装箱或机械设备的所有人应提供完好的,并具有合格、有效证书的设备和集装箱。当交接集装箱、机械设备时,用箱人、运箱人如无异议,则表示该集装箱或设备处于良好状态。

② 用箱人的责任与义务：用箱人在接收集装箱或机械设备后,在其使用期间应保持集装箱、机械设备的状态良好,并应负责对该集装箱和机械设备进行必要的维修保养。在用箱期间,不论是何种原因引起的有关集装箱或机械设备的丢失、损坏,由用箱人负责赔偿,但自然磨损除外。此外,对于在用箱期间,因使用集装箱或机械设备不当所引起的对第三者的损害责任,由用箱人负责赔偿。

用箱人应在规定的时间、地点,将集装箱或机械设备按租赁时的状况交还给出租人,无论是何种原因引起的延期交还,用箱人应支付附加费用。此外,用箱人在事先得到出租人允许的情况下,可以将集装箱或机械设备转租给第三方,但原出租人与用箱人之间的责任、义务等各项规定并无任何改变。

集装箱设备交接单分进场和出场两种,交接手续均在码头堆场大门口办理,出码头堆场时,码头堆场工作人员与用箱人、运箱人就设备交接单上的以下主要内容共同进行审核：用箱人名称和地址,出堆场时间与目的,集装箱箱号、规格、封志号以及是空箱还是重箱,有关机械设备的情况是正常还是异常等。

进码头堆场时,码头堆场的工作人员与用箱人、运箱人主要就设备交接单上的下列内容共同进行审核：集装箱、机械设备归还的日期、具体时间及归还时的外表状况、集装箱、机械设备归还人的名称与地址、进堆场的目的、整箱货交箱货主的名称和地址,拟装船的船名、航次、航线、卸箱港等。

4. 提单

集装箱提单的内容与传统的海运提单略有不同,其上有集装箱的收货地点、交货地点、集装箱号和铅封号等内容。

5. 提货单

进口收货人或其代理在收到"到货通知"后,需持正本提单向承运人或其代理换取提货单(delivery order),然后向海关办理报关,经海关在提货单上盖章放行后,才能凭该单向承运人委托的堆场或货运站办理提箱或提货,提货时收货人或其代理要在提货单上盖章,以证明承运人的责任结束。提货单是收货人凭正本提单向承运人或其代理人换取的可向港区、场站提取集装箱或货物的凭证,也是承运人或其代理人对港区、场站放箱交货的通知。提货单仅仅是作为交货的凭证,并不具有提单那样的流通性。

在签发提货单时,首先要核对正本提单签发人的签署、签发提单的日期、提单背书的连贯性,判定提单持有人是否正当,然后再签发提货单。提货单应具有提单所记载的内容,如船名、交货地点、集装箱号、封志号、货物名称及收货人等交货所必须具备的项目。在到付运费且未付清其他有关费用情况下,则应收讫后再签发提货单。

在正本提单尚未到达,而收货人要求提货时,可采用与有关银行共同向船公司出具担保书的形式。该担保书通常应保证：

① 正本提单一到,收货人应立即交船公司或其代理人;

② 在没有正本提单情况下发生提货而使船公司遭受的任何损失,收货人应负一切责任。此外,如收货人要求更改提单上原指定的交货地点时,船公司或其代理人应收回全部的正本提单后,才能签发提货单。

6. 交货记录

它是承运人把箱货交付收货人时双方共同签署的证明货物已经交付,承运人对货物责任已告终止的单证。交货记录通常在船舶抵港前由船舶代理依据舱单、提单副本等卸船资料预先制作。交货记录中货物的具体出库情况由场站、港区的发货员填制,并由发货人、提货人签名。

7.3 集装箱货物运费计算

不同方式的集装箱运输在运费计算方法上也有所不同,其中铁路集装箱运输、公路集装箱运输和航空集装箱运输的运费计算方法与普通货物运输运费的计算方法类似,详见本书第三章、第四章和第六章的运费计算部分。这里主要介绍集装箱海运运费的计算方法。

目前,集装箱货物海上运价体系基本上分为两个大类:一类是袭用件杂货运费计算方法,即以每运费吨为单位(俗称散货价),加上相应的附加费;另一类是以每个集装箱为计费单位(俗称包箱价),按航线包箱费率计算。在实际运用中,以后者居多。

7.3.1 拼箱货海运运费计算

对拼箱货,按货物品种及不同的计费标准计算运费:①按货物重量[重量吨(W)];②按货物体积[尺码吨(M)];③按货物重量或尺码(选高);④按货物特殊计算单位;⑤起码运费。

目前,各班轮公司对集装箱运输的拼箱货运费的计算,基本上是依据件杂货运费的计算标准,按所托运货物的实际运费吨计费,即尺码大的按尺码吨计费,重量大的按重量吨计费。另外,在拼箱货海运运费中还要加收与集装箱货运站作业有关的费用,如拼箱服务费、困难作业费、超重或超大件作业费等。

拼箱货运费计收应注意以下几个要点:

(1) 承运人在运费中加收拼箱服务费等常规附加费后,不再加收件杂货码头收货费用。承运人运价本中规定 W/M 费率后,基本运费与拼箱服务费均按货物的重量和尺码计算,并按其中高者收费。

(2) 拼箱货运费计算是与船公司或其他类型的承运人承担的责任和成本费用一致的,由于拼箱货是由集装箱货运站负责装、拆箱,承运人的责任从装箱的货运站开始到拆箱的货运站为止。接受货物前和交付货物后的责任不应包括在运费之内。装拆箱的货运站应为承运人拥有或接受承运人委托办理有关业务。

(3) 由于拼箱货涉及不同的收货人,因而拼箱货不能接受货主提出的有关选港或变更目的港的要求,所以,在拼箱货海运运费中没有选港附加费和变更目的港附加费。

(4) 拼箱货起码运费按每份提单收取。计费时不足 1 t 或 1m³ 时按 1W/M 收费。在拼箱运输下,一个集装箱中一般装有多票货物。为保证承运人的利益,各船公司对每票(提单)货物规定起码运费吨。拼箱货的最低运费与传统班轮的最低运费的规定基本相同,即在每一航线上,各规定一个最低运费额。任何一批货运,当其运费金额低于规定的最低运费额时,均须按最低运费金额计算。

(5) 对符合运价本中有关成组货物的规定和要求并按拼箱货托运的成组货物,一般给予运价优惠,计费时应扣除托盘本身的重量或尺码。

【例 7-1】 上海某公司出口一批陶瓷器皿至伊斯坦布尔,采用集装箱运输拼箱方式。已知货号 NF91115 有 150 箱,每箱尺码为 54.5 厘米×28.5 厘米×40.7 厘米,毛重为 19 公斤,净重为 14.5 公斤。货号 NY10216 有 100 箱,每箱尺码为 56.5 厘米×35 厘米×24 厘米,毛重为 14 公斤,净重为 11 公斤。求总运费。(陶瓷器皿的等级为 8 级,计费标准为 M;上海至伊斯坦布尔 8 级货集装箱拼箱运费率为 180 美元/立方米。)

解:陶瓷器皿的等级为 8 级,计费标准为 M,

总尺码为

$$0.545 \times 0.285 \times 0.407 \times 150 + 0.565 \times 0.35 \times 0.24 \times 100$$
$$= 9.483 + 4.746$$
$$= 14.229(立方米)$$

总运费为 $180 \times 14.229 = 2\,561.22$(美元)

7.3.2 整箱货海运运费计算

对于整箱托运的集装箱货物运费的计收:一种方法是同拼箱货一样,按实际运费吨计费;另一种方法,也是目前采用较为普遍的方法——根据集装箱的类型按箱计收运费。

包箱费率(commodity box rates,CBR)是各公司根据自身情况,按集装箱的类型制定的不同航线的包干运价,既包括集装箱海上运输费用,也包括在装、卸船港码头的费用。

包箱费率可分为两类,货物(或商品)包箱费率和均一包箱费率。前者是按货物的类别、级别和不同箱型规定的包箱费率,后者则是不论货物的类别(危险货物、冷藏货除外),只按箱形规定的包箱费率。后者费率定得较低,体现了船公司对货主托运整箱货的优惠,是各公司吸引集装箱货源的重要手段之一。

1. 包箱费率主要形式

(1) FAK 包箱费率(freight for all kinds)。这种包箱费率是对每一集装箱不细分箱内货物的货类级别,不计货量(当然是在重量限额以内),只按箱形统一规定的费率计费,也称为均一包箱费率。它的基本原则是集装箱内装运什么货物与应收的运费无关。换句话说,所有相同航程的货物征收相同的费率,而不管其价值如何。它实际上是承运人将预计的总成本分摊到每个所要运送的集装箱上所得出的基本的平均费率。

这种运价形式从理论上讲是合乎逻辑的,因为船舶装运的以及在港口装卸的都是集装箱而非货物,且集装箱占用的舱容和面积也是一样的。但是,采用这种运价形式,对低价值商品的运输会产生负面影响,因为低费率货物再也难以从高费率货物那里获得补偿。这对于低费率商品的货主来说可能难以接受。例如,集装箱班轮公司对托运瓶装水和瓶装酒的货主统一收取同样的运价,尽管瓶装酒的货主对此并不在意,但瓶装水的货主则会拒绝接受这种状况,最终,船公司被迫对这两种货物分别收取不同的运价。因此,在目前大多数情况下,均一费率实际上还是将货物分为普通货物、半危险货物(semi-hazardous cargo)、危险货物(hazardous cargo)和冷藏货物(reefer or refrigerated cargo)4 类,不同类的货物,不同尺度(20ft/40ft)的集装箱费率不同。

这种费率在激烈竞争形势下,受运输市场供求关系变化影响较大,变动也较为频繁。一般适用于短程特定航线的运输和以 CY-CY、CFS-CY 方式交接的货物运输。

(2) FCS 包箱费率(freight for class)。这种费率是按不同货物种类和等级制定的包箱费率。在这种费率下,一般(如中远运价本)将货物分为普通货物、非危险化学品、半危险货物、危险货物和冷藏货物等几大类,其中普通货物与件杂货一样为 1~20 级,各公司运价本中按货物种类、级别和箱形规定包箱费率。但集装箱货的费率级差要大大小于件杂货费率级差。一般来讲,等级低的低价货费率要高于传统件杂货费率,等级高的高价货费率要低于传统费率,同等级的货物按重量吨计费的运价高于按体积吨计费的运价。这也反映了船公司鼓励货主托运高价货和体积货。

使用这种费率计算运费时,先要根据货名查到等级,然后按货物大类等级、交接方式和集装箱尺度查表,即可得到每只集装箱相应的运费。

(3) FCB 包箱费率(freight for class and basis)。FCB 包箱费率是指按不同货物的类别、等级(Class)及计算标准(Basis)制定的包箱费率。在这种费率下,即使是装有同种货物的整箱货,当用重量吨或体积吨为计算单位(或标准)时,其包箱费率也是不同的。这是与 FCS 包箱费率的主要区别之处。

使用这种费率计算运费时,首先不仅要查清货物的类别等级,还要查明货物应按体积还是重量作为计算单位,然后按等级、计算标准及交接方式、集装箱类别查到每只集装箱的运费。

2. 运量折扣费率

运量折扣费率(time-volume rates,又称 time-volume contracts,TVC)是为适应集装箱运输发展需要而出现的又一费率形式。它实际上就是根据托运货物的数量给予托运人一定的费率折扣,即托运货物的数量越大,支付的运费率就越低。当然,这种费率可以是一种均一费率,也可以是某一特定商品等级费率。由于这种运量激励方式是根据托运货物数量确定运费率,因而大的货主通常可以从中受益。

起初,这种折扣费率的尝试并不十分成功,原因是有些多式联运经营人在与承运人签订 TVC 合同时承诺托运一定数量的集装箱货物,比如说 500TEU,从而从承运人那里获得了一定的费率折扣,但到合同期满时,他们托运的集装箱并未达到合同规定的数量,比如说仅托运了 250TEU。显然,承运人就会认为自己遭受了损失。正因如此,使得所谓的"按比例增减制"越来越普遍。根据这种方式,拥有 500TEU 集装箱货物的货主,当他托运第一个 100TEU 集装箱时支付的是某一种运价,那么,他托运第二个 100TEU 集装箱时支付的是比第一次低的运价,而他托运第三个 100TEU 集装箱时支付的是一个更低的运价,以此类推。目前,这种运量折扣费率形式被越来越广泛地采用,尤其是多式联运经营人可以充分利用这种方式节省费用。不过,采用 TVC 形式并非都是有利可图的。对于一个新的、经营规模可能较小的多式联运经营人来说,相比大的多式联运经营人如果采用 TVC 费率形式,将处于不利的局面,这是由于其集装箱运量十分有限而不得不支付较高的运费率。

3. 集装箱最低利用率和最高利用率(最低计费吨与最高计费吨)运费

在整箱托运集装箱货物且所使用的集装箱为船公司所有的情况下,承运人有按集装箱最低利用率(container minimum utilization)和集装箱最高利用率(container maximum utilization)支付海运运费的规定。

(1) 按集装箱最低利用率计费。一般说来,船公司在收取集装箱海运运费时通常只计算箱内所装货物的吨数,而不对集装箱自身的重量或体积进行收费,但是对集装箱的装载利用率有一个最低要求,即最低利用率。不过,对有些承运人来说,只是当采用专用集装箱船运输集装箱时,才不收取集装箱自身的运费,而当采用常规船运输集装箱时则按集装箱的总重(含箱内货物重量)或总体积收取海运运费。

规定集装箱最低利用率的主要目的是,如果所装货物的吨数(重量或体积)没有达到规定的要求,则仍按该最低利用率时相应的计费吨计算运费,以确保承运人的利益。在确定集装箱的最低利用率时,通常要包括货板的重量或体积。最低利用率的大小主要取决于集装箱的类型、尺寸和集装箱班轮公司所遵循的经营策略。目前,按集装箱最低利用率计收运费的形式主要有三种:最低装载吨、最低运费额以及上述两种形式的混合形式。

最低装载吨可以是重量吨或体积吨,也可以是占集装箱装载能力(载重或容积)的一个百分比,一般为集装箱箱内容积的 60%,如 20 英尺箱为 21.5 立方米尺码吨,40 英尺箱为 43 立方米尺码吨。以重量吨或体积吨表示的最低装载吨数通常是依集装箱的类型和尺寸的不同而不同,例如远东水脚公会对 20 尺标准型干货集装箱的最低运费吨为重量货 17.5 吨和尺码货 21.5 立方米;对 40 尺标准型干货集装箱规定为重量货 27.5 吨和尺码货 43 立方米。当以集装箱装载能力的一定比例确定最低装载吨时,该比例对于集装箱的载重能力和容积能力通常都是一样的,当然也有不一样的。例如有一些船公司对最低运费规定以百分比计算方法,装重量货按集装箱载货净重量的 95% 计算,装尺码货按集装箱内容积的 85% 计算。

最低运费额则是按每吨或每个集装箱规定一个最低运费数额,其中后者又被称为最低包箱运费。

至于上述两种形式的混合形式则是根据下列方法确定集装箱最低利用率:
①集装箱载重能力或容积能力的一定百分比加上按集装箱单位容积或每集装箱规定的最低运费额;②最低重量吨或体积吨加上集装箱容积能力的一定百分比。

(2) 按集装箱最高利用率计费。集装箱最高利用率的含义是,当集装箱内所载货物的体积吨超过集装箱规定的容积装载能力(集装箱内容积)时,运费按规定的集装箱内容积计收,也就是说超出部分免收运费。至于计收的费率标准,如果箱内货物的费率等级只有一种,则按该费率计收。如果箱内装有不同等级的货物,计收运费时通常采用下列两种做法：一是箱内所有货物均按箱内最高费率等级货物所适用的费率计算运费；二是按费率高低，从高费率起往低费率计算，直至货物的总体积吨与规定的集装箱内容积相等为止。

需指出的是，如果货主没有按照承运人的要求，详细申报箱内所装货物的情况，运费则按集装箱内容积计收，而且费率按箱内装货物所适用的最高费率计。如果箱内货物只有部分没有申报数量，那么，未申报部分运费按箱内容积与已申报货物运费吨之差计收。

如在整箱货运的情况下，如托运人仅提供部分货物的计算运费资料，这部分运费即按规定的等级和费率计算运费，其余未提供资料的货物运费，则按最高计费吨减去已提供资料的货物运费吨计算。如这部分货物的计费等级或费率又有差异时，则按其中最高费率计算。例如，一个20尺整箱货运，内装有8～11级四种货物，托运时，仅提供10级货物的尺码为16立方米。该集装箱运费计算公式如下：

已提供资料的货物运费为16立方米×10级费率＝运费①

未提供资料的8级、9级、11级货物的运费应为（31立方米－16立方米）×11级费率＝运费②

此箱货的总运费为运费①＋运费②

由上可知，未提供资料的8级、9级、11级货物统按较高的11级费率计算。

最高运费的规定是集装箱运输所独有的特点。这是因为一个集装箱有时装几种货类，而其中部分货类缺少正确衡量单位（多数由于托运人未提供或申报），且计费等级和费率又不相同，最高运费就是为计算这部分货物的运费而规定的。最高运费的标准是运费吨，主要是以尺码吨计算，至于货物重量可以通过地秤衡量，而且重量货以最大载重量计算，故无须另作规定。

规定集装箱最高利用率的目的主要是鼓励货主使用集装箱装运货物，并能最大限度地利用集装箱的内容积。为此，在集装箱海运运费的计算中，船公司通常都为各种规格和类型的集装箱规定一个按集装箱内容积折算的最高利用率，习惯按箱子内容积的85%计算。例如，20英尺集装箱的最高利用率为31立方米，而40英尺集装箱的最高利用率为67立方米。最高利用率之所以用体积吨而不用重量吨为计算单位，是因为每一集装箱都有其最大载重量，在运输中超重是不允许的。因此，在正常情况下，不应出现超重的集装箱，更谈不上鼓励超重的做法。例如，20英尺干货箱最高计费吨为21.5吨/立方米，而箱内实装9级货27立方米，运费仍按21.5吨计收，超出的5.5立方米免收运费。

最低计费吨或最高计费吨一般是在货主使用的集装箱是由船公司（或其他类型的运输经营人）提供，由货主自行装箱且计费方法是按货物等级（for class）或不同计费标准（for basis）条件下采用的。在货主使用自有箱（包括货主自己租的箱子）或由承运人货运站装箱或计算方式采用均一包箱费率（FAK）情况下，一般不实行这种规定。

4. 整箱货余箱运费的计算

许多船公司为争取更多货源，对较大数量的货物给予优惠。如远东航运公会规定同时托运3个集装箱时，第三个箱的最低计费吨可小一些。对整箱货余箱运费计收，船公司有规定，当货主托运量达到一定数量时，最后一箱按实际装箱体积收费。

集装箱除了上述基本运费外，还有为集装箱服务和管理等费用，诸如拆箱和装箱费、活期费、堆存费、交接费等。这些费用视托运条件、当地规定和习惯做法而各不同。

5. 亏箱运费的计算

当集装箱内所装载的货物总重或体积没能达到规定的最低重量吨或体积吨,而导致集装箱装载能力未被充分利用时,货主将支付亏箱运费(short fall freight)。亏箱运费实际上就是对不足计费吨所计收的运费,即是所规定的最低计费吨与实际装载货物数量之间的差额。例如,20英尺箱内装载货物,重量吨为13吨,尺码吨19立方米,最低计费吨21.5立方米,则不足计费吨为2.5立方米。

在计算亏箱运费时,通常是以箱内所载货物中费率最高者为计算标准。此外,当集装箱最低利用率是以"最低包箱运费"形式表示时,如果根据箱内所载货物吨数与基本费率相乘所得运费数额,再加上有关附加费之后仍低于最低包箱运费,则按后者计收运费。

7.3.3 集装箱海运附加费

与普通班轮一样,国际集装箱海运运费除计收基本运费外,也要加收各种附加费。附加费的标准与项目,根据航线和货种的不同而有不同的规定。集装箱海运附加费通常包括以下8种形式:

1. 货物附加费

某些货物,如钢管之类的超长货物、超重货物、需洗舱(箱)的液体货等,由于它们的运输难度较大或运输费用增高,因而对此类货物要增收货物附加费(cargo additional)。当然,对于集装箱运输来讲,计收对象、方法和标准有所不同。例如对超长、超重货物加收的超长(bulky additional)、超重(heavy additional)、超大件附加费(heavy lift and overlength additional)只对由集装箱货运站装箱的拼箱货收取,其费率标准与计收办法与普通班轮相同。如果采用CFS/CY或CY/CFS条款,则对超长、超重、超大件附加费减半计收。

2. 燃油附加费

燃油附加费(bunker adjustment factor,BAF)指因国际市场上燃油价格上涨而征收的附加费。集装箱分别按拼箱货和整箱货不同计算标准征收。如整箱货以20英尺或40英尺一个箱子加收若干元征收。

3. 币值附加费

币值附加费(currency adjustment factor,CAF)指因某一挂靠港所在国货币币值与美元相比升值,为补偿船舶港口使用费而征收的附加费。由于日币与美元比值变化较大,船公司还可能单独征收日币币值附加费。

4. 港口拥挤附加费

港口拥挤附加费(port congestion surcharge)是指在集装箱运输中由于港口拥挤或集装箱进出不平衡,导致船舶长时间等泊或集装箱在港积压而增收的附加费。

5. 选港附加费

选择卸货港或交货地点仅适用于整箱托运整箱交付的货物,拼箱货收货人不同,所以船公司通常不接受选港要求。一张提单的货物只能选定在一个交货地点交货,并按箱(20英尺/40英尺)收取选卸港附加费(optional additional)。

选港货应在订舱时提出,经承运人同意后,托运人可指定承运人经营范围内直航的或经转运的 3 个交货地点内选择指定卸货港,其选卸范围必须按照船舶挂靠顺序排列。此外,提单持有人还必须在船舶抵达选卸范围内第一个卸货港 96 小时前向船舶代理人宣布交货地点,否则船长有权在第一个或任何一个选卸港将选卸货卸下,即应认为承运人已终止其责任。

6. 变更卸港附加费

变更目的港仅适用于整箱货,并按箱计收变更目的港附加费,称为变更卸港附加费(alteration surcharge)。提出变更目的港的全套正本提单持有人,必须在船舶抵达提单上所指定的卸货港 48 小时前以书面形式提出申请,经船方同意变更。如变更目的港的运费超出原目的港的运费时,申请人应补交运费差额;反之,承运人不予退还。由于变更目的港所引起的翻舱及其他费用也应由申请人负担。

7. 港口附加费

港口附加费(port additional)是指在装港接受处理并把集装箱装上船舶,在卸港将集装箱卸离船舶并放置前方堆场以及处理相关单证而收取的附加费。此项费用在不同的港口有不同的名称和解释,如上海港称 SPS(Shanghai port surcharge),日本港称 CY charge,因而总称 port surcharge。此项附加费与堆场服务费(THC)收费内容有一定交叉。附加费的收取一方面是船公司为应对特殊情况出现而收取的,另一方面也成为船公司无形提价的一种有力武器,在实践中货方对此颇有微词。

8. 服务附加费

当承运人为货主提供诸如货物仓储对已关或转船运输以及内陆运输等附加服务时,承运人将加收服务附加费(service additional)。对于集装箱货物的转船运输,包括支线运输转干线运输,都应收取转船附加费(trans-shipment additional)。

除上述各项附加费外,其他有关的附加费计收规定与普通班轮运输的附加费计收规定相同。这些附加费包括:由于调运空箱而征收的空箱调运费;集装箱货源旺季,船公司因舱位不足所征收的旺季附加费;因战争、运河关闭等原因迫使船舶绕道航行而增收绕航附加费(deviation surcharge);对于贵重货物,如果托运人要求船方承担超过提单上规定的责任限额时,船方要增收超额责任附加费(additional for excess liability)。

需指出的是,随着世界集装箱船队运力供给大于运量需求的矛盾越来越突出,集装箱航运市场上削价竞争的趋势日益蔓延,因此,目前各船公司大多减少了附加费的增收种类,将许多附加费并入运价当中,给货主提供一个较低的包干运价。这一方面起到了吸引货源的目的,同时也简化了运费结算手续。

【例 7-2】 某托运人通过中远集装箱公司承运一票货物,使用 2 个 20 英尺集装箱从黄埔港出口到勒哈佛(Le Havre)港,采用包箱费率,查中国—欧洲集装箱费率表知:从黄埔港出口直达费率为 1 550 美元/20 英尺;从黄埔港到勒哈佛港,须经香港转船,运费为直达基础上加 150 美元/20 英尺。另有货币贬值附加费 10%,燃油附加费 5%。试计算该批货物的总运费。

解：海运运费＝基本运费＋货币贬值附加费＋燃油附加费

$$基本运费 = (1\,550 + 150) \times 2 = 3\,400(美元)$$
$$货币贬值附加费 = 3\,400 \times 10\% = 340(美元)$$
$$燃油附加费 = 3\,400 \times 5\% = 170(美元)$$

所以,海运运费为 $3\,400 + 340 + 170 = 3\,910$(美元)

【例 7-3】 上海土特产公司出口 50 箱土特产,每箱尺寸为 41 厘米×33.5 厘米×29 厘米,每箱重量为 44.5 千克。经查货物分级表得知该货物属于 10 级货,计费标准为 W/M；再查航线费率表,得知该航线 10 级货物的基本费率为 40 美元/计费吨,查其附加费率表,得知转船附加费为 21%,港口附加费为 20%。计算该批货物的总运费。

解：（1）比较货物重量与体积,确定计费标准。

本批货物的实际重量 W＝0.044 5 吨

本批货物的体积重量 M＝0.41×0.335×0.29＝0.039 8 吨

因为计费标准为 W/M,所以重量吨与体积吨比较,取高者,每箱的计费吨为 0.044 5 计费吨。

（2）计算基本运费

$$基本运费 = 基本费率 \times 计费标准 = 40 \times (0.044\,5 \times 50) = 89(美元)$$

（3）计算总运费

$$总运费 = 基本运费 \times (1 + 附加费率) = 89 \times (1 + 20\% + 21\%) = 125.49 = 125(美元)$$

本章小结

集装箱运输是以集装箱为集合包装和运输单位,适合门到门交货的成组运输方式,集装箱运输是成组运输的最高形态。集装箱运输根据集装箱货物装箱数量和方式分为整箱和拼箱两种,在运输组织中有四种不同的交接方式。本章重点介绍了海运出口集装箱货物运输的作业流程,使用的主要单证,以及集装箱运费的计算。集装箱运输的基本运费与一般传统的班轮一样,也是根据商品的等级不同规定有不同的费率。但在最低运费的计算和最高运费的规定方面有其特殊的计算规定。

复习与思考

1. 什么是成组运输？
2. 简述托盘运输的优点及局限性。
3. 采用托盘运输应注意哪些问题？
4. 集装箱运输具有哪些方面的特点？
5. 集装箱运输中的关系人主要有哪些？他们各起到什么作用？

在线自测

案例分析

广州集装箱码头进出口货物操作程序

一、进口货物提货程序

货主持已办结一关三检手续的提单,到我司业务申请台办理提货手续,结清码头费用。

业务申请操作人员审核提单上所有手续均已齐全后,在提单上加盖码头提货章。

1. 整箱提货

(1) 货主按约定时间派拖车到码头提货,将提单和预约单交大门检查桥核对提箱,检查桥人员将提单资料输入计算机,同时将提货车辆的条码卡号输入电脑系统("三品"必须有公安局准运证)。

(2) 检查桥人员打印出相应集装箱装卸作业单及堆场位置,交司机前往堆场提箱,司机进入堆场相应位置等候装车。

(3) 中控室根据检查桥输入的资料,指挥机械前往相应的位置装箱。

(4) 装箱完毕,拖车返回大门,将条码卡及电脑系统打印的资料交检查桥复核,复核无误,检查桥将批销后的提单交还货主(如已提完则由大门收回提单)。

2. 拆箱提运散货

(1) 货主到货运站集疏组申请拆箱,之后到业务申请台办理手续,并申明提货时间。

(2) 货主按约定时间到仓库提货。

(3) 货主在海关放行前要求拆箱并将货物存放仓库的操作程序:

第一,货主写申请书,注明货物种类、数量等有关情况,向新港海关申请,然后持海关批准先拆箱(不能提货)的通知单到货运站集疏组申请拆箱。

第二,拆箱后,货主办理进仓登记手续,之后带海关到仓库验货。

第三,海关放行后,货主持提单到业务申请台办理相关手续,结清费用后由业务申请台加盖码头提货章,之后到仓库提货。

二、出口货物码头操作程序

1. 重箱进港出口操作程序

(1) 船公司/船代按既定的船期,通知计划室船期、提单号、到港、货名、箱数和重量。

计划室预定堆场位置,以便闸口重箱进港(危险货物要提前到计划室预报批准)。

(2) 重箱拖车到达大门,司机必须将装箱单、设备交接单及拖车条码卡交检查桥查验。

(3) 检查桥操作人员将有关资料输入计算机,打印出相应的集装箱装卸作业单及堆场位置,交司机前往堆场卸箱。

(4) 中控室操作人员根据大门输入显示的资料指挥机械前往卸箱。

(5) 卸箱完毕,拖车返回大门,将装卸作业单、条码卡交检查桥复核,然后放行空车。

(6) 重箱进港后,货主办理登记手续后,会同海关、堆场验货员到堆场验货。

2. 散件货物码头装箱出口操作程序

(1) 货物进港前,货主先行办理"港口作业委托书",码头凭"港口作业委托书"接收货物。

(2) 货主持"港口作业委托书"及船公司"用箱通知书"到货运站申请装箱(如属铁路到货还需出示"领货小票")。

(3) 装箱后货主到海关办理报关、验货手续。

3. 火车发运货物出口操作程序

(1) 发货人在发站正确填写到站、收货人、联系人、电话等栏目。

到站:下元站(广州)

收货人:广州集装箱码头有限公司

托运人记载事项:下元站广州集装箱码头有限公司铁路专用线

电话:98759

传真:82210184

(2) 发货人在货物发出后应马上用传真将站名、卡号、货名、件数等资料通知我司货运站业务组。同时,将"领货小票"用邮政快递寄给贵司在广州的货代。

(3) 车卡到站,铁路公司业务部会通知我司货运站,一般由出口组代办"港口作业委托书",将货物卸下,然后向货代发出"到货通知书"。

(4) 货代接通知后,应及时持"领货小票"到我司出口组办理委托装箱手续,并结清有关费用。

4. 进口火车货物

货主持提单到业务申请台办理手续,之后到业务组申请发运火车。

案例来源:慧聪网,http://info.news.hc360.com.

思考题:

1. 广州集装箱码头进口货运程序是什么?

2. 广州集装箱码头散件货物码头装箱出口货运程序是什么?

第8章 国际多式联运

本章关键词

国际多式联运(multimodel transport)　　多式联运经营人(multimodel transport operator)
陆桥运输(land bridge service)

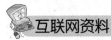**互联网资料**

http://www.transdata.com.cn/

> 国际集装箱运输是一种先进的现代化运输方式。与传统的件杂货散运方式相比,它具有运输效率高、经济效益好及服务质量优的特点。正因如此,集装箱运输在世界范围内得到了飞速发展,已成为世界各国保证国际贸易的最优运输方式。尤其是经过几十年的发展,随着集装箱运输软硬件成套技术臻于成熟,到20世纪80年代集装箱运输已进入国际多式联运时代。

8.1 国际多式联运概述

国际多式联合运输(简称"多式联运")是在集装箱运输的基础上产生并发展起来的新型的运输方式,也是近年来在国际运输上发展较快的一种综合连贯运输方式。

8.1.1 国际多式联运的定义、特征与优点

1. 国际多式联运的定义

国际多式联运(multimodel transport)是一种以实现货物整体运输的最优化效益为目标的联运组织形式。它通常是以集装箱为运输单元,将不同的运输方式有机地组合在一起,构成连续的、综合性的一体化货物运输。通过一次托运、一次计费、一份单证、一次保险,由各运输区段的承运人共同完成货物的全程运输,即将货物的全程运输作为一个完整的单一运输过程来安排。然而,它与传统的单一运输方式又有很大的不同。根据1980年《联合国国际货物多式联运公约》(简称《多式联运公约》)以及我国《国际集装箱多式联运管理规则》的定义,国际多式联运是指"按照多式联运合同,以至少两种不同的运输方式,由多式联运经营人将货物从一国境内接管货物的地点运至另一国境内指定地点交付的货物运输"。

2. 国际多式联运的特征

根据以上描述，构成国际多式联运必须具备以下特征或基本条件：

（1）必须具有一份多式联运合同。该运输合同是多式联运经营人与托运人之间权利、义务、责任与豁免的合同关系和运输性质的确定，也是区别多式联运与一般货物运输方式的主要依据。

（2）必须使用一份全程多式联运单证，即证明多式联运合同以及证明多式联运经营人已接管货物并负责按照合同条款交付货物所签发的单证，该单证应满足不同运输方式的需要，并按单一运费率计收全程运费。

（3）必须是至少两种不同运输方式的连贯运输。这是确定一票货运是否属于多式联运的最重要的特征。为了履行单一方式运输合同而进行的该合同所规定的货物接送业务不应视为多式联运，如航空运输中从仓库到机场的这种陆空组合不属于多式联运。

（4）必须是国际间的货物运输，这是区别于国内运输和是否适合国际法规的限制条件。

（5）必须由一个多式联运经营人对货物运输的全程负责。这是多式联运的一个重要特征。由多式联运经营人去寻找分承运人实现分段的运输。该多式联运经营人不仅是订立多式联运合同的当事人，也是多式联运单证的签发人。当然，在多式联运经营人履行多式联运合同所规定的运输责任的同时，可将全部或部分运输委托他人（分承运人）完成，并订立分运合同。但分运合同的承运人与托运人之间不存在任何合同关系。

（6）必须是全程单一运费费率。多式联运经营人在对货主负全程运输责任的基础上，制订一个货物发运地至目的地全程单一费率并以包干形式一次向货主收取。

由此可见，国际多式联运的主要特点是，由多式联运经营人对托运人签订一个运输合同，统一组织全程运输，实行运输全程一次托运、一单到底、一次收费，统一理赔和全程负责。它是一种以方便托运人和货主为目的的先进的货物运输组织形式。

3. 国际多式联运的优点

国际多式联运是今后国际运输发展的方向，这是因为，开展国际集装箱多式联运具有许多优越性，主要表现在以下几个方面：

（1）手续简便。在国际多式联运方式下，无论货物运输距离有多远，由几种运输方式共同完成且不论运输途中货物经过多少次转换，所有一切运输事项均由多式联运经营人负责办理。而托运人只需办理一次托运，订立一份运输合同，一次支付费用，一次保险，从而省去托运人办理托运手续的许多不便。

（2）缩短货物运输时间，减少库存，降低货损货差事故，提高货运质量。在国际多式联运方式下，各个运输环节和各种运输工具之间配合密切，衔接紧凑，货物所到之处中转迅速及时，大大减少货物的在途停留时间，从而从根本上保证了货物安全、迅速、准确、及时地运抵目的地，因而也相应地降低了货物的库存量和库存成本。同时，多式联运系通过集装箱为运输单元进行直达运输，尽管货运途中须经多次转换，但由于使用专业机械装卸且不涉及箱内货物，因而货损货差事故大为减少，从而在很大程度上提高了货物的运输质量。

(3) 降低运输成本,节省各种支出。由于多式联运可实行门到门运输,因此对货主来说,在将货物交由第一承运人以后即可取得货运单证,并据以结汇,从而提前了结汇时间。这不仅有利于加速货物占用资金的周转,而且可以减少利息的支出。此外,由于货物是在集装箱内进行运输的,因此从某种意义上来看,可相应地节省货物的包装、理货和保险等费用的支出。

(4) 提高运输管理水平,实现运输合理化。对于区段运输而言,由于各种运输方式的经营人各自为政,自成体系,因而其经营业务范围受到限制,货运量相应也有限。而一旦由不同的运输经营人共同参与多式联运,经营的范围可以大大扩展,同时可以最大限度地发挥其现有设备的作用,选择最佳运输线路组织合理化运输。

(5) 其他作用。从政府的角度来看,发展国际多式联运具有以下重要意义:有利于加强政府部门对整个货物运输链的监督与管理;保证本国在整个货物运输过程中获得较大的运费收入分配比例;有助于引进新的先进运输技术;减少外汇支出;改善本国基础设施的利用状况;通过国家的宏观调控与指导职能保证使用对环境破坏最小的运输方式达到保护本国生态环境的目的。

8.1.2 国际多式联运经营人的性质和责任

1. 国际多式联运经营人的性质

多式联运经营人不是发货人的代理人或代表,也不是参加联运的承运人的代理人或代表,而是多式联运的当事人,是一个独立的法律实体。对于货主来说,它是货物的承运人,但对分承运人来说,它又是货物的托运人。一方面,它同货主签订多式联运合同;另一方面,它又与分承运人以托运人身份签订各段运输合同,所以它具有双重身份。在多式联运方式下,根据合同规定:联运经营人始终是货物运输的总承运人,对货物负有全程运输的责任。

2. 国际多式联运经营人的责任

国际多式联运经营人的责任期间是从接受货物之时起到交付货物之时为止。在此期间内,对货主负全程运输责任,但对责任范围和赔偿限额方面,根据目前国际上的做法,可以分为以下三种类型:

(1) 统一责任制。在统一责任制下,多式联运经营人对货主负不分区段的运输的统一原则责任。即货物的灭失或损失,包括隐蔽损失(即损失发生的区段不明),不论发生在哪个区段,多式联运经营人都按一个统一原则负责,并一律按一个约定的限额赔偿。

(2) 分段责任制。分段责任制又称网状责任制,多式联运经营人的责任范围以各区段运输原有责任为限,如海上区段按《海牙规则》办理,航空区段按《华沙公约》办理。在不适用国际法时,则按相应的国内法办理。赔偿也是分别按各区段的国际法或国内法规定的限额赔付,对不明区段货物隐蔽损失,或作为海上区段,按《海牙规则》办理,或按双方约定的一个原则办理。

(3) 修正统一责任制。修正统一责任制,是介于上述两种责任制之间的责任制,故又称混合责任制。也就是在责任范围方面与统一责任制相同,而在赔偿限额方面则与分段责任制相同。

8.1.3　我国开展国际多式联运的概况

近年来,为适应我国对外贸易的发展需要,我国对某些国家和地区的对外贸易进出口货物也已开始采用国际多式联运方式。我国国际多式联运的主要路线如下:

(1) 我国内地—我国港口—日本港口—日本内地(或反向运输);

(2) 我国内地—我国港口(包括中国香港)—美国港口—美国内地(或反向运输);

(3) 我国港口—肯尼亚港口—乌干达内地;

(4) 我国内地—我国港口(包括中国香港)—欧洲有关港口(德国港口或比利时港口)—西欧内地(或反向运输);

(5) 我国内地—我国港口—科威特—伊拉克;

(6) 我国东北地区—图们—朝鲜清津港—日本港口(或反向运输);

(7) 我国港口—日本港口—澳大利亚港口—澳大利亚内地(或反向运输);

(8) 我国内地—苏联西部边境—欧洲、中近东(或反向运输)。

除了上述已开办的路线外,新的路线还在不断发展中。

当前我国对外贸易进出口货物采用多式联运方式运输的已越来越多,形式也更为灵活多样,有陆海联运、陆空联运、陆空陆联运和海空联运等。其中使用较多的主要是陆海联运和陆空联运。其交接方式既有门到门、门到港站,也有港站到港站、港站到门。国内可以办理此项业务的地区也不断有所扩大,目前不仅沿海港口城市及其周围地区,而且内地很多省市都已开办。

8.2　国际多式联运组织管理

8.2.1　国际多式联运的运输组织形式

国际多式联运是采用两种或两种以上不同运输方式进行联运的运输组织形式。这里所指的至少两种运输方式可以是海陆、陆空、海空等,这与一般的海海、陆陆、空空等形式的联运有着本质的区别。后者虽也是联运,但仍是同一种运输工具之间的运输方式。由于国际多式联运严格规定必须采用两种或两种以上的运输方式进行联运,因此这种运输组织形式可综合利用各种运输方式的优点。

由于国际多式联运具有其他运输组织形式无可比拟的优越性,因而这种国际运输新技术已在世界各主要国家和地区得到广泛的推广和应用。目前,有代表性的国际多式联运主要有远东/欧洲,远东/北美等海陆空联运,其组织形式包括:

1. 海陆联运

海陆联运是国际多式联运的主要组织形式,也是远东/欧洲多式联运的主要组织形式之一。目前,组织和经营远东/欧洲海陆联运业务的主要有班轮公会的三联集团、北荷、冠航和丹麦的马士基等国际航运公司,以及非班轮公会的中国远洋运输公司、中国台湾长荣航运公司和德国那亚航运公司等。这种组织形式以航运公司为主体,签发联运提单,与航线两端的内陆运输部门开展联运业务,与大陆桥运输展开竞争。

2. 陆桥运输

在国际多式联运中,陆桥运输(land bridge service)起着非常重要的作用,它是远东/欧洲国际多式联运的主要形式。陆桥运输是集装箱运输开展以后的产物,出现于1967年,当时苏伊士运河封闭,航运中断,而巴拿马运河又堵塞,远东与欧洲之间的海上货运船舶,不得不改道绕航非洲好望角或南美,致使航程距离和运输时间倍增,加上油价上涨,航运成本猛增,而当时正值集装箱运输兴起。在这种历史背景下,陆桥运输应运而生,从远东港口至欧洲的货运,于1967年底首次开辟了使用美国大陆桥运输路线,把原来全程海运,改为海/陆/海运输方式,试办结果,取得了较好的经济效果,达到了缩短运输里程,降低运输成本,加速货物运输的目的。

所谓陆桥运输是指采用集装箱专用列车或卡车,把横贯大陆的铁路或公路作为中间"桥梁",使大陆两端的集装箱海运航线与专用列车或卡车连接起来的一种连贯运输方式。严格地讲,陆桥运输也是一种海陆联运形式。只是因为其在国际多式联运中的独特地位,故在此将其单独作为一种运输组织形式。以集装箱为运输单位,可大大简化理货、搬运、储存、保管和装卸等操作环节,同时集装箱是经海关铅封,中途不用开箱检验,而且可以迅速直接转换运输工具,故采用集装箱是开展陆桥运输的最佳形式。目前,远东/欧洲的陆桥运输线路有西伯利亚大陆桥和北美大陆桥。

(1) 西伯利亚大陆桥(Siberian Landbridge)

西伯利亚大陆桥(SLB)是利用俄罗斯西伯利亚铁路作为陆地桥梁,把太平洋远东地区与波罗的海和黑海沿岸以及西欧大西洋口岸连起来,使用国际标准集装箱,将货物由远东海运到俄罗斯东部港口,再经跨越欧亚大陆的西伯利亚铁路运至波罗的海沿岸如爱沙尼亚的塔林或拉脱维亚的里加等港口,然后再采用铁路、公路或海运运到欧洲各地的国际多式联运的运输线路。此条大陆桥运输线东自海参崴的纳霍特卡港起,横贯欧亚大陆,至莫斯科,然后分二路,一路自莫斯科至波罗的海沿岸的圣彼得堡港,转船往西欧、北欧港口;一路从莫斯科至俄罗斯西部国境站,转欧洲其他国家铁路(公路)直运欧洲各国;另一路从莫斯科至黑海沿岸,转船往中东、地中海沿岸。

西伯利亚大陆桥运输包括"海铁铁""海铁海""海铁公"和"海公空"等四种运输方式。由俄罗斯的过境运输总公司(Sojuztransit)担当总经营人,它拥有签发货物过境许可证的权利,并签发统一的全程联运提单,承担全程运输责任。至于参加联运的各运输区段,则采用"互为托、承运"的接力方式完成全程联运任务。可以说,西伯利亚大陆桥是较为典型的一条过境多式联运线路。

西伯利亚大陆桥是目前世界上最长的一条陆桥运输线,它大大缩短了从日本、远东、东南亚及大洋洲到欧洲的运输距离,并由此节省了运输时间。从远东经俄罗斯太平洋沿岸港口去欧洲的陆桥运输线全长13 000公里,而相应的全程水路运输距离(经苏伊士运河)约为20 000公里。从日本横滨到欧洲鹿特丹,采用陆桥运输不仅可使运距缩短1/3,运输时间也可节省1/2。此外,在一般情况下,运输费用还可节省20%~30%,因而对货主有着很大的吸引力。

(2) 新亚欧大陆桥

亚欧大陆桥是指以横跨亚欧大陆的铁路运输系统为中间桥梁,把大陆两端的海洋连接起来,实现海陆联运的一种运输方式,属于国际联合运输的范畴。

新亚欧大陆桥又名"第二亚欧大陆桥",是从中国连云港到荷兰鹿特丹的铁路联运线。它东起中国江苏连云港和山东日照市,途经江苏、山东、河南、安徽、陕西、甘肃、山西、四川、宁夏、青海、新疆11个省、区,89个地、市、州的570多个县、市,西至荷兰鹿特丹,跨亚欧两大洲,连接太平洋和大西洋,穿越中国、哈萨克、俄罗斯,经自俄罗斯、波兰、德国到荷兰,辐射20多个国家和地区,全长1.08万公里,在我国境内全长4 134公里。这条运输线与第一条运输线相比,总运距缩短2 000～2 500公里。可节省运输时间5天,减少运费10%以上。

(3) 北美大陆桥(North American Landbridge)

北美大陆桥是指利用北美的大铁路从远东到欧洲的"海陆海"联运。该陆桥运输包括美国大陆桥运输和加拿大大陆桥运输。美国有两条大陆桥运输线,一条是从西部太平洋口岸至东部大西洋口岸的铁路和公路运输线,全长约3 200公里;另一条是西部太平洋口岸至南部墨西哥湾口岸的铁路和公路运输线,长500～1 000公里左右。美国大陆桥于1971年底由经营远东/欧洲航线的船公司和铁路承运人联合开办"海陆海"多式联运线,后来美国几家班轮公司也投入营运。加拿大大陆桥与美国大陆桥相似,由船公司把货物海运至温哥华,经铁路运到蒙特利尔或哈利法克斯,再与大西洋海运相接。

北美大陆桥是世界上历史最悠久、影响最大、服务范围最广的陆桥运输线。据统计,从远东到北美东海岸的货物有大约50%以上是采用双层列车进行运输的,因为采用这种陆桥运输方式比采用全程水运方式通常要快1～2周。例如,集装箱货从日本东京到欧洲鹿特丹港,采用全程水运(经巴拿马运河或苏伊士运河)通常约需5～6周时间,而采用北美陆桥运输仅需3周左右的时间。

随着美国和加拿大大陆桥运输的成功营运,北美其他地区也开展了大陆桥运输。墨西哥大陆桥(Mexican Land Bridge)就是其中之一。该大陆桥横跨特万特佩克地峡(Isthmus Tehuantepec),连接太平洋沿岸的萨利纳克鲁斯港和墨西哥湾沿岸的夸察夸尔科斯港。墨西哥大陆桥于1982年开始运营,目前其服务范围还很有限,对比其他港口和大陆桥运输的影响还很小。

(4) 其他陆桥运输形式

美国的大陆桥运输由于东部港口拥挤等原因基本陷于停顿状态,但在大陆桥运输的过程中,派生并形成小陆桥和微型陆桥运输方式。

① 小陆桥运输(mini bridge),从运输组织方式上看与大陆桥运输并无大的区别,只是其运送的货物的目的地为沿海港口,比大陆桥的海/陆/海运输缩短一段海上运输,成为海/陆或陆/海形式。目前,北美小陆桥运送的主要是日本经北美太平洋沿岸到大西洋沿岸和墨西哥湾地区港口的集装箱货物,也承运从欧洲到美西及海湾地区各港的大西洋航线的转运货物。例如,远东至美国东部大西洋口岸或美国南部墨西哥湾口岸的货运,由原来全程海运,改为由远东装船运至美国西部太平洋口岸,转装铁路(公路)专用车运至东部大西洋口岸或南部墨西哥湾口岸,以陆上铁路(公路)作为桥梁,把美国西海岸同东海岸和

墨西哥湾连起来。北美小陆桥在缩短运输距离、节省运输时间上效果是显著的。

② 微型桥运输(micro land bridge)。微型桥运输与小陆桥运输基本相似，只是其交货地点在内陆地区，比小陆桥更短一段。由于没有通过整条陆桥，而只利用了部分陆桥，故又称半陆桥运输(semi land bridge)。是指海运加一段从海港到内陆城乡的陆上运输或相反方向的运输形式。北美微型桥运输是指经北美东、西海岸及墨西哥湾沿岸港口到美国、加拿大内陆地区的联运服务。

随着北美小陆桥运输的发展，出现了新的矛盾，主要反映在：如货物由靠近东海岸的内地城市运往远东地区(或反向)首先要通过国内运输，以国内提单运至东海岸交船公司，然后由船公司另外签发由东海岸出口的国际货运单证，再通过国内运输运至西海岸港口，然后海运至远东。货主认为，这种运输不能从内地直接以国际货运单证运至西海岸港口转运，不仅增加费用，而且耽误运输时间。为解决这一问题，微型桥运输应运而生，进出美、加内陆城市的货物采用微型桥运输既可节省运输时间，也可避免双重港口收费，从而节省费用。例如，往来于日本和美东内陆城市匹兹堡的集装箱货，可从日本海运至美国西海岸港口，如奥克兰，然后通过铁路直接联运至匹兹堡，这样可完全避免进入美东的费城港，从而节省了在该港的港口费支出。微型陆桥运输近年来发展非常迅速。

3. 海空联运

海空联运又被称为空桥运输(airbridge service)。在运输组织方式上，空桥运输与陆桥运输有所不同：陆桥运输在整个货运过程中使用的是同一个集装箱，不用换装，而空桥运输的货物通常要在航空港换入航空集装箱。不过，两者的目标是一致的，即以低费率提供快捷、可靠的运输服务。

海空联运方式始于20世纪60年代，但到80年代才得以有较大的发展。采用这种运输方式，运输时间比全程海运少，运输费用比全程空运便宜。20世纪60年代，将远东船运至美国西海岸的货物，再通过航空运至美国内陆地区或美国东海岸，从而出现了海空联运。当然，这种联运组织形式是以海运为主，只是最终交货运输区段由空运承担。1960年年底，苏联航空公司开辟了经由西伯利亚至欧洲航空线。1968年，加拿大航空公司参加了国际多式联运。20世纪80年代，出现了经由中国香港、新加坡、泰国等至欧洲航空线。目前，国际海空联运线主要有：

(1) 远东——欧洲。目前，远东与欧洲间的航线有以温哥华、西雅图、洛杉矶为中转地，也有以中国香港、曼谷、海参崴为中转地。此外还有以旧金山、新加坡为中转地。

(2) 远东——中南美。近年来，远东至中南美的海空联运发展较快，因为此处港口和内陆运输不稳定，所以对海空运输的需求很大。该联运线以迈阿密、洛杉矶、温哥华为中转地。

(3) 远东——中近东、非洲、澳洲。这是以中国香港、曼谷为中转地至中近东、非洲的运输服务。在特殊情况下，还有经马赛至非洲、经曼谷至印度、经中国香港至澳洲等联运线，但这些线路货运量较小。

总的来讲，运输距离越远，采用海空联运的优越性就越大，因为同完全采用海运相比，其运输时间更短。同直接采用空运相比，其费率更低。因此，从远东出发将欧洲、中南美以及非洲作为海空联运的主要市场是合适的。

8.2.2 国际多式联运基本作业管理

国际多式联运的作业流程包括以下几个环节。

1. 接受托运申请，订立多式联运合同

多式联运经营人根据货主提出的托运申请和自己的运输路线等情况，判断是否接受该托运申请。如果能够接受，则双方议定有关事项后，在交给发货人或其代理的场站收据（空白）副本上签章（必须是海关能接受的），证明接受托运申请，多式联运合同已订立并开始执行。

发货人或其代理人根据双方就货物交接方式、时间、地点、付费方式等达成协议填写场站收据（货物情况可暂空），并把其送至联运经营人处编号，多式联运经营人编号后留下货物托运联，将其他联交还给发货人或其代理人。

2. 空箱的发放、提取及运送

多式联运中使用的集装箱一般应由经营人提供。集装箱空箱来源可能有三个：一是经营人自己购置的；二是租用的，一般在货物的起运地附近提箱而在交付货物地点附近还箱；三是由全程运输中的某一分运人提供，需要在多式联运经营人与该分运人（一般是海上区段承运人）订立分运合同后获得使用权。

如果双方协议由发货人自行装箱，则多式联运经营人应签发提箱单或将租箱公司（分运人）签发的提箱单交给发货人或其代理，发货人在规定日期到指定的堆场提箱并自行将空箱拖运到货物装箱地点，准备装货。如发货人委托亦可由经营人办理从堆场到装箱地点的空箱拖运（需加收空箱拖运费）。如是拼箱货（或是整箱货但发货人无装箱条件不能自装）时，则由多式联运经营人将所用空箱调运至接受货物的集装箱货运站，做好装箱准备。

3. 出口报关

若多式联运从港口开始，则在港口报关；若从内陆地区开始，应在附近的内陆地海关办理报关。出口报关事宜可以由发货人或其代理办理，也可委托多式联运经营人代为办理（需加收报关手续费）。报关时应提供场站收据、装箱单、出口许可证等有关单据和文件。

4. 货物装箱及接收货物

若是发货人自行装箱，发货人或其代理提取空箱后在自己的工厂和仓库组织装箱；装箱一般要在报关后进行，并请海关派员到装箱地点监装和办理加封事宜。如需理货，还应请理货人员现场理货并与之共同制作装箱单。对于拼箱货物，发货人应负责将货物运至指定的集装箱货运站，由货运站按多式联运经营人的指示装箱。无论装箱工作由谁负责，装箱人均需制作装箱单，并办理海关监装与加封事宜。

对于由货主自装箱的整箱货，发货人应负责将货物运至双方协议规定的地点，多式联运经营人或其委托代表在指定地点接收货物。如是拼箱货，经营人在指定的货运站接收货物。货物验收后，联运经营人或其代表应在场站收据正本上签章并将其交给发货人或其代理。

5．订舱及安排货物运送

经营人在合同订立之后，即应制订该合同涉及的集装箱货物的运输计划。该计划应包括货物的运输路线、区段的划分、各区段实际承运人的选择确定及各区段间衔接地点的到达、起运时间等内容。此处的订舱泛指多式联运经营人要按照运输计划安排洽定各区段的运输工具，与选定的各实际承运人订立各区段的分运合同。这些合同的订立由经营人本人（派出机构或代表）或委托的代理人（在各转接地）办理，也可请前一区段的实际承运人作为代表向后一区段的实际承运人订舱。货物运输计划的安排必须合理，注意保持相互联系，根据实际情况调整计划，避免脱节。

6．办理货物运输保险

发货人应投保货物运输险，该保险由发货人自行办理，或发货人承担费用由经营人代为办理。货物运输保险可以是全程，也可分段投保。多式联运经营人应投保货物责任险和集装箱保险，由经营人或其代理向保险公司或以其他形式办理。

7．签发多式联运提单，组织完成货物的全程运输

多式联运经营人收取货物后，经营人应向发货人签发多式联运提单。在把提单交给发货人前，应注意按双方议定的付费方式及内容、数量向发货人收取全部应付费用。接收货物后，多式联运经营人要组织各区段实际承运人、各派出机构及代表人共同协调工作，完成全程中各区段的运输、各区段之间的衔接工作，以及运输过程中所涉及的各种服务性工作和运输单据、文件及有关信息等组织和协调工作。

8．运输过程中的海关业务

按惯例国际多式联运的全程运输（包括进口国内陆段运输）均应视为国际货物运输。因此该环节主要工作包括货物及集装箱进口国的通关手续，进口国内陆段保税（海关监管）运输手续及结关等内容。如果陆上运输要通过其他国家海关和内陆运输线路时，还应包括这些海关的通关及保税运输手续。

海关业务手续一般由多式联运经营人的派出机构或代理人办理，也可由各区段的实际承运人作为多式联运经营人的代表代为办理。由此产生的全部费用应由发货人或收货人负担。

如果货物在目的港交付，则结关应在港口所在地海关进行；如在内陆地交货，则应在口岸办理保税（海关监管）运输手续，海关加封后方可运往内陆目的地，然后在内陆海关办理结关手续。

9．货物交付

当货物运至目的地后，由目的地代理通知收货人提货。收货人需凭多式联运提单提货，经营人或其代理须按合同规定收取收货人应付的全部费用。收回提单签发提货单，收货人凭提货单到指定地点提取货物；然后，收货人将集装箱空箱运回指定堆场，运输合同终止。

10．货运事故处理

如果全程运输中发生了货物灭失、损害和运输延误，无论是否能确定损害发生的区段,发(收)货人均可向多式联运经营人提出索赔。多式联运经营人根据提单条款及双方协议确定责任并作出赔偿。如能确知事故发生的区段和实际责任者,可向其进一步进行索赔。如不能确定事故发生的区段,一般按在海运段发生处理。如果已对货物及责任投保,可向保险公司要求赔偿;如果受损人和责任人之间不能取得一致,可通过在诉讼时效内提起诉讼和仲裁来解决。

8.2.3 国际多式联运单证

国际集装箱多式联运经营人在接收集装箱货物时,应由本人或其授权的人签发国际集装箱多式联运单证。多式联运单证并不是多式联运合同,而只是多式联运合同的证明,同时是多式联运经营人收到货物的收据和凭其交货的凭证。根据我国于 1997 年 10 月 1 日施行的《国际集装箱多式联运管理规则》,国际集装箱多式联运单证(简称"多式联运单证")是指证明多式联运合同以及多式联运经营人接管集装箱货物并负责按合同条款交付货物的单证。该单证包括双方确认的取代纸张单证的电子数据交换信息。

1. 多式联运单证的内容

对于国际集装箱多式联运单证的记载内容,《联合国国际货物多式联运公约》以及我国的《国际集装箱多式联运管理规则》都作了具体规定,根据我国的《国际集装箱多式联运管理规则》的规定,多式联运单证应当载明下列事项:

(1) 货物名称、种类、件数、重量、尺寸、外表状况、包装形式;
(2) 集装箱箱号、箱型、数量、封志号;
(3) 危险货物、冷冻货物等特种货物应载明其特性和注意事项;
(4) 多式联运经营人名称和主营业所;
(5) 托运人名称;
(6) 多式联运单证表明的收货人;
(7) 接受货物的日期、地点;
(8) 支付货物的地点和约定的日期;
(9) 多式联运经营人或其授权人的签字及单证的签发日期、地点;
(10) 交接方式、运费的支付、约定的运达期限、货物中转地点;
(11) 在不违背我国有关法律、法规的前提下,双方同意列入的其他事项。

当然,缺少上述各项中的一项或数项,并不影响该单证作为多式联运单证的法律效力。

《联合国国际货物多式联运公约》对多式联运单证所规定的内容与上述规则基本相同,只是公约中还规定多式联运单证应包括下列内容:

(1) 表示该多式联运单证为可转让或不可转让的声明;
(2) 预期经过的路线、运输方式和转运地点(如在签发多式联运单证时已经确知)。

2. 多式联运单证的签发

(1) 多式联运单证的签发形式。多式联运单证分为可转让的和不可转让的。

作为可转让的多式联运单证，具有流通性，可以像提单那样在国际货物买卖中扮演重要角色。

多式联运公约规定，多式联运单证以可转让方式签发时，应列明按指示或向持票人交付。如列明按指示交付，须经背书后转让；如列明向持票人交付，无须背书即可转让。此外，如签发一套一份以上的正本，应注明正本份数；如签发任何副本，每份副本均应注明"不可转让"字样。在实践中，对于多式联运单证的正本和副本的份数规定不一，主要视发货人的要求而定。在交付货物时，多式联运经营人只是按其中一份正本交付货物后，便已履行向收货人交货的义务，其余各份正本自动失效。

不可转让的多式联运单证没有流通性。多式联运经营人凭单证上记载的收货人而向其交货。按照多式联运公约的规定，多式联运单证以不可转让的方式签发时，应指明记名的收货人。同时规定，多式联运经营人将货物交给此种不可转让的多式联运单证所指明的记名收货人或经收货人通常以书面正式指定的其他人后，该多式联运经营人即已履行其交货责任。

对于多式联运单证的可转让性，我国的《国际多式联运管理规则》也有规定。根据该规则，多式联运单证的转让依照下列规定执行：

① 记名单证：不得转让；
② 指示单证：经过记名背书或者空白背书转让；
③ 不记名单证：无须背书，即可转让。

（2）国际多式联运单证手续。办理国际多式联运货物运输的单证和手续与单一运输方式不同，除了按一般的集装箱货物运输的做法办理外，在制单和单证流转等方面，应从信用证开始，注意是否与多式联运条件相符，及时、正确地缮制和递送单据，避免因某一环节脱节而造成失误。

① 关于信用证条款，根据多式联运的需要，信用证条款与一般常见条款比较，主要有以下三点区别：

a. 通过银行议付不再使用船公司签发的已装船提单，而是凭多式联运经营人或经其授权的代理人签发的联运单据；

b. 由于多式联运一般采用集装箱运输，除特殊情况外，信用证上应有指定集装箱的条款；

c. 由银行转单改为联运经营人直寄收货人。目的是使收货人及其代理人及早取得装船单证和报关时必备的商务单证，从而加快在目的港的提箱速度和交货速度。

② 缮制海运单据及联运单据。由于国际多式联运为"门到门"运输，故货物在港口装船后均应同时签发海运提单与联运提单。这是多式联运与单一海运根本不同之处。现将这两种提单的缮制分述如下：

a. 海运提单的缮制。发货人为多式联运经营人（例如，外运公司），收货人及通知方一般为多式联运经营人的国外代理，海运提单由船公司代理签发。

b. 联运提单的缮制。联运提单上的收货人和发货人是实际的收、发货人，通知方则是目的港或最终交货地点收货人指定的代理人。提单上除了列明装货港、卸货港外，还要列明收货地、交货地或最终目的地的第一运输工具，以及海运船名及航次等。缮制联运提单均按信用证规定缮制,联运提单由多式联运经营人签发。

③ 其他单据。有关其他单据,一般都是信用证规定的船务单据和商务单据两种,这些单据的份数,也按信用证中所规定的并由发货人提供。除将上述海运提单正本和多式联运提单正本分别递交多式联运经营人的国外代理和买方(收货人)外,还应将联运提单副本和海运提单副本连同装箱单、发票、产地证明等单据分别递交联运经营人国外代理及买方。这些单证要在船抵卸货港前寄到代理和买方手中,以便国外代理办理货物转运并将信息通知最终目的地收货人。同时,也有利于收货人与代理取得联系。

3. 集装箱联运提单

国际集装箱联运单证系统由出口运输单证、进口运输单证及向口岸监管部门申报所用的相关单证等三大类构成。其中,进出口运输单证包括:集装箱货物托运单、装箱单、设备交接单、场站收据、提单、集装箱预配清单、集装箱装载清单、集装箱预配船图、集装箱实装船图、理货报告、货物舱单、运费舱单、到货通知、提货单、交货记录等;向海关、商检、动植物检、港监等口岸监管部门申报所用的相关单证包括:报关单、合同副本、信用证副本、商业发票、进出口许可证、免税证明书、产地证明书、商品检验证书、药物/动植物报验单、危险货物清单、危险货物性能说明书、危险货物包装证书、危险货物装箱说明书等。大部分单证在第 7 章已有说明,本章重点了解集装箱联运提单。与普通海运提单一样,集装箱联运提单的主要功能是承运人或其代理人签发的货物运输收据,是货物的物权凭证,即货物所有权的支配文件,是承运人与托运人之间运输契约成立的证明。

所不同的是,集装箱联运提单是一张收货待运提单,所以,在大多数情况下,承运人根据发货人的要求,在提单上填注具体的装船日期和船名后,该收货待运提单便具有了与装船提单一样的性质。为此,现行的集装箱联运提单在其正面都有表面条款,以说明货物在使用集装箱运输情况下所签发的提单的性质和作用。该条款由"确认条款""承诺条款""签署条款"组成,主要内容有:

① 确认条款:该条款表明负责集装箱运输的人,是在集装箱货物"外表状况良好,封志完整"下接收货物的,并以同样状况交货。并说明签发给货物托运人的提单系收货待运提单。

② 承诺条款:该条款表示货物托运人同意并接受提单中的所有条件以及受其约束,当然,这并不是集装箱运输提单中特有的条款,普通海运提单也有类似规定。

③ 签署条款:该条款表明由谁签发提单,以及正本提单签发的份数。普通海运提单都列有船长签署的规定,尽管实际上提单可能并非船长签发;现行的集装箱联运提单一般都列入船公司的名称,而且不管由谁签发提单,都仅是"代表承运人"签字,或者"仅以代理人身份"签字。

8.2.4 联合国国际货物多式联运公约

《联合国国际货物多式联运公约》是国际上第一个关于多式联运的公约,它是在联合国贸易会议的主持下起草的,于 1980 年 5 月在日内瓦召开的联合国国际多式联运公约会议上,经参加会议的 84 个贸发会议成员国一致通过。我国参加了公约的起草并在最后文件上签了字。

《联合国国际货物多式联运公约》旨在调整多式联运经营人和托运人之间的权利、义务关系以及国家对多式联运的管理。公约是继《汉堡规则》之后制定的,对多式联运经营人的赔偿责任期间、赔偿责任基础、赔偿责任限制权利及其丧失、非合同赔偿责任、诉讼时效的管辖等方面都有着和《汉堡规则》大体相似的规定。

《联合国国际货物多式联运公约》中关于多式联运经营人和发货人各自的赔偿责任从不同方面分别加以具体规定:

1. 多式联运经营人的赔偿责任

(1) 赔偿责任基础。公约对联运人的赔偿责任采取推定过失或疏忽的原则,即除非联运人能够证明他和他的受雇人或代理为避免损失事故的发生及其后果已经采取了一切所能合理要求的措施,否则就推定联运人有疏忽或过失,联运人就应对货物在其掌管期间发生的灭失、损坏或延迟交货负赔偿责任。

(2) 赔偿责任期间。公约规定,多式联运经营人对于货物所负责任的期间,是从其接管货物之时起到交付货物之时为止,也就是指货物在多式联运经营人的掌管之下这一期间。具体到接收货物的情况是指从多式联运经营人由下列各方接管货物之时起:

① 发货人或其代表;

② 根据接管货物地点适用的法律或规章,货物必须交其运输的当局或其他第三方。

至于交付货物则是指联运经营人将货物以下列方式交付时为止:

① 将货物交给收货人;

② 若收货人不向多式联运经营人提取货物,则按多式联运合同或按照交货地点适用的法律或待定行业惯例,将货物置于收货人支配之下;

③ 将货物交给根据交货地点适用的法律或规章必须向其交付的当局或其他第三方。

(3) 赔偿责任限额。关于联运人赔偿的责任限额,公约规定如下:

① 联运如包括海运在内,每件货物或其他每个货运单位不超过 920 记账单位,(即国际货币基金组织所确定的特别提款权 SDRs)或毛重千克 2.75 记账单位,以较高者为准。

② 国际多式联运如不包括海运或内河运输在内,赔偿责任限额为毛重每千克 8.33 记账单位,这是考虑到空运承运人和铁路、公路承运人对货损的赔偿责任应高于海运承运人的责任限额。

③ 如果能够确定损失发生的运输区段,而该区段所适用的某项国际公约或强制性的国内法律所规定的赔偿限额高于联运公约规定的赔偿限额时,则适用该公约或该国内法律的规定。

④ 联运人对延迟交货造成损失所负的赔偿责任限额,相当于延迟交付货物应付运费的两倍半,但不得超过多式联运合同规定的应付运费的总额。

⑤ 如果多式联运经营人和发货人之间同意,可在多式联运单据中规定超过本公约所规定的赔偿限额。

2. 发货人的赔偿责任

(1) 发货人的基本责任。对于在多式联运中发货人应负的基本责任,公约从一般原则和对危险货物的特殊规则两个方面分别加以规定。

在第二十二条"通则"中规定:"如果多式联运经营人遭受的损失是由于发货人的过失或疏忽,或者他的受雇人或代理人在其受雇范围内行事时的过失或疏忽所造成,发货人对这种损失应负赔偿责任。"但如果发货人的受雇人或代理人由于其本身的过失或疏忽给联运人带来损失,则应由该受雇人或代理人对这种损失负赔偿责任。

公约的第二十三条规定了发货人对危险货物的责任。一方面发货人应以适当的方式在危险货物上加明危险标志或标签;另一方面在将危险货物交给多式联运经营人或其代表时,要将货物的危险特性以及应采取的预防措施告知联运人。如果发货人没有尽到上述职责,同时多式联运经营人又无从得知货物的危险特性,则发货人必须赔偿联运人因载运这类货物而遭受的一切损失;联运人还可以根据情况需要,随时将货物卸下、销毁或使之无害而无须给予任何赔偿。

(2) 发货人的保证(第十二条)。公约对发货人就多式联运单据所应负的责任做了具体的规定,即发货人应向联运经营人保证他所提供的货物品类、标志、件数、重量和数量以及危险货物的特性等资料的准确性。如因上述资料不准确或不适当而使联运人遭受损失,发货人应予以赔偿,即使发货人已将多式联运单据转让给他人,他仍须负赔偿责任,但是,联运人对发货人的这种索赔权,并不限制他按照多式联运合同对发货人以外的任何人应负的赔偿责任。也就是说,联运人不得以发货人申报不实为理由来对抗善意的第三者。

公约规定在30个国家批准或加入一年之后即开始生效。每一缔约国对于在本公约对该国生效之日或其后所订立的多式联运合同应适用公约的规定。

8.3 国际集装箱多式联运运价与运费

8.3.1 国际集装箱多式联运运价

任何一个多式联运经营人,在制定多式联运运价表之前,首先必须确定出具体的经营线路,并就有关各运输区段的各单一运输方式作好安排,在此基础上,依据各单一运输方式的运输成本及其他有关运杂费,估算出各条营运线路的实际成本,从而制定出一个真正合理的多式联运运价表。

国际集装箱多式联运运价表从结构上讲,可采用以下两种形式:一种是城市间的门到门费率。这种费率结构可以是以整箱货或拼箱货为计费单位的货物等级费率,也可以是按 TEU 或 FEU 计费的包箱费率。这是一种真正意义上的多式联运运价。另一种形式与海运运价表相似,是港到港间费率加上内陆运费率。这种费率结构形式较为灵活,但从竞争的角度来看,由于这种形式将海运运价与内陆运价分开,因而于竞争不利。

在多式联运运价分为海运运价和内陆运价两部分的情况下,应注意运价表的内陆运价部分必须包括以下内容:

(1) 一般性条款,如关税及清关费用、货物的包装、无效运输以及更改运输线路与方向等;

(2) 公路、铁路及内河运输的装箱时间及延滞费；

(3) 额外服务及附加费的计收，如因货主原因而使用有关设备等。

内陆运价应真实反映各种运输方式的成本状况及因采用集装箱运输而增加的成本项目。同时，在确定内陆运价时，既要考虑集装箱的装载能力，也要考虑运输工具的承载能力。这在有些时候会发生货主利益与承运人利益相互冲突的情况。例如，由于集装箱载重能力或内容积的限制，承运人在运输集装箱货物时不能达到运输工具的允许最大承载能力，进而给承运人造成一定的亏载损失。

由于目前国际集装箱多式联运运价的制定倾向于只限定在特定的一些运输线路上，即从海港到内陆消费中心或生产中心，因此在制定内陆运价时可以考虑在不影响整个费率结构及其水平的情况下，采用较为优惠的内陆集装箱运输费率，对处于区位劣势的港口给予一定的补偿，从而提高这些港口的竞争力，促进这些港口腹地的国际集装箱多式联运的发展。

根据国际集装箱运输市场运价的变化及时调整费率水平，确保国际集装箱多式联运运价始终处于一种最新的状态，是多式联运经营人的一项十分重要的任务。通常，内陆运费率及有关费用的变化，相比海上运费率要频繁得多。因此，当内陆运费率及有关费用发生变化时，多式联运运价必须尽快作出相应的变化。如果内陆运输成本上升而多式联运运价仍保持在原有的水平，那么，多式联运经营人的盈利就会减少。相反，如果内陆运输费用降低，而多式联运运价不相应降低，多式联运经营人的竞争地位就会受影响。

为充分发挥国际集装箱多式联运的优越性，国际多式联运运价应该比分段运输的运价对货主更具吸引力，而绝对不能是各单一运输方式运费率的简单相加，因为这将使得多式联运经营人毫无竞争力可言。众所周知，运输时间和运输成本是与多式联运经营人竞争力密切相关的两个因素。对于组织、管理水平较高的多式联运经营人来说，运输时间是比较容易控制的。在此，重要的是如何降低运输成本。目前，多式联运经营人，主要是无船承运人大多采用所谓的"集并运输"(consolidation)方式来减少运输成本。集并运输有时也称为"组装化运输"(groupage)，它是指作为货运代理人的无船承运人将起运地几个发货人运往同一目的地几个收货人的小批量、不足一箱的货物汇集起来，拼装成整箱货托运。货物运往目的地后，由当地集并运输代理人将它们分别交付各个收货人。其主要目的是从海上承运人较低的整箱货运费率中获益，从而降低海上运输成本。多式联运经营人降低海上运输成本的另一个途径是采用前述的运量折扣费率(TVC)形式，通过与海上承运人签订 TVC 合同，获取较低的海运运费率。此外，多式联运经营人还可以通过向非班轮公会会员船公司托运货物的方式来降低海运成本，因为相比之下，非会员船公司的费率水平通常要比会员船公司的低。

除海上运输外，国际集装箱多式联运经营人也可采用类似的方法来降低内陆运输(包括航空运输)成本，如采用运量折扣费率。此外，还可以通过加强与公路、铁路等内陆运输承运人之间的相互合作，获得较低的优惠费率。实际上，这种有效的合作对双方都是有利的。对于公路或铁路运输承运人来说，由于采用集装箱运输，车辆在一定时期内完成的周转次数比散件运输要多得多。或者说，运输同样数量的货物，采用集装箱运输所需的车辆数量要少得多，因而可以减少公路或铁路运输承运人的资本成本。

8.3.2 国际集装箱多式联运的计费方式

如前所述,国际集装箱多式联运全程运费是由多式联运经营人向货主一次计收。目前,多式联运运费的计收方式主要有单一运费制和分段运费制两种。

(1) 按单一运费制计算运费

单一运费制是指集装箱从托运到交付,所有运输区段均按照一个相同的运费率计算全程运费。在西伯利亚大陆桥(SLB)运输中采用的就是这种计费方式。苏联从1986年起修订了原来的7级费率,采用了不分货种的以箱为计费单位的FAK统一费率。陆桥运输开办初期,从日本任何一个港口到布列斯特(苏联西部边境站)的费率为385卢布/TEU,陆桥运输的运费比班轮公会的海运运费低20%~30%。

(2) 按分段运费制计算运费

分段运费制是按照组成多式联运的各运输区段,分别计算海运、陆运(铁路、汽车)、空运及港站等各项费用,然后合计为多式联运的全程运费,由多式联运经营人向货主一次计收。各运输区段的费用,再由多式联运经营人与各区段的实际承运人分别结算。目前大部分多式联运的全程运费均采用这种计费方式,例如,欧洲到澳大利亚的国际集装箱多式联运,日本到欧洲内陆或北美内陆的国际集装箱多式联运等。

本章小结

国际多式联合运输(简称"多式联运")是在集装箱运输的基础上产生并发展起来的新型的运输方式,也是近年来在国际运输上发展较快的一种综合连贯运输方式,是今后国际运输发展的方向。

本章重点介绍了国际多式联运的组织形式、运费计算、运输单证、运输程序。多式联运单证并不是多式联运合同,而只是多式联运合同的证明,同时是多式联运经营人收到货物的收据和凭其交货的凭证。

当前,我国对外贸易进出口货物采用多式联运方式运输的已越来越多,形式也更为灵活多样。有陆海联运、陆空联运、陆空陆联运和海空联运等。其中使用较多的主要是陆海联运和陆空联运。其交接方式既有门到门、门到港站,也有港站到港站、港站到门。

复习与思考

1. 国际多式联运的概念是什么?应具备哪些基本条件?
2. 简述多式联运经营人的性质和特点。其责任范围是什么?
3. 什么是陆桥运输?这种运输方式有什么特点?
4. 国际多式联运的运输组织形式有哪几种?
5. 集装箱联运提单的主要功能是什么?
6. 国际集装箱多式联运的计费方式有几种?分别如何计算运费?

在线自测

案例分析

泛亚班拿提供国际多式联运

一、泛亚班拿简介

泛亚班拿的本部设在瑞士巴塞尔,是一家代理和运输公司,创立于1895年,目前在世界62个国家设有268个服务点。

公司的服务通过情报网络适应不同顾客的需求,提供范围广泛的航空货物和海运货物的运输服务。公司的主要战略是独自提供运输手段,还专门承担石油和能源业界的特殊运输或工程货物的运输。

这几年来,由于航空货物和海运货物的不断增加,泛亚班拿的经营业绩非常好。

泛亚班拿的商务思路是"综合运输"适应多国籍顾客的需求。在多式联运方面,加强与特定的航空公司和船运公司的长期合作。泛亚班拿集团尤其注重海运业务。

在总利润中,各部门的构成比为航空货物48%,海运货物43%,陆上运输6%,其他3%;地区构成比为北美25%,欧洲25%,亚洲24%,拉丁美洲14%,非洲10%,澳大利亚2%。

泛亚班拿为了财务营运和顾客的货物跟踪,在1997年增加了对情报系统的投资。它的核心业务航空货物、海运货物运输乃至综合运输都持续增长。1997年度的集团实绩为,总收入54.37亿瑞士法郎(约37.74亿美元),净收入43.10亿瑞士法郎(约29.92亿美元),总利润8.96亿瑞士法郎(约6.22亿美元),净利润5 250万瑞士法郎(约3 640万美元)。该公司职工1万人,仓库面积1 000m²。

二、服务内容

泛亚班拿的主要服务是航空货物和海运货物运输,主要货物为电子设备、通信器材和汽车。该公司扩充了情报和危机管理系统,谋求扩大工程货物、石油和能源部门的市场份额。

该集团的成员ASB(空海运输经纪人)为扩大业务作出了贡献,泛亚班拿本身的航空货物部门也利用在拉丁美洲和独联体(CIS)设置新的中心扩大了网络。

在海运部门,泛亚班拿快航公司(PEL)作为无船承运人运输混载货物,提供国际多式联运。

泛亚班拿的服务内容有航空货运、海运、多式联运、内陆支线运输、综合物流（仓库、配送、调运）、工程货物运输、石油和能源、多国籍企业、展示品、情报技术、品质管理等。

三、泛亚班拿负责 IBM 欧亚物流业务

泛亚班拿的主要顾客有 IBM、菲利浦、大众汽车、通用汽车以及 Delphi Auto-motive Systems 等。

美国 IBM 电脑的欧亚综合后勤、物流需求链管理在 2005 年就交由瑞士物流供应商泛亚班拿集团负责。这一委托包括运输 IBM 在匈牙利塞克什白堡和瓦茨两个制造工厂生产的个人电脑和数据存储系统产品。泛亚班拿负责运送从亚洲到欧洲的生产组件，同时在匈牙利运作一个由卖方管理的库存（VMI）集货枢纽，将货物准时经这一枢纽运送到工厂。最终有关产品会由泛亚班拿从工厂收货并出口到亚洲和大洋洲，包括中国内地和中国台湾、日本、泰国、马来西亚、新加坡、韩国、菲律宾、澳洲及新西兰。欧洲内陆空运货物方面，运用泛亚班拿在卢森堡的空运枢纽及在法兰克福机场处理。泛亚班拿作为第四方物流管理的一部分，也协调和监管德国、卢森堡和匈牙利之间的卡车运输。同时泛亚班拿在 2004 年 10 月份还在匈牙利和捷克设立了自己的运营机构，这两个机构重点是拓展海运和空运代理服务，并且提供相关的需求链管理的解决方案，也提供清关、铁路运输和工程管理方面的服务。

案例来源：牛鱼龙. 欧洲物流经典案例[M]. 重庆：重庆大学出版社，2006：274-275.

思考题：

1. 泛亚班拿集团的运输业务特点是什么？其各项运输业务是否平衡发展？
2. 泛亚班拿集团的主要服务内容有哪些？

第9章 特种货物运输

本章关键词

特种货物运输(transportation of special goods)
超限货物(gauge freight)
危险货物(dangerous goods)
鲜活易腐货物(perishable goods)

互联网资料

http://www.chinawuliu.com.cn/
http://www.jctrans.com/
http://www.ntbaoda.cn/

> 随着当前工业化生产、民众生活对危险化学品物质需要量不断增加,危险化学品公路运输成为了主要的运输形式,而其因为具有毒害、腐蚀、爆炸、燃烧、助燃等性质,使得危险化学品公路运输安全更为重要。因为一旦发生交通事故,其会加大事故后果的严重性,同时也会诱发次生安全事故,比如:爆炸、燃烧、有害气体泄漏危害周边群众生命安全和污染环境等。因此,加强危险化学品运输车辆道路交通安全管理工作尤为重要。在物流运输的货物中,危险品及超限品、鲜活易腐品、贵重品等特种货物对装卸、运输和保管等作业有特殊要求,这类货物的运输称为特种货物运输。特种货物运输在法律法规方面特别严格,在具体运输活动中具有高难度、高技术、专业性及安全性的要求,使得特种货物运输行业拥有较高的进入壁垒,所以对于从事危险品等特种货物运输的企业来说,在资金、设备、人员、信息技术以及运营管理等方面,要求具有较高资质和水平。

9.1 危险货物运输管理

9.1.1 危险货物基础知识

1. 危险货物的定义

危险货物是指由于本身具有爆炸、易燃、腐蚀、毒害、放射性等特点,或因摩擦、震动、撞击、暴晒、温度或湿度等外界因素的影响,在运输、装卸和储存保管过程中容易造成人身伤亡和财产损毁的货物,需要进行特别防护。

危险货物的定义包含如下三点要求:
(1) 具有易燃、易爆炸、毒害、腐蚀、放射性等性质;
(2) 容易造成人身伤亡和财产损毁;
(3) 在运输、装卸、储存和保管过程中需要特别防护。

2. 危险货物的分类与特征

我国根据联合国推荐的《危险货物运输》中的危险货物分类方法,于2005年11月10日颁布实施了中华人民共和国国家标准《危险货物分类和品名编号》(GB 6944—2005),将危险货物按其主要特征和运输要求分为九类。

1) 爆炸品

爆炸品是指爆炸性物质、爆炸性物品和为产生爆炸或烟火实际效果而制造的物质或物品。常见的爆炸品有火药、炸药、起爆药、弹类、烟花爆竹等。

(1) 爆炸品的特征。

a. 爆炸性。这是爆炸品的主要危险。衡量爆炸性的重要指标是爆速和敏感度。

b. 吸湿性。当爆炸品吸湿受潮后会降低爆炸性能,甚至失去作用。

c. 不稳定性。爆炸品遇酸、碱分解,受日光照射分解,与某些金属接触产生不稳定的盐类等特性,归纳起来,称为不稳定性。

(2) 公路运输及装卸爆炸品的安全要求。爆炸品运输的有关要求详见表9.1和表9.2。

表 9.1 爆炸品运输的安全要求

类 别	要 点
公路运输爆炸品的安全要求	1. 慎重选择运输工具 2. 装车前的工作及装载量要求 3. 按公安部门指定的路线行驶 4. 驾驶员必须集中精力,严格遵守交通法令和操作规程 5. 运输及装卸工作人员都必须严格遵守保密规定

表 9.2 爆炸品装卸的安全要求

类 别	要 点
装卸爆炸品的安全要求	1. 参与装卸的人员都必须严格遵守保密规定 2. 装卸时必须轻拿轻放,稳中求快,严防跌落、摔碰、撞击、拖拉、翻滚、投掷、倒置等 3. 装车时应分清弹药箱的种类、批号,点清数量,防止出现差错 4. 装车不得超高、超宽;堆放要稳固、紧凑、码平,非封闭式货厢的车辆装车后必须盖好苫布,苫布边缘必须压入栏板里面,再以大绳捆扎牢固 5. 火炸药和弹药当受到强烈的震动、撞击、摩擦、跌落、拖拉、翻滚等作用时,容易发生严重后果,必须严加注意

2) 压缩、液化或加压溶解的气体

压缩、液化或加压溶解的气体指常温常压条件下的气态物质(一般临界温度低于50℃或在50℃时的蒸气压力大于300KPa),经压缩或降温加压后,储存于耐压容器或特制的高绝热耐压容器或装有特殊溶剂的耐压容器中。常见的此类货物有氧气、氢气、氯气、氨气、乙炔、石油气等。其危险性特征主要表现在以下几个方面：

(1) 容易爆炸。压缩、液化或加压溶解的气体因受热、撞击、震动等影响,会引起钢瓶内气体压力增大,产生容器炸裂或爆炸的危险。高压气体按气体所处的状态,可分为压缩气体、液化气体、溶解气体和深冷液化气。

(2) 气体泄漏,高压气体不得泄漏,同时,还应防止与空气或泄漏的助燃气体形成爆炸性的混合气体。

(3) 氧气与油脂类接触易燃烧。油脂类可燃物质在高压纯氧的冲击下,极易引起燃烧或爆炸。如果钢瓶上沾有油脂时,应立即用四氯化碳揩去。运输中氧气空钢瓶也不得与油脂类货物配装,防止残存氧气外泄引起燃烧事故。

(4) 注意比空气重的高压气体沉积。按密度的大小,气体可分为：①"较空气为轻"；②"远较空气为轻"；③"较空气为重"；④"远较空气为重"。多数高压气体重于空气,泄漏后往往沉积于低洼处或船舱底部,不易散发,增加了潜在危险。某些易燃气体能扩散到相当一段距离外的火源处被点燃并将火焰传播开来引起燃烧事故,如二甲胺、丁二烯等。

3) 易燃液体

凡闭杯试验闪点在 61℃ 或 61℃ 以下,易散发出易燃蒸气的液体,或者液体混合物,或含有处于溶解或悬浮状态固体的液体(如油漆、清漆)均属易燃液体(但不包括因其危险性已列入其他类别危险货物的液体)。常见的此类货物有乙醇(酒精)、苯、乙醚、二硫化碳、油漆类以及石油制品和含有机溶剂制品等。易燃液体的特征主要表现为以下几点：

(1) 高度易燃性。易燃液体的主要特性是具有高度易燃性,其原因主要如下：

a. 易燃液体几乎全部是有机化合物,分子组成中主要含有碳原子和氢原子,易和氧反应而燃烧；

b. 由于易燃液体的闪点低,其燃点也低(燃点一般约高于闪点 1℃～5℃),因此易燃液体接触火源极易着火并持续燃烧。

(2) 易爆性。易燃液体挥发性大,当盛放易燃液体的容器有某种破损或不密封时,挥发出来的易燃蒸气扩散到存放或运载该物品的库房或车厢的整个空间,与空气混合,当浓度达到规定范围,即达到爆炸极限时,遇明火或火花即能引起爆炸。

易燃和可燃的气体、液体蒸气、固体粉尘与空气混合后,遇火源能够引起燃烧爆炸的浓度范围称为爆炸极限,一般用该气体或蒸气在混合气体中的体积百分比(%)来表示,粉尘的爆炸极限用 mg/m^3 表示。能引起燃烧爆炸的最低浓度称为爆炸下限。能引起燃烧爆炸的最高浓度称为爆炸上限。当可燃气体或易燃液体的蒸气在空气中的浓度小于爆炸下限时,由于可燃物量不足,并因含有较多的空气,不会发生燃烧也就不会爆炸；当浓度大于爆炸上限时,则因空气量不足,不能发生燃烧,也不会爆炸。只有在上限与下限浓度范围内,遇到火种才会爆炸,因此,凡是爆炸极限范围越大,爆炸下限越低的物质,它的危险性就越大。

(3) 高度流动扩散性。易燃液体的分子多为非极性分子,黏度一般都很小,不仅本身极易流动,还因渗透、浸润及毛细现象等作用,即使容器只有极细微裂纹,易燃液体也会渗出容器壁外,扩大其表面积,并源源不断地挥发,使空气中的易燃液体蒸气浓度增高,从而增加了燃烧爆炸的危险性。

(4) 受热膨胀性。易燃液体的膨胀系数比较大,受热后体积容易膨胀,同时其蒸气压亦随之升高,从而使密封容器中内部压力增大,造成"鼓桶",甚至爆裂,在容器爆裂时会产生火花而引起燃烧爆炸。因此,易燃液体应避热存放,灌装时容器内应留有5%以上的空隙,不可灌满。

(5) 忌氧化剂和酸。易燃液体与氧化剂或有氧化性的酸类(特别是硝酸)接触,能发生剧烈反应而引起燃烧爆炸。这是因为易燃液体都是有机化合物,能与氧化剂发生氧化反应并产生大量的热,使温度升高到燃点引起燃烧爆炸。例如,乙醇与氧化剂高锰酸钾接触会发生燃烧,与氧化性酸——硝酸接触也会发生燃烧,松节油遇硝酸立即燃烧。因此,易燃液体不得与氧化剂及有氧化性的酸类接触。

(6) 毒性。大多数易燃液体及其蒸气均有不同程度的毒性。例如,甲醇、苯、二硫化碳等。不但吸入其蒸气会中毒,有的经皮肤吸收也会造成中毒事故,应注意劳动防护。

4) 易燃固体

易燃固体指燃点低,对热、撞击、摩擦敏感,易被外部火源点燃,燃烧迅速,并可能散发出有毒烟雾或有毒气体的固体,不包括已列入爆炸品范围的物品,如黄磷和油浸的麻、棉、纸及其制品等,如钠、钾等碱金属和电石(碳化钙)等。易自燃物品指自燃点低,在空气中易于发生氧化反应,放出热量而自行燃烧的物品,如黄磷和油浸的麻、棉、纸及其制品等。遇湿易燃物品指遇水或受潮时,发生剧烈化学反应,放出大量易燃气体和热量的物品。有些易燃物品不需明火,即能燃烧或爆炸,如钠、钾等碱金属,碳化钙等。易燃固体特征表现为以下几方面:

(1) 易燃固体的主要特性是容易被氧化,受热易分解或升华,遇火种、热源常会引起强烈、连续的燃烧。

(2) 易燃固体与氧化剂接触,反应剧烈而发生燃烧爆炸。例如,赤磷与氯酸钾接触,硫黄粉与氯酸钾或过氧化钠接触,均易立即发生燃烧爆炸。

(3) 易燃固体对摩擦、撞击、震动也很敏感。例如,赤磷、闪光粉等受摩擦、震动、撞击等也能起火燃烧甚至爆炸。

(4) 有些易燃固体与酸类(特别是氧化性酸)反应剧烈,极易发生燃烧爆炸。例如,发泡剂与酸或酸雾接触会迅速着火燃烧,苯遇浓硝酸(特别是发烟硝酸)反应猛烈会发生爆炸。

(5) 许多易燃固体有毒,或其燃烧产物有毒或有腐蚀性。例如,二硝基苯、二硝基苯酚、硫黄、五硫化二磷等。

5) 氧化剂和有机过氧化物

氧化剂是指易于放出氧气从而促使其他材料燃烧并助长火势的物质。其本身未必燃烧,但一般因容易分解放出氧气并产生大量的热可导致或促成其他物质的燃烧,甚至引起爆炸。有机过氧化物绝大多数是燃烧猛烈的,能起强氧化剂的作用并易于发生爆炸性的分解,能严重损害眼睛,如硝酸钾、氯化钾、过氧化钠、过氧化氢(双氧水)等。氧化剂和有机过氧化物的特征主要表现为以下几方面:

(1) 有很强的氧化性；
(2) 遇热分解性；
(3) 撞击、摩擦敏感性；
(4) 与酸作用分解；
(5) 与水作用分解；
(6) 毒性和腐蚀性。

6) 毒害品和感染性物品

有毒的(毒性的)物质是指如被误吞咽、吸入或与皮肤接触易于造成人或动物死亡或严重损害人体健康的物质。感染性物质指含有会引起或可能引起人或动物疾病的活性微生物的物质，这类微生物包括细菌、病毒、寄生虫、真菌等，如四乙基铅、氢氰酸及其盐、苯胺、硫酸二甲酯、砷及其化合物以及生漆等。毒害品和感染性物品的特征主要表现为以下三点：

(1) 毒害性；
(2) 遇酸、氧化剂分解；
(3) 遇水分解性。

7) 放射性物品

一些元素和它们的化合物或制品，能够自原子核内部自行放出穿透力很强而人的感觉器官不能察觉的粒子流(射线)，具有这种放射性的物质称为放射性物品。《危险货物运输规则》中将放射性物品定义为放射性比活度大于 7.4×10^4 Bq/kg 的物品，如铀、钍矿石及其浓缩物，未经辐照的固体天然铀、贫化铀和天然钍以及表面污染物体、可裂变物质、低弥散物质等。放射性物品的特征主要表现为以下几点：

(1) 具有放射性，能自动放出 α、β、γ、中子流等射线，这些射线从人体外部照射时，具有极大的危害性；
(2) 许多放射性物品毒性很大，如钋 210、镭 226、钍 228 等都具有很强的毒性，均应注意；
(3) 不能用化学方法中和使其不放出射线，而只能设法把放射性物质清除或者用适当的材料予以吸收屏蔽。

8) 腐蚀品

从包装内渗漏出来后，接触人体或其他物品，在短时间内即会在被接触表面发生化学反应或电化学反应，造成明显破坏现象的物品称为腐蚀品。也就是能灼伤人体组织并对金属等物品造成损坏的固体或液体，如硫酸、硝酸、盐酸、氯化氢、氢氧化钠、甲醛等。腐蚀品具有如下特征：

(1) 腐蚀性；
(2) 毒害性；
(3) 易燃性。

此外，有些腐蚀性物质具有强氧化性，当与有机材料接触时会着火燃烧，如溴及其溶液、硝酸、高氯酸等。有些腐蚀性物质遇水时会放出大量的热，如氯磺酸、二氧化硫、发烟硫酸等。

9) 其他危险物品

其他危险物品是指除以上八类以外的其他危险货物,包括凡经验已经证明或可以证明,按其危险性质必须应用本类规定的任何其他物质,如大蒜油等。

在物流运输中,确定某种危险货物的归属类别,主要是看该物品的哪一种危险特性居于主导地位,就把其归为哪一类危险货物。

3. 危险货物的确认

我国国内的铁路、公路、水路、民航等各种运输方式在确认危险货物时,都采取列举原则。各运输方式都颁布了《危险货物运输规则》(以下简称《危规》),各《危规》都在所附的《危险货物品名表》中收集列举了在本规则范围内的各种危险货物的具体品名,并加以分类。

9.1.2 危险货物运输组织

危险货物包装是指以保障运输、储存安全为主要目的,根据危险货物性质和特性,按照国家有关法规、标准和规定,采用专门设计制造的容器和防护物的包装。装有危险货物的包装称为包装件。

危险货物的
运输法规

1. 危险货物的包装要求

为了保证危险货物在运输中的安全和完整,以及装卸、搬运、保管的方便,托运人托运危险货物时应按危险货物品名表及危险货物包装表的规定包装,同时还应符合下列要求:

(1) 包装材料的材质、规格和包装结构与所装危险货物的性质和重量相适应。包装容器与拟装物不得发生危险反应或削弱包装强度。

(2) 充装液体危险货物,容器应留有正常运输过程中最高温度所需求的足够膨胀余位。易燃液体容器应至少留有5%空隙。

(3) 液体危险货物要做到液密封口;对可产生有害蒸气及易潮解或遇酸等危险反应的应做到气密封口。对必须装有通气孔的容器,其设计和安装应能防止货物流出和进入杂质水分,排出的气体不致造成危险或污染。其他危险货物的包装应做到密封不漏。

(4) 包装应坚固完好,能抗御运输、储存和装卸过程中正常的冲击、震动和挤压,并便于装卸和搬运。

(5) 包装衬垫物不得与所装物发生反应,降低安全性,应能防止内装物移动和起到减震及吸收作用。

(6) 包装表面应清洁,不得黏附所装物质和其他有害物质。

2. 危险货物的运输要求

危险货物运输要经过受理托运、仓储保管、货物装卸、运送、交付等环节,这些环节分别由不同岗位人员操作完成。其中,受理托运、货物运送及交接保管工作环节尤其应加强管理,其规范要点如下:

1) 受理托运

(1) 在受理前必须对货物名称、性质等情况进行详细了解;

(2) 问清包装规格和标志是否符合国家规定要求,必要时到现场进行了解;

(3) 新产品应检查随附的《技术鉴定书》是否有效；
(4) 按规定需要的"准运证件"是否齐全；
(5) 做好运输前准备工作，装卸现场、环境要符合安全运输条件；
(6) 在受理前应赴现场检查包装等情况，看是否符合安全运输要求。

2) 货物运送
(1) 详细审核托运单内容，发现问题要及时弄清情况，再安排运送作业；
(2) 必须按照货物性质和托运人的要求安排车班、车次；
(3) 要注意气象预报，掌握雨雪和气温的变化；
(4) 遇有大批量烈性易燃、易爆、剧毒和放射性物质时，必须做重点安排；
(5) 安排大批量危险物品跨省市运输时，应安排有关负责人员带队；
(6) 遇有特殊注意事项，应在行车单上注明。

3) 交接保管
(1) 承运单位及驾驶、装卸人员、押运人员应明确各自应负的责任；
(2) 严格施行货物交接手续，危险货物必须点收点交，签证手续完善；
(3) 装货时发现包装不良或不符合安全要求，应拒绝装运，待改善后再运；
(4) 因故不能及时卸货，在待卸期间行车人员应负责对所运危险货物的看管；
(5) 如所装货物危及安全时，承运人应立即报请当地有关部门进行处理。

3. 危险货物运输责任

1) 危险货物运输托运人的责任

托运人的责任与危险货物运输的安全有直接的关系，所以各种《危规》都明确或隐含地规定了托运人的责任。危险货物托运人在办理托运时必须做到以下几点：
(1) 必须向已取得道路危险货物运输经营资格的运输单位办理托运；
(2) 必须在托运单上填写危险货物品名、规格、件重、件数、包装方法、起运日期、收发货人详细地址及运输过程中的注意事项；
(3) 货物性质或灭火方法相抵触的危险货物，必须分别托运；
(4) 对有特殊要求或凭证运输的危险货物，必须附有相关单证，并在托运单备注栏内注明；
(5) 托运未列入《汽车运输危险货物品名表》的危险货物新品种，必须提交《危险货物鉴定表》。凡未按以上规定办理危险货物运输托运，由此发生运输事故，由托运人承担全部责任。

2) 危险货物运输承运人的责任

在整个承运期间，承运人要对所运危险货物的安全负全部责任。必须要做到以下几点：
(1) 不得使用罐式专用车辆或者运输有毒、感染性、腐蚀性危险货物的专用车辆运输普通货物。其他专用车辆可以从事食品、生活用品、药品、医疗器具以外的普通货物运输，但应当由运输企业对专用车辆进行消除危害处理，确保不对普通货物造成污染、损害。不得将危险货物与普通货物混装运输。专用车辆应当按照国家标准《道路运输危险货物车辆标志》(GB 13392)的要求悬挂标志，并应当配备符合有关国家标准以及与所载运的危险货物相适应的应急处理器材和安全防护设备。

（2）道路危险货物运输企业或者单位不得运输法律、行政法规禁止运输的货物。法律、行政法规规定的限运、凭证运输货物，道路危险货物运输企业或者单位应当按照有关规定办理相关运输手续。运输剧毒化学品、爆炸品的企业或者单位，应当配备专用停车区域，并设立明显的警示标牌。

（3）道路危险货物运输企业或者单位应当采取必要措施，防止危险货物脱落、扬散、丢失以及燃烧、爆炸、泄漏等。驾驶人员应当随车携带《道路运输证》。驾驶人员或者押运人员应当按照《汽车运输危险货物规则》（JT 617）的要求，随车携带《道路运输危险货物安全卡》。在道路危险货物运输过程中，除驾驶人员外，还应当在专用车辆上配备押运人员，确保危险货物处于押运人员监管之下。道路危险货物运输途中，驾驶人员不得随意停车。因住宿或者发生影响正常运输的情况需要较长时间停车的，驾驶人员、押运人员应当设置警戒带，并采取相应的安全防范措施。运输剧毒化学品或者易致爆危险化学品需要较长时间停车的，驾驶人员或者押运人员应当向当地公安机关报告。

（4）危险货物的装卸作业应当遵守安全作业标准、规程和制度，并在装卸管理人员的现场指挥或者监控下进行。驾驶人员、装卸管理人员和押运人员上岗时应当随身携带从业资格证。在危险货物装卸过程中，应当根据危险货物的性质，轻装轻卸，堆码整齐，防止混杂、洒漏、破损，不得与普通货物混合堆放。

（5）严禁专用车辆违反国家有关规定超载、超限运输。道路危险货物运输企业或者单位使用罐式专用车辆运输货物时，罐体载货后的总质量应当和专用车辆核定载质量相匹配；使用牵引车运输货物时，挂车载货后的总质量应当与牵引车的准牵引总质量相匹配。

（6）道路危险货物运输企业或者单位应当要求驾驶人员和押运人员在运输危险货物时，严格遵守有关部门关于危险货物运输线路、时间、速度方面的有关规定，并遵守有关部门关于剧毒、爆炸危险货物道路运输车辆在重大节假日通行高速公路的相关规定。

（7）道路危险货物运输企业或者单位应当通过卫星定位监控平台或者监控终端及时纠正和处理超速行驶、疲劳驾驶、不按规定线路行驶等违法违规驾驶行为。监控数据应当至少保存3个月，违法驾驶信息及处理情况应当至少保存3年。

（8）道路危险货物运输从业人员必须熟悉有关安全生产的法规、技术标准和安全生产规章制度、安全操作规程，了解所装运危险货物的性质、危害特性、包装物或者容器的使用要求和发生意外事故时的处置措施，并严格执行《汽车运输危险货物规则》（JT 617）《汽车运输、装卸危险货物作业规程》（JT 618）等标准，不得违章作业。道路危险货物运输企业或者单位应当通过岗前培训、例会、定期学习等方式，对从业人员进行经常性安全生产、职业道德、业务知识和操作规程的教育培训；应当加强安全生产管理，制定突发事件应急预案，配备应急救援人员和必要的应急救援器材、设备，并定期组织应急救援演练，严格落实各项安全制度。

（9）道路危险货物运输企业或者单位应当为其承运的危险货物投保承运人责任险。异地经营（运输线路起讫点均不在企业注册地市域内）累计3个月以上的，应当向经营地设区的市级道路运输管理机构备案并接受其监管。

4. 危险货物运输的注意事项

危险货物具有特殊的物理、化学性能,运输中如防护不当,极易发生事故,并且事故所造成的后果较一般车辆事故更加严重。因此,为确保安全,在危险运输中应注意以下八点:

(1) 注意包装。危险品在装运前应根据其性质、运送路程、沿途路况等采用安全的方式包装好。包装必须牢固、严密,在包装上做好清晰、规范、易识别的标志。

(2) 注意装卸。危险品装卸现场的道路、灯光、标志、消防设施等必须符合安全装卸的条件。装卸危险品时,汽车应在露天停放,装卸工人应注意自身防护,穿戴必需的防护用具。严格遵守操作规程,轻装、轻卸,严禁摔碰、撞击、滚翻、重压和倒置,怕潮湿的货物应用篷布遮盖,货物必须堆放整齐,捆扎牢固。不同性质的危险品不能同车混装,如雷管、炸药等切勿同装一车。

(3) 注意用车。装运危险品必须选用合适的车辆,爆炸品、一级氧化剂、有机氧化物不得用全挂汽车列车、三轮机动车、摩托车、人力三轮车和自行车装运;爆炸器、一级氧化剂、有机过氧物、一级易燃品不得用拖拉机装运。除二级固定危险品外,其他危险品不得用自卸汽车装运。

(4) 注意防火。危货运输忌火,危险品在装卸时应使用不产生火花的工具,车厢内严禁吸烟,车辆不得靠近明火、高温场所和太阳暴晒的地方。装运石油类的油罐车在停驶、装卸时应安装好地线,行驶时,应使地线触地,以防静电产生火灾。

(5) 注意驾驶。装运危险品的车辆,应设置 GB 13392—92《道路运输危险货物车辆标志》规定的标志。汽车运行必须严格遵守交通、消防、治安等法规,应控制车速,保持与前车的距离,遇有情况提前减速,避免紧急刹车,严禁违章超车,确保行车安全。

(6) 注意漏散。危险品在装运过程中出现漏散现象时,应根据危险品的不同性质,进行妥善处理。爆炸品散落时,应将其移至安全处,修理或更换包装,对漏散的爆炸品及时用水浸湿,请当地公安消防人员处理;储存压缩气体或液化气体的罐体出现泄漏时,应将其移至通风场地,向漏气钢瓶浇水降温;液氨漏气时,可浸入水中。其他剧毒气体应浸入石灰水中。易燃固体物品散落时,应迅速将散落包装移于安全处所,黄磷散落后应立即浸入水中,金属钠、钾等必须浸入盛有煤油或无水液状石蜡的铁桶中;易燃液体渗漏时,应及时将渗漏部位朝上,并及时移至安全通风场所修补或更换包装,渗漏物用黄沙、干土盖没后扫净。

(7) 注意停放。装载危险品的车辆不得在学校、机关、集市、名胜古迹、风景游览区停放,如必须在上述地区进行装卸作业或临时停车时,应采取安全措施,并征得当地公安部门的同意。停车时要留人看守,闲杂人员不准接近车辆,做到车在人在,确保车辆安全。

(8) 注意清厢。危险品卸车后应清扫车上残留物,被危险品污染过的车辆及工具必须洗刷清毒。未经彻底清毒,严禁装运食用物品、药用物品、饲料及动植物等。

9.2 超限货物运输管理

9.2.1 超限货物基础知识

1. 超限的定义和判别标准

超限货物是指外形尺寸和重量超过常规(指超长、超宽、超高、超重)车辆、船舶装载规定的大型货物。超限货物有时也叫大件货物。

不同运输方式对超限货物的判别标准也有所不同。

(1) 公路方面,超限货物是指符合下列条件之一的货物:

① 外形尺寸长度在 14 米以上或宽度在 3.5 米以上或高度在 3 米以上的货物;

② 重量在 20 吨以上的单体货物或不可解体的成组(捆)货物。

(2) 铁路方面,超限货物是指符合下列标准之一的货物:

① 单件货物装车后,在平直线路上停留时,货物的高度和宽度有任何部位超过机车车辆限界或特定区段装载限界;

② 单件货物装车后,在平直线路上停留虽不超限,但行经半径为 300 米的曲线线路时,货物的内侧或外侧的计算宽度(已经减去曲线水平加宽量 36 毫米)仍然超限;

③ 对装载通过或到达特定装载限界区段内各站的货物,虽没有超出机车车辆限界,但货物的高度或宽度超出特定区段的装载限界。

特定区段装载限界有以下几点:

a. 广九线:经深圳北运往九龙的货物,装载货物中心高度由轨面起 360~3 600 毫米处的半宽不得超过 1 550 毫米;

b. 丰沙线:沙城—三家店上行,装载货物中心高度由轨面起不得超过 4 600 毫米;

c. 运往朝鲜的货物,最高不得超过 4 750 毫米;

d. 京包线:南口—西拨子,最大半宽 1 600 毫米。

2. 超限货物的分类

1) 公路超限货物的类型

公路超限货物分级详见表 9.3。

表 9.3 公路超限货物分级

超限货物级别	重量/吨	长度/米	宽度/米	高度/米
一级	40~(100)	14~(20)	3.5~(4)	3~(3.5)
二级	100~(180)	20~(25)	4~(4.5)	3.5~(4)
三级	180~(300)	25~(40)	4.5~(5.5)	4.0~(5)
四级	300 吨以上	40 米以上	5.5 米以上	5 米以上

注:①"括号数"表示该项参数不包括括号内的数值;

② 货物的重量和外廓尺寸中,有一项达到表列参数,即为该级别的超限货物;货物同时在外廓尺寸和重量达到两种以上等级时,按高限级别确定超限等级。

2) 铁路超限货物的类型

铁路超限货物以装车站的列车运行方向为准,由线路中心线起分为左侧、右侧和两侧超限,并按其超限部位和超限程度划分为下列几个等级:

(1) 上部超限。由轨面起高度(以下简称"高度")超过 3 600 毫米,有任何部位超限者,按其超限程度划分为一级、二级和超级超限。

(2) 中部超限。在高度 1 250~3 600 毫米之间,有任何部位超限者,按其超限程度划分为一级、二级和超级超限。

(3) 下部超限。在高度 150~1 250 毫米之间,有任何部位超限者,按其超限程度划分为一级和超级超限。

3. 超限货物的特点

一般来说,超限货物有如下特点:

(1) 装载后车与货的总重量超过所经路线桥涵、地下通道的限载标准;

(2) 货物宽度超过车辆限界;

(3) 载货车辆最小转弯半径大于所经路线设计弯道半径。

基于超限货物的特点,其运输组织与一般货物运输应有所不同。

① 特殊装载要求。一般情况下,超重货物装载在超重型挂车上,需用昂贵的、由高强度钢材和大负荷轮胎制成的超重型牵引车牵引。

② 特殊运输条件。途经道路和空中设施必须满足所运货物车载条件和外形储存的通行需要,有时运前要对道路相关设施进行改造。

③ 特殊安全要求。超限货物一般均为国家重点工程的关键设备,因此超限货物运输必须确保安全,万无一失。

4. 超限与超载的区别

超载和超限是执行《超限运输车辆行驶公路管理规定》中容易混淆的两个概念,不仅驾驶员知之甚少,甚至执法人员有时也难以区别。

(1) 超载和超限的法源或法律根据不同:"超载"一词来源于国务院《道路交通管理条例》第三十条规定"机动车载物,必须遵守下列规定:(一)不准超过行驶证上核定的载质量……",第三十一条规定"非机动车载物,必须遵守……"。"超限"一词来源于全国人大常委会《公路法》第五十条规定"超过公路、公路桥梁、公路隧道或者汽车渡船的限载、限高、限宽、限长的车辆,不得在有限定标准的公路、公路桥梁、公路隧道内行驶……"。

(2) 超载和超限标准的技术参数根据不同:超载标准的技术参数是根据车辆的装载能力来确定的,例如,载重量不满 1 000 千克的小型汽车装载 1 200 千克就是超载;超限标准的技术参数是根据公路的设计技术标准来确定的,不同等级的公路(含桥梁)其设计的限载标准是不同的。

(3) 超载和超限的客体物不同:虽然两者在货物装载中均有超重、超高、超宽、超长的表述,但超载既有货物超载,又有客运超载;而超限只在货物运输中有,客运中没有超限的规定。

(4) 超载和超限的执法主体不同:根据国务院《道路交通管理条例》第八条规定,超载的执法主体是公安机关;根据《公路法》第八条规定,超限的执法主体是交通主管部门或公路管理机构。另据有关法律要求,在没有综合执法授权的前提下,公安机关和交通主管部门或公路管理机构只能各执自己的法,不能越权。

(5) 超载和超限的法律责任不同:根据国务院《道路交通管理条例》第八十条规定,超载的法律责任包括《治安管理处罚条例》第二十八条规定的 5 元以下罚款或者警告,并可以根据国务院《道路交通管理条例》第八十条规定在罚款或者警告同时并处吊扣 1 个月以下的驾驶证,因此超载只有行政法上的法律责任;根据《公路法》第七十五条和第八十四条规定,超限的法律责任是罚款 3 万元以下,造成公路损害的还应当依法承担民事责任,因此超限有行政法和民事法律上的双重法律责任。

9.2.2 超限货物的运输法规

国家对于超限货物的运输有严格的规定,所以从事超限货物运输的企业和人员都必须严格按照相关规定进行经营和管理。

1. 公路运输超限货物的管理规定

中华人民共和国交通部令 2000 年第 2 号《超限运输车辆行驶公路管理规定》第四条规定:超限运输车辆行驶公路的管理工作实行"统一管理、分级负责、方便运输、保障畅通"的原则。第五条规定:在公路上行驶的车辆的轴载质量应当符合《公路工程技术标准》的要求。但对有限定荷载要求的公路和桥梁,超限运输车辆不得行驶。

超限货物的运输车辆行驶公路前,其承运人应根据具体情况分别依照如表 9.4 所示期限提出申请。

表 9.4 承运公路超限货物的申请期限

序号	货 物 种 类	申 请 期 限
1	车货总质量在 40 000 千克以下,但其车货总高度、长度及宽度超过第三条第(一)、(二)、(三)项规定的超限运输	承运人应在起运前 15 日提出书面申请
2	车货总质量在 40 000 千克以下(不含 40 000 千克)、集装箱货车总重量在 46 000 千克(含 46 000 千克)与 100 000 千克之间的超限运输	承运人应在起运前 1 个月提出书面申请
3	对于车货总质量在 100 000 千克(不含 100 000 千克)以上的超限运输	承运人应在起运前 3 个月提出书面申请

2. 铁路运输超限货物的管理规定

《铁路超限货物运输》第二章第五条规定,在超限货物的受理和承运中,发货人托运超限货物时,除按一般货运手续办理外,还应提供下列资料:

(1) 托运超限货物说明书、货物外形的三视图,并需以"+"符号标明货物重心位置;
(2) 自轮运转的超限货物,应有自重、轴数、固定轴距、长度、两转向架中心销间距离、制动机形式以及限制条件;
(3) 必要时,应附有计划装载、加固计算根据的图样和说明书;
(4) 对超限的大型设备,发货人应在设计的同时考虑装载加固和运送条件。必要时,应采取改变包装和拆解货体等措施,尽可能地降低超限程度。

9.2.3 超限货物运输组织

1. 超限货物运输的特殊性

超限货物的运输不同于其他货物的运输,货物的超限等级越高,运输组织工作越复杂,运输安全方面的隐患就越大,所以一定要从它的特殊性出发,常见的特殊性一般体现在如下几个方面:

(1) 超限货物要用超重型挂车作载体,用超重型牵引车牵引和顶推。车组装上超限货物后,其重量和外形尺寸大大超过普通运输工具。因此,超重型挂车和牵引车都是用高强度钢材和大负荷轮胎制成,价格昂贵,而且要求平稳行驶,安全可靠。

(2) 在超限货物运输之前,一定要对道路状况进行勘测,有必要的话,进行适当的工程措施,在运输中采取一定的组织技术措施,使超限货物能够顺利通行。

(3) 在运输超限货物时,要确保安全,不能有任何闪失,否则后果不堪设想。因此,要有严格的质量保证体系,任何一个环节都要有专业人员检查,检查合格后,方可放行。同时各级政府和领导、有关部门、有关单位和企业也要高度重视起来。

2. 超限货物的装卸

运输超限货物时,通常都要采取相应的技术措施和组织措施。鉴于超限货物的特点,对装运车辆的性能和结构,货物的装载和加固技术等都有一定的特殊要求。

(1) 为了保证货物和车辆的完好,保证车辆运行安全,必须满足一定的基本技术条件。

(2) 除有特殊规定外,装载货物的质量不得超过车辆的核定吨位,其装载的长度、宽度、高度不得超过规定的装载限界。

(3) 只重而不大的超限货物,为使其质量能均匀地分布在车辆底板上,必须将货物安置在纵横垫木上,或起垫木作用的设备上。

(4) 货物的重心尽量置于车底板纵、横中心线交叉点的垂直线上,如无可能时,则对其横向位移严格限制。

(5) 重车重心高度应有一定限制,重车重心如偏高,除应认真进行装载加固外,还应采取配重措施以降低其重心高度。

(6) 超限货物装车后,运送超限货物时,除应考虑它们合理装载的技术条件外,还应视货物质量、形状、大小、重心高度、车辆和道路条件、运送速度等具体情况,采取相应的加固捆绑措施。

3. 超限货物运输组织

依据超限货物运输的特殊性,其组织工作环节主要包括办理托运、理货、验道、制订运输方案、签订运输合同、线路运输工作组织,以及运输统计与结算等事项。

(1) 办理托运

托运人必须在(托)运单上如实填写超限物件的名称、规格、件数、件重、起运日期、收发货人详细地址及运输过程中的注意事项。

(2) 理货

理货工作的主要内容包括：调查超限物件的几何形状和重量、调查超限物件的重心位置和质量分布情况、查明货物承载位置及装卸方式、查看特殊超限物件的有关技术经济资料，以及完成书面形式的理货报告。

(3) 验道

验道工作的主要内容包括：查验运输沿线全部道路的路面、路基、纵向坡度、横向坡度及弯道超高处的横坡坡度等。然后根据上述查验结果预测作业时间，编制运行路线图，完成验道报告。

(4) 制订运输方案

在充分研究、分析理货报告及验道报告的基础上，制订安全可靠、可行的运输方案。

(5) 签订运输合同

根据托运方填写的委托运输文件及承运方进行理货分析、验道、制订运输方案的结果，承托双方签订书面形式的运输合同。

(6) 线路运输工作组织

线路运输工作组织包括：建立临时性的超限货物运输工作领导小组负责实施运输方案，执行运输合同和相应对外联系。

(7) 运输统计与结算

运输统计是指完成超限货物运输工作各项技术经济指标统计。运输结算，即完成运输工作后按运输合同规定结算运费及相关费用。

9.3 鲜活易腐货物运输管理

9.3.1 鲜活易腐货物基础知识

1. 鲜活易腐货物的定义

鲜活易腐货物是指在运输过程中，对外界高温或低温需要采取措施，以防止死亡和腐烂变质的货物；或托运人认为需按冷藏货物运输条件办理的货物。

常运的鲜活易腐货物主要有鲜鱼虾、鲜肉及肉制品、瓜果、蔬菜、牲畜、观赏野生动物、花木秧苗、奶及奶制品类、冷冻食品、药品、蜜蜂等。

按照鲜活易腐货物的自然属性，可以分为易腐货物和活动物两类，按照冷藏运输时的温度需求又可以分为冰冻货和低温货。

1) 易腐货物和活动物

一般来说，冷藏货物按其自然属性分为易腐货物和活动物两大类：

(1) 易腐货物包括肉、鱼、蛋、奶、鲜水果、鲜蔬菜、冰、鲜活植物等；

(2) 活动物，包括禽、畜、兽、蜜蜂、活鱼以及鱼苗等。

2) 冷冻货和低温货

(1) 冷冻货，是指在冷冻状态下进行运输的货物，运输温度的范围一般在 $-20℃ \sim 10℃$ 之间。

(2) 低温货,是指在还未冻结或货物表面有一层薄薄的冻结层的状态下进行运输的货物,一般允许的温度调整范围在－1℃～16℃。

2. 鲜活易腐货物运输的特点

(1) 季节性强、运量变化大。如水果蔬菜大量上市的季节、沿海渔场的鱼汛期等,运量会随着季节的变化而变化。

(2) 运送时间上要求紧迫。大部分鲜活易腐货物,极易变质,要求以最短的时间、最快的速度及时运到。

(3) 运输途中需要特殊照料。如牲畜、家禽、蜜蜂、花木秧苗等的运输,需配备专用车辆和设备,沿途专门地照料。

9.3.2 鲜活易腐货物运输的要求及方法

相对于危险货物和超限货物有严格的法规来说,鲜活易腐货物的运输国家没有非常严格的法规,只有各相关企业自行对冷藏运输业务提出的具体要求。

1. 鲜活易腐货物运输的基本要求

(1) 最大限度地保持其使用价值和食用价值;

(2) 尽可能保持其原有的品质;

(3) 尽快实现"四快",即快装、快卸、快运、快送,缩短周转时间;

(4) 选择合适车种及运输方式,合理确定装载方法,提高装载量;

(5) 要求产、储、运、销各部门在运输过程中充分协作;

(6) 在设备上,产储运销各部门形成完整的"冷藏链"。

在鲜活易腐货物运输中,除了少数部分确因途中照料或车辆不适造成死亡外,其中大多数都是因为发生腐烂所致。发生腐烂的原因,对于动物性食物来说,主要是微生物的作用;对于植物性食物来说,主要是呼吸作用所致。弄清了鲜活易腐货物腐烂变质的原因,就可以得出保藏这些货物的方法。凡是能用以抑制微生物滋长,减缓呼吸作用的方法均可达到延长鲜活易腐货物保藏时间的目的,冷藏方法比较有效并常被采用。不同的鲜活易腐货物都有一定的储藏温度、湿度条件的要求。冷藏运输过程中可从以下四个方面考虑:

1) 温度要求

易腐食品在低温运输前应将食品温度预冷到适宜的储藏温度。货物要求低温运输的目的,主要是为了维持货物的呼吸以保持货物的鲜度。

鲜活易腐货物在运输过程中为了防止货物变质需要保持一定的温度。该温度一般称作运输温度。温度的大小应根据具体的货种而定。即使是同一货物,由于运输时间、冻结状态和货物成熟度的不同,对运输温度的要求也不一样。

温度对微生物的生存和繁殖及鲜活易腐货物的呼吸作用都有较大的影响。温度降低,减弱了微生物的繁殖能力,而降低到一定温度,可使微生物停止繁殖,使物品长时间不会腐坏。降低温度,果蔬的呼吸也随之减弱,其营养物的消耗与分解也相应减慢,从而增加了它们的保鲜时间。

运输中,当外界气温大大高于物品所要求的运输温度时,就应使用冷藏运输。应该指出：不是说温度愈低愈好，如水果、蔬菜保藏的温度过低，会因冻结破坏其呼吸机能而失去抗菌力，解冻时会迅速腐烂；动物性食物，冻结温度过低也会使品质大大降低。有代表性的冷冻和低温货物的运输温度详见表 9.5 和表 9.6。

表 9.5 冷冻货物的运输温度

货 名	运输温度/℃	货 名	运输温度/℃
鱼	−17.8～−15.0	虾	−17.8～−15.0
肉	−15.0～−13.3	黄油	−12.0～−11.1
蛋	−15.0～−13.3		

表 9.6 低温货物的运输温度

货 名	运输温度/℃	货 名	运输温度/℃
肉	−5～−1	葡萄	6～8
腊肠	−5～−1	菠萝	11.0 以内
黄油	−0.6～0.6	橘子	2.0～10.0
带壳鸡蛋	−1.7～15	柚子	8.0～15.0
苹果	−1.1～16	红葱	−1.0～15.0
白兰瓜	1.1～2.2	土豆	3.3～15.0
梨	0.0～5.0		

用冷藏方法来保藏和运输鲜活易腐货物时，温度固然是主要的条件，但只有妥善处理好温度、湿度、通风、卫生四者相互之间的关系，才能保证鲜活易腐货物的运输质量。用冷藏方法来保藏和运输鲜活易腐货物，一个突出的特点就是必须连续冷藏。就运输环节来讲，应尽可能配备一定数量的冷藏车或保温车，尽量组织"门到门"的直达运输，提高运输速度，确保鲜活易腐货物的完好。

2）湿度要求

用冷藏方法来储藏和运输鲜活易腐货物时，温度固然是主要的条件，但湿度的高低、通风的强弱和卫生条件的好坏对货物的质量也会产生直接的影响。

湿度对食品质量影响甚大，湿度增大会使食物表面"发汗"，便于微生物滋长；湿度过低食物蒸发加强，食物易于干缩枯萎，失去新鲜状态，而且破坏维生素和其他营养物质，降低食品的质量。

在实际运输过程中，温、湿度可以相互配合，冷冻食物为减少干耗，湿度可以大些；水果、蔬菜温度不能太低，湿度可适当小些。

3）需要适当的通风

蔬菜、水果、动物性食物在运输过程中，都需要通风，目的是排除呼吸时放出的二氧化碳、水蒸气和热量，同时换入新鲜空气。但通风对温、湿度又有直接影响，如外界温度高，通风会提高车内温度和湿度；反之，就会下降。通风的时间也要适当，时间过短达不到换气目的，时间过长又要影响车内的温度和湿度。

4) 保持良好的卫生条件

卫生条件不好,微生物太多,鲜活易腐货物沾染的机会多,即使温度、湿度适合,食物也易于腐烂。

2. 鲜活易腐货物的运输方法

1) 鲜活易腐货物运输对运输工具的选择

目前世界上对于鲜活易腐货物的运输方式主要有铁路运输、水上运输、公路运输和集装箱多式联运,而运输装备主要有隔热车、加冰冷藏车、机械冷藏车、冷板冷藏车、冷藏集装箱。在我国,由于技术上的缺陷和冷链物流基础设施上的落后,用篷车、敞车装运易腐货物是在我国当前易腐货物运量大而冷藏车不足的情况下而广泛采取的措施,在长距离的运输中,主要采用铁路运输;在短途运输中一般用公路运输,公路的灵活方便、快速直达可以在一定程度上降低在运输途中对鲜活易腐货物的要求,还可以缩短在途时间来节约运输成本。

(1) 公路冷藏运输工具。冷藏汽车是公路冷藏运输工具,在冷藏运输中扮演了越来越重要的角色。一部冷藏车主要由以下几个部分组成:

① 货车;

② 制冷机组;

③ 保温箱;

④ 陆运冷藏集装箱。

(2) 铁路冷藏运输工具。铁路冷藏运输工具主要有以下两种:

① 铁路冷藏车;

② 铁路冷藏集装箱。

(3) 水路冷藏运输工具。水路冷藏运输工具有冷藏船和冷藏集装箱。利用低温运输易腐货物的船只称为冷藏船。冷藏船分为以下三种类型:

① 渔业冷藏船;

② 运输冷藏船;

③ 海运冷藏集装箱船。

(4) 航空冷藏运输工具。由于飞机上动力电源困难、制冷能力有限,不能向冷藏集装箱提供电源或冷源,因此空运集装箱的冷却方式一般是采用液氮和干冰。在航程不太远、飞行时间不太长的情况下,可以采取对货物适当预冷后,保冷运输。

2) 保证运输过程中鲜活易腐货物质量的方法

(1) 易腐变质货物的保鲜方法。造成鲜活易腐货物腐烂变质的原因主要是微生物的繁殖和呼吸作用,因此,凡是能抑制微生物滋长和减弱呼吸作用的方法,都可以延长易腐货物的保藏时间。其中,冷藏是主要的方法。

为了达到降温的目的,通常可以采用比较先进的机械制冷技术,如在20世纪80年代后以年均递增15%的速度推广使用的冷藏集装箱,目前已广泛采用机冷式冷藏集装箱,并有通风、气调、氮保温、冷板等多种类型的冷藏箱。在无法应用这些先进的设备时,也可以采用加冰加盐冷藏车来达到降温的目的。而后者是目前国内大部分冷链运输企业所采取的方式。但在加冰加盐时,必须按照相关严格的科学配比方法。

(2)活动物的运输方式。活动物主要是指禽、畜、兽、蜜蜂、活鱼和鱼苗等,此类货物的运输通常要保持货物的生命健康状态,在运输过程中,不能有过大的碰撞,需要有一定的活动空间、畅通的空气、良好的卫生条件,不同的天气注意保暖降温,但并不需要像易腐货物那样冷藏,一般可以用敞篷车来运输。

9.3.3 鲜活易腐货物运输组织

1. 铁路鲜活易腐货物运输组织

1)鲜活易腐货物的承运

承运鲜活易腐货物时,车站货运员要根据《铁路鲜活货物运输规则》对鲜活易腐货物的质量、包装和热状态进行检查。在承运时应注意鲜活易腐货物的运到期限和容许运送期限。容许运送期限是根据货物的品种、成熟度、热状态,在规定的运送条件下,能保持货物质量的期限。容许运送期限应由托运人提出,车站负责审查。

承运畜禽产品和鲜活植物时,应取得查验其兽医卫生机关的检疫证后才能承运。

对于货物质量、包装、温度等方面的检查结果应填写"冷藏车作业单",每车填写一份,与货物运单一起随车递至到站保存备查,以便积累运输经验,同时作为分析处理货运事故的依据。

2)鲜活易腐货物的装车

在装运鲜活易腐货物时,应根据货物的种类、数量、热状态、外界温度和运送距离选择适宜的车辆。在装车后要认真对车辆进行技术检查和货运检查。冷藏车在装车前应进行预冷,最好将其预冷到货物所要求的运输温度。此外,应根据不同的鲜活易腐货物进行货物装载,以保证货物的完好。

3)装运鲜活易腐货物车辆的运行组织

鲜活易腐货物具有容易腐败变质的特点,即使在规定的条件下保管和运输也仍然没有停止其腐坏的过程。因此,在铁路运输过程中除技术上需要采取特殊措施外,凡进行装车、取送、编解、挂运、加冰、加盐等作业,都应该密切配合,实行快速作业。根据我国铁路运输条件,为了保证冷藏车快速运行,除了必须建立和健全取送、预确报、编挂等制度外,还应对冷藏车的运行实行监督制度。除车站监督外,铁路分局、铁路局调度应按车号掌握冰冷藏车的运行,使每辆冷藏车从装车开始直到卸车为止,都处在集中监督之下,以便提高冷藏车运用效率。我国铁路组织鲜活易腐货物和活口车合编的快运货物列车,实行定停站点、定运行线、定编组顺序和定在站停车轨道等"四固定"制度,为加速冷藏车的运行提供了值得借鉴的经验。鲜活易腐货物卸车时,车站应把货物的状态和温度情况、卸车时间等记入"冷藏车作业单",存站备查。遇有腐坏变质情况,车站应会同收货人检查确认腐损程度,并编制货运记录,以作调查事故判定责任的根据。

2. 公路鲜活易腐货物的运输组织

良好的运输组织,对保证鲜活易腐货物的质量十分重要。鲜活易腐货物运输的特殊性,要求保证及时运输。应充分发挥公路运输快速、直达的特点,协调好仓储、配载、运送各环节,及时送达。

配载运送时,应对货物的质量、包装和温度要求进行认真的检查,包装要合乎要求,温度要符合规定。应根据货物的种类、运送季节、运送距离和运送地方确定相应的运输服务方法,及时地组织适宜车辆予以装运。鲜活易腐货物装车前,必须认真检查车辆及设备的完好状态,应注意清洗和消毒。装车时应根据不同货物的特点,确定其装载方法。如为保持冷冻货物的冷藏温度,可紧密堆码;水果、蔬菜等需要通风散热的货物,必须在货件之间保留一定的空隙;怕压的货物必须在车内加隔板,分层装载。

3. 运输鲜活易腐货物的注意事项

运输鲜活易腐货物的注意事项见表 9.7。

表 9.7 运输鲜活易腐货物的注意事项

运输环节	注 意 事 项
配载运送时	应对货物的质量、包装和温度要求进行认真的检查,包装要合乎要求,温度要符合规定
	应根据货物的种类、运送季节、运送距离和运送地方确定相应的运输服务方法,及时地组织适宜车辆予以装运
装车前	必须认真检查车辆及设备的状态,应注意清洗和消毒
装车时	应根据不同货物的特点,确定其装载方法

本章小结

本章主要介绍了危险货物运输、超限货物运输、鲜活易腐货物运输。其中危险货物运输比普通货物运输有更严格的要求,在受理托运、货物运送及交接保管工作环节应特别加强注意。超限货物运输有其特殊性,全程运输组织包括办理托运、理货、验道、制订运输方案、签订运输合同、线路运输工作组织和运输统计与结算等环节。鲜活易腐货物在运输中对温度、湿度、通风及卫生条件要求较高,应注意运输工具的选择和运输过程的组织。

复习与思考

1. 什么叫危险货物?
2. 请简述危险货物的运输要求。
3. 简述超限货物的运输组织工作环节。
4. 请简述鲜活易腐货物运输的基本要求。
5. 简述鲜活易腐货物运输的特点。

在线自测

案例分析

案例9-1 危险化学品的运输要求

某化工厂主要生产氯化亚锡,产品销售一直很好。某年某月,杨某到该厂谈妥15吨购货合同,并交清了货款。不曾想,在提货时,出乎杨某意料的是,该厂要求杨某另交1.2万元稳定剂添加费,说这是多年的规矩,如果不交,该厂将不在产品中添加稳定剂盐酸,运输过程中出了事概不负责。杨某对此非常气愤,声明自己没有这个义务,如果厂方不加添加剂,他将上报有关部门,请求依法处理。

思考题:
1. 运输氯化亚锡到底用不用加稳定剂?该由谁来添加?
2. 如不添加稳定剂,过错方将受到何种惩罚?

延伸知识

【回答】

氯化亚锡很不稳定,在运输时,必须添加稳定剂盐酸,如若不然,就会氧化生成氯化锡。《危险化学品安全管理条例》第四十一条规定:"运输危险化学品需要添加抑制剂或者稳定剂的,托运人交付托运时应当添加抑制剂或者稳定剂,并告知承运人。"据此可知,厂方应在托运氯化亚锡时,添加稳定剂盐酸,并向承运人说清楚。至于费用问题,可以在订货时,向购货方约定清楚,绝不能以此要挟购货方。因为,在此情况下,假如厂方因购货方未付稳定剂添加款,而不在氯化亚锡中添加盐酸,那么受到处罚的,将是厂方而不是购货方。

对于托运人托运危险化学品,不向承运人说明运输的危险化学品的品名、数量、危害、应急措施等情况,或者需要添加抑制剂或者稳定剂,交付托运时未添加的行为,《危险化学品安全管理条例》第六十六条规定:"由交通部门处2万元以上10万元以下的罚款;触犯刑律的,依照刑法关于危险物品肇事罪或者其他罪的规定,依法追究刑事责任。"

【评析】

由于许多危险化学品稳定性差、反应性强,如果不加控制,就可能发生分解、化合反应。这样会造成以下后果:一是影响产品的质量;二是因许多反应具有放热、产生气体、生成物有毒有害等因素,会造成中毒、爆炸、着火等事故。因此,在储存、运输时,必须要添加相应的稳定剂和抑制剂,这是保证危险化学品储存、运输安全的重要保证措施。正因为如此,《危险化学品安全管理条例》对托运人托运危险化学品,不向承运人说明运输的危化学品的品名、数量、危害、应急措施等情况,或者需要添加抑制剂或者稳定剂,交付托运时未添加的行为,给予了严厉的处罚。

但是,我们也要警惕有些生产厂家、经营商户利用许多人化学常识、相关法规懂得少的弱点,曲解相关的规定,蒙骗购货人、承运人支付不应支付的款项。要消除这种现象,一是要求托运人增强法律意识和道德观念,守法守信,不唯利是图;二是要求采购人员、运输人员要多学相关的化工常识和相关法律规定,做个明白人;三是要加大打击力度,对那些违法行为严格依法予以惩处。

案例 9-2　危险化学品运输泄漏事故分析

某年 1 月 24 日 10:00 左右,在某路段发生特大汽车追尾事故,造成 5 人死亡、5 人受伤,其中一辆运输车上装载的有毒化工原料泄漏。事故发生在某高速自北向南方向的距某市 14 公里处,前方 4 辆汽车相撞,其中一辆面包车上 3 人当场死亡,另一辆挂重庆车牌的运输车被撞坏,造成车上 2 人死亡、1 人受伤,运输车装载的 15 吨四氯化钛开始部分泄漏。四氯化钛是一种有毒化工原料,有刺激,挥发快,对皮肤、眼睛会造成损伤,大量吸入可致人死亡。事故现场恰逢小雨,此物质遇水后起化学反应,产生大量有毒气体。某市、某县有关领导闻讯后立即赶赴现场,组织公安、消防人员及附近群众 200 余人,对泄漏物质紧急采取以土掩埋等处置措施。

思考题:
1. 此事故的发生是因为危险货物运输中哪些因素被忽视了?
2. 危险化学品公路运输的注意事项有哪些?

第 10 章　物流运输成本管理

本章关键词

物流运输成本(transportation)　　　　联合成本(joint cost)
变动成本(variable cost)　　　　　　　公共成本(public cost)
固定成本(fixed cost)

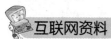
互联网资料

http://www.chinawuliu.com.cn/
http://www.jctrans.com/
http://www.ntbaoda.cn/

促进实体经济企业降低物流成本,是当前供给侧结构性改革对交通运输的紧迫要求。交通运输促进物流业降本增效的措施包括：完善衔接顺畅的设施网络；构建集约高效的服务平台；提升运输链条的组织效率；健全匹配协调的标准体系等。要降低物流运输成本,就应完善国家物流枢纽网络建设,推进港口集疏运项目实施,提升重要港区进出港铁路、公路覆盖率,提高一体化转运衔接能力和货物快速换装的便捷性。积极发展"互联网＋"高效物流,推动货运新旧业态加快融合发展,支持线上线下服务融合的平台型物流企业发展。推进运输结构调整,加快实施铁路运能提升、公路货运治理、水运系统升级、多式联运提速等行动。并推进货运车型标准化,加快农村物流、冷链物流、多式联运等重点领域标准制定和修订工作。

10.1　物流运输成本

在市场经济条件下,任何运输组织的供给活动都有自己的成本。无论是运输企业,还是政府,都必须考虑运输成本问题。

10.1.1　运输成本的含义

运输成本是指运输生产者(或供给者)为完成客货位移所造成的费用总和,包括直接运输费用与管理费用两部分。它分为运输总成本和单位运输成本两个概念。运输总成本是一定时期内的运输成本支出总和；单位运输成本是单位运输劳务的支出(货物运输一一般以吨公里为单位)。为了更加准确地理解运输成本的关系,必须区分运输成本与运费、运价的关系。

1. 运输成本和运费

运输成本是运输生产者(或供给者)完成特指条件下的运输所付出的代价,而运费则是运输消费者完成特指条件下的运输所付出的代价。这两者之间的一般关系如下:

运费＝运输成本＋运输生产利润＋在运期间运输需方支付的资金成本
　　＝(1＋利润率)×运输成本＋运输需方支付的资金成本

在资源密集型产业为主的产业社会中:

运费≈(1＋利润率)×运输成本

2. 运输成本与运价

运输成本是为完成运输活动所发生的一切费用,主要是从运输供给的角度来考虑的。运价(即运输价格)是运输价值的货币表现,需要从运输供给和运输需求两个方面进行考虑。运输价值量的大小取决于生产运输产品所消耗的劳动量,购买劳动量的支出就是运输生产费用,构成了运输成本。运输劳动创造了新的价值,就是运输盈利。运价由运输成本和运输盈利(利润和税金)这两个部分组成。

10.1.2 运输成本的构成

成本可以从不同角度进行分析和研究:根据是否会随产量变化而变化,成本可以分为固定成本和变动成本,其中固定成本是不随产量变化而变化的要素支出,变动成本是随产量变化而变化的要素支出;根据分析时期的长短,成本也可以划分为短期成本和长期成本。

在运输经济分析中,以上成本分类是必要的,然而对运输业或运输活动来说,成本的分类必须考虑运输活动的特殊性。运输业所使用的资本被分成了固定设施和移动设备两大部分,这对运输成本的类别划分具有关键性的意义。运输业的固定设施一般是指运输基础设施,如铁路、公路、站场和港口等,它们一旦建成就不能再移动,这些基础设施一般不能直接提供运输服务;运输业的移动设备是指移动性的运输工具,如火车、汽车、船舶、飞机等,这些载运工具一般用来直接提供运输服务。运输业资本的这种特殊性质,使得运输成本的分类与其他行业有所不同,它包括固定设施成本、移动设备拥有成本和运营成本三个部分。

1. 固定设施成本

固定设施对每一种运输方式都是必不可少的:铁路运输需要轨道、车站;汽车需要公路和停车场地;航空离不开机场和空中指挥系统;船舶要在港口停泊和装卸;管道则本身就是固定设施。

固定运输设施的投资被认为是一种沉没成本(sunk cost),因为这些设施固定在一定的地理区域上,一旦建成就不能再移动,而且在一定程度上不能再被用于其他任何用途。例如,港口和道路被废弃时,原来的码头和路基几乎无法改作他用。也由于这个原因,在运输系统中常常出现一部分固定设施出现拥挤现象,而同时另一部分固定设施却被闲置在一边。有学者甚至认为,从这一点来看,已经形成固定运输设施的投资是没有机会成本(opportunity cost)的,原因是该资源已经没有再被用于其他用途的机会。

固定运输设施除了起初的投资建设,还有在使用寿命期间内所需要的养护及维修,因此固定设施成本还包括养护、维修及其他相关使用成本。与投资相比,这些固定设施的养护、维修及使用费用比较少,其中有些费用与使用这些固定设施提供的运输量关系不大,属于固定成本,另外一些则可能与运输量的多少有密切联系,因此被认为属于变动成本。

2. 移动设备拥有成本

管道是唯一仅使用固定设施的运输方式,其他各种运输方式都同时包括固定设施和移动设备,可移动的载运工具包括铁路机车车辆、各类卡车、公共汽车、小汽车、各类客货船舶和飞机等。由于这些运输工具可以根据需要在不同运输市场之间甚至不同用途之间转移,因此在移动运输工具上的投资不属于沉没成本。

所有运输工具都有自己的使用寿命,运输工具的价值在其使用期内会逐渐转化为运输成本,因此使用寿命决定着运输工具的折旧过程。有些运输工具的使用寿命是以年限计算的,在这种情况下,运输工具的折旧转移成本似乎与其使用中所提供的运输量没有直接关系,是每年或每月固定的成本。还有些运输工具的使用寿命是以行驶里程计算的,在这种情况下,运输工具的折旧转移成本就与其使用中提供的运输量直接有关,属于变动成本。

移动设备拥有成本又可以大体分为三部分,即与车辆、船舶或飞机等的添置投资有关的费用、部分折旧(depreciation)费和载运工具维护费用。载运工具的这三种拥有成本在不同运输方式的比重和计算方法上都是有差别的,甚至运输工具维护费用是应该属于运输工具的拥有成本还是运营成本都标准不一。如果载运工具的某些维修费用与它们的使用多少无关,那么这些费用就属于载运工具的拥有成本;而那些根据载运工具的使用量决定的维修费用则被看作变动成本,而且与属于变动成本的折旧费用一样,也可以作为运营成本进行分析。

3. 运营成本

运营成本主要包括两类:一类是直接运营人员的工资;另一类是运输工具消耗的燃料,运输工作量越大,这些直接的运营成本数量也会越大,这两类都是直接与运输量相关的变动成本。如果从机会成本的角度来考虑,那么所消耗燃料的价值应该是这些燃料从驱动载运工具转而用于其他用途所能获得的收益,人员费用则应该是这些直接运营人员转而从事其他非运输工作所能得到的收入。

当然,运营成本还不仅仅包括直接运营人员的工资和运输工具的燃料消耗。车辆的运行必然会引起运输工具磨损,需要对载运设备本身进行修理和维护。因此,运输企业一般还需要配备若干辅助人员和管理人员,这些辅助人员和管理人员的工资以及所需要的工作开支属于间接运营成本。间接运营成本的一部分是与运输量有关的变动成本,其他部分与运输量变动关系不大。

在不同运输方式的运输成本中,固定设施成本、移动设备拥有成本和运营成本各自所占的比重或涉及的程度是有差别的,其相应部分伴随产量的不变性或可变性也不一样。

而且,这种不变性或可变性还要根据使用者的具体角色来确定。例如,车票对于每次上车购票的公共交通乘客来说应该是变动成本,因为如果他不出行就没有这笔开销,但对购买月票的乘客来说这却是每月的固定支出。又如,高速公路的保养和维护对其经营者大体上是一种固定成本,但对使用收费道路的汽车司机来说,却是根据行驶里程支付的变动费用。因此,运输业的三种成本划分与产量变化的关系交织在一起,再加上运输经营者和使用者的多样性,使得运输成本分析具有很大的难度和挑战性。

10.1.3 运输成本的影响因素

1. 距离

距离是影响运输成本的主要因素,因为它直接对劳动力、燃料和维修保养等变动成本发生作用。从经济角度而言,每一种运输方式都有自己经济合理的运距范围。一般而言,航空和海洋运输最适合长距离运输,公路在短途运输中占有优势。在经济合理的运距范围内,各种运输方式的平均吨公里、人公里的运输成本随距离的延长而递减。这是因为总成本中的发到作业与中转作业的费用和运送距离无关,随距离的延长,这部分成本分摊到每公里的货物和人身上也愈来愈少。

2. 运量

运量与运输成本间的相关性受其背景影响,背景可以是运输方式或指定地区的运输行业,或某运输企业,或运输线路,或某运输车辆等。一般来说,大多数运输活动中存在着规模经济,运输量的大小也会影响运输成本。在不同的运输方式中,运量的增加可使运输成本下降,其本质原因则是在达到规模经济的规模水平以前,任何规模的增大都将导致成本的下降,这是因为发到作业与中转作业的费用可以随运输量的增加而被分摊。需要指出的是,在达到规模经济之后,再扩大规模就意味着成本的升高。

3. 产品密度

产品密度是指产品的重量和体积之比,它把重量和空间方面的因素结合起来考虑,这是因为运输成本是单位重量所使用的费用。对一辆运输车辆,通常受空间的限制比受重量的限制要大。若产品密度小,车辆的容积充分使用后仍达不到车辆装载能力,单位重量所分摊的运输成本就高;若产品密度大,能更好地利用装载车辆的容积,使车辆能装载更多数量的货物,使运输成本分摊到更多重量上去,降低了每单位重量的运输成本。所以,通常密度小的产品每单位重量的运输成本比密度大的产品要高。

4. 运量构成

运输对象有旅客与货物两种,其中旅客与货物的内容又可划分为若干种类。就货运而言,如果运输由不同的、多种类的货物组成,那么其运量也由多种运量构成,这将影响规模效应。因为每类货物的运量都有对应的运输规模,多样化就将使规模效应削弱,最终将导致运输成本上升。

5. 搬运难易程度

同质的货物或使用通用装卸搬运设备搬运的货物比较容易搬运,需要使用特别的装卸搬运设备搬运的货物则会提高总的运输成本。此外，货物在运输和储存时所采用的包装方式（如用带子捆起来、装箱或装在托盘上等）也会影响运输成本。

6. 运输能力

运输中采取的运输方式不同，其运输能力也不同，运输能力的波动与运输成本密切相关。运输能力波动的内因是运输工具设计的承运能力具有一定的过载系数，故承运能力可在一定范围内变化，而承运能力又与运距存在相关性，即运输能力小的运输工具一般适应短运距条件下的运输。只有在运输对象与所选用的运输工具特性参数高度匹配时，运输成本才会降低。另外，造成运输能力波动的外因则是运输中的客、货在去回两个方向上的运量不对称以及同一方向上运量的不平稳。这种运输能力的波动也将影响运输成本。客、货流在去回两个方向的不对称必然造成一个方向是重载，一个方向是轻载，而且轻载方向的实载率低。运量不平稳就使得某些时候的运输能力紧张，某些时候运输能力又没有得到充分利用。显然，这些因素都会使得运输成本上升。而且不对称与不平稳的程度越高，成本上升也越多。

7. 装载能力

装载能力是指货物的具体尺寸及其对运输工具的空间利用程度的影响。由于某些货物具有古怪的尺寸和形状，以及超重或超长等特征，因而通常不能很好地进行装载。例如，谷类、矿石及石油等可以完全地装满容器，能很好地利用空间，而机械设备等的空间利用程度则不高。装载能力还受到装运规模的影响，大批量货物往往能相互嵌套，便于装载。

8. 装载率

装载率也称装载系数，即实际装载量与额定装载量的比值，它对运输成本有重大影响。无论是汽车、火车、轮船还是飞机，从半载到满载的运输总成本增加非常有限，这是因为：固定成本不会增加；运行成本中人工费和维修费不会（或很少）增加。在距离和运输密度已定的情况下，运输成本随运输设备的装载率的增加而减小。

9. 运输责任

运输途中，有可能发生货物丢失、货物变质，甚至出现事故，承运人需要考虑货物的易损坏性、易腐性、易盗性、易自燃性或自爆性等。承运人的责任关系到货物损坏风险及运输事故导致的索赔。所以承运人承担的责任越大，需要的运输费用也就越高。有时候，承运人必须通过向保险公司投保来预防可能发生的索赔，托运人可以通过改善保护性包装或通过减少货物丢失损坏的可能性来降低风险，最终降低运输成本。

10. 市场因素

市场因素对运输成本也有重要影响。影响比较大的市场因素有：①竞争因素，即同种运输方式间的竞争以及不同种运输方式间的竞争；②运输的季节性，旺季和淡季会导致运输费率及运输成本的变化；③运输的方向性，运输流量的不平衡会导致运输成本的变化。

运输成本的作用

降低运输成本的途径

10.1.4 不同运输方式的成本特征

1. 铁路运输

铁路运输的固定成本费用高，变动成本费用相对较低。这是因为铁路线路、车站、机车车辆、通信等基础设施的投资大，提高了固定成本。铁路运输变动成本（工资、燃油、维护成本等）随运距和运输量的大小而成比例变化，一般认为它占总成本的 1/2 或 1/3。这样，当一个系统有很高的固定成本费用时，适合进行规模经济和距离经济。规模经济的特点是随着运量的增长，每单位运量的运输成本呈下降趋势。这是因为有关的固定费用分摊到大批量的运量中去，单位运量运输成本中分摊的有关固定费用就少，从而使运输成本降低。规模经济使得货物的批量运输显得更加合理。距离经济的特点是每单位距离的运输成本随运输距离的增加而减少。距离经济的合理性类似于规模经济，尤其体现在运输装卸费用的分摊上。同时，距离越长，可使固定费用分摊后的值越小。这样，将固定成本均摊到更大的运量和更长的运输距离中去，运输成本就会下降。

2. 公路运输

由于公路运输的承运人不拥有用于营运的基础设施，公路运输的固定成本是所有运输方式中最低的，与铁路运输的成本特征形成鲜明对比。但公路运输的变动成本很高，它既包括用于车辆营运的燃料、轮胎、车辆折旧、维修费用等，还包括为了公路建设和公路维护而向车辆征收的燃油税、过路(桥)费、养路费等。变动成本随车辆行驶里程或完成的周转量成正比例变化。在公路货运站进行运输时，固定成本包括车站取货和送货费用、站台装卸费用、制单和收费等发到作业费。公路运输也存在规模经济，当运输批量较大时，固定成本费用分摊到较大的运量上，所以单位运输成本会随运量的增加而降低，但是不如铁路运输下降得那么明显。

3. 水路运输

水路运输除必须投资购造新船、建设港口之外，航道投资极少。目前，港口和航道由国家通过管理体制进行管理，船舶所属的航运企业则是水路运输的承运人。大部分港口是服务港，即港务当局不仅提供港口的基础设施，还提供诸如货物装卸服务和货物的港内搬运和处理等服务；不仅从事港政和航政，还从事港内各项业务活动。这样，水运承运人的固定成本除船舶本身的折旧费等外，还和港口作业有关。但是水路的运输能力大，变动成本低。所以水运是最廉价的大宗货物运输方式之一，适合长距离、大批量运输。

4. 航空运输

航空运输与水运和公路运输相比，成本特征有很多相同之处。航空运输的机场和空中通道一般不属于拥有飞机的航空公司,航空公司根据需要以燃油、仓储、场地租赁和飞机起降等形式购买机场服务。同时,地面的搬运装卸、取货和送货也属机场提供的航空货运服务的一部分,这些成本就成为使用机场需要支出的固定成本。此外,航空公司还拥有(或租赁)运输设备飞机等,在经济寿命周期内对其进行折旧就构成每年的固定费用。航空公司的变动费用主要是燃料和原材料,受运距的影响较大。固定成本和变动成本合在一起通常使航空运输成为最贵的运输方式,短途运输尤其如此。但是,随着机场费用和其他固定费用支出分摊在更大的运量上,单位成本会有所降低。如果在长距离内营运,还会带来单位成本进一步的下降。

5. 管道运输

管道运输与铁路运输的成本特征一样,管道公司拥有这些基础设施或拥有它们的使用权。管道的投资和折旧及其他成本使管道运输的固定成本在总成本中是较高的。为提高竞争力,管道运输的运量必须非常大,以摊销这么高的固定成本。变动成本主要包括运送原油、成品油或天然气等的动力和与泵站经营相关的成本。对动力的需求大小取决于线路的运量和管道的直径。在运输中,摩擦损失和气泵动力随管道周长变大而增加,运量则随截面积的增大而提高。由于大管道与小管道周长之比不像横截面面积之比那么大,所以,只要有足够大的运量,大管道的每吨公里成本会迅速下降。在一定的管道规格条件下,如果运送的产品多,管道运输的规模收益就会减少。

10.2　物流运输成本的控制

10.2.1　运输成本控制原理

从一般意义上讲,企业成本系统应满足系统可控性的基本条件是:第一,企业成本具有多种发展可能性。成本作为对生产经营活动中发生的个别劳动耗费的价值度量,同类产品由不同生产者组织生产,或者同一生产者生产的同种产品在不同的成本计算期间,其生产成本都不可能完全一致。第二,生产经营耗费具有可调节性。不同生产者或同一生产者在不同的成本计算期间,生产成本的差异及其变动取决于成本系统内生产要素的构成性质、数量、相互联系方式及其变化规律。在一定的条件和责权范围之内,通过成本管理措施的作用,成本系统内的各构成要素以及由此而决定的生产经营耗费状态在一定程度上是可以被调节的,并能按系统的既定目标发展。成本系统不仅是可以控制的,而且这种可控性的强弱与控制的空间和时间有着密切的联系。

1. 成本可控空间

成本可控空间是指成本受控的空间范围。按照企业的生产组织结构,在成本管理系统内,成本可控空间可以逐级分解,形成一种多层次的责任成本控制体系。就某一层次的成本可控空间而言,在其责权范围内所发生的劳动耗费,有的能够受到控制,称之为该层次上的可控成本,有的则不能受到控制,称之为该层次上的不可控成本。

由于成本的可控性是相对于可控空间的层次而言的,因而,某一较低层次上的不可控成本可能是其较高层次上的可控成本。当然,较低层次上的可控成本,必然也是其较高层次上的可控成本。在同一可控空间层次上,可控成本不完全等同于直接成本或变动成本,不可控成本也不完全等同于间接成本或固定成本。例如,车间(或班组)生产单一产品耗用的某种原材料费用,就其计入生产成本的方式上看是直接成本,就其与产量的关系上看是变动成本,就其可控性上看,其耗用量是可控的,而价格则是不可控的。再如折旧费用对于生产车间虽属不可控制固定成本,但在投资责任中心的层次上却是可控制的。

从控制理论上看:可控空间的层次越高,则成本的可控范围越大,而成本的可控性(即系统主体对成本的控制能力)越弱;可控空间的层次越低,则成本的可控范围越小,其控制的目标和责任也越具体,因而成本的可控性也越强。可控空间的不断缩小标志着控制能力的不断增强,因而,建立企业内部责任制,划小核算单位和成本责任中心能够为有效控制生产经营耗费建立良好的基础。

2. 成本控制的时效性

成本控制的时效性是指成本可控性随时间而变动的关系。实施成本控制的时间与成本的可控性关系极大,一般而言,在投入生产要素从事某项经营活动之前,将要发生的所有劳动耗费在理论上都是可以控制的。但是,由于存在着许多不确定性因素的作用,控制的时间越短,成本控制的难度也越大,如果控制得当有效,则控制效果显著,一旦失误,其后果越为严重。随着控制时间的递延,劳动耗费逐渐发生,成本控制的难度渐趋减小,但控制范围和效果也随之减弱,如在生产经营过程中,就只有部分劳动耗费可以控制了,一些生产要素的配置和价格都已无法控制。在生产经营过程结束之后,对已发生的耗费已无控制可言,需要的只是对经验和教训的总结和分析,为下期成本控制提供资料依据。

随着生产活动的日益社会化和现代化,企业规模不断扩大,工艺过程越加复杂,生产组织形式的多样化和生产过程的连续化、自动化、信息化必将导致生产经营耗费速度的加快,使之无论在某一局部生产经营环节或某一短暂时期内的劳动耗费失去控制,都有可能给企业造成无可挽回的经济损失,因而,现代成本管理十分重视预防式的成本前馈控制理论和方法。

10.2.2 成本控制的形式

信息是实施系统控制的基础,任何系统的有效控制都必须以获得充分、及时、可靠的信息为前提。成本信息是反映成本系统运行状态及其结果的经济信息,在成本系统内,成本信息是随着生产经营活动的进行和生产耗费的发生而产生的。成本核算实质上是对各种生产耗费数据进行采集、归类、加工、整理和转换等价值形式信息的处理系统,由此产生的成本信息是成本控制的基础。

成本信息有着十分丰富的内容,它既包括以一定生产成果为基础、用价值形式表现的劳动耗费数量,也包括为满足成本管理需要而建立的各种技术经济指标。成本信息客观地反映了成本系统内部变化的动态,并为引导和协调系统的运行发挥着重要的作用。从本质上看,成本控制就是依赖成本信息的传递与反馈对系统运行的有效调节。根据成本信息在系统内传输、变换、处理的特点不同,成本控制主要有以下两种形式。

1. 成本反馈控制

如果将受控系统的输出量与系统目标进行比较,由此产生一个偏差信息反馈到系统主体,作出相应的措施与新的输入量迭加在一起重新输入系统,通过调节,不断减少实际值超越目标值的偏差,这个过程就是反馈控制。

运输过程中的成本控制属于反馈控制形式,它要求成本系统的输出量,即实际成本,不断地低于其目标值,即标准成本(或现行定额成本)。系统的输入量是价值形式的各运输生产要素,状态变量是运输过程中的耗费情况。反馈控制的优点在于能够在系统的输出值与目标之间产生一种"动态平衡效应",控制成本系统内的各种资源耗费状态,促使实际成本尽可能低于目标值。但是,这种控制形式毕竟只是成本形成过程中的控制行为,其控制范围有限,在某些情况下还可能因时过境迁而失去作用。

2. 成本前馈控制

如果在向受控系统输入各种要素之前,就根据有关信息和经验来预计和判断这些要素输入系统后,系统在运行中可能出现的各种状态及各种状态出现的可能程度,分析在这些状态的影响下系统输出值与目标值可能发生偏离的情况,通过对系统输入的设计或规划,以求系统运行结果达到目标值。这个过程就是前馈控制。

在现代成本管理中,成本前馈控制的理论和方法得到广泛应用。例如,采用各种方法对运输成本进行事前预测,从整体运输与成本相适应的程度改进运输过程设计,调整企业运输组织形式,制定先进合理的定额标准或目标成本,在运输耗费发生之前,将其限制在规章制度或定额标准之内等,这些都属于成本前馈控制。

10.2.3 成本控制原则

在运输成本的管理实践中,为了有效地实施成本控制,强化运输成本管理职能,应遵循以下原则:

1. 责权结合原则

在成本可控空间的一定层次上,控制主体必须拥有在其责任范围内采取管理措施,对该范围内发生的资金耗费及相关运输经营活动实施控制的权利。与此相适应,运输成本控制主体也必须承担管理失误或不力,导致运输成本失控而产生损失的经济责任。贯彻责权结合的原则,应明确划分不同层次的成本可控空间范围,理顺各层次之间的责权关系,坚持责任成本在不同空间上的不可转移性和同一空间责任成本在时间上的不可递延性。同时也要充分发挥激励机制的作用,以调动运输管理人员和作业人员努力做好运输成本控制工作的积极性。

2. 全面性原则

运输成本是一项综合性价值指标,它既受到运输经营活动中众多复杂、相互制约的技术、经济、供求、环境等因素的影响,同时也涉及运输企业内管理工作的诸多方面。因而,

必须树立统筹兼顾的全面观点,才能使运输成本得到有效控制,达到整体物流经济效益最优。全面性原则要求做到以下几点:

(1) 要处理好成本与运量、质量、利润等指标之间的关系,在竞争激烈的市场中,切不可因注重发展、扩大运输经营规模而忽视成本管理,也不可为降低运输成本而野蛮作业、野蛮装卸。

(2) 要重视全过程的运输成本控制,从企业融资、投资、路线设计、技术改造、存货管理、设备更新、作业规划、配送方式,直到售后服务的整个运输经营环节中,凡是与资金耗费有关的运输活动都必须实施严格的成本控制。

(3) 要动员全体员工增强成本意识,参与成本控制,将成本控制工作渗透到全体员工的日常运输作业活动之中。

(4) 要对影响运输成本变动的所有技术经济因素实施综合管理,全面控制。

3. 效益性原则

运输成本控制不能狭义地理解为单纯对运输过程中耗费的节约,它是通过投入资源的耗费,转化为企业经济效益的提高,所以,应当以单位耗费所获效益最大为目标来实施运输成本控制。事实上,成本控制的效益在很大程度上并不是体现在运输经营活动过程之中,而是取决于运输经营活动过程之前,这包括在运输业务的承揽、运载工具的选择、服务质量的确定、辅助业务的扩充、运输环节的协调、运输策略的优化、运输特色服务的培植等方面做好成本的预测、决策和控制,从成本事前控制中挖掘不断降低成本的潜力。

4. 及时性原则

运输企业的成本是在运输作业过程中形成的,由于运输业本身受经济等形势变化影响较大,所以,它总是处于动态变化之中。为了增强成本控制的时效性,必须运用一定的方法及时揭示实际耗费与标准(定额)成本之间的差异,分析和追溯产生成本差异的具体原因,落实调节运输成本差异的管理措施,使运输成本失控产生的不利后果及其影响限制在尽可能小的范围之内,并在今后的运输经营活动中杜绝并得到补偿。

5. 例外管理原则

例外管理是相对于规范管理而言的。在运输成本控制措施实施过程中,可能经常会发生一些事先不曾预计的影响因素和事件,这些因素如果不及时处理就会导致不利的后果。例外管理原则要求运输管理人员重视导致实际耗费脱离标准(目标值)差异较大的"例外"事项,认真分析这些事项产生的原因和责任主体,对影响运输成本变化的不利因素进行归类和统计分析,及时采取调整措施,防止这些不利因素进一步扩展。

运输费用的分类与构成　　运输成本的理论结构　　货物运输计价规则　　物流运费计算步骤

10.3 目标成本控制方法

目标成本控制是一种有效的成本管理方法,它直接承受和反映了在竞争态势下市场对企业产品价值的认同及其风险程度,并将这种竞争压力传导给运输企业内部各作业环节、各部门和全体员工,通过激励机制转化为一种不断追求控制运输成本的动力,促使企业更新观念,转换机制,完善管理。由于运输企业管理的多层次和作业过程的多环节,运输成本控制涉及企业运输经营活动的各个环节,因而必须建立纵横交错、责任分明、相互衔接和制约的目标成本控制体系。横向目标成本控制是按运输成本要素构成遵循与职责相结合的归口管理原则将目标成本指标分解落实到各部门。纵向目标成本控制是按运输成本形成过程遵循与企业运输组织层次、环节相结合的分级管理原则将目标成本指标逐级分解落到各运输作业单位。

10.3.1 目标成本的制定与分解

1. 目标成本的制定原则

目标成本的制定不仅要满足运输企业效益增长的需要,更要符合市场发展变化的要求,其制定原则一般如下:

(1)市场准入原则。即企业在一定时期所制定的目标成本能够为市场所接受,适应市场竞争的要求,成为企业开拓市场的保障。建立既有激励又有约束的目标成本控制体系。首先,要把市场机制导入企业内部,使之在成本价值形态上得到充分反映,让市场风险和竞争压力体现在运输作业的每个环节和全体员工的行为之中;其次,要把目标成本的制定与市场预测紧密结合起来,根据市场价格和需求变化及时调整目标成本管理策略;最后,要以全面完整的定额标准为基础,使目标成本既先进合理,又切实可行。

(2)效益优先原则。即企业运输耗费的发生及其变动的合理有效性,取决于是否有利于效益的增长。为此,应建立如下观点:其一,运输成本降低能否转化为利润,有待市场的检验。如果由于萧条导致运输量下降,则成本的降低没有实际意义。其二,增加支出不一定必然减少利润。研究开发新产品,引进先进的运输配送工艺和设备,实施技术改造措施,提高运输配送质量,引进人才等都会发生大量的费用,使成本增加,但从长远来看如果决策正确将给企业带来更大的效益。其三,局部运输费用的减少不一定对全局效益有所贡献。运输企业的经营活动是一个整体系统,如果只强调本部门、本单位、某个环节利益的优化,不一定能满足全局效益的优化,部门的行为一定要满足全局成本降低的需要。

(3)成本否决原则。即用于目标成本制定的运输技术经济指标经过测算,如果没有达到本单位(部门)目标成本的要求,则该技术经济指标将被否决。有多少项指标不符合目标成本要求,就否决多少项,经过不断地否决和试算平衡,使所有技术经济指标都满足目标成本要求,为整个运输过程的目标成本控制创造条件。

2. 目标成本的制定方法

(1)认真进行市场分析。原材料供应市场、生产协作配套市场、产品销售市场、国内市场和国际市场都是运输市场的分析对象,因为这些市场上形成的所有供求关系最终都要通过运输来解决(当然并非某一具体运输企业)。运输市场分析要依据企业自身的运输能力进行市场定位,结合运输产品结构和需求强度等测算什么运输价格最具市场竞争力,可以占有多大运输市场份额,在某一价位上能给企业创造多少效益;同时,要分析其他同类运输企业对本企业形成的竞争压力和对成本的影响。

(2) 分析技术进步。科技转化为生产力可以促进企业效益的提高,具体表现为:新的储运设施和技术,以及改造原有设施带来的技术经济水平提高,对整体运输成本降低的作用;运输企业的技术进步能创造潜在效益的作用。

(3) 分析管理能力和市场开拓能力。由于物流运输本身具有对生产和经营企业的依附性和服务性,以及运输作业的多环节性,就要求运输企业必须努力提高内部管理水平,不留成本管理的死角,把对运输全过程的管理都纳入成本分析之中。同时不断开拓市场,提高运输市场的占有率是实现降低成本的真正物质基础,即规模经济能带来单位成本的自然下降。

3. 目标成本的制定程序

(1) 收集和整理编制目标成本所需的资料。制定目标成本要广泛收集和整理必需的各种资料,包括计划期内企业重大运输经营决策、运输生产计划、运输结构调整计划、单位货运能源消耗定额、劳动定额、运输费用预算、运输作业材料供应计划、运输市场价格趋势、基期成本分析资料以及本单位历史先进水平、同类企业的运输价格及成本资料等。

(2) 分析和预计基期目标成本计划执行情况。通过对基期目标成本计划执行情况的分析,总结经验,揭示差异,尽可能调整不可控因素和非正常因素的影响作用,掌握运输成本变动趋势规律,使目标成本先进合理。

(3) 测算计划期运输价格、消耗定额和费用支出变动对运输成本的影响。如果在计划期运输价格、各项货运能源消耗定额以及各项费用支出与基期相比,有可能发生较大幅度和数额的增减变化,则应按它与运输成本的技术经济关系测算这种变化对目标成本的影响程度。

(4) 进行目标成本和目标利润的试算平衡。一方面,目标成本既要适应市场变化,又要满足企业目标利润的要求;另一方面,目标成本水平也必须是企业现有技术经济和管理水平力所能及的。因而在需要与可能之间应通过试算平衡达到协调一致。试算平衡并非消极地调整,而是在试算平衡过程中不断挖掘改进企业管理,提高技术经济水平的潜力,促使成本管理的职能由被动反映向主动控制转化。目标成本和目标利润的试算平衡是保证目标成本先进合理性的中心环节。

(5) 制订和下达目标成本计划。目标成本计划包括:按运输费用要素编制的运输费用预算;按运输类别、运输结构编制的成本项目及主要运输产品的单位目标成本计划;按发生地点和职责范围、按明细项目编制的单项费用计划;按明细项目编制的各项期间费用计划;目标成本计划编制说明书以及运输成本控制的主要措施方案。

4. 目标成本的分解与下达

目标成本的分解与下达既是动员全体员工挖掘各部门、各单位降低成本潜力的过程,

也是将市场机制导入运输企业内部管理,传递与分解竞争风险的过程。在这一过程中应当做到:

(1)坚持"以人为本"的管理理念,充分发挥全体员工的积极性和创造力,使企业每一部门、单位和个人都明确所要达到的运输成本降低目标。建立激励机制,提高员工的参与意识。

(2)以各部门和单位的责权范围为依据,对目标成本进行横向和纵向分解,横向目标成本分解要包括所有的运输成本构成要素,纵向目标成本分解要符合运输组织和运输环节过程的特点。同时,横向分解的目标成本与企业总体目标成本之间,以及纵向分解的不同层次目标成本之间应保持协调一致的关系,防止出现顾此失彼或相互推诿的现象。

(3)目标成本的分解要将所涉及的各项指标细化落实,重点在于抓落实措施,为目标成本控制创造条件。

(4)为了充分挖掘各部门、单位降低成本的潜力,使目标成本先进合理,现实可行,目标成本的分解也要遵循目标成本制定的试算平衡过程。

10.3.2 目标成本的执行

目标成本控制按实施控制的对象及内容划分,有运输过程前的成本控制(事前控制)和运输过程中的控制(事中控制)。

1. 运输过程前的目标成本控制

企业实施运输技术组织改造措施,研究开发新运输市场,必须做好事前运输策划和安排,主要包括:

(1)实现适度规模运输经营。运输经营规模与企业成本有一定的联系。扩大运输规模有利于专业化分工和运输效率的提高,降低固定费用水平,但超过一定运输规模,运输企业对市场的反应能力就会减弱,运输企业管理难度加大,从而产生一些不经济因素。

(2)控制负债规模。适度负债经营不仅有利于降低综合资金成本,同时在总资产报酬率大于负债成本情况下,可以发挥财务杠杆作用,提高自有资金盈利水平,但过度负债将加大企业财务风险,有可能使企业财务状况陷入困境。

(3)重视运输技术改造的可行性研究。采用先进的运输技术有利于企业运输能力的提高,但是采用先进技术还必须充分考虑经济上的合理性,为此,要通过市场调查,从技术的先进性与经济的合理性两个方面做好可行性研究论证工作。

(4)做好运输市场开发、设计工作。根据市场需求的变化,从运输功能与成本两个方面做好运输市场开发设计和改造更新工作是决定运输成本降低的重要环节。

2. 运输过程中的成本控制

在运输过程中主要是按成本构成要素实施控制,包括:

(1)运输设施、材料费用控制。在运输过程中各种搬运装卸设施、加工包装材料等是运输作业成本的基本物质构成要素。为此,一是掌握运输过程中企业各种材料的耗用规律,做到合理使用,并注意相适应的经济采购批量;二是在保证材料质量的前提下,选择供货渠道,降低材料价格;三是合理安排各种搬运装卸设施的购进和使用;四是尽量做好各种材料的二次使用和替代使用,但必须保证使用效果不下降。

(2) 管理费用控制。管理费用构成内容复杂,大多具有固定费用性质,对其主要项目采用预算控制方法:一是按费用性质、内容和管理的职责范围分解,实行归口分级管理,财务部门监督使用;二是采用弹性预算、滚动预算等方法按月编制各部门费用预算,按预算控制日常费用的发生;三是严格执行费用审批制度,努力减少各项费用开支;四是提高管理人员水平,尽力减少、避免不合理运输的发生。

10.3.3 目标成本控制的考核与评价

1. 目标成本完成情况的考核管理

目标成本完成情况的考核是建立目标成本控制体系的重要环节。考核的目的在于充分发挥激励机制的作用,目标成本考核管理分为两大部分:一是对目标成本计划完成情况的考核管理;二是对超额完成目标成本计划的考核管理。

2. 目标成本控制绩效评价

正确和全面地评价各责任单位目标成本控制的绩效,一般应包括以下内容:一是可比成本降低率和降低额,这是目标成本控制绩效最直接的体现;二是主要技术经济指标水平的提高,这是成本控制的基础;三是以新技术、新工艺、新产品研究开发为核心的技术改造发展状况,这是通过技术进步使成本持续降低的强大动力;四是资金结构得到优化,包括盘活资产存量、清理收回积欠货款、加速资金周转、提高资产保值增值率。这是改善财务状况,增强企业发展实力的保证。

10.4 运输成本控制策略

物流运输成本控制的方法可以分为定量分析和定性分析两大类。本节仅介绍运输成本控制的一些策略性方法。因为任何单纯从数据计算上获得的降低结果都有一个极限,而只有成功地转变经营观念和市场运营策略才能持续获得低于社会平均成本带来的利益。

本节介绍的物流运输成本控制的策略包括大量化、计划化、商物分离化、差别化、标准化、共同化等运输策略。

1. 大量化运输

这是以运输规模经济为基础,以增加运输量组织物流合理化的一种做法,通过延长备货时间来实现控制物流成本的一种手段。大量化运输策略与过去那种按体积折扣(以一年或半年为时间单位)收费的做法不同,是一种增大一次物流批量折扣收费的办法,是"大量发货减少收费"和"一贯制托盘化运输协作降低费用"等激励对方的手段。如某洗涤剂工厂与销售公司商定,如果向以托盘为单位装载的货车、大型卡车或双轮拖车订货,则按照货物的批次运输价格减 1% 收费,称为"集装货物减成收费"。特约商店如果以卡车和货车等整车为单位向制造商工厂订货,则根据订货数量减成收取运费,称为"大量发货减成收费制"。这种做法因实行物流合理化而节约的金额由双方合理分享,对于物流运输活动的成本控制是特别重要的。

2. 计划化运输

这里的"计划"并非传统意义上的生产或销售计划,而是以产销合同为基础的供货方式。主要适用于季节性较强的商品,如啤酒,本来是夏天集中消费的商品,即使是夏天,因天气好坏,每天的需要量也是不同的。这样就会出现运输车辆过剩与不足或装载效率下降等影响物流运输效率的问题。于是,有的啤酒工厂为了调整这种波动性,就事先同买主商定进货时间和数量,制订出配送计划,称为合同计划。这样,由于啤酒工厂计划供货,拣选进货、货物装卸和货物运输配送等物流活动均可按计划进行,节约了费用和简化了订货手续。同时,还做到了有计划地生产和享受运输优惠。买主按合同购货,减少了批发费用支出,这就是被称为"定期定量直接配送系统"的计划化物流。但这种计划化销售物流要看需求预测的准确程度如何,因计划不准确致使买主增大库存或失去销售良机的危险性并不小。可以说,这是以商品销量预测绝对可靠、商品在买主中占优势地位为前提,才能实现物流运输计划。

3. 商物分离化

商物分离的具体做法之一是订货活动与配送活动相互分离。这样,就把自备卡车运输与委托运输乃至共同运输联系在一起了。而且,利用委托运输可以压缩固定费用开支,由于共同运输提高了运输效率,从而大幅度节省了运输费用。所以,与普通日用消费品行业中采用"窗口销售"(产品不经中间商,而由厂家按一定路线直接向消费者销售)那种发挥商物合一的积极作用的情况不同,一般认为订货活动与配送活动分离开来能够降低费用开支。

此外,还可以列举出销售设施与物流设施在功能方面的商物分离。这主要分为两种情况:一种是在同一企业内部;另一种是与交易对象之间的分离。前者是营业场所分散的销售点所具有的库存功能的分离,是把负责一定范围供货的物流据点合并起来,以加强公司内部物流管理的一元化为目的的一种措施。这样做可以压缩流通库存,解决交叉运输等问题,这有利于工厂货物运输的大批量化。因设施集中合并扩大了配送距离,也产生了营业所销售人员因库存压力大影响销售积极性、紧急配送困难等不利因素。因此,必须对物流的绝对量和营业所的管理方法进行研究。

后者是通过与交易对象的合作,力求减少中途物流环节(中转点)。例如,原来的流通路线是:工厂—营业所仓库—代理店仓库—顾客。

现在,由于两者合作,把营业所仓库和代理店仓库合并起来,流通路线缩短为:工厂—区域配送中心—顾客。

平板玻璃制造业中所属的"玻璃流通中心"便是一个具有普遍意义的例子。与此大体相同的例子,在家用电器制造工厂中也可以见到。如取代小卖店,直接把货物送到消费者家里,并负责安装作业的"协作中心"。这种商物分离的做法,把批发和零售从大量的物流活动中解放出来,可以把这部分力量集中到销售活动上,工厂的整个流通渠道不仅实现了物流效率化,流通的系统化也进一步得到了加强。

4. 差别化运输

根据商品周转的快慢和销售对象规模的大小,把保管场所和配送方式区别开来,这就是利用差别化方法实现物流合理化的策略。即实行周转较快的商品群分散保管,周转较慢的商品群尽量集中保管的原则,以做到压缩流通阶段的库存,有效利用保管面积,库存管理简单化等。另一种做法是根据销售对象决定物流方法。例如,供货量大的销售对象从工厂直接送货,供货量分散的销售对象通过流通中心供货,使运输和配送方式区别开。对于供货量大的销售对象,每天送货,对于供货量小的销售对象集中一周配送一次等,灵活掌握配送的次数。无论哪一种形式,在采取上述做法时,都应把注意力集中在解决节约物流费与提高服务水平之间的矛盾关系上。平时,不断研究商品分类和顾客类别,随时改变做法,是十分重要的。

5. 标准化运输

这里的标准化不是一般意义上产品生产、包装等的标准化,而是销售、运输数量的批量化。在企业的实际销售中,由于对销售批量规定了订货的最低数量,明显地提高了配送效率和库存管理效率。化妆品工厂采用了对小卖店不批发单一品种商品,只批发成套商品的"限制制度",显著地削减了拣配和配货作业人员,大幅度提高了订货处理和库存管理等物流管理效率。这种标准化所带来的物流合理化在今天的制造工厂中到处可见,但商品的配套方法和配套商品的更新周期等问题相对于制造业更为复杂,还有待今后进一步研究解决。

6. 共同化运输

物流运输成本控制,最有效的措施是共同化,这种说法并不过分。超出单一企业物流合理化界限的物流共同化,目前正作为最有发展前途的一种方向,在进行着种种尝试。这种共同化如果从各主体之间的关系来看,分为由本行业企业组合而形成的垂直方向的共同化和与其他行业公司之间联合而形成的水平方向的共同化两类。前者的目的在于:通过本系列集团企业内的物流一元化实现物流活动效率化。照相胶片行业和家用电器行业中,工厂与销售公司的共同保管和共同配送等做法就属于这类例子。

后者水平方向结合起来的共同化大体分为以单一企业为主导的共同化和以行业为中心的共同化。首先,以单一企业为主导的共同化可列举出一些大型食品工厂与同行业其他公司共同向小卖店配送货物的例子。这里,配送地点需要相当一致,同时,配送的商品不带有竞争性的同行业其他公司的存在,这是共同化的前提条件。另外,近年来,到处可见的家用电器等工厂在往外地送货时,在返回途中与其他公司合伙,为其运输货物(本公司的送货地点是对方公司的发货地点,对方公司的送货地点是本公司的发货地点),以解决长途运输车辆"返空"和运输费用上升问题,这种共同化的目标是解决两个以上产地和销售地点相距很远而又交错运输的企业如何合作的问题。

在以行业为中心的共同化方面,可以举出许多例子。如唱片行业的共同配送、共同保管,百货商店的共同送货上门和远距离百货商店之间的相互代行送货上门,以及医药行业中利用保冷车的共同运输等。尤其在水泥行业中,还采取了工厂之间按销售地点情况相互代为供货,即"交换发货制"。另外,水泥的保管措施——水泥筒仓的共同利用,以及由筒仓管理组织通过事前协商调整等办法推动了整个行业水泥设施的共同化。

本章小结

运输成本是指运输生产者(或供给者)为完成客货位移所造成的费用总和,包括直接运输费用与管理费用两部分。运输业资本的特殊性质,使得运输成本的分类与其他行业有所不同,可分为固定设施成本、移动设备拥有成本和运营成本三个部分。不同运输方式具有不同的成本特征。要遵循责权结合原则、全面性原则、效益性原则、及时性原则和例外管理原则对物流运输成本进行控制。

本章主要从物流运输成本的含义、构成、影响因素等基本理论着手,分析了不同运输方式的成本特征,物流运输成本的控制原理、控制形式,物流运输费用计算和目标成本控制方法等方面的内容,并为企业进行运输成本控制提出了一定的对策。

复习与思考

1. 运输成本的含义是什么?
2. 请简述运输的影响因素。
3. 降低物流运输成本的途径有哪些?
4. 请简述物流运输成本的控制原理。
5. 企业运输成本控制可以采取哪些策略?

在线自测

案例分析

案例 10-1　百胜物流降低连锁餐饮企业运输成本之道

对于连锁餐饮这个锱铢必较的行业来说,靠物流手段节省成本并不容易。然而,作为肯德基、必胜客等业内巨头的指定物流提供商,百胜物流公司抓住运输环节大做文章,通过合理的运输安排,降低配送频率,实施歇业时间送货等优化管理方法,有效地实现了物流成本的"缩水",给业内管理者指出了一条细致而周密的降低物流成本之路。

对于连锁餐饮业(QSR)来说,由于原料价格相差不大,物流成本始终是企业成本竞争的焦点。据有关资料显示,在一家连锁餐饮企业的总体配送成本中,运输成本占60%

左右，而运输成本中的55%～60%又是可以控制的。因此，降低物流成本应当紧紧围绕运输这个核心环节。

合理安排运输排程的意义在于，尽量使车辆满载，只要货量许可，就应该做相应的调整，以减少总行驶里程。由于连锁餐饮业餐厅的进货时间是事先约定好的，这就需要配送中心就餐厅的需要，制作一个类似列车时刻表的主班表，此表是针对连锁餐饮餐厅的进货时间和路线详细规划制定的。

众所周知，餐厅的销售存在着季节性波动，因此主班表至少有旺季、淡季两套方案。有必要的话，应该在每次营业季转换时重新审核运输排程表。安排主班表的基本思路是，首先计算每家餐厅的平均订货量，设计出若干条送货路线，覆盖所有的连锁餐厅，最终达到总行驶里程最短、所需司机人数和车辆数最少的目的。规划主班表远不止人们想象的那样简单。运输排程的构想最初起源于运筹学中的路线原理，其最简单的模型为从起点A到终点O有多条路径可供选择，每条路径的长度各不相同，要求找到最短的路线。实际问题要比这个模型复杂得多，首先，需要了解最短路线的点数，从图上的几个点增加到成百甚至上千个，路径的数量也相应增多到成千上万条；其次，每个点都有一定数量的货物流需要配送或提取，因此要寻找的不是一条串联所有点的最短路线，而是每条串联几个点的若干条路线的最优组合。另外，还需要考虑许多限制条件，比如车辆装载能力、车辆数目、每个点在相应的时间开放窗口等，问题的复杂度随着约束数目的增加呈几何级数增长。要解决这些问题，需要用线性规划、整数规划等数学工具，目前市场上有一些软件公司能够以这些数学解题方法作为引擎，结合连锁餐饮业的物流配送需求，做出优化运输路线安排的软件。

在主班表确定以后，就要进入每日运输排程，也就是每天审视各条路线的实际货量，根据实际货量对配送路线进行调整，通过对所有路线逐一进行安排，可以去除几条送货路线，至少也能减少某些路线的行驶里程，最终达到增加车辆利用率、增加司机工作效率和降低总行驶里程的目的。减少不必要的配送。对于产品保鲜要求很高的连锁餐饮业来说，尽力和餐厅沟通，减少不必要的配送频率，可以有效地降低物流配送成本。如果连锁餐饮餐厅要将其每周配送频率增加1次，会对物流运作的哪些领域产生影响？在运输方面，餐厅所在路线的总货量不会发生变化，但配送频率上升，结果会导致运输里程上升，相应的油耗、过路桥费、维护保养费和司机人工时都要上升。在客户服务方面，餐厅下订单的次数增加，相应的单据处理作业也要增加。餐厅来电打扰的次数相应上升，办公用品（纸、笔、电脑耗材等）的消耗也会增加。在仓储方面，所要花费的拣货、装货的人工会增加。如果涉及短保质期物料的进货频率增加，那么连仓储收货的人工都会增加。在库存管理上，如果涉及短保质期物料进货频率增加，由于进货批量减少，进货运费很可能会上升，处理的厂商订单及后续的单据作业数量也会上升。

由此可见，配送频率增加会影响配送中心的几乎所有职能，最大的影响在于运输里程上升所造成的运费上升。因此，减少不必要的配送，对于连锁餐饮企业显得尤其关键。

提高车辆的利用率，车辆时间利用率也是值得关注的，提高卡车的时间利用率可以从增大卡车尺寸、改变作业班次、二次出车和增加每周运行天数四个方面着手。由于大型卡车可以每次装载更多的货物，一次出车可以配送更多的餐厅，由此延长了卡车的在途时间,从而增加了其有效作业的时间。这样做还能减少干路运输里程和总运输里程。虽然大型卡车单次的过路桥费、油耗和维修保养费高于小型卡车,但其总体上的使用费用绝对低于小型卡车。

运输成本是最大项的物流成本,所有别的职能都应该配合运输作业的需求。所谓改变作业班次就是指改变仓库和别的职能的作业时间,适应实际的运输需求,提高运输资产的利用率。否则朝九晚五的作业时间表只会限制发车和收货时间,从而限制卡车的使用。如果配送中心实行24小时作业,卡车就可以利用晚间二次出车配送,大大提高车辆的时间利用率。在实际物流作业中,一般会将餐厅分成可以在上午、下午、上半夜、下半夜4个时间段收货,据此制定仓储作业的配套时间表,从而将卡车利用率最大化。另外,还可以尝试歇业时间送货。目前,我国城市的交通限制越来越严,卡车只能在夜间时段进入市区。由于连锁餐厅运作一般到夜间24点结束,如果赶在餐厅下班前送货,车辆的利用率势必非常有限。随之而来的解决办法就是利用餐厅的歇业时间送货。歇业时间送货避开了城市交通高峰时间,既没有顾客的打扰,也没有餐厅运营的打扰。由于餐厅一般处在繁华路段,夜间停车也不用像白天那样有许多顾忌,可以有充裕的时间进行配送。由于送货窗口拓宽到了下半夜,使卡车可以二次出车,提高了车辆利用率。在餐厅歇业时段送货的最大顾虑在于安全。餐厅没有员工留守,司机必须拥有餐厅钥匙,掌握防盗锁的密码,餐厅安全相对多了一层隐患。卡车送货到餐厅,餐厅没有人员当场验收货物,一旦发生差错很难分清到底是谁的责任,双方只有按诚信的原则妥善处理纠纷。歇业时间送货要求配送中心和餐厅之间有很高的互信度,如此才能将系统成本降低。所以,这种方式并非在所有地方都可行。

案例来源:中国物流与采购联合会,http://www.chinawuliu.com.cn/.

思考题:
1. 百胜物流降低物流成本的关键是什么?为什么?
2. 百胜物流采取哪些手段来降低运输成本?

案例10-2 "沃尔玛"降低运输成本的学问

沃尔玛公司是世界上最大的商业零售企业,在物流运营过程中,尽可能地降低成本是其经营的哲学。

沃尔玛有时采用空运,有时采用船运,还有一些货物采用卡车公路运输。在中国,沃尔玛百分之百地采用公路运输,所以如何降低卡车运输成本,是沃尔玛物流管理面临的一个重要问题,为此他们主要采取了以下措施:

(1) 沃尔玛使用一种尽可能大的卡车,大约有16米加长的货柜,比集装箱运输卡车更长或更高。沃尔玛把卡车装得非常满,产品从车厢的底部一直装到最高,这样非常有助于节约成本。

(2) 沃尔玛的车辆都是自有的,司机也是他的员工。沃尔玛的车队大约有5 000名非司机员工,还有3 700多名司机,车队每周每一次运输可以达7 000~8 000千米。

沃尔玛知道，卡车运输是比较危险的，有可能会发生交通事故。因此，对于运输车队来说，保证安全是节约成本最重要的环节。沃尔玛的口号是"安全第一、礼貌第一"，而不是"速度第一"。在运输过程中，卡车司机们都非常遵守交通规则。沃尔玛定期在公路上对运输车队进行调查，卡车上面都带有公司的号码，如果看到司机违章驾驶，调查人员就可以根据车上的号码报告，以便于进行惩处。沃尔玛认为，卡车不发生事故，就是节省公司的费用，就是最大限度地降低物流成本，由于狠抓了安全驾驶，运输车队已经创造了300万千米无事故的纪录。

（3）沃尔玛采用全球定位系统对车辆进行定位，因此在任何时候，调度中心都可以知道这些车辆在什么地方，离商店有多远，还需要多长时间才能运到商店，这种估算可以精确到小时。沃尔玛知道，卡车在哪里，产品就在哪里。这样可以提高整个物流系统的效率，有助于降低成本。

（4）沃尔玛的连锁商场的物流部门，24小时进行工作，无论白天或晚上，都能为卡车及时卸货。另外，沃尔玛的运输车队利用夜间进行从出发地到目的地的运输，从而做到了当日下午进行集货，夜间进行异地运输，翌日上午即可送货上门，保证在15～18个小时内完成整个运输过程，这是沃尔玛在速度上取得优势的重要措施。

（5）沃尔玛的卡车把产品运到商场后，商场可以把它整个地卸下来，而不用对每个产品逐个检查，这样就可以节省很多时间和精力，加快沃尔玛物流的循环过程，从而降低了成本。这里有一个非常重要的先决条件，就是沃尔玛的物流系统能够确保商场所得到的产品是与发货单完全一致的产品。

（6）沃尔玛的运输成本比供货厂商自己运输产品要低，所以厂商也使用沃尔玛的卡车来运输货物，从而做到了把产品从工厂直接运送到商场，大大节省了产品流通过程中的仓储成本和转运成本。

沃尔玛的集中配送中心把上述措施有机地组合在一起，做出了一个最经济合理的安排，从而使沃尔玛的运输车队能以最低的成本高效率地运行。当然，这些措施的背后包含了许多艰辛和汗水，相信我国的本土企业也能从中得到启发，创造出沃尔玛式的奇迹来。

案例来源：中国物流招标网，http://www.clb.org.cn/.

思考题：

1. 沃尔玛在降低卡车运输成本的措施中如何体现对于物流速度的追求？
2. 沃尔玛降低运输成本的措施从哪些方面体现了运输合理化？

案例10-3　用车辆技术管理降低运输成本

运输企业的成本管理，最主要的是占运输总成本30%以上的机务成本的管理，机务成本的高低直接由车辆技术管理的成功与否来体现。运输企业的车辆技术管理工作是一个系统性、专业性很强的工作，产生的效益不能直接体现，而是潜在地通过车辆的安全性、完好率、工作率来体现。

1. 控制过程，强化基础管理

当前，车辆行驶中出现的几个突出矛盾不可忽视：矛盾之一，油价持续攀升而驾驶员操作随心所欲；矛盾之二，公司投入巨资购置高档车而修理工对零件随意更换。

那么，如何降低机务成本以使薄利行业持续发展呢？首先，要建立一套完整的企业"法规"；其次，建立考核机制。某市公交公司司乘人员工资与营收挂钩后，出现争抢乘客、互相超车、频繁急刹车、猛起步的现象，不但使油耗严重，同时也造成了机件和轮胎的不正常磨损及早期损坏，针对这些情况，公司首先制定了《驾驶员行车操作作业规范》和《行车燃料消耗定额及考核办法》，考核时考虑到公司均是短途班线，所以采用的是节油有奖、超耗照赔的办法(如节油，则根据当月油价奖节油数的50%，反之按50%处罚)。而在具体执行前，首先，组织专人按《驾驶员行车操作作业规范》要求操作，了解各线路的实际油耗；其次，派机务技术人员经常深入驾驶员中指导做好节油工作，并帮助燃料超耗严重的车辆查找原因。经过几个月的试运行，油耗明显下降。10辆长江CJ6800G在2002年时百车公里曾达22升，通过油耗考核降至15升，原先在市区开"英雄车"的现象也销声匿迹。

2. 重视车辆的各级维护，确保车辆技术状况良好

预防为主、强制维护，能防止车辆早期损坏，各企业需根据所拥有的车辆情况及各车型所行驶线路的道路状况，首先制定一整套车辆技术管理措施办法，如《车辆维护办法》《车辆一级维护细则》《驾驶员日常维护工作内容》等，再根据各车辆的配置情况及维修中采购的零配件情况，以及各总成部件所用的润滑油型号确定车辆各级维护周期及细则。

该市公交公司在确定二级维护间隔里程时考虑到，《汽车运输业车辆技术管理规定》中虽然取消了解体式的三级维护，但并不等于说不能增加各总成部件的维护次数。在确保安全制动部分的正常维护下，对不同型号的发动机及所使用的不同润滑油以及月行程情况等另行确定维护周期。

另外，要重视车辆的一级维护。目前汽运企业对车辆的一级维护可有可无，对车辆的二级维护则普遍比较重视，这是因为运管部门抓得较紧。殊不知，一级维护是二级维护的补充，车辆在一个二级维护周期内运行，各机构连接件不可不磨损，随着行驶里程的增加，有些零部件可能会松脱，润滑部位出现缺油和漏油，影响汽车的操纵安全，所以说，定期进行一级维护是必做的工作。由于车辆各次二级维护之间有一定的时间间隔，在时间间隔内，车辆各总成、部件的联接机构会产生一定的磨损，车辆的一级维护和驾驶员的日常维将使汽车在一个二级维护周期内能始终保持良好的技术状况，降低故障率。

3. 安全例检不放松

车辆的例检也是车辆各级维护的补充，是车辆技术管理工作的一部分。在车辆的各级维护之间的时间间隔里，车辆各安全部件的连接，像横直拉杆球头、传动轴连接螺丝等会产生松动，如不及时进行检查调整，将会引发交通事故。

由此，整个安全例检工作的重点应放在车辆进站及回场的检查上，因为这时例检人员才有充足的时间对汽车的方向、制动、传动、悬架、灯光信号等安全部件进行仔细检查，这不但可以减轻例检人员对车辆出站检查的压力，一旦发现会影响班车发车的问题，还可提前做好准备，调整班次或车辆。

4. 健全各种台账，加强成本核算

车辆技术管理是预防为主和技术与经济结合，是对运输车辆实行择优选配、正确使

用、定期检测、强制维护、视情修理、合理改造、适时更新和报废的全过程综合性管理。要真正做到择优选配、适时更新和报废必须建立在基础资料的完善上。不但要按常规做好车辆技术档案一车一档,另外还可以建立综合性的车辆技术状况台账,及时反映各车及总成的维修情况、维护频率,便于分析各车型、总成的使用寿命,为合理编排车辆的各级维护计划,做到既不提前维护而造成工时材料浪费,又不延误维护使车辆带病行驶,反而造成维修成本增加。

案例来源:物流供求信息网,http://www.hf56.net/.

思考题:
1. 什么是车辆技术管理?具体包含哪些工作内容?
2. 车辆技术管理工作如何降低企业的运输成本?

第 11 章 物流运输绩效管理

本章关键词

绩效管理(performance management)　　绩效评价(performance evaluation)
评价指标(evaluation indicator)　　　　　模糊综合评价(fuzzy comprehensive
层次分析法(analytic hierarchy process)　　evaluation)

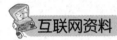**互联网资料**

http://www.creatnet.cn/
http://www.crta.org.cn
http://www.moc.gov.cn

> 为了有效地对资源进行监督和配置,就要不断地衡量公司的物流绩效,对物流使用的资源、物流作业的效果与物流目标进行比较,从而为更好地实施物流战略提供数据。目标是跟踪作业计划与实际业绩之差,以识别提高效率和效益的机会。所以,开展绩效管理能够正确判断企业的实际经营水平和了解经营状况,从而有力提高经营能力,改善管理水平,增强企业的整体效益。

11.1 运输绩效管理概述

纵观国内专家学者在物流理论方面的研究,对绩效管理的研究成果并不多。而在欧美等发达国家和地区,运输绩效管理正逐步成为物流运输企业管理的一项重要内容。如今物流运输已成为提高经济竞争力的重要手段,但要想使其健康地发展,必须对物流运输企业的运输成本、服务质量、运输能力、与顾客的合作水平等物流运输活动进行绩效管理和绩效评价分析。通过绩效管理,才能够正确判断企业的实际经营水平,提高企业的实际运营能力,进而提高企业的整体效益。由于物流运输具有多方性、过程复杂性和形式多样性等特点,长期以来,物流绩效的衡量缺乏行之有效的评价指标。随着现代物流的产生与发展,绩效管理的理论在物流运输方面也得以进一步实践,并取得了不少的进展,为提高运输企业的效益起到了巨大的推动作用。

11.1.1 绩效管理的含义及过程

1. 绩效管理的概念

目前对于绩效管理的定义有很多,归纳起来,主要有以下几种:

(1) 绩效管理是指管理者确保雇员的工作活动以及工作产出能够与组织的目标保持一致的过程。

(2) 绩效管理是管理组织绩效的一种体系。

绩效有三个层次,绩效管理也有组织绩效管理、部门绩效管理、员工绩效管理三个层次。组织绩效管理是指通过对组织战略目标的建立、分解、目标实现评估,并将评估结果用于企业日常管理活动中,以激励部门和员工持续改善绩效并最终实现组织战略以及目标的一种正式管理活动。绩效管理的特点包括以下三个方面:

① 绩效管理首先是管理。管理的职能包括计划、组织、领导、协调、控制,绩效管理涉及对绩效的计划、组织、领导、协调、控制进行管理。因此,绩效管理是管理者日常管理的一部分。绩效管理的核心是绩效,包括组织绩效、部门绩效、员工绩效。其管理系统就是将这些绩效有机地结合起来,通过目标的设定和持续不断的沟通,以组织的绩效目标为方向,以部门绩效目标为核心,以员工绩效目标为基点,以管理者和员工的共同努力为动力,推动管理的良性循环,实现公司的业绩增长和远景的实现。

② 绩效管理特别强调持续不断地沟通。绩效管理是一个持续不断的交流过程,该过程要求管理者和被管理者在绩效计划制订、绩效实施、绩效评估和绩效反馈的整个过程中必须进行持续的沟通。

③ 绩效管理不仅强调工作结果,而且重视达到目标的过程。绩效管理是一个循环过程。在这个过程中,它不仅关注达成绩效结果,更强调绩效计划、绩效实施、绩效评估和反馈—达成结果的过程。

2. 绩效管理的过程

绩效管理涉及组织的多个层次、多个方面,它是一个复杂的过程。一般来说,绩效管理应主要包括四个过程,如图 11.1 所示。

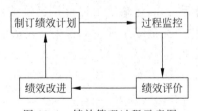

图 11.1 绩效管理过程示意图

(1) 制订绩效计划。绩效计划包括系统地阐述组织的预期和战略、定义绩效等。这个过程主要是把组织的整体战略与部门和员工个人的工作目标相联系,确定绩效标准和行为,为绩效考核提供依据,同时获得各方面对目标的承诺。

(2) 过程监控。这一过程主要是对绩效计划实施过程进行监督和指导,排除实施过程中的障碍,促使绩效管理目标的实现。

(3) 绩效评价。这主要是按照绩效指标体系,对组织活动或工作进行评价,确认评价结果,找出与绩效目标的差距及其原因。

(4) 绩效改进。这主要是评价结果的运用,它可能包括人事决策、员工奖励、业务流程重组、全面质量管理等活动过程。

11.1.2 物流运输绩效管理的含义

运输企业的绩效主要体现在一系列运输活动及其结果上,运输企业的绩效管理也主要是通过一系列活动或过程的绩效管理来实现的。因此,按照运输活动或过程来设计指标体系,不同的运输企业或企业运输均可以根据实际情况,有选择地运用这些指标建立绩效评价指标体系。

运输绩效管理,主要是指对运输活动或运输过程的绩效管理,这里的运输活动不限于运输企业的运输活动,还可以是其他企业的运输活动,通过绩效管理优化运输过程,提高企业的经济效益。运输绩效管理是管理运输活动的整个过程,也就是围绕企业总的战略目标,对一定时期内运输活动的集货、分配、搬运、中转、装卸、分散等环节进行绩效管理,从而实现整个运输活动目标的过程。

11.2 运输绩效评价

运输绩效评价是企业绩效管理的重要组成部分,做好运输绩效评价,可以有效地改善企业绩效管理,促进企业整体管理水平的提高。

11.2.1 运输绩效评价的含义

运输绩效评价,就是指对运输活动或运输过程的绩效评价,它一般是采用一定的指标体系,对照统一的评价标准,按照一定的程序,运用定性和定量的方法,对一定时期内运输活动或过程的效益和效率作出的综合判断,以便管理者掌握运输活动的进展情况、任务完成情况、成本与效益等情况。

由一般的绩效管理的过程可知,运输绩效评价是运输绩效管理中的一部分或一个关键过程,起着承上启下的作用。运输绩效评价对过去运输活动或过程进行评估和检查,又为以后的绩效改进等工作提供基本信息依据,它不仅为全面、综合评判分析企业以及有关活动绩效提供一个有效衡量系统,为实施有效的绩效管理提供前提和基础,而且也有助于促进绩效管理水平的提高。

11.2.2 运输绩效评价的基本原则

有效的物流效益计量和控制,对资源的监督和分配是非常必要的。当运输能力成为创造和保持竞争利益的一个更为关键的因素的时候,精确地进行运输效益的控制显得尤为重要。企业的运输效益是指在一定的经营期间内企业经营效益和经营者的业绩。运输经营效益主要体现在货物运输量、运输效率、运输质量、运输成本与效益等方面。采用特定的评价指标体系,依据统一的评价标准,按照一定的程序,将有效指标进行比较,得到一个公正、客观的评价结论。

(1) 目的性原则。绩效指标的选择应该以正确反映企业整体经济效益和运输活动绩效为目的,也就是说,所选指标应科学合理地评价运输活动的作业过程以及投入、产出、成本费用等客观情况。

(2) 系统性原则。运输活动由许多环节或过程组成,它会受到来自人、财、物、信息、服务水平等因素及其组合效果的影响,因此选择绩效评价指标必须系统地、全面地考虑所有影响运输绩效的因素,以保证评价的全面性和可信度。

(3) 层次性原则。在选择评价指标时,应注意各项指标的层次性,这样有利于确定每层重点,并有效地进行关键指标分析、评价方法的运用以及绩效评价的具体操作。

(4) 定性指标与定量指标相结合的原则。由于运输活动具有复杂性、动态性,所以绩效评价指标应该既包括易于定量表示的技术经济指标,又包括很难用量化表示的社会环境指标,如安全、快速、舒适、便利等方面的指标。实际的评价活动中,应该使定量指标与定性指标相结合,这样可以利用两者的优势,弥补双方的不足,以保证绩效评价的全面性、客观性。

(5) 可操作性原则。就是使各项指标尽量含义清晰,简单规范,操作简便,同时,能够符合运输活动的实际情况,并与现有统计资料、财务报表兼容,以提高实际评价的可操作性。

(6) 责权利相结合的原则。绩效评价的目的是为了改善绩效,物流运输绩效评价的结果可以用于运输活动的改善以及责任人、责任单位的考评。因此,在进行绩效评价时要分析绩效考核结果的责任归属。

11.2.3 运输绩效评价的步骤

绩效评价步骤设计得合理,就能够将运输绩效评价体系落实到实处,为有效地进行绩效评价提供保证。一般运输绩效评价步骤如图 11.2 所示。

1. 建立、健全评价机构

建立一个由有关部门负责人组成的绩效评价组织,也可以邀请其他有关专家参与,应对其中的每个部分及其人员进行分工,明确职责和权利。

2. 调查评价对象的全面情况

通过调查,弄清楚评价对象的运输活动计划、目标、相关组织与人员以及相关的环境条件,尽可能掌握较为全面的数据资料。

3. 明确评价目标及原则

应根据运输绩效管理目标、企业实际状况以及发展战略和目标来确定评价的目标。围绕评价目标,还应制订一些具体评价工作中遵守的基本原则。一般来说,绩效评价应把握以下基本原则:

(1) 突出重点,重点分析绩效指标。

(2) 建立完善的指标体系,使之能反映实际运输业务流程和全部运输过程。

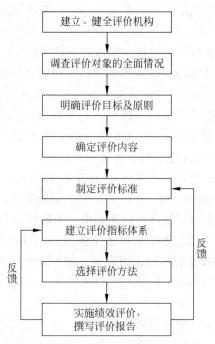

图 11.2 运输绩效评价的步骤

(3) 应尽可能采用实时分析与评价的方法,应把绩效度量范围扩大到能反映运输作业实时运营的信息上去。

(4) 保证系统评价的客观性,要使评价所依据的资料全面、可靠、准确;同时要防止评价人员的倾向性,并且评价人员的组成也要有代表性。

(5) 应特别重视用户满意度方面的评价。

4. 确定评价内容

建立一套科学、合理的运输绩效指标体系,是一项十分复杂的工作,需要选择和运用适合评价对象实际情况的、与评价目标一致的具体评价内容。评价内容一般包括:

(1) 运输成本。这是绩效评价应首先考虑的问题。但要明确,运费并不是唯一的成本构成,装载情况、索赔、设备条件等因素也要考虑。

(2) 服务质量状况。即准确性、安全性、迅速性、可靠性。

(3) 运输能力。包括提供运输工具和设备以及专用车船的能力、装卸车船的能力等。

(4) 中转时间。它的大小直接影响的是库存水平以及运输成本。

(5) 服务的能力。主要是利用信息技术以及提供信息服务的能力,实施门到门服务的能力,运输可达性的高低等。

(6) 处理提货单、票据等运输凭证情况。

(7) 与顾客的合作关系。

5. 制定评价标准

一般来说,可以考虑从以下几方面建立绩效评价标准:

(1) 历史标准。这是以企业运输活动过去的绩效作为评价标准,进行自身纵向的比较,以判断运输活动绩效发展状况。

(2) 标杆标准。这是将行业中优秀企业运输活动的绩效水平作为标准,这样可以判断出本企业的市场竞争力,认清自己在市场中的位置,找到自身的不足,以便不断改进和提高,持续提升竞争实力和地位。

(3) 客户标准。这是按照客户对运输货物的要求设立的绩效标准,将此标准来衡量运输活动的业绩水准,可以了解是否达到客户的要求,以便更好地提高顾客的满意度,与顾客建立良好的合作伙伴关系。

6. 建立评价指标体系

当确定了评价对象、评价体系、评价原则以及评价标准后,就可以制定评价指标体系了。运输绩效指标体系可以按照运输量、运输服务质量、运输效率以及运输成本与效益等方面来建立。这部分知识作为绩效评价的一个重点内容将在后面详述。

7. 选择评价方法

有了评价指标和评价标准,还需要根据评价目标、实施费用、评价效果来选择一定的评价方法。评价方法是现代物流企业绩效评价的具体手段,其内容作为绩效评价的另一个重点也将在后面详细阐述。

8. 实施绩效评价,撰写评价报告

这是具体实施运输绩效评价的手段。在这个过程中,应随时关注实施报告,以及时发现可能会产生的偏差,并对偏差进行纠正。最后,要撰写评价报告,即实施绩效评价的最终结果。

11.3 运输绩效评价方法

在进行运输绩效评价时,很难找到一个正规的、通用的运输绩效评价方法。任何办法、方案、措施都有其效果,也有其弊端。因为影响因素很多,加之一些因素又相互矛盾,造成评价决策方案的困难。虽然如此,根据实际情况以及评价目标、原则、效果和实施费用等方面可以确定合理的评价方法。下面介绍几种综合评价运输绩效的方法。

11.3.1 多目标评分综合评价方法

1. 评价步骤

在进行多目标综合评价时,往往会遇到这样的问题:不同目标的指标因性质不同而难以相互比较,比如耐久与美观;不同指标的计量单位互异而难以彼此换算,比如钢筋与木材的计量单位;用不同指标衡量统一方案,可能会得出相反的结论等。因此,为了把定性指标定量化,并对性质和计量单位不同的多个指标进行综合评价,最基本而又易行的方法是多目标评分综合评价法。

多目标评分综合评价法的基本思路是使不同指标具有运算性,将多指标转化为一个综合单指标,以其评分值的大小作为评价的依据。

多目标评分综合评价法的步骤是:①根据不同方案对各个指标所规定的标准的满足程度,采用百分制、十分制、五分制或某种比数予以评分;②根据各个指标在综合评价中的重要程度给予权重值;③采用某种计算方法得出每个方案的单指标评分值;④根据综合单指标分值的大小选优。

综合单指标评分值的计算,是为了达到综合评价的目标,数值本身并无实际意义。

2. 计算综合单指标评分值的一般方法

1)加法

加法计算公式如下:

$$F_1 = \sum_{i=1}^{n} w_i f_i \text{ 或 } \overline{F}_1 = \frac{1}{n}\sum_{i=1}^{n} w_i f_i$$

式中,f_i 为第 i 项指标得分;

w_i 为第 i 项指标的权重值;

n 为评价指标数目;

F_1、$\overline{F}_1$ 为加法综合单指标评分值。

用加法计算综合单指标评分值,适合于各项指标重要程度和得分差异都不大,或者重要程度很大而得分差异程度不大的情况。

2)乘法

乘法计算公式如下:

$$F_2 = \prod_{i=1}^{n} w_i f_i$$

$$\overline{F}_2 = \left[\prod_{i=1}^{n} w_i f_i\right]^{\frac{1}{n}}$$

式中,F_2、$\overline{F}_2$ 为乘法综合单指标评分值。

用乘法计算综合单指标评分值,适合于各项指标重要程度和得分差异都不大,或者得分差异较大时重要程度不大的情况。因为采用乘法计算,即使各项指标的权重值差距很小,综合单指标评分值所受的影响仍很敏感。另外,若某个方案有某项指标得分为零,其综合单指标评分值必为零,就等于该方案被否定。

3)加乘混合法

加乘混合法计算公式如下:

$$F_3 = F_1 + F_2 \quad \text{或} \quad \overline{F}_3 = \overline{F}_1 + \overline{F}_2$$

用加乘混合法计算综合单指标评分值,兼有加法和乘法的优点,故适合于各种情况。尤其是当各项指标的重要程度和得分差异都很大时,更宜采用这种方法。

4)除法

在设置多项指标对技术方案进行综合评价时,常常有一些指标要求越大越好,如反映使用价值的指标;而另一些指标则要求越小越好,如反映劳动消耗和劳动占用的指标。在这种情况下,采用除法计算综合单指标评分值,能更加直观地反映评分值的大小。除法计算公式如下:

$$F_4 = \frac{\sum_{i=1}^{m} w_i f_i}{\sum_{j=1}^{n} w_j f_j}$$

式中,F_4 为除法综合单指标评分值;

f_i, w_i 分别表示要求越大越好的指标的得分和权重值;

f_j, w_j 分别表示要求越小越好的指标的得分和权重值;

m, n 分别表示要求越大越好和要求越小越好的指标的数目。

5) 最小二乘法

这种方法是先对每个指标设定一个理想值,然后按公式计算综合单指标评分值。计算结果数值越小,说明方案越好。

$$F_5 = \sqrt{\sum_{i=1}^{n} w_i \left(\frac{A_i - A_{i0}}{A_{i0}} \right)^2}$$

式中,F_5 为最小二乘法综合单指标评分值;

A_{i0} 为第 i 项指标的理想值;

A_i 为第 i 项指标的实际值。

最小二乘法既反映了指标的重要程度,又反映了指标实际值与理想值之间的差距,它用来进行方案综合评价是比较准确的。但是这种方法要求各目标都得预先确定出理想值。

在综合评价时,应根据具体情况灵活运用以上所介绍的方法,按照评价对象的性质,选择综合单指标评分值最大或最小的方案。

3. 权重值的确定

由于每个指标在具体评价中的权重值对评价结果影响很大,因此,必须正确选择衡量系统中各项指标相对重要性,以便确定它们的相对权重。权重值确定的方法有许多,下面介绍两种简便易行、适应性比较合理的方法。

1) 04 评分

将所有指标一对一地进行比较,或非重要的一方给 4 分,另一方给 0 分;或比较重要的一方给 3 分,另一方给 1 分;或双方同样重要,各给 2 分。以上每种情况,双方都共得 4 分。然后,按每一指标得值占所有指标评分总和的百分比确定其权重。

例如,系统中有 A、B、C、D、E 五个指标,用 04 评分法确定相对权重如表 11.1 所示。

表 11.1 04 评分法确定相对权重

指标	一对一比较结果					评分值	权重值
	A	B	C	D	E		
A	—	3	2	2	1	8	0.200
B	1	—	2	3	4	10	0.250
C	2	2	—	2	3	9	0.225
D	2	1	2	—	3	8	0.200
E	3	0	1	1	—	5	0.125
合计						40	1.000

若 D 和 E 比，D 得 3 分，则记在表中 D 行 E 列位置上；E 得 1 分，则记在表中 E 行 D 列上。

2）比例分配法

用比例分配法确定权重时，采用五级分制或十级分制评分。当用五级分制时，两个指标对比按其重要程度分别打分，但两个指标得分之和必须为 5 分。相对权重确定的步骤是：首先，以第一个指标与其他指标对比，将每组中两个指标按其重要程度分别打分，并计算出指标的比值；其次，用同样方法确定其他与以后各指标的比值，如遇小数需要取四舍五入简化计算；最后，以每个指标与其他指标对比所得总分占所有指标得分之和的比重确定权重值。

11.3.2 模糊集综合评价方法

模糊集综合评价法是一种基于模糊数学的综合评价方法。该综合评价法根据模糊数学的隶属度理论把定性评价转化为定量评价，即用模糊数学对受到多种因素制约的事物或对象作出一个总体的评价。它具有结果清晰、系统性强的特点，能较好地解决难以量化的问题，适合各种非确定性问题的解决。

1. 模糊集基本概念

1）模糊集的概念

普通集合可以表达概念，如{1,2,…}表达了自然数这一概念。但普通集合不能表达所有的概念，例如，"好""较好""适当"就不能用普通集合表达，因为这种概念有一种外在的不确定性。当对一个技术方案进行评价时，有时很难做出肯定或否定的回答，比如说"较好"和"一般"之间就没有一个确定的界限。这种概念外延的不确定性称为模糊性。要表达这些模糊概念，以解决具有模糊性的实际问题，就必须把普通集合的概念加以推断，这就是模糊子集(简称"模糊集合")。

2）模糊矩阵的概念及运算

(1) 模糊矩阵：矩阵 $R=(r_{ij})_{m\times n}$ 叫作一个模糊矩阵，如果对于任意 $i\leqslant n$ 及 $j\leqslant m$ 都有 $r_{ij}\in[0,1]$。

(2) 模糊矩阵的合成：[定义]一个 n 行 m 列模糊矩阵 $Q=(q_{ij})_{m\times n}$，对于一个 m 行 l 列的模糊矩阵 $R=(r_{jk})_{m\times l}$ 的合成 $Q\circ R$ 为一个 n 行 l 列的模糊矩阵 S，S 的第 i 行第 k 列的元素等于 Q 的第 i 行元素与 R 的第 k 列元素的对应元素两两先取小者，然后再在所得的结果中取较大者，即

$$S_{ik}=\bigvee_{j=1}^{n}(q_{ij}\wedge r_{jk}),\begin{pmatrix}1\leqslant i\leqslant n\\1\leqslant j\leqslant l\end{pmatrix}$$

其中，"∨""∧"均为扎德算子，"∨"表示取最大，"∧"表示取最小。"。"为代数积运算符，模糊矩阵的合成 $Q\circ R$，也叫作 Q 对 R 的模糊乘积。

(3) 隶属度的概念：要对 μ_0 是否属于 A_* 做 n 次模糊统计试验(如对"60 岁的老人"是否属于"老年人"的问题作一次意见调查)，可以得出 μ_0 对 A_* 的隶属频率为 $\dfrac{\mu_0\in A_*\text{的次数}}{n}$。只要试验次数 n 足够大，该隶属频率就会稳定地趋于某一个值，这个值

就称为 μ_0 对 A_* 的隶属度，记为最大隶属度原则：若有 $i \in \{1,2,\cdots,n\}$，使 $\mu_{Ai}(\mu_0) = \max[\mu_{A1}(\mu_0),\cdots,\mu_{An}(\mu_0)]$，则认为 μ_0 相对隶属于 A_*。

2. 模糊综合评价

1）一级模型

利用一级模型进行模糊综合评价的步骤大致如下：

（1）确定评价对象的因素集。确定评价对象因素集 $X = \{x_1, x_2, \cdots, x_n\}$，亦即确定指标体系。

例如，对某运输公司运输绩效进行综合评价时，可以从运输质量、运输成本与效益、运输效率等方面考虑。由于三方面考虑的着眼点不同，可以建立如下评价指标集合：

运输成本与效益：$X_1 = \{$运输费用效益，燃料消耗，单位运输费用，社会效益$\}$

运输质量：$X_2 = \{$安全性，可靠性，一票运输率，客户满意率$\}$

运输效率：$X_3 = \{$时间利用情况，载重量利用情况，里程利用情况$\}$

（2）确定评价集。评价集 $Y = |y^1, y^2, \cdots, y^m|$，又称决策集、评语集，就是对各项指标的满足程度确定可能出现的几种不同的评价等级，例如，$Y = \{$很好，较好，一般，不好$\}$。

（3）单因素模糊评价。单因素模糊评价就是建立一个从 x 到 y 的模糊映射，即

$$f: x \to f(y)$$
$$x_i \to r_{i1}/y_{i1} + r_{i2}/y_{i2} + \cdots + r_{im}/y_{im}$$
$$0 \leqslant r_{ij} \leqslant 1; i = 2, \cdots, j = 1, 2, \cdots, m$$

由 f 可诱导出模糊关系，用矩阵 $\boldsymbol{R} = \begin{bmatrix} r_{11} & r_{12} & \cdots & r_{1m} \\ r_{21} & r_{22} & \cdots & r_{2m} \\ \vdots & \vdots & & \vdots \\ r_{n1} & r_{n2} & \cdots & r_{nm} \end{bmatrix}$ 表示，则称 $\boldsymbol{R}$ 为单因素模糊评价矩阵。

例如，针对前述某运输公司运输质量的综合评价，可邀请若干有经验的运输公司管理人员、运输司机和技术人员从运输质量角度进行单因素评价。比如对安全性这项指标，有 50% 的人认为很好，30% 的人认为较好，20% 的人认为一般，没有人认为不好，则得出统计结果如下：

$$\text{运输费用效益} \to (0.5, 0.3, 0.2, 0)$$

对可靠性、客户满意率、一票运输率三项指标的统计结果如下：

$$\text{可靠性} \to (0.6, 0.2, 0.1, 0.1)$$
$$\text{客户满意率} \to (0.3, 0.2, 0.4, 0.1)$$
$$\text{一票运输率} \to (0.2, 0.3, 0.2, 0.3)$$

可以得到单因素模糊评价矩阵：

$$\boldsymbol{R} = \begin{bmatrix} 0.5 & 0.3 & 0.2 & 0 \\ 0.6 & 0.2 & 0.1 & 0.1 \\ 0.3 & 0.2 & 0.4 & 0.1 \\ 0.2 & 0.3 & 0.2 & 0.3 \end{bmatrix}$$

(4) 确定权重值。这是指对因素集合的各因素(即指标体系中各项指标)的重要程度做出权重分配。

仍按上例,假定采用前面介绍的权重值确定方法得知从运输质量考虑的权重分配如下:

$$A_1 = (0.2, 0.4, 0.2, 0.2)$$

对应着因素集:

$$X_i = \{安全性,可靠性,客户满意率,一票运输率\}$$

(5) 模糊综合评价。按照模糊综合评价数学模型进行模糊合成,就可以得出综合评价结果。前例中,运输质量对某运输公司运输绩效模糊评价如下:

$$B_1 = A_1 \cdot R_1 = (0.2, 0.4, 0.2, 0.2) \begin{pmatrix} 0.5 & 0.3 & 0.2 & 0 \\ 0.6 & 0.2 & 0.1 & 0.1 \\ 0.3 & 0.2 & 0.4 & 0.1 \\ 0.2 & 0.3 & 0.2 & 0.3 \end{pmatrix} = (0.4, 0.2, 0.2, 0.2)$$

$$= (0.4/很好, 0.2/较好, 0.2/一般, 0.2/不好)$$

由于 $\max(0.4, 0.2, 0.2, 0.2) = 0.4$,即对"很好"这一评价的隶属度最大。根据最大隶属度原则,得到运输公司在运输质量指标方面的评价结果为"很好"。

采用同样的办法,还可以得到运输成本与效益和运输效率综合评价结果 $B_1 \sim B_3$。将三方面的综合评价提供给企业最高决策者参考,从而做出总的综合评价结论。

2) 多级模型

(1) 问题的提出。假定某货运公司,其运输质量由 9 个指标 $x_1, x_2, \cdots, x_9$ 确定,运输质量级别分为很高、高、一般、低,由有关行业专家、客户、货运司机等组成一个单因素评价小组,得单因素模糊评价矩阵:

式中

$$R_1 = \begin{pmatrix} 0.36 & 0.24 & 0.13 & 0.27 \\ 0.20 & 0.32 & 0.25 & 0.28 \\ 0.40 & 0.22 & 0.26 & 0.12 \end{pmatrix} \quad R_2 = \begin{pmatrix} 0.3 & 0.28 & 0.24 & 0.18 \\ 0.26 & 0.36 & 0.12 & 0.26 \\ 0.22 & 0.42 & 0.16 & 0.10 \end{pmatrix}$$

$$R_3 = \begin{pmatrix} 0.38 & 0.24 & 0.08 & 0.20 \\ 0.34 & 0.25 & 0.30 & 0.11 \\ 0.24 & 0.28 & 0.30 & 0.18 \end{pmatrix} \quad R = \begin{pmatrix} R_1 \\ R_2 \\ R_3 \end{pmatrix}$$

若按指标的重要性给出权重分配如下:

$$A = (0.10, 0.12, 0.07, 0.16, 0.10, 0.10, 0.10, 0.18)$$

采用一级模型进行模糊综合评价,$B = A \cdot R = (0.18, 0.18, 0.18, 0.18)$,则得不出结果。这是因为 B 是由 A 和 R 的对应行列先取小后取大得到的,而权重 A 的因素必须满足 $\sum_{i=1}^{9} a_i = 1$,当指标数量多时,每个 a_i 一般来说都很小,这样在取小运算中就容易被取上;

另外,指标数量多时,要使各指标间的权重分配做到合理比较困难。

(2) 利用多级模型进行模糊综合评价的一般步骤。

① 将因素集 X 按某种属性分成 S 个子集:记作 $x_1,x_2,\cdots,x_i$ 满足 $\bigcup_{i=1}^{s} X_i = X, X_i \cap X_j = \varphi(i \neq j)$。$\cup, \cap$ 分别为集合运算中并和交的运算符号,φ 表示空集,即 X_i 与 X_j 不相交。

设每个子集 $X_i = \{X_{i1}, X_{i2}, \cdots, X_{in_j}\}$ $(i=1,2,\cdots,s)$

$$\sum_{i=1}^{n} n_i = n$$

其中,n 为因素集中全部因素数目。

② 对每个子集 X_i 利用一级模型进行模糊综合评价:假定评价集 $Y = \{y_1, y_2, \cdots y_m\}$,$X_i$ 中的各项指标的权重分配为 $\boldsymbol{A}_i = (a_{i1}, a_{i2}, \cdots a_{in_j})$,这里只要求 $\sum_{j=1}^{ni} a_{ij} = 1$。$X_i$ 的单因素模糊评价矩阵为 $\boldsymbol{R}_i$,于是第一级模糊综合评价,公式如下:

$$\boldsymbol{B}_i = \boldsymbol{A}_i \cdot \boldsymbol{R}_i = (b_{i1}, b_{i2}, \cdots, b_{im}) (i=1,2,\cdots,s)$$

③ 进行多级模糊综合评价:将每个 X_i 当作一个因素对待,用 $\widetilde{\boldsymbol{A}} = \begin{pmatrix} \boldsymbol{B}_1 \\ \boldsymbol{B}_2 \\ \vdots \\ \boldsymbol{B}_s \end{pmatrix} = (b_{ij})_{sm}$ 作

为 $\{X_1, X_2, \cdots, X_s\}$ 的单因素模糊评价矩阵,而每个 X_i 作为 X 中的一部分,反映 X 的某种属性,并按相对重要性给出权重分配 $\boldsymbol{A} = \{A_1^*, A_2^*, \cdots A_s^*\}$,于是二级模糊综合评价公式如下:

$$\boldsymbol{B} = \boldsymbol{A} \cdot \boldsymbol{R}$$

对于三级、四级以至更多级的模糊综合评价,均是在 $\boldsymbol{R}_i$ 的基础上再细分完成的。此时可将指标利用模糊集类分析先行分类,然后从最低一级评价逐步做到最高一级评价,从而得出结论。

现将前面所述某种预制构件的级别评定问题改用多级模型来解决。该问题的因素集 $X = \{X_1, X_2, \cdots X_9\}$,评价集 $Y = \{$一级、二级、等外、废品$\}$,单因素模糊评价矩阵如下:

$$\boldsymbol{R} = \begin{pmatrix} \boldsymbol{R}_1 \\ \boldsymbol{R}_2 \\ \boldsymbol{R}_3 \end{pmatrix}_{9 \times 4}$$

假定按某种属性将 X 分为 $X_1 = \{x_1, x_2, x_3\}, X_2 = \{x_4, x_5, x_6\}, X_3 = \{x_7, x_8, x_9\}$,它们所对应的单因素模糊综合评价矩阵分别为 $\boldsymbol{R}_1, \boldsymbol{R}_2, \boldsymbol{R}_3$,得出第一级模糊综合评价结果如表 11.2 所示。

表 11.2 预制构件质量级别评定的第一级模糊综合评价

因素集	权重分配	第一级模糊综合评价
X_1	$\underset{\sim}{A}_1=(0.3,0.42,0.38)$	$\underset{\sim}{B}_1=\underset{\sim}{A}_1 \cdot \underset{\sim}{R}_1=(0.3,0.32,0.26,0.27)$
X_2	$\underset{\sim}{A}_2=(0.2,0.5,0.3)$	$\underset{\sim}{B}_2=\underset{\sim}{A}_2 \cdot \underset{\sim}{R}_2=(0.26,0.36,0.2,0.2)$
X_3	$\underset{\sim}{A}_3=(0.3,0.3,0.4)$	$\underset{\sim}{B}_3=\underset{\sim}{A}_3 \cdot \underset{\sim}{R}_3=(0.3,0.28,0.3,0.2)$

取 $\underset{\sim}{R}=\begin{bmatrix}\underset{\sim}{R}_1\\\underset{\sim}{R}_2\\\underset{\sim}{R}_3\end{bmatrix}$ 为 $X=\{x_1,x_2,x_3\}$ 的单因素模糊综合评价矩阵,若采用前面的权重值确定方法得出权重分配 $A_1=(0.2,0.35,0.45)$。

第二级综合评价结果为 $\underset{\sim}{B}=\underset{\sim}{A} \cdot \underset{\sim}{R}=(0.2,0.35,0.45)\begin{pmatrix}0.3 & 0.32 & 0.26 & 0.27\\0.26 & 0.36 & 0.2 & 0.2\\0.3 & 0.28 & 0.3 & 0.2\end{pmatrix}=$
$(0.3,0.35,0.3,0.2)$,根据最大隶属度原则,该种预制构件属于二等品。

11.3.3 层次分析法

层次分析法是由美国学者 T. L. Saaty 于 20 世纪 70 年代末提出的多层次权重解析方法,是一种定性与定量分析方法相结合的、多目标结合的决策分析方法。

在物流运输过程中,往往会遇到决策问题,比如运输路线如何合理选择、车辆如何合理积载等。在决策者做出决定前,必须考虑多方面因素。比如运输费用、运输里程、客户要求到达的时间、交通堵塞等。这些因素相互制约、相互影响,其中很多因素的比较往往无法定量描述,此时需要将半定量半定性的问题转化为定量计算问题。层次分析法就是解决的有效方法,将复杂的决策系统层次化,通过逐层比较关联因素的重要性来为决策提供定量依据。

层次分析法的基本过程是:首先,把复杂问题分解成各个组成元素,按支配关系将这些元素分组、分层,形成有序的递阶层次结构,构造一个各因素之间相关连接的层次结构模型;再把这些因素按照目标层、准则层和方案层进行自上而下的分类;在此基础上,通过两两比较方式判断各层次中诸元素的重要性,然后综合这些判断,计算单准则排序和层次总排序,从而确定诸元素在决策中的权重,进而对评价对象进行评价。

层次分析法的计算步骤如下:

1. 构造判断矩阵 P

根据层次结构模型每层中各因素的相对重要性,给出判断数值列表,形成判断矩阵。判断矩阵表示对上一层某一因素,本层与之有关因素相对重要性的比较。若 A 层次中因素 A_k 与下层次 $B_1,B_2,B_3,\cdots,B_n$ 有联系,则判断矩阵 P 表示如下:

A_k	B_1	B_2	B_3	$\cdots$	B_n
B_1	b_{11}	b_{12}	b_{13}	$\cdots$	b_{1n}
B_2	b_{21}	b_{22}	b_{23}	$\cdots$	b_{2n}
$\cdots$	$\cdots$	$\cdots$	$\cdots$	$\cdots$	$\vdots$
B_1	b_{11}	b_{12}	b_{13}	$\cdots$	b_{1n}

b_{ij} 是判断矩阵 P 的元素,表示对因素 A_k 而言,B_i 对 B_j 相对重要性的数值。b_{ij} 的取值由专家调查法确定,并用 T. L. Saaty 提出的 1~9 梯度法表示,如表 11.3 所示。

表 11.3 判断矩阵元素 b_{ij} 的 1~9 标度法定义

标度 b_{ij}	定 义	标度 b_{ij}	定 义
1	i 因素与 j 因素同等重要	9	i 因素与 j 因素绝对重要
3	i 因素比 j 因素略重要	2,4,6,8	介于以上两种判断之间状态的标度 倒数,若 i 因素与 j 因素比较,结果为 $b_{ij}=1/b_{ji}$
5	i 因素比 j 因素重要		
7	i 因素比 j 因素重要得多		

2. 层次单排序,得到权重向量

根据判断矩阵,计算本层次与上层某因素有联系的因素的权重值,即计算判断矩阵的最大特征值及对应的特征向量,将特征向量归一化就得到权重向量。

3. 层次单排序一致性检验

最大特征值根为 $\lambda_{\max}$,判断矩阵为 n 阶时,有一致性指标如下:

$$\text{CI} = \frac{\lambda_{\max} - n}{n - 1}$$

式中,CI 为层次单排序一致性检验指标;

n 为判断矩阵的阶数;

$\lambda_{\max}$ 为判断矩阵的最大特征值。

当判断矩阵的维数 n 越大时,需引入随机一致性指标 RI 进行修正,RI 可从相关数据表中查出,经修正的一致性指标用 CR 表示。即 CR=CI/RI,其中,RI 为随机一致性指标。当 CR≤0.1 时,排序结果具有满意一致性;否则,需调整判断矩阵的元素值。

4. 层次总排序

若上层 A 有 m 个因素,总排序权值为 $a_1,a_2,a_3,\cdots,a_m$ 个因素;它们对于上一层第 j 个因素的单排序权值为 $b_{1j},b_{2j},b_{3j},\cdots,b_{nj}$,则此时因素的总排序值为

$$B_i = \sum a_j b_{ij} \quad i=1,2,3,\cdots,n$$

5. 自下而上组合评价

在对某个评价对象进行评价时,其评价指标体系的量化评价值等于每个指标的量化值乘以其权重的和。即

$$S = \sum_{i=1}^{n} B_i x_i \quad i = 1, 2, 3, \cdots, n$$

式中，S 为评价对象的总评价值；

B_i 为第 i 个指标的权重；

x_i 为第 i 个指标的量化值。

层次分析法的优点在于：在判断目标（因素）结构复杂且缺乏必要的数据情况下，能把其他方法难以量化的评价因素通过两两比较加以量化，把复杂的评价因素构成简化为一目了然的层次性结构，能有效地确定多因素评价中各因素的相对重要程度，进而进行各种评价。但层次分析法在进行方案的总体评价时，缺乏一个统一的、具体的指标量化方法，因而在实际使用中，人们大多采用它进行指标权重的分析，然后用其他方法进行指标值的量化和归一化计算。

11.4 运输绩效评价指标体系

建立运输绩效评价指标体系是运输绩效管理的一种手段，也是进行运输绩效评价的基础和前提。运输绩效评价指标体系由货物运输量、运输效率、运输质量、运输成本和效益等多方面的指标构成。要建立一套行之有效的评价指标体系，应该运用科学的方法，遵循合理的程序与步骤。

一般来说，运输绩效评价指标体系可以由货物运输量、运输效率、运输质量、运输效益等方面的指标组成。

1. 运输效率指标

运输效率指标主要是指车（船）利用效率的指标。可以从多个方面（如时间、速度、里程以及载重量等）反映运输工具的利用率，这里仅简要介绍以下几种：

1) 载重量利用指标

反映车辆载重能力利用程度的指标是吨位利用率和实载率。吨位利用率一般按照一定时期内全部营运车辆载重行程载重量的利用程度来计算。载重行程载重量亦称为重车吨位千米。

$$吨位利用率 = \frac{计算期完成货物周转量}{同期载重行程载重量} \times 100\%$$

2) 时间利用指标

时间利用指标主要有车辆工作率和完好率这两个指标。车辆工作率是指一定时期内运营车辆总天数（时数）中工作天数（时数）所占的比重；完好率则是一定时期内运营车辆总天数中车辆技术状况完好天数所占的比重，即

$$车辆工作率 = \frac{计算期运营车辆工作总天数}{同期运营车辆总天数} \times 100\%$$

$$车辆完好率 = \frac{计算期运营车辆完好总天数}{同期运营车辆总天数} \times 100\%$$

3) 里程利用率

里程利用率是指一定时期内车辆的总行程中载重行程所占的比重，反映了车辆的实

载和空载程度,它可以评价运输组织管理的水平高低,即

$$里程利用率 = \frac{载重行驶里程}{车辆总行驶里程} \times 100\%$$

2. 货物运输量指标

货物运输量可以以实物量(t)为计量单位进行衡量,也可以以金额为计量单位进行衡量。货物运输量指标可以用以下两种方法来表示:

1) 以实物为计量单位的指标

$$货物运输量 = \frac{商品件数 \times 每件货物毛重}{1\,000}$$

2) 以金额为计量单位的指标

$$货物运输量 = \frac{运输货物总金额}{该类货物每吨平均金额}$$

3. 运输质量指标

运输质量可以从许多方面进行衡量,主要从安全性、可靠性、可达性、一票运输率以及意见处理率等方面来选择衡量运输质量的指标。

1) 安全性指标

(1) 运输损失率。运输损失率可以有两种表示方式:一种是以货物损失总价值与所运输货物的总价值进行比较;另一种方式是用运输损失赔偿金额与运输业务收入额来反映。前者主要适用于货主企业的运输损失绩效考核,而后者更适用于运输企业或物流企业为货主企业提供运输服务时的货物安全性绩效考核。两者分别计算如下:

$$运输损失率 = \frac{损失货物总价值}{运输货物总价值} \times 100\%$$

$$运输损失率 = \frac{损失赔偿金额}{运输业务收入总额} \times 100\%$$

(2) 货损货差率。该指标是指在发运的货物总票数中货损货差的票数所占的比重,即

$$货损货差率 = \frac{货损货差票数}{办理发运货物总票数} \times 100\%$$

(3) 事故频率。这是指单位行程内发生行车安全事故的次数,一般只计大事故和重大事故,它反映车辆运行过程中随时发生或遭遇行车安全事故的概率,即

$$事故频率(次/万千米) = \frac{报告期事故次数}{报告期总运输千米数/1\,000} \times 100\%$$

(4) 安全间隔里程。指平均每两次行车安全事故之间车辆安全行驶的里程数,该指标是事故频率的倒数,即

$$安全间隔里程 = \frac{报告期总运输千米数/1\,000}{报告期事故次数} \times 100\%$$

2) 可靠性指标

正点运输率是对运输可靠性评价的主要指标,它反映运输工作的质量,可以促进企业做好运输调度管理,采用先进的运输管理技术,保证货物流转的及时性,即

$$正点运输率 = \frac{正点营运次数}{营运总次数} \times 100\%$$

3）可达性（方便性）指标

由于有些运输方式如铁路、航空等，不能直接把货物运至最终目的地，所以要利用可达性这个标准来评价物流企业提供多式联运服务的能力。尤其是当货物来往于机场、铁路端站点、港口时，直达性就显得尤为重要，即

$$货物直达率 = \frac{直达票号数}{同期票号数} \times 100\%$$

4）一票运输率

货主经一次购票（办理托运手续）后，由企业全程负责，提供货物中转直至将货物送达最终目的地的运输服务，这被称为一票运输。该指标反映了联合运输或一体化服务程度的高低，即

$$一票运输率 = \frac{一票运输票号数}{同期票号数} \times 100\%$$

5）意见处理率

意见处理率反映了对客户信息的及时处理能力，通常采用设置意见箱收集货主意见的办法进行操作。在货主针对运输服务质量问题提出的诸多意见中，企业予以及时查处并给予货主必要的物质或精神补偿，取得满意效果的意见，称为已处理意见，即

$$意见处理率 = \frac{已处理意见数}{货主提出意见数} \times 100\%$$

6）客户满意率

在对货主进行满意性调查中，凡在调查问卷上回答对运输服务感到满意及以上档次的货主，称为满意货主。意见处理率和满意率均可按季度计，必要时也可以按月计。前者反映了货主对运输服务性好坏的基本倾向及企业补救力度的大小，后者是对运输服务质量的总体评价，即

$$客户满意率 = \frac{满意货主数}{被调查货主数} \times 100\%$$

4. 运输成本与效益指标

1）燃料消耗指标

燃料消耗是运输费用中的重要支出，评价燃料消耗的指标主要有单位实际油耗、燃料消耗定额比。燃料消耗定额比反映消耗燃料是否合理，促进企业加强对燃料消耗的管理，即

$$单位实际油耗 = \frac{报告期实际油耗}{报告期运输吨千米量/100} \times 100\%$$

$$燃料消耗定额比 = \frac{100 \text{km} 燃料实耗量}{100 \text{km} 燃料定额量}$$

2）单位运输费用

单位运输费用指标可以用来评价运输作业效益高低以及综合管理水平。运输费用主要包括燃料、各种配件、养路、工资、修理、折旧及其他费用支出。货物周转量是运输作业

的工作量,它是车辆完成的各种货物的货运量与其相应运输距离乘积之和,即

$$单位运输费用 = \frac{运输费用总额}{报告期货物总周转量}$$

3) 运输费用效益

运输费用效益是指单位运输费用支出额所带来的盈利额,即

$$运输费用效率 = \frac{经营盈利额}{运输费用支出额}$$

4) 单车(船)经济收益

单车(船)经济收益是指单车(船)运营收入中扣除成本后的净收益,即

$$单车(船)经济收益 = 单车(船)运营总收入 - 单车(船)成本合计$$

上式计算结果为正值,则说明车辆运营是盈利的;计算结果为负值,则说明车辆运营是亏损的。

本章小结

运输绩效管理,主要是指对运输活动或运输过程的绩效管理,这里的运输活动不限于运输企业的运输活动,还可以是其他企业的运输活动。运输绩效管理是管理运输活动的整个过程,也就是围绕企业总的战略目标,对一定时期内运输活动的集货、分配、搬运、中转、装卸、分散等环节进行绩效管理,从而实现整个运输活动目标的过程。

建立运输绩效评价指标体系是运输绩效管理的一种手段,也是进行运输绩效评价的基础和前提。运输绩效评价指标体系由货物运输量、运输效率、运输质量、运输成本和效益等多方面的指标构成。要建立一套行之有效的评价指标体系,应该运用科学的方法,遵循合理的程序与步骤。

复习与思考

1. 什么是运输绩效管理?
2. 什么是运输绩效评价?
3. 运输绩效评价指标体系的建立方法有哪些?
4. 简述模糊综合评价方法。

在线自测

案例分析

摩托罗拉的绩效管理

在摩托罗拉公司,关于管理与绩效管理有一种观点:企业=产品+服务,企业管理=人力资源管理,人力资源管理=绩效管理。绩效管理在摩托罗拉公司管理中居于重要位置。

摩托罗拉这样定义绩效管理,绩效管理是一个不断进行的沟通过程,在此过程中员工和主管以合作伙伴的形式就六个问题达成一致:员工应完成哪些工作、员工所做的工作如何为实现组织目标做贡献、用具体内容描述怎样才算做好工作、员工和主管怎样才能共同努力帮助员工改进绩效、如何衡量绩效、确定哪些是影响绩效的障碍并将其克服。

从这个并不烦琐的定义中可看出,在摩托罗拉公司,绩效管理关注的是员工绩效的提高,而员工绩效的提高又为实现组织目标服务,这就将员工和企业的发展联系在一起,同时也将绩效管理的地位提升到战略层面。同时,该定义特别强调员工和主管是合作伙伴关系。这种改变不仅是观念的改变,而且是深层次的观念创新,给员工以更大的自主和民主,也在一定程度上解放管理者的思维。随着这种观念的深入,员工和主管的关系将更和谐,他们之间将会有更多的互助和互补,达到共同进步。这也正是绩效管理要致力于做到的工作。

另外,该定义也强调可操作性,工作内容的描述要具体、衡量的标准要具体、影响绩效的障碍要具体。只有具体的东西,才有解决的操作性。在明确绩效管理概念的基础上,摩托罗拉进一步强调绩效管理是一个系统,用系统观点看绩效管理。将绩效管理置于系统中,使其各个组成部分互相作用,并以各自独立的方式一起工作去完成既定的目标。

在摩托罗拉,绩效管理是公司人力资源战略的一部分,是评价员工绩效的一种方式,是着重提高员工个人综合技能的一种过程,是将员工绩效与公司的任务与目标相联系的一种工具。

在摩托罗拉,绩效管理由五个部分组成:绩效计划与目标制订,持续不断的绩效沟通,事实的观察、收集和记录,绩效评估会议,绩效诊断和提高。

第一,绩效计划与目标制订。主管与员工就下列问题展开讨论和沟通:①员工应该做什么?②工作应该做多好?③为什么要做该项工作?④什么时候要做该项工作?⑤其他相关的问题:环境、能力、职业前途、培训等。在此过程中,主管和员工达成一致意见,并形成签字的记录。这样,就确立了员工的绩效目标。绩效目标是整个绩效管理循环的依据和绩效考评的依据,因此,需要花费必要的时间和精力来完成。在摩托罗拉,大约用一个季度的时间。摩托罗拉的第一个日历季度就是绩效目标制订的季度。摩托罗拉的绩效目标包括两方面:一是业务目标(business goals),二是行为标准(behavior standard)。这两方面构成员工的全年绩效目标。它们相辅相成,互为补充,共同服务于员工绩效的提高和组织绩效目标的实现。

第二,持续不断的绩效沟通。在摩托罗拉,沟通贯穿在绩效管理的整个过程,不是仅仅年终的考核沟通。摩托罗拉强调全年的沟通和全通道的沟通。这一点在摩托罗拉手机的广告词中也有体现:沟通无极限。沟通的过程是双向的,目的是追踪绩效的进展,识别障碍,为双方提供所需信息。沟通的内容具有前瞻性,防止问题的出现或者出现后及时解决。沟通的形式分为定期与非定期、正式与非正式,就某一问题进行专门对话。主管在沟通中形成必要的文字记录,并在必要时,需经主管与员工双方签字认可。

第三,事实的观察、收集和记录。为年终的考核做准备,主管需要在平时注意事实的观察和收集,并做必要的信息记录。注意收集与员工绩效有关的信息,记录员工工作中好与不好的行为。收集信息应该全面,记录下好与不好的员工行为,在必要时应该经主管与员工签字认可。

第四,绩效评估会议。摩托罗拉的绩效评估会议很注重效率,一般在某个时间,主管们集中在一起进行全年绩效评估。它主要包括以下四个方面:

① 做好准备工作,包括员工自我评估;
② 对员工的绩效达成共识,根据事实而不是印象;
③ 评出绩效的级别;
④ 不仅是评估员工,而且是解决问题的机会。

最终形成书面的讨论结果,然后,主管以面谈沟通的形式将结果告知员工。考核结束,不是绩效管理到此为止,而是还有一个非常重要的诊断过程。

第五,绩效诊断和提高。关于这点,摩托罗拉有一套具体有效的衡量工具,它包括以下九个方面:

① 我有针对我工作的具体、明确的目标;
② 这些目标具有挑战性,但通过努力可以达到;
③ 我认为这些目标对我有意义;
④ 我明白我的绩效是如何被评估的,我觉得那些绩效标准是恰当的,因为它们测量的是我应该做的事情;
⑥ 我在实现目标过程中做得如何,我能得到及时的反馈;
⑦ 我觉得自己得到足够的培训;
⑧ 公司给我提供了足够的资源,例如,资金、设备、人员等,使我达到目标成为可能;
⑨ 当我达到目标时,我得到赞赏和认可奖励体系是公平的,我因为自己的成功而得到奖励。

每一项有五个评分等级,通过打分可以得知一年中绩效管理的水平如何,差距在哪里,从而能有针对性地改进和提高绩效管理的水平。

此外,摩托罗拉的绩效考核表没有分数,而是运用等级法,采用强迫分配法,这样既能区分员工绩效的差别,又能尽量避免因为几分之差导致无休止的争论。在与薪酬管理挂钩上,摩托罗拉也采取大致的强迫分配法,而不是精确的联系,因为绩效管理致力的是员工绩效的提高,而不仅仅是为薪酬管理服务。

摩托罗拉的绩效管理展示了现代意义上的先进的绩效管理概貌,为我国许多企业提供参考和借鉴;同时也给许多企业管理者一个启示,即绩效管理对公司持续发展起着重要作用,它必须受到充分的重视,才可能做好;而绩效管理做得好,才有可能不断地提高和激励员工,从而不断地提高公司绩效,推进公司持续稳定发展。

案例来源:张旭凤.物流运输管理[M].北京:北京大学出版社,2010:218-220.

思考题:
1. 摩托罗拉如何定义绩效管理?
2. 摩托罗拉绩效管理的五个组成部分之间是什么关系?

第 12 章 物流运输信息技术

本章关键词

物流结点(logistics node)
物流运输信息技术(logistics transportation information techniques)
无线射频识别技术(radio frequency identification,RFID)
地理信息系统(global information system,GIS)
全球定位系统(global positioning system,GPS)
智能运输系统(intelligent transportation system,ITS)
物联网(internet of things,IOT)
区块链(block chain)

互联网资料

http://www.chinawuliu.com.cn/
http://www.56888.net/
http://cscmp.org/

> 物流运输信息技术是现代信息技术在物流运输各个作业环节中的综合应用,是现代运输区别传统运输的根本标志,也是物流运输技术中发展最快的领域,从数据采集的条形码系统、无线射频识别技术,到智能运输系统、物联网技术和区块链技术,各种终端设备等硬件以及计算机软件都在日新月异地发展,尤其是计算机网络技术的广泛应用带来了物流运输信息技术的飞跃。

12.1 物流运输结点

12.1.1 结点的概念

物流结点(logistics node)又称物流接点,是物流网络中连接物流线路的结点之处。物流的过程,如果按其运动的程度即相对位移大小观察,它是由许多运动过程和许多相对停顿过程组成的。一般情况下,两种不同形式的运动过程或相同形式的两次运动过程中都要有暂时的停顿,而一次暂时停顿也往往连接两次不同的运动。物流过程便是由这种多次的运动—停顿—运动—停顿所组成。

与这种运动形式相呼应,物流网络结构也是由执行运动使命的线路和执行停顿使命的结点两种基本元素所组成。线路与结点相互关系、配置以及其结构、组成、联系方式不同,形成了不同的物流网络。物流网络的水平高低、功能强弱则取决于网络中两个基本元素本身和两个基本元素的配置。

全部物流活动都是在线路和结点上进行的。其中,在线路上进行的活动主要是运输,包括集货运输、干线运输、配送运输等。物流功能要素中的其他所有功能要素,如包装、装卸、保管、分货、配货、流通加工等,都是在结点上完成的。所以,从这个意义上来讲,物流结点是物流系统中非常重要的部分。实际上,物流线路上的活动也是靠结点组织和联系的,如果离了结点,物流线路上的运动必然陷入瘫痪。

现代物流网络中的物流结点对优化整个物流网络起着重要作用,从发展来看,它不仅执行一般的物流职能,而且越来越多地执行指挥、调度、信息等神经中枢的职能,是整个物流网络的灵魂所在,因而更加受到人们的重视。所以,在有的场合也称之为物流据点,对于特别执行中枢功能的又称物流中枢或物流枢纽。

物流结点是现代物流中具有较重要地位的组成部分,这是因为物流学形成初期,学者们和实业家们都比较偏重于研究物流的若干基本功能,如运输、储存、包装等,而对结点的作用认识不足。物流系统化的观念越是增强,就越是强调总体的协调、顺畅,强调总体的最优,而结点正是处在能联结系统的位置上,总体的水平往往通过结点体现,所以物流结点的研究是随现代物流的发展而发展的,也是现代物流学研究不同于以往之处。

12.1.2 结点的功能

综观物流结点在物流系统中的作用,物流结点是通过以下功能在物流系统中发挥作用的:

1. 衔接功能

物流结点将各个物流线路联结成一个系统,使各个线路通过结点变得更为贯通而不是互不相干,这种作用称之为衔接作用。在物流未成系统化之前,不同线路的衔接有很大困难。例如,轮船的大量输送线和短途汽车的小量输送线,两者输送形态、输送装备都不相同,再加上运量的巨大差异,所以往往只能在两者之间有长时间的中断后再逐渐实现转换,这就使两者不能贯通。物流结点利用各种技术的、管理的方法可以有效地起到衔接作用,将中断转化为通畅。物流结点的衔接作用可以通过多种方法实现,主要有以下几种:

(1) 通过转换运输方式衔接不同运输手段;
(2) 通过加工,衔接干线物流及配送物流;
(3) 通过储存衔接不同时间的供应物流和需求物流;
(4) 通过集装箱、托盘等集装处理衔接整个"门到门"运输,使之成为一体。

2. 信息功能

物流结点是整个物流系统或与结点相接物流的信息传递、收集、处理、发送的集中地,这种信息作用在现代物流系统中起着非常重要的作用,也是复杂物流存储单元能联结成有机整体的重要保证。在现代物流系统中,每一个结点都是物流信息的一个点,若干个这种类型的信息点和物流系统的信息中心结合起来,便形成了指挥、管理、调度整个物流系统的信息网络,这是一个物流系统建立的前提条件。

3. 管理功能

物流系统的管理设施和指挥机构往往集中设置于物流结点之中。实际上,物流结点大都是集管理、指挥、调度、信息、衔接及货物处理为一体的物流综合设施。整个物流系统运转的有序化和正常化、整个物流系统的效率和水平取决于物流结点的管理功能的实现情况。

12.1.3 结点的分类

在各个物流系统中,结点都起着若干作用,但由于整个系统目标不同以及结点在网络中的地位不同,结点的主要作用也往往不同,根据这些主要作用可分成以下几类:

1. 转运型结点

以接连不同运输方式为主要职能的结点。铁道运输线上的货站、编组站、车站,不同运输方式之间的转运站、终点站,水运线上的港口、码头,空运中的空港等都属于此类结点。一般而言,由于这种结点处于运输线上,又以转运为主,所以货物在这种结点上停滞的时间较短。

2. 储存型结点

以存放货物为主要职能的结点,货物在这种结点上停滞时间较长。在物流系统中,储备仓库、营业仓库、中转仓库、货栈等都是属于此种类型的结点。

尽管不少发达国家仓库职能在近代发生了大幅度的变化,一大部分仓库转变成不以储备为主要职能的流通仓库,甚至流通中心。但是,在现代任何一个有一定经济规模的国家,为了保证国民经济的正常运行,保证企业经营的正常开展,保证市场的流转,以仓库为储备的形式仍是不可缺乏的,总还是有一大批仓库会以储备为主要职能。在我国,这种类型的仓库还占主要成分。

3. 流通型结点

以组织物资在系统中运动为主要职能的结点。在社会系统中则是组织物资流通为主要职能的结点。现代物流中常提到的流通仓库、流通中心、配送中心就属于这类结点。

需要说明的是,在各种以主要功能分类的结点中,都可以承担着主要职能而不完全排除其他职能。如转运型结点中,往往设置有储存货物的货场或站库,从而具有一定的储存功能。但是,由于其所处的位置,其主要职能是转运,所以按照主要功能归入转运型结点之中。

4. 综合型结点

在物流系统中集中于一个结点中,全面实现两种以上主要功能,并且在结点中并非独立完成各自功能,而是将若干功能有机结合于一体,有完善设施、有效衔接和协调工艺的集约型结点。这种结点是适应物流大量化和复杂化,适应物流更为精密准确,在一个结点中要求实现多种转化而适应物流系统简化、高效的要求出现的,是现代物流系统中结点发展的方向之一。

12.2 物流运输信息技术

12.2.1 无线射频识别技术

无线射频识别(radio frequency identification,RFID)技术是 20 世纪 90 年代兴起的一项自动识别技术。它利用无线射频方式进行非接触双向通信,以达到识别目的并交换数据。RFID 可实现多目标识别、运动目标识别,因此在物流领域中的货物与运载工具跟踪、仓储管理等要求非接触数据采集和交换的场合有着广泛的应用。

1. RFID 技术原理

典型的 RFID 系统由电子标签(tag)、读写器(reader)以及数据交换、管理系统等组成。电子标签也称射频卡,它具有智能读写及加密通信的能力。读写器由无线收发模块、天线、控制模块及接口电路等组成。

RFID 系统最大的特点是非接触识别,因此可以同时识别多个电子标签及高速运动的电子标签。它以无线方式通信,无须外露电触点,电子标签的芯片可以按不同的应用要求来封装,可抗恶劣环境。

2. RFID 系统的分类

根据电子标签内是否含电池,RFID 可分为无源系统和有源系统两大类,无源系统电子标签内不含电池,电子标签工作的能量是由读写器发出的射频脉冲提供。电子标签接收射频脉冲,整流并给电容充电。电容电压经过稳压后作为工作电压。数据解调部分从接收到的射频脉冲中解调出数据并送到控制逻辑。控制逻辑接受指令完成存储、发送数据或其他操作。有源 RFID 系统由电池供电,可以在较高频段工作,识别距离较长,和读写器之间的通信速率也较高。

根据工作频率的不同,RFID 可以分为低频、中频及高频系统。低频系统一般工作在 100～500 千赫,中频系统工作在 10～15 兆赫,它们主要适用于识别距离短、成本低的应用中;而高频系统则可达 850～950 兆赫及 2 400～5 000 兆赫的微波段,适用于识别距离长、读写数据率高的场合。

根据 RFID 系统完成的功能不同,RFID 系统可以粗略地分成四种类型:EAS 系统、便携式数据采集系统、固定网络系统、定位系统。

(1) EAS 系统。EAS(electronic aricle surveillance)是一种设置在需要控制货物出入的门口的 RFID 技术。在应用 EAS 技术时,首先在货物上粘附 EAS 标签,当货物被合法移出时,在货物管理中心通过一定的装置使 EAS 标签失活,货物就可以取走。货物经过装有 EAS 系统的门口时,EAS 装置能自动检测标签的活动性,发现活动性标签时,EAS 系统会自动发出警告;EAS 系统的应用可以有效防止货物的非法流动。

(2) 便携式数据采集系统。便携式数据采集系统是使用带有 RFID 阅读器的手持式数据采集终端,采集 RFID 标签上的数据。这种系统具有比较大的灵活性,适用于不宜安装固定式 RFID 系统的应用环境。手持式阅读器(数据输入终端)可以在读取数据的同时,通过无线通信方式实时地向主计算机系统传输数据,也可以暂时将数据存储在阅读器中,向主计算机系统批量传输数据。

(3) 固定网络系统在固定网络中,固定布置的 RFID 阅读器分散布置在给定的区域,并且阅读器直接与数据管理信息系统相连,信号发射机是移动的,一般安装在移动的物体上或人员身上。当物体和人员经过阅读器时,阅读器会自动扫描标签上的信息,并把数据信息输入数据管理信息系统分析、处理。

(4) 定位系统。定位系统用于制造业物流中货品及原材料的定位以及对车辆、轮船等进行运行定位支持。阅读器放置在移动的车辆、轮船上或者自动化流水线中移动的物料、半成品、成品上,信号发射机嵌入操作环境的地表下面。信号发射机上存储有位置识别信息,阅读器一般通过无线或有线的方式连接到主信息管理系统。

3. RFID 的应用

RFID 技术,已经使用了多年,应用领域越来越多。今天,带有可读和可写并能防范非授权访问的存储器的智能芯片已经可以在很多集装箱、货盘、产品包装、智能识别 ID 卡、书本或 DVD 中看到。

RFID 技术的应用将继续以供应物流领域为主,在这个领域用 RFID 收发器进行包括各种各样的可移动货物或产品的记录和跟踪。快速的识别对于公司的物流程序、大型仓库、诊所或者货物的运输都很重要。例如:汽车、桌椅必须在正确时间按色彩排序(color ordered)进入到装配线;智能标签将自动地检测正确的药物容器从存储处搬到生产处;血样将准确地对应到采集这个血样的病人;供应超市所需求的新鲜货物要求很复杂的发送网络,这个网络不允许出现差错。

12.2.2 地理信息系统

1. 地理信息系统概述

地理信息系统(global information system,GIS)是用于获取、处理、分析、访问、表示和在不同用户、不同系统和不同地点之间传输数字化空间信息的系统。该技术是由加拿大测量学家于 1963 年提出以后,开始迅速发展起来的地理研究新成果。GIS 主要涉及计算机科学和信息科学,已经发展成为一个跨学科的研究应用领域。GIS 是由信息系统演绎而来、以地理坐标为骨干的信息系统,是一套电脑辅助空间资料输入、储存、寻取、分析、展示的系统。GIS 将各种详细的地理资料(包括和地理空间有关的图形资料和属性资料)整合成有系统的地理资料库,再运用应用软件工具,将各种相关信息以文字、数字、图表或搭配地图的形式,提供给规划者及决策者使用。GIS 主要由以下三部分组成:地理数据库、计算机及其附属设备、各种制图输出工具及其他输出设备。

GIS 是一个具有潜质的科技突破,在普通电脑环境下这个高级的可视化系统已经逐渐改变了以往处理信息的方式,获得了在信息可视化系统下的一个资源和市场的清晰展望。通过地理信息系统,可有效地完成客户所要求的任务,使用户得到更大利润。从计算机的发展来看,桌面地理信息系统是 21 世纪物流运输业无可替代的、满足各种用户需求的、强大的市场策略工具。

2. GIS 的主要功能及作用

GIS 的基本功能是将表格类数据(无论它来自数据库、电子表格文件或直接在程序中输入)转换为地理图形显示出来,然后对显示的结果进行浏览、操纵和分析。其显示范围可以从洲际地图到非常详细的街区地图,显示对象包括人口、销售情况、运输路线以及其他内容。

1) GIS 的主要功能

① 数据的操作与处理功能。地理信息系统属空间型数据库管理系统,具备一般数据库管理系统所具有的数据输入、存储、编辑、查询、显示和输出等基本功能,包括坐标变换、投影变换、空间数据类型的转换、地图边缘匹配等;其运算主要有算术运算、关系运算、逻辑运算和函数运算等;其输出结果可以是数据、数据库表格、报告、统计图、专题图等多种形式,也可以通过扫描仪或数字化仪经过图形和数据编辑后输入 GIS 数据库,实现预期的目的。

② 制图功能。这是 GIS 最重要的功能之一,其综合制图功能包括专题图制作,在地图上显示出地理要素,并能赋予数值范围,同时可放大缩小以表明不同的细节层次。既可以为用户输出全要素图,也可以根据用户需要分层输出专题地图以显示不同要素和活动位置,或有关属性内容。例如,矿产分布图、公路城市交通图、交通规划图等。

③ 空间查询与分析功能。GIS 可进行空间图形与属性的双向查询,根据空间图形查询其有关属性,根据属性特征查询到空间图形,并可根据需要进行最佳路径分析。既能够提供静态查询、检索数据,亦可为用户提供应用分析模式,通过动态的分析,从而为评价、管理和决策服务。这种分析功能可以在系统操作运算功能的支持下或建立专门的分析软件来实现,如统计分析、缓冲分析、叠加分析、网络分析、决策分析等。

④ 地形分析功能。地形分析主要通过数字地形模型(DTM),以离散分布的平面点来模拟连续分布的地形,再从中提取各种地形分析数据,地形分析主要包括以下内容:

- 等高线分析。等高线图是人们传统上观测地形的主要手段,可以从等高线上精确地获得地形的起伏程度、区域内各部分的高程等。
- 透视图分析。等高线虽然精确,但不够直观,用户往往需要从直观上观测地形的概貌,所以 GIS 通常具有绘制透视图的功能,有些系统还能在二维空间网格上着色,使图形更为逼真。
- 坡度坡向分析。在 DTM 中可以计算坡度和坡向,派生出坡度坡向图供地形分析,如日照分析、土地适宜性分析等。
- 断面图分析。用户可以在断面图上考察该剖面地形的起伏并计算剖面面积,用于工程设计和工程量计算等。

2) GIS 的主要作用

在 GIS 中能解决以下五类问题:

① 确定位置,即在某个地方有什么。位置可以是地名、邮政编码或地理坐标等。

② 输入条件查询,即符合某些条件的实体在哪里。
③ 预测趋势,即在某个地方发生的某个事件及其随时间的变化过程。
④ 模式分析,即通过某个地方的空间实体的分布模式分析,揭示了地理实体之间的空间关系。
⑤ 模拟,即某个地方如果具备某种条件会发生什么。

3. GIS 的数据组织与管理

数据是 GIS 的"血液",没有数据的 GIS 是没有生命力的。在 GIS 中,数据既有空间位置及图形信息,也有与之相对应的属性信息。GIS 数据的特点就是数据源多、数据量大,同时系统对数据的要求也高,所以数据是 GIS 中最重要的部分。

1) GIS 数据的地理基础

地理数据包含空间位置和坐标信息,所以其数据表示和规范是非常重要的。GIS 数据的地理基础就是统一的地图投影系统、统一的地理网格坐标系统和统一的地理编码系统。这样的地理基础为地理信息的输入输出以及加工处理提供一个统一的定位框架,并以此为基础正确反映出它们的地理位置和地理关系特征。所以在 GIS 建设中,应根据实际需要和国家标准首先选择适当的投影系统和比例尺。目前,在我国基本比例尺地形图中,除 1∶100 万采用 Lambert 投影外,其余(1∶50 万至 1∶5 000)均采用等高投影。在城市一般采用大比例尺(1∶1 000 或 1∶500)非地球投影。

2) GIS 数据获取

GIS 数据的来源大致包括基础制图数据、自然资源数据、数字高程数据、调查统计数据、实地勘察数据和已有系统数据。数据获取的方法有数字化仪输入、扫描输入、键盘输入或直接从其他产生数字化信息的设备输入,比如数字卫星影像等。GIS 图形数据的类型有矢量数据和栅格数据,两者能互相转换。

3) GIS 数据组织

GIS 数据大多是海量数据,为了易于处理和加工,通常把数据按照某种属性信息进行分层,例如,地下管网信息可以按管线类型分为供水、排水、供热、煤气等不同的图层;同一层的数据按照地理区域进行分片,例如,可以把深圳市供水管网按照福田区、罗湖区和南上区等行政区分片。

4) GIS 数据管理

GIS 数据管理就是按照一定的数据模型对 GIS 的数据进行合理的组织,以高效地实现系统的应用要求。

GIS 数据库管理系统模型主要包括三种:混合数据模型、集成数据模型和面向对象数据模型。混合数据模型用文件来存储图形信息,而把属性信息存储在 RDBMS 的表中,每个图形要素通过唯一的 ID 和 RDBMS 表的属性数据链接。这是目前技术最成熟、应用最广泛的数据管理模型。

面向对象数据模型最适合于描述空间信息。它采用面向对象技术,把图形要素及其属性、行为、语义进行封装,永久存储在对象数据库中。这种模型使 GIS 数据的管理更加接近现实世界。

5）GIS 数据更新

GIS 数据是在不断变化的，因此就需要对最新的 GIS 数据进行测量和采集，替换旧的数据，保持 GIS 数据的即时性，使 GIS 应用更加准确，保证 GIS 的实用性。

4. GIS 的应用

由于地理信息系统具有地理、地形等数据的查询、分析、统计功能，所以在各种运输方式中，使用者可以利用建立的交通地理信息系统数据库，为管理部门或用户提供各种查询要求和分析方法。

例如，GIS 在铁路运输中的应用，铁路运输地理信息系统便于销售、市场、服务和管理人员查看客运站、货运站、货运代办点之间的相对地理位置，运输专用线和铁路干线之间的相对位置，并用不同颜色和填充模式来区分各种表达信息，使用户看到销售区域、影响范围、最大客户、主要竞争对象、人口状况及分布、工农业统计等，由此看到增加运输收入的潜在地区，从而扩大延伸服务。通过这种可视方式，更好地制定市场营销和服务策略，有效地分配资源，同时 GIS 是货物跟踪技术的关键支撑技术。

12.2.3　全球定位系统

传统运输企业面临着向现代物流企业的转型，物流行业面临着整体的发展与改进。客户的要求越来越高，运输企业间价格竞争愈演愈烈，在这种时刻全球定位系统（global positioning system，GPS）的出现对整个物流行业来说无疑是雪中送炭。物流行业由于其专业性与特殊性，成为 GPS 这一军用技术向民用市场转化的一个最好着陆点，从而也成为 GPS 供应商大力抢夺的一块市场。

1. GPS 概述

GPS 是指导航卫星测时和测距的全球定位系统。美国国防部从 20 世纪 60 年代开始，花了近 20 年的时间，投资 100 亿美元，于 1978 年成功发射第一颗 GPS 卫星。至今全球已经有 24 颗 GPS 卫星，分别在距离地球表面约 2 万 km 的 6 个轨道上运行，卫星同时发射两种信号叫作 C/A 码（粗码）及 P 码（精码），能保证随时随地都可以测得地面上或地面上空点位的三维坐标。1980 年，美国国防部与交通部达成协议，开放 GPS 卫星系统，让民间有偿运用，1993 年，又向世界各国做出承诺，美国的 GPS 系统民用 C/A 码向全世界开放，免费提供服务 10 年。但美国军方对 GPS 的使用实施选择可用性和反电子诱骗技术，前者是在卫星信号中人为地加入误差，后者是使民用用户不能使用高精度的 P 码，此举已影响了 GPS 的应用和发展，目前各国都在研究针对美国 GPS 政策的对策，独立编算 GPS 精密星历，以期摆脱美国的严格控制。同时也还有其他的全球定位系统，如俄罗斯具有自己的全球定位系统格洛纳斯，我国也已具有北斗星系统，并且正在参与欧洲伽利略系统的研究。

GPS 能迅速、准确、全天候地提供定位、导航和授时信息，从 20 世纪 80 年代开始，在航空、航天、航海及测地等方面得到了很好的应用。进入 20 世纪 90 年代，在发达国家卫星导航技术开始以多种形式应用于汽车导航、定位、报警、指挥调度管理等。

GPS 系统的用户是非常隐蔽的，它是一种单程系统，用户只接收而不必发射信号，因此用户的数量也是不受限制的。虽然 GPS 系统一开始是为军事目的而建立的,但很快在民用方面得到了极大的发展,各类 GPS 接收机和处理软件纷纷涌现出来。目前在中国市场上出现的接收机主要有 ROGUE、ASHTECH、TRIMBLE、LEICA、SOKKIA、TOPCOF 等。能对两个频率进行观测的接收机称为双频接收机,只能对一个频率进行观测的接收机称为单频接收机,它们在精度和价格上有较大差别。

2. GPS 的主要特点

(1) 定位精度高。GPS 的定位精度很高,其精度由许多因素决定。用 C/A 码作差分定位时一般的精度是 5m,采用动态差分定位的精度小于 10cm,静态差分定位精度达到百万分之一。GPS 的测速精度为 0.1m/s。

(2) 覆盖全球范围。GPS 可以在任何时间、任何地点连续地覆盖全球范围,这大大提高了 GPS 的使用价值。

(3) 具有被动式、全天候的导航定位能力。GPS 被动式、全天候的导航定位方式隐蔽性好,不会暴露用户位置,用户数也不受限制,接收机可以在各种气候条件下工作,系统的机动性强。

(4) 功能多,应用广。随着人们对 GPS 认识的加深,GPS 不仅在测量、导航、测速、测时等方面得到更广泛的应用,而且应用领域还将不断扩大。例如,汽车自定位、跟踪调度、陆地救援、内河及远洋船对最佳航程和安全航线的实时调度等。

3. GPS 系统组成

GPS 系统利用无线电传输特性来定位。和过去地面无线导航系统所不同的是,它由卫星来发射定时信号、卫星位置和健康状况信息,故具有发射信号能覆盖全球和定位精度高的优点。系统中所有卫星构成 GPS 系统的空间部分。卫星由地面站(地面监控部分)监测和控制,它监测卫星健康状况和空中定位精度,定时向卫星发送控制指令、轨道参数和时间改正数据。用户装有 GPS 接收机,用来接收卫星发来的信号。GPS 接收机中装有专用芯片,用来根据卫星信号计算出定位数据。用户并不需要给卫星发射任何信号,卫星也不必理会用户的存在,故系统中用户数量没有限制。具有 GPS 接收机的用户就构成系统的用户部分。

GPS 系统包括以下三大部分:

(1) GPS 卫星(空间部分)。GPS 卫星部分由 21 颗工作卫星和 3 颗备用卫星组成。工作卫星均匀分布在 6 个相对于赤道的倾角为 55°的近似于圆的轨道面上,而轨道面的夹角为 60°,轨道平均高度为 20 200km,12 颗卫星恒时绕地球一周,这样的布局可以保证全球任一监测站能在任何时刻同时收到 4 颗以上卫星的信号。卫星上安装有轻便的原子钟、微型计算机、电文存储和信号发射设备,均由太阳能电池提供电源。如果某一工作卫星出现故障,备用卫星可随时根据地面控制站的命令飞往指定地点进入工作状态。

(2) GPS 地面控制部分。地面控制部分是整个系统的中枢。它由一个主控站、若干个跟踪站和注入站所组成。地面控制部分的任务是保证整个系统的正常运转,包括管理和调整整个系统的工作状态,采集各类观测数据,计算卫星星历、卫星钟的钟差和漂移,各项改正数和定位信息,组成电文注入卫星存储器,以一组原子钟为基础,建立和维护一个高精度的 GPS 时间系统。监测站的主要任务是对每颗卫星进行观测，精确测定卫星在空间的位置，向主控站提供观测数据。每个监测站还配有 GPS 接收机，对每颗卫星连续不断地进行观测，每 6 秒进行一次伪距测量和积分多普勒观测，并采集与气象有关的数据。监测站受主控站的控制，定时将观测数据送往主控站。

主控站拥有大型电子计算机，作为数据采集、计算、传输、诊断、编辑等功能的主体设备。它实现下列功能：

① 采集数据。主控站采集各个监测站所测得的伪距和积分多普勒观测值、气象要素、卫星时钟和工作状态数据，监测站自身的状态数据，以及海军水面兵器中心发来的参考星历。

② 编辑导航电文。根据采集到的全部数据计算出每颗卫星的星历、时钟改正数、状态数据以及大气改正数，并按一定格式编辑为导航电文，传送到注入站。

③ 诊断功能。对整个地面支撑系统的协调工作进行诊断；对卫星的健康状况进行诊断，并加以编码，向用户发布指示。

④ 调整卫星。根据所测的卫星轨道参数，及时将卫星调整到预定轨道，使其发挥正常作用。而且还可以进行卫星调度，用备份卫星取代失效的工作卫星。主控站将编辑的卫星电文传送到位于三大洋的三个注入站，而注入站通过 S 波段微波链路定时地将有关信息注入各个卫星，然后由 GPS 卫星发送给广大用户，这就是所用的广播星历。

（3）GPS 用户部分。用户部分包括用户组织系统和根据要求安装的相应设备，但其中心设备是 GPS 接收机。GPS 接收机是一种特制的无线电接收机，用来接收导航卫星发射的信号，并以此计算出定位数据。根据不同性质的用户和要求的功能，要配置不同的 GPS 接收机，其结构、尺寸、形状和价格也大相径庭。例如：航海和航空用的接收机，要具有与存有导航图等资料的存储卡相接的能力；测地用的接收机要求具有很高的精度，并能快速采集数据；军事上用的，要附加密码模块，并要求能高精度定位。

GPS 接收机种类虽然很多，但它的结构基本一致，分为天线单元和接收单元两部分。天线单元由接收天线和前置放大器组成。常用的天线形式有：定向天线、偶极子天线、微带天线、线螺旋天线、圆螺旋天线等。前置放大器直接影响接收信号的信噪比，要求噪声系数小、增益高和动态范围大，一般都采用 FET 放大器。接收单元包括信号通道、存储、计算与显示控制及电源等部件。信号通道的主要功能是接收来自天线的信号，经过变频、放大、滤波等一系列处理，实现对 GPS 信号的跟踪、锁定、解调，检出导航有关信息。根据需要，可设计成 1~12 个通道，以接收多个卫星信号。其他几个部件的作用主要是根据收到的卫星星历、伪距观测数据，计算出三维坐标和速度；进行人机对话，输入各种指令，控制屏幕显示等。

4. GPS 的应用

20 世纪 90 年代兴起的智能运输系统，正日益受到人们的关注，并已逐步应用到交通、测绘、导航、公安等众多领域。

GPS 的基本工作原理

在美国，ROCKWELL 公司正将 GPS 纳入交通电子产品中。1995 年在车中采用 GPS 处理器，提供包括驾驶员导航系统的硬件设备。该系统仅要求驾驶员用车辆控制台上的按钮输入其目的地,系统即可计算出到达目的地的最短路径,并用语音在车辆每次转弯前提示驾驶员。

ROCKWELL公司利用GPS还开发了PL0200SL车载通信系统、FLEETMASTER自动车辆定位系统(AVIS)。采用FLEETMASTER自动车辆定位系统装备的车辆能获得道路信息、路况信息与实时交通控制。

基于GPS的智能地理信息系统(GIS),在欧洲已广泛运用于车辆导航与车辆控制中。德国豪华轿车也已安装GPS车辆自动导航系统。

汽车自动定位导航系统主要有五种,即自动系统、顾问导航系统、库存系统、车队管理系统、便携式系统。

所谓自动系统,就是在独立的车辆上装备地图数据库和定位仪器的系统。汽车不同外界发生通信联系。

有通信联系的自动系统即是顾问导航系统。其车辆接收控制中心传来的交通与气象等实时信息报告,经差分校正的GPS信号以提高车辆的定位精度。

在库存系统的车辆上,装备有视频或数字摄像机,以捕捉空间坐标标记或时间、位置信息等,借以自动完成车辆的自动定位与导航。库存系统的车辆与控制中心可以进行通信联系。

车队管理系统是由一队与管理控制中心联络的车辆群组成。车辆上装备定位传感器。控制中心把信息从数据库传送给车辆,车辆与控制中心可用数字与声音等方式进行联系。便携式系统,无线、小型、功能集中的车载设备是当前发展最快的一种系统,也是将来的发展趋势。将来,在低轨卫星上只要用低能量驱动的接收发送器,就能实现全球范围的轨迹跟踪。

在我国,随着GPS卫星导航定位技术与无线电通信网络的发展,基于GPS的车辆导航系统与车辆运营管理系统等也正在迅速发展。

(1) 利用GPS实现的车辆导航系统。基于GPS实现的车辆导航系统由GPS接收机、微处理机、车辆导航软件、显示器、地理信息系统组成。GPS接收机可同时接收四颗以上卫星信号,确定三维坐标,用以确定车辆位置。车辆导航软件用于整个系统的数据处理和管理。显示器可用于车辆运行情况的实时显示。地理信息系统用于存放地图和有关导航信息。

车辆导航系统具有如下功能:

① 查询,车辆导航系统能提供停车场、主要旅游景点、宾馆等数据库,以供用户查询,并可在电子地图上显示其位置。查询资料可以语音和图像的形式显示。

② 跟踪车辆位置,车辆导航系统可以跟踪移动目标,并使目标始终保持在屏幕上。电子地图可以显示车辆的实际位置。电子地图可任意缩小、放大、还原及换图等。

③ 行车路线设计。车辆行车路线设计可以分为人工设计和自动设计两种。所谓人工设计路线,即根据驾驶员要到达的目的地,自行设计行驶路线的起点、终点和途经点等,自动建立路线库。所谓自动设计路线,即驾驶员确定路线的起点、终点和途经点,由软件自动按最短行驶路线设计行车路线,自动建立路线库。我国已于1998年制定了利用GPS作为公路路线测量的规范。

按设计的行车路线导航,在电子地图上显示所设计的路线,同时显示汽车运行方向与运行路径。汽车运行路线可以记录保存,以便事后回放。

在运行路线导航中,同时显示车辆所在位置的纬度和经度,以及到达下一个目的地的剩余距离。

(2) 利用GPS实现的车辆运营管理系统。车辆运营管理系统主要是为了使车辆运营管理部门、安全保卫部门及时掌握车辆的运行状况,便于对车辆进行指挥调度,同时为驾驶员提供交通、公安和服务信息。车辆运营管理系统是由GPS、GIS无线电通信网络、多媒体、遥测遥控集成为一体的一种新型车辆运营管理系统。

12.2.4 智能运输系统

1. 智能运输系统概述

智能运输系统(intelligent transportation system,ITS)是将先进的信息技术、通信技术、电子控制技术和系统集成技术等有效地应用于交通运输系统,从而建立起大范围内发挥作用的实时、准确、高效的交通运输管理系统。智能运输系统利用现代科学技术在道路、车辆、驾驶员之间建立起智能的联系,即"人—车—路"三位一体的,有利于道路交通的安全性、运输效率、行车的舒适性以及有利于环境保护的道路交通系统。

ITS的研究和发展也只是近30多年的事,20世纪60年代在美国起步,七八十年代在美国、日本以及欧洲国家进行了大量的研究,已经取得了大量的成果并且付诸应用。我国于1994年参加了世界ITS大会,1999年国家科技部批准成立了国家智能交通系统工程技术研究中心,2000年起草了ITS体系框架。这标志着我国政府正式推进ITS的研究和应用开发。随后各高校纷纷响应,2003年清华大学成立智能交通系统技术研究中心,2006年北京大学成立智能交通系统研究中心。

ITS的主要支撑技术是GPS、GIS、传感技术、无线通信技术、计算机仿真技术、GSM定位技术、模糊控制理论以及相关的优化算法。

ITS的基本功能是控制需求、增加供给、加强城市交通管理、实施智能运输系统。我们在物流运输管理中将要用到的是它的智能运输系统功能,用它实现在道路上的安全性、提高效率、提高能源利用率、改善环境质量等。

ITS系统是由以下几个部分组成的:先进的交通信息服务系统、先进的交通管理系统、先进的公共交通系统、先进的车辆控制系统、货运管理系统、电子收费系统、紧急事件与管理系统。在物流运输管理中,用到最多的是交通信息服务系统和货运管理系统。

先进的信息服务系统是建立在完善的信息网络基础之上的,交通参与者通过装备在道路上、车上、换乘站上、停车场上以及气象中心的传感器和传输设备,可以向交通信息中心提供各处的交通信息,该中心处理后,实时向交通参与者提供各种相关信息。更进一步的是在车上装上自动定位和导航系统时,该系统帮助驾驶员自动选择行驶路线。货运管理系统是指以高速公路网和信息管理系统为基础,利用物流理论进行管理的智能化的物流管理系统。

2. ITS的应用

ITS的应用大多数仍然在研究中,真正应用到生产中的还比较少,但是对于智能运输系统的研发竞争却十分激烈,美国、日本以及欧洲一些国家都投入了大量的人力、物力进行开发研究。我国虽然起步较晚但也投入了大量的人力物力进行研究,例如,交通部、西南交大、吉林大学、武汉理工大学等都有专门的研究机构。

目前已经有一些研究成果向公众进行了展示,例如,美国历时8年,共耗资20亿美元(其中80%由政府资助,20%由国家自动化公路网财团及其合作伙伴筹资解决),在圣选戈和洛杉矶之间繁忙的I-15号公路上研究开发智能车辆公路系统。该系统全长约13千米,在公路的两条主要干线上埋设9.2万块磁铁,磁铁直径约2.5厘米,间距1.2米,整条公路形成一个磁场。行驶在这条公路上的汽车在前方保险杠上安装了磁场探测器,在磁场的引导下,汽车能保持在车道中央行驶。在公路摄像系统和雷达探测系统的引导下,小汽车、卡车等每8辆自动编成一个车队,车速达每小时140千米,车与车之间的距离不超过3.9米。整个车队的速度由第一辆领头车的车速决定,前面车辆用无线电把每一次刹车或加速动作的信息传给后面的车辆,后面的车辆将接收到信号传递给车载计算机,然后由计算机程序控制车辆行驶。如遇到路障或发生其他交通事故,前方车辆及时将信号传递给紧跟在后的每一辆车,使它们能及时调整车速或采取其他应急措施。尽管每辆车都有司机,但他们的主要职责是保证一切运行正常,而并非是控制车辆的运行。

12.2.5 物联网技术

1. 物联网概述

物联网是互联网的衍生产物,它也被称为传感网,它以互联网为主要基础,允许任何物品在互联网络中相互联通、衔接,在限定协议要求下实现物物、物网之间的相互信息交换与通信,最终达成针对物品的定位、检测、跟踪、管理包括智能识别等现代化功能。它包含两层特点:第一,物联网的核心和基础仍然是互联网,是在互联网基础上的延伸和扩展的网络;第二,其用户端延伸和扩展到了任何物体与物体之间,进行物联网信息交换和通信。

物联网是指通过各种信息传感设备,如传感器、射频识别(RFID)技术、全球定位系统、激光扫描器等各种装置与技术,实时采集任何需要监控、连接、互动的物体或过程,采集其声、光、热、电、力学、化学、生物、位置等各种需要的信息,与互联网结合形成的一个巨大网络。其目的是实现物与物、物与人,所有的物品与网络的连接,方便识别、管理和控制。基于上述功能,物联网所涉及的跨领域技术相当之多,例如RFID技术、GPS技术、激光扫描技术、气体感应技术、红外感应技术等等。而在诸多技术之中,RFID与无线传感器网络是物联网技术体系中的两大内核,其中RFID负责提供电子标签,能够增强对所识别物品信息的互动性,再借助无线传感网络来实现电子标签信息自动采集流程,最终完成物品自动识别任务。再者,RFID电子标签也支持物品在物联网中的信息随时随处互换和通信,功能相当丰富强大。

从技术层面来看,现代物联网在总体设计结构层面上分为三个层次:感知层、传输层以及应用层。其中最基础的感知层依靠RFID电子标签、红外感应器、摄像头、气体感应器等展开,它们能够感知与获取货物或人员的实时信息。再通过网络传输层将感知层所获取的各项信息实施传递,为应用层的运作提供信息基础,并同时对数据实施有效处理,可以运用在智能家居、智能物流、公共安全等领域。物联网的主要三层体系架构如图 12.1 所示。

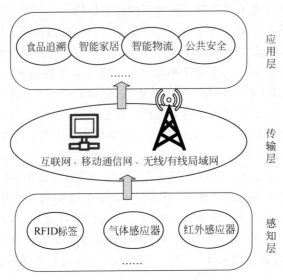

图 12.1　物联网架构图

2．物联网的发展历程

物联网的实践最早可以追溯到 1990 年施乐公司的网络可乐贩售机——Networked Coke machine。

1999 年，MIT Auto-ID 中心的 Ashton 教授在研究 RFID 时最早提出物联网（Internet of Things）这个概念，他提出了结合物品编码、RFID 和互联网技术的解决方案。当时基于互联网、RFID 技术、EPC 标准，在计算机互联网的基础上，利用射频识别技术、无线数据通信技术等，构造了一个实现全球物品信息实时共享的实物互联网，简称物联网，这也是在 2003 年掀起第一轮物联网热潮的基础。

物联网曾被称为传感网，传感网是基于感知技术建立起来的网络。中国科学院早在 1999 年就启动了传感网的研究，并已取得了一些科研成果，建立了一些适用的传感网。1999 年，在美国召开的移动计算和网络国际会议提出了"传感网是下一个世纪人类面临的又一个发展机遇"。

2003 年，美国《技术评论》提出传感网络技术将是未来改变人们生活的十大技术之首。

2005 年 11 月 17 日，在突尼斯举行的信息社会世界峰会（WSIS）上，国际电信联盟（ITU）发布《ITU 互联网报告 2005：物联网》，引用了"物联网"的概念。物联网的定义和范围已经发生了变化，覆盖范围有了较大的拓展，不再是只基于 RFID 技术的物联网。报告指出，无所不在的"物联网"通信时代即将来临，世界上所有的物体从轮胎到牙刷、从房屋到纸巾都可以通过互联网主动进行交换。射频识别技术（RFID）、传感器技术、纳米技术、智能嵌入技术将有更加广泛的应用。根据 ITU 的描述，在物联网时代，通过在各种各样的日常用品上嵌入一种短距离的移动收发器，人类在信息与通信世界里将获得一个新的沟通维度,从任何时间任何地点的人与人之间的沟通连接扩展到人与物、物与物之间的沟通连接。物联网概念的兴起,很大程度上得益于国际电信联盟 2005 年以物联网为标题的年度互联网报告。然而,ITU 的报告对物联网缺乏一个清晰的定义。虽然目前国内对物联网也还没有一个统一的标准定义,但从物联网本质上看,物联网是现代信息技术发展到一定阶段后出现的一种聚合性应用与技术提升,将各种感知技术、现代网络技术和人工智能与自动化技术聚合与集成应用,使人与物智慧对话,创造一个智慧的世界。物联网技术被称为是信息产业的第三次革命性创新。物联网的本质概括起来主要体现在三个方面:一是互联网特征,且对需要联网的物一定要能够实现互联互通的互联网络;二是识别与通信特征,即纳入物联网的"物"一定要具备自动识别与物物通信(M2M)的功能;三是智能化特征,即网络系统应具有自动化、自我反馈与智能控制的特点。

2008 年后,为了促进科技发展,寻找经济新的增长点,各国政府开始重视下一代的技术规划,将目光放在了物联网上。在中国,同年 11 月在北京大学举行的第二届中国移动政务研讨会"知识社会与创新 2.0"提出移动技术、物联网技术的发展代表着新一代信息技术的形成,并带动了经济社会形态、创新形态的变革,推动了面向知识社会的以用户体验为核心的下一代创新(创新 2.0)形态的形成,创新与发展更加关注用户、注重以人为本。而创新 2.0 形态的形成又进一步推动新一代信息技术的健康发展。

2009 年 1 月 28 日,奥巴马就任美国总统后,与美国工商业领袖举行了一次"圆桌会议",作为仅有的两名代表之一,IBM 首席执行官彭明盛首次提出"智慧的地球"这一概念,建议新政府投资新一代的智慧型基础设施。当年,美国将新能源和物联网列为振兴经济的两大重点。

2009 年 2 月 24 日的 2009IBM 论坛上,IBM 大中华区首席执行官钱大群公布了名为"智慧的地球"的最新策略。此概念一经提出,即得到美国各界的高度关注,甚至有分析认为 IBM 公司的这一构想极有可能上升至美国的国家战略,并在世界范围内引起轰动。IBM 认为,IT 产业下一阶段的任务是把新一代 IT 技术充分运用在各行各业之中,具体地说,就是把感应器嵌入和装备到电网、铁路、桥梁、隧道、公路、建筑、供水系统、大坝、油气管道等各种物体中,并且被普遍连接,形成物联网。在策略发布会上,IBM 还提出,如果在基础建设的执行中,植入"智慧"的理念,不仅仅能够在短期内有力地刺激经济、促进就业,而且能够在短时间内为中国打造一个成熟的智慧基础设施平台。IBM 希望"智慧的地球"策略能掀起"互联网"浪潮之后的又一次科技产业革命。IBM 前首席执行官郭士纳曾提出一个重要的观点,认为计算模式每隔 15 年发生一次变革。这一判断像摩尔定律一样准确,人们把它称为"十五年周期定律"。1965 年前后发生的变革以大型机为标志,1980 年前后以个人计算机的普及为标志,而 1995 年前后则发生了互联网革命。每一次这样的技术变革都引起企业间、产业间甚至国家间竞争格局的重大动荡和变化。而互联网革命一定程度上是由美国"信息高速公路"战略所催熟。20 世纪 90 年代,美国克林顿政府计划用 20 年时间,耗资 2000 亿～4000 亿美元,建设美国国家信息基础结构,创造了巨大的经济效益和社会效益。而今天,"智慧的地球"战略被不少美国人认为与当年的"信息高速公路"有许多相似之处,同样被他们认为是振兴经济、确立竞争优势的关键战略。该战略能否掀起如当年互联网革命一样的科技和经济浪潮,不仅为美国关注,更为世界所关注。

我国也已经推出多项国家政策及规划来推进物联网产业体系不断完善。《国务院关于推进物联网有序健康发展的指导意见》《物联网"十三五"发展规划》《关于物联网发展的十个专项行动计划》《中国制造 2025》《国务院关于积极推进"互联网＋"行动的指导意见》和《关于深化制造业与互联网融合发展的指导意见》等文件中多项政策持续出台，并提出"掌握物联网关键核心技术，基本形成安全可控、具有国际竞争力的物联网产业体系，成为推动经济社会智能化和可持续发展的重要力量"。在相关政策的支持下和发展热潮的推动下，我国物联网产业持续高速增长。根据中国经济信息社的数据，我国物联网产业规模从 2009 年的 1 700 亿元上升到 2017 年的 11 500 亿元，年复合增长率为 26.9%。

2017 年 1 月，工信部发布《信息通信行业发展规划物联网分册（2016－2020 年）》（以下简称"规划"），明确指出我国物联网加速进入"跨界融合、集成创新和规模化发展"的新阶段，提出强化产业生态布局、完善技术创新体系、完善标准体系、推进规模应用、完善公共服务体系、提升安全保障能力等六大重点任务，为我国未来 5 年物联网产业发展指明了方向。

2018 年 12 月，我国工信部发布《车联网（智能网联汽车）产业发展行动计划》，提出要分阶段实现车联网（智能网联汽车）产业高质量发展的目标。

2018 年 12 月，中央经济工作会议明确提出 2019 年要加快推行 5G 商用，加强工业互联网、物联网等新型基础设施建设。

3. 物联网的应用

物联网技术在物流、工业、家居、医疗、交通、金融以及安防等多方面都拥有了一定的应用实践。

在物流领域，物联网主要应用在运输监测、仓储管理和智能快递柜等方面。在运输监测中，通过车辆管理系统对运输的货车及货物进行实时、定位跟踪，监测货物的状态及温湿度情况，同时监测运输车辆的速度、胎压胎温、油量油耗、车速等情况，提高运输效率、降低货物损耗。在传统仓储管理中，需要人工进行货物扫描以及数据录入，工作效率低且容易出错。将物联网技术引入到传统仓储中，能提高货物进出效率、减少人工成本及错误率，并能实时掌控货物进出情况。实现大批量货物出入库的信息自动采集和校验，与后台数据同步更新。通过无线温湿度传感设备，实时监测仓库的温湿度变化情况。在货架上使用电子货架标签，动态显示货物信息。智能快递柜以物联网技术为依托，实现对物体的识别、存储、监控和管理等，与计算机服务器一起构成了智能快递投递系统。计算机服务端能够将智能快递终端采集到的信息数据进行处理，并实时在数据后台去更新，方便使用人员进行快递查询，调配快递以及快递终端维护等操作。快递员将快件存入智能快递柜后，智能系统就可以自动为用户发送短信，包括取件地址及验证码，用户可在 24 小时内随时取件，简便地完成取件业务。

在家居领域，物联网技术也有许多成熟的应用。比如智能音箱就爆红成为智能家居场景中最佳交互终端。与以往智能家居依靠手机、平板或面板的交互方式相比，智能音箱进一步解放了人们的双手，使智能音箱成为消费物联网中的一大爆品。各大厂商，尤其是互联网厂商对此非常积极，谷歌推出 Google Home、亚马逊推出 Echo、阿里推出天猫精灵、小米推出小爱音箱、百度推出小度音箱等。智能音箱从2017年开始爆发,2018年延续火爆态势,数据显示2018年第二季度全球智能音箱出货量已达到了1 680万台,同比增长187%,其中谷歌、亚马逊、阿里和小米四家的智能音箱占据全球85%以上的份额。智能音箱背后是语音助手和人工智能算法的训练,目前与家庭中大部分智能产品能够实现联动,通过智能音箱控制智能家居设备。

在医疗领域,生物传感器是物联网技术的重要应用。各种各样的生物传感器可以通过无线网络将医疗信息传输到移动和Web应用程序。通过这些传感器,医疗保健工作人员可以在院外调整患者治疗并监测健康状况。生物传感器还可以在日常生活中收集患者所有身体活动、睡眠和整体健康状况数据。例如,生物传感器可以监测血糖水平、血压、心率、氧气水平、脉搏、血液酒精水平等数据,如果这些指标有异常,会及时提醒医生等相关人员。一些设备记录的指标具有很高灵敏度和特异性,对健康管理非常有用,尤其是对于合并多种慢性疾病的老年患者。生物传感器能够实时跟踪患者健康数据,并为医生提供所有信息,从而避免疾病并发症并改善治疗。由于数据直接从患者身上读取并不断更新,因此所搜集的指标质量高于患者在就诊期间报告的指标,并且可以为专家提供特定情况下临床过程的真实情况。

在工业领域,全球约有60%的制造商使用联网设备产生的数据来分析流程并确定决策,他们不仅可以监控制造过程中的复杂流程,还可以实现这些流程的自动化。工业物联网占全球物联网支出的最大份额,工业物联网在制造业中有以下主要用途:设施管理,在制造装备中使用物联网传感器可实现基于状态的维护警报,有许多关键机床需要在特定温度和振动范围内运行,物联网传感器可以主动监控机器并在设备偏离其规定参数时发出警报,通过确保机器的规定工作环境,制造商可以节约能源、降低成本、消除机器停机时间并提高运营效率。生产流程监控,制造流程中的物联网可以实现从精炼过程到最终产品包装的全面生产线监控,可以识别生产滞后,并消除了废物和不必要的制品库存。工厂安全和保障,物联网结合大数据分析可以提高工厂员工的整体安全保障系数,通过监控健康和安全的关键绩效指标,包括受伤和疾病发生率、未遂事件、偶尔和长期缺勤、车辆事故以及日常运营中的财产损坏或丢失,因此有效监控确保了更好的安全性,滞后指标可以得到解决。质量控制,物联网传感器从产品周期的各个阶段收集汇总产品数据和其他第三方数据,该数据涉及所用原料的组成、温度和工作环境、废物、运输等对最终产品的影响。此外,如果在最终产品中使用,物联网设备可以提供有关客户的产品使用体验数据,所有这些客户的使用数据稍后都可以进行分析,以识别和纠正产品质量问题。物流和供应链优化,工业物联网可以通过跟踪材料、设备和产品在供应链中的移动,来提供对实时供应链信息的访问。有效的报告使制造商能够收集交付信息并将其输入ERP、PLM和其他系统。通过将工厂与供应商连接起来,与供应链相关的所有各方都可以追踪相互依赖性、材料流动和制造周期时间。这些数据将有助于制造商预测问题,减少库存和资本需求。

12.2.6 区块链技术

1. 区块链概述

区块链本质上是一个对等网络的分布式账本数据库,由许多对等节点组成,通过共识算法保证数据和交易数据的一致性。一个完整的区块链系统是按照时间顺序将数据区块连接起来的一种链式数据结构,利用哈希算法验证数据的完整性与真实性,共识机制对数据进行一致性验证建立节点之间的信任,自动化脚本代码组成的智能合约为区块链提供一种全新的分布式基础架构和计算范式。区块链技术的底层网络模型提供了分布式数据存储方式保证网络模型的稳定性和高效性,利用密码学技术进行数字签名,对账户信息进行高度加密,保证数据传输和访问的安全性,非集中的存储方取代第三方中介机构对交易的安全和用户的信任提供技术支持。在区块链系统中,参与主体交易产生的数据被打包成一个数据区块,数据区块按照时间顺序排列形成数据区块的链条,所有节点共同参与区块链系统的数据验证、存储和维护。

2. 区块链技术相关来源

(1) 非对称加密算法

由对称加密算法演变而来,交易双方拥有一对公钥和私钥,公钥用于加密,私钥用于解密。公钥是公开信息,私钥具有唯一性和私密性,需要自行妥善保管,丢失后无法寻回。非对称加密算法主要用于区块链中交易双方在信息传递过程中对信息进行加密,以加强信息传递的安全性和保密性。

(2) 哈希算法和 Merkle 树

Merkle 树是一种哈希二叉树,作为一种用作快速归纳和验证复杂有规律数据完整性的数据表示方式。这种二叉树包含加密哈希值。在区块链中的每个区块都包含了产生于该区块的所有交易,且以 Merkle 树表示。在比特币网络中,Merkle 树被用来层层整合一个区块产生的交易记录,生成健康的 Merkle 树需要递归地对哈希节点运行哈希算法使其哈希化,并将即时更新的交易记录记录到 Merkle 树中,直到只剩一个哈希节点,该节点就是 Merkle 根。

(3) 共识机制与拜占庭将军问题

拜占庭将军问题是 Lesile Lamport 于 1982 年提出的一个共识问题,也是一个典型的分布式节点传输所碰到的问题。区块链的网络事实上就是一个由点对点传输所连接起来的共享账本,其结构类似于分布式数据库,但比一般的分布式数据库更为分散。在网络上每一个参与者的计算机上都有一份总账的备份,所有备份都在实时、持续地更新、同步。但是谁在总账里拥有更新的权力,每个节点都会更新对自己有利的信息,哪一个才是大家应该去信任的?这个问题与拜占庭将军问题如出一辙。

当前成熟的共识机制有工作量证明机制(PoW)、权益证明机制(PoS)、权益授权共识算法(DPoS)。工作量证明机制实质是为信息传递加入成本,从而降低信息传递的速率,并加入一个随机元素以保证一个时间段内只有一个节点可以有权进行信息广播。这个随机元素就是让节点去计算一个随机哈希算法。PoS 传达的理念是区块链应该由权益持有人进行保障,因为它们是利益攸关方。这里引入一个币天数的概念,它代表一个特定的币距离最后一次在网络上交易的时间长度。在给定的时间点只存在有限的币天数,它们在长期持有大量特定币种结余的人手中持续增加。所以币天数可以视作网络权益的代表。每当这些币有交易时,币天数即被销毁,因此不能重复使用。币天数是权益证明机制中的代表参数,广播的每一笔交易包含了最新区块的哈希值,成功获得区块记账权力的矿工拥有该交易最多的币天数。权益授权证明机制是指通过引入"受托人"这个角色来降低中心化所带来的负面影响。一共有 101 位受托人通过区块链网络上的每个节点投票产生,受托人负责签署(生产)区块。受托人必须保证足够的在线时间,同时部分交易费用将作为报酬支付给受托人节点以补偿它们在签署区块过程中消耗的各种成本。此外受托人还会不断更新,全网节点有权将它们不满意的受托人投出去,重新投票产生新的受托人。

(4) 时间戳技术

时间戳是为了解决比特币网络动态调整难度的过程中,区块链必须知道时间的问题而纳入底层技术。比特币区块链需要矿工在每个块里提交时间,如果一个区块的时间戳早于前 7 个块的时间戳的中位数,或者在当前节点内部时钟的当前时间 2 小时之后,节点就会拒绝这一区块。

(5) 分布式存储

分布式存储系统是大量普通 PC 服务器通过 Internet 互联,对外作为一个整体提供存储服务。分布式存储分类依据分布式存储面临的数据需求(非结构化数据、结构化数据、半结构化数据),可以分为分布式文件系统、分布式数据库、分布式键值系统和表格系统。

(6) 智能合约

这个术语至少可以追溯到 1995 年,是由多产的跨领域法律学者 Nick Szabo 提出,它的定义是:"一份智能合约是一套运用计算机语言命令的自动契约,涵盖合约参与各方在内,大家均能够自主执行合同里的内容,并获得权益。"随着计算机技术和区块链技术的应用,智能合约具备安全的操作场景和硬件、软件支撑,它在实际应用中变成了一段代码(多层嵌套的 End If 语句),被部署在可分享的、复制的账本上。它可以作为交易的参与方,控制自己的资产和对接收到的外界信息进行自动的回应。

3. 区块链技术的应用

区块链技术可以应用在物流信息追溯领域,该应用是一种去中心化的分布式数据存储技术,所有数据信息都会存储在多个节点或全部节点中,保证交易数据的真实性和透明化,防止交易数据被篡改,自然地建立起安全无中心的信用体系。线下各个节点包括车辆、场站、货源等零散物流资源结合无车承运人的模式,实质是众包模式在物流行业的衍生,区块链物流信息追溯机制是基于 P2P 技术的点对点传输网络,相互之间的沟通不依赖中央控制节点,而是两方自动生成交易信息,然后向全网进行广播实现交易。有效地解决了物流行业资源零散、信息沟通不对称的问题,实现交易的点对点化不依赖于中介平台提供的中心化服务。此外哈希函数、非对称加密算法、Merkle 树能够保证线下的车辆、场站、货源等物流信息在线上实现自动化、安全、保密地进行传输,为基于区块链技术的物流信息追溯平台的信息传输提供了效率和安全保障。

2019 年 3 月 30 日,国家互联网信息办公室公布了第一批区块链信息服务名称和备案号,京东区块链 BaaS 平台和京东区块链防伪可追溯通用平台列入名单。4 月 9 日,京东发布了《京东区块链技术实践白皮书(2019)》,总结了京东区块链在五大应用场景中的技术实践,并介绍了一系列登录案例。同时,白皮书还介绍了京东区块链的技术优势、系统架构和未来规划。

区块链技术可以使得食品和药品等产品的质量可追溯,提高产品的安全性。据不完全统计,受全球假冒伪劣商品影响的市场规模高达 3 000 亿美元。其中,食品药品安全事件频繁发生,由此引发的信任危机一直受到社会的高度关注。如何通过技术手段解决食品安全问题,一直是政府和企业关注的焦点。基于区块链技术的分散化、共识机制、不可篡改和信息可追溯性,京东区块链防伪可追溯平台推出了消费产品解决方案和制药行业解决方案。截至 2019 年 2 月,该平台已累计超过 700 个品牌和超过 50 000 个 SKU。品牌名称包括雀巢、惠氏、洋河和伊利等。该平台拥有超过 280 万的售后用户访问权限,拥有高达 13 亿的在线数据。产品范围包括食品、酒精、奶粉、日用品和医疗用品,为安全可靠的消费者体验和医疗服务做出贡献。

区块链防伪使得产品追溯成为现实,通过扫描产品容器的二维码,就可以查看产品生产和运输的全过程。例如,澳大利亚主要的肉类产品出口商安格斯与京东区块链防伪平台进行了深入合作,通过扫描包裹上的二维码,让国内消费者了解牛的出生、生长、检疫和牛群。在此期间,所有信息,如屠宰、加工和运输,都将自动记录在每个环节。每个环节都不能人为改变,每个环节都可以向消费者宣传,这样每块牛肉都是安全可靠的。

同时,京东区块链防伪可追溯技术也应用于精准扶贫领域。京东在全国贫困县的"跑鸡""优水鸭"和"飞鸽"项目传承了脚步。物联网设备与视频可追溯性技术相结合,可收集家禽体育数据、饲料、饮用水、驱虫和其他信息,并将其记录在区块链网络中。消费者可以了解所购农产品的育种过程。诸如不断增长的环境等图形信息在改善消费者体验的同时,也增加了贫困地区农民的收入。

本章小结

物流运输信息技术是现代信息技术在物流运输各个作业环节中的综合应用,是现代运输区别传统运输的根本标志,也是物流运输技术中发展最快的领域。

现代物流可以高效地实现物品的时间和空间价值,运输子系统的优化是整个物流系统优化的基础和关键。物流运输是物流活动中极为重要的一环,如何使得运输效率得到提高,是物流研究的重点之一。现代科学技术系统论、运筹学等许多边缘学科的发展,特别是信息技术的发展,提供了很多实用技术,极大地促进了物流运输的发展。人们广泛地应用最新的作业技术和信息技术,来促进物流运输的发展。

复习与思考

1. 什么是物流结点?它的主要功能有哪些?
2. 简述 RFID 技术原理。
3. RFID 系统可以分成哪几种类型?
4. 分析 GIS 的主要功能及作用。
5. 简述 GPS 的应用。

6. 什么是 ITS？它主要应用在哪些领域？
7. 物联网技术和区块链技术各有哪些应用？

在线自测

案例分析

中国"沃尔玛"RFID 之路

很多人还在犹豫 RFID 是否可行时，上海百联集团下属的现代物流已经成为第一个勇敢的"吃螃蟹"者，而且效益初现。尽管还面临着困惑与困难，但其 RFID 之路无疑将越走越宽。

1. 洗涤剂成应用先锋

上海百联集团是一个特大型的商贸流通集团，旗下拥有百货、超市、购物中心和物流等多种业态，包括中国最大的零售连锁企业联华超市，主营业务年营业额超过 500 亿元。上海百联集团下属的上海现代物流是典型的第三方物流企业——尽管也做百联内部的物流工作，但其主要客户还是集团外部的合资或者独资制造型企业。

在其众多的客户中，和黄白猫有限公司最与众不同，因为其生产的"漂水"洗涤剂类产品成为公司最先享受到 RFID 技术便利快捷服务的货品。从生产商和黄白猫出库的"漂水"产品运送到现代物流以后，放置在贴有 RFID 标签的托盘上，再通过运货叉车送入仓库。叉车经过设置在仓库门边的 RFID 读取装置时，系统自动将产品的货号、名称和数量等入库信息采集并保存下来，并与仓库管理系统实现对接。

在采用 RFID 技术以前，"漂水"产品需要通过专用的 RF 设备由人工扫描，现代物流每天有 6 万～7 万箱的进出量，劳动强度高，效率低，速度也很慢。采用 RFID 技术以后，由于自动化程度的提高，识读准确率和效率也明显提升，仓库工人从 36 人降低到了 27 人，仅这一项，三年节省的人工成本就将近百万元。尽管因为成本原因，在每一件产品上贴 RFID 标签目前这一阶段还不能实现，现代物流还是将 40 箱产品作为一个单位，实现了托盘级的 RFID 入库系统。和黄白猫有限公司生产的"漂水"洗涤剂类产品成为公司最先享受到 RFID 技术便利快捷服务的货品。

现代物流使用的是北京维深电子公司设计的 UHF 有源标签，尽管每个成本在 10 元以上，但由于可以重复使用，成本并不是想象中那么可怕。尽管如此，作为整个项目的发起人和组织者，英特尔公司代表黄一周透露，这一项目的投资总额也将近百万元。项目合作的最初目标类似于宝洁公司日化用品到沃尔玛配送中心的流程。上海现代物流的 RFID 项目目前已经做到了从产品下线开始，一直管控到配送中心月台发货，而试点项目的成功也让现代物流有了更多的想法，下一步将尝试延伸到零售门店，提供全程基于 RFID 技术的供应链管理服务。

其实对于现代物流这样的第三方物流企业来讲，盘点问题是最重要也是最挠头的。受技术和成本的限制，目前还做不到通过 RFID 技术实现仓库的自动盘点，但在项目实施过程中，上海现代物流也有了意外的收获——以 RFID 托盘租赁为代表的服务外包。第三方物流的托盘是一种重要的物流设备，贴上智能 RFID 标签的托盘变成了一种公共信息平台。通过 RFID 托盘的租赁物流企业本身就能有收益，因为 RFID 技术提高了供货和收货的效率，物流公司上下游的企业对此都感兴趣，物流企业也借此提高了自身的市场竞争能力。

2. RFID 要让供应链各方获益

百联的目标是做中国最大的综合型流通产业集团，由于其主营业务是连锁零售，很容易让人将其定位成中国的"沃尔玛"。

事实也确实如此。由于百联旗下企业业态的多样性，其更有可能整合供应链上的各个环节。从生产、转运、销售各个环节上来看，从生产商到物流商，再到超市或者卖场，就像一个完整的供应链链条。现代物流的目标是做物流集成商，将所有功能压入整个一体化供应链中。而在各个环节取得的经验也有助于上海百联集团对全面引入 RFID 技术、优化供应链做出评估参考。

RFID 要能做到供应链利益的最大化，让供应链各方都能有所收益，这项技术才能得到真正的推广。但从实践来看，难点也在于此。由于"沃尔玛"们的强势，并非供应链上所有的"链条"都能平等受益。

从技术的角度看，RFID 实现了基本信息的数据化，是下一步对数据进行深加工的基础。而其真正威力的发挥将是全程介入供应链管理和服务，无论对于企业还是技术实施商来讲，对企业业务流程的改变甚至重新设计则是很大的挑战。

应该看到，仅前期建设而言，一个 RFID 项目在硬件、软件和信息系统的投资就在上百万元，风险依然很大。尽管正确实施的 RFID 项目能够提高企业的竞争力，但大多数相关企业还是处于观望阶段，这既有 RFID 技术稳定性、标签价格、标准等原因，更重要的是目前国内还缺乏很成熟的方案，这也是用户不敢贸然采纳的重要原因。

案例来源：中国物流与采购网，http://www.chinawuliu.com.cn/.

思考题：
1. 根据案例，分析上海百联集团下属的现代物流实行 RFID 存在哪些困难？
2. RFID 可以使哪几方获益？

第 13 章 物流运输保险与合同

本章关键词

运输保险(transportation insurance)
海洋运输货物保险(ocean marine insurance)
陆上运输货物保险(overland transportation cargo insurance)
航空运输货物保险(air transportation cargo insurance)
运输合同(transportation contract)

互联网资料

http://www.chinawuliu.com.cn/
http://cscmp.org/
http://www.jctrans.com/

> 物流保险对于中国保险市场来说是一种新兴险种。近代保险制度始于 14—16 世纪的国际贸易活动,从此物流保险便开始了其长达几个世纪的发展历史。海上运输保险和火灾,是第三方物流保险在运输和仓储环节的最初起源。时至今日,以美国和日本的物流业发展的最为健全,而物流保险在其中的作用也是不言而喻的。在我国,现代物流业刚刚起步,物流保险在实践中还存在诸多缺陷,目前的物流保险因为不"保险"而不十分受物流企业的欢迎。国内外市场的巨大反差,预示着物流保险的发展在我国现行市场环境下还存在很多问题。

13.1 物流运输保险

13.1.1 运输保险概述

1. 运输保险的概念及分类

运输保险(transportation insurance)是承保各种交通运输工具及所承运的货物在保险期间因各种灾害事故造成的意外损失。运输保险通常分为两大部分:运输货物保险、运输工具保险。运输货物保险包含了海洋运输货物保险、陆上运输货物保险和航空运输货物保险;运输工具保险包含了机动车辆保险、船舶保险、航空保险。运输保险的业务体系如图 13.1 所示。

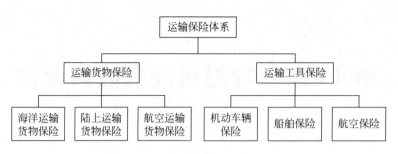

图 13.1 运输保险业务体系

2. 运输保险的基本特征

运输保险的最大特征是保险标的处于运行状态,这一特征决定了运输保险的危险结构也是动态的和广泛而复杂的,包括陆地上的各种危险、内河及海洋中的各种危险以及各种空中危险。

运输保险的第二个特征是保险标的的出险地点多在异地,从而相对增加了保险人的理赔难度。如飞机出事往往远离机场或在异地机场,船舶碰撞多发生在异地水域,货物出险更是多发生在运输途中。运输保险的第三个特征是意外事故的发生通常与保险双方之外的第三方有密切关系,如车辆、船舶受损大多是碰撞事故所致,碰撞方或被碰撞方即构成了保险双方之外的第三方;运输中的货物更是直接控制在承运人的手上,其在运输中遭受的损失大多与保险双方之外的承运人密切相关。

13.1.2 货物运输保险

1. 海洋运输货物保险

1) 责任范围

我国现行的海洋运输货物条款其责任范围(scope of cover)包括以下几点:

(1) 平安险。平安险(Free from Particular Average,FPA)承保以下 8 项责任:

① 被保险货物在运输途中由于恶劣气候、雷电、海啸、地震、洪水等自然灾害造成整批货物的全部损失或推定全损。

这一项责任是指在平安险项下保险人承担由于列明的海上自然灾害造成的保险货物的全部损失(包括推定全损);也就是说,如果列明的自然灾害造成的损失是部分损失,保险公司在平安险项下不承担赔偿责任。

② 由于运输工具遭受搁浅、触礁、沉没、互撞、与流冰或其他物体碰撞以及失火、爆炸意外事故造成货物的全部或部分损失。

这一项责任是指在平安险项下保险人承担运输工具在海上载货运输过程中发生由于列明的海上意外事故造成船上货物的全部损失和部分损失,以及在海上运输途中船上发生的失火、爆炸造成货物的全部或部分损失。

③ 在运输工具已经发生搁浅、触礁、沉没、焚毁意外事故的情况下,货物在此前后又在海上遭受恶劣气候、雷电、海啸等自然灾害所造成的全部或部分损失。

这一项责任是指在平安险项下，保险人在有限制条件的情况下，也承担由于列明的海上自然灾害造成货物的部分损失，这个限制条件就是船舶在海上航行途中发生了保单上列明的海上意外事故。

④ 在装卸或转运时由于一件或数件整件货物落海造成的全部或部分损失。这一项责任是指平安险项下，保险人承担货物在装卸或转运时由于吊索造成的损失，即吊索损害。

⑤ 被保险人对遭受承保责任范围内危险的货物采取抢救，防止或减少货损措施而支付的合理费用，但以不超过该批被救货物的保险金额为限。

这一项责任是指保险人在平安险项下，承担被保险人或其代理人、受雇用人为减少保险标的的损失而合理支出的施救费用。

⑥ 运输工具遭遇海难后，在避难港由于卸货所引起的损失，以及在中途港、避难港，由于卸货、存仓以及运送货物所产生的特别费用。

这一项责任是指保险人在平安险项下承担货物在避难港卸货引起的直接损失。如由于卸货引起的吊索损害，由于卸货引起的一系列损失及特别费用损失。在这一项责任下保险人承担的责任很大，但它的前提是载货船舶遇难了。

⑦ 共同海损的牺牲，分摊和救助费用这一项责任是指保险人在平安险项下，不但承担遭受共同海损牺牲的货物损失的赔偿责任，还承担货主分摊的共同海损分摊以及救助费用损失。

⑧ 运输契约订有"船舶互撞责任"条款，根据该条款的规定应由货方偿还船方的损失。

这一项承保责任的解释，请参阅协会货物条款中的"船舶互撞责任"条款的解释。

(2) 水渍险。水渍险(With Particular Average, WPA)的承保责任范围包括以下两项：

① 平安险承保的全部责任水渍险均给予承担；

② 被保险货物由于恶劣气候、雷电、海啸、地震、洪水自然灾害所造成的部分损失。

这一项责任是指在水渍险项下保险人承担单纯由于保单上列明的海上自然灾害所造成的货物的部分损失。

(3) 一切险。一切险(All Risks)的承保责任范围包括以下两项：

① 水渍险承保的全部责任一切险均给予承保；

② 一切险负责被保险货物在运输途中由于外来风险所致的全部或部分损失。

包括在一切险中的"外来风险"是指除了海上自然灾害和意外事故以外的外来风险。按照国际海上保险惯例，外来风险主要有下述11种风险：

- 偷窃、提货不着险(Theft Pilferage and Non-delivery，简称 T. P. N. D.)。这一险别主要承保在保险有效期内，被保险货物被偷走或被窃取，以及货物抵达目的地后整件未交的损失。"偷"(theft)一般是指货物整件被偷走；"窃"(pilferage)一般是指货物中的一部分被窃取，偷窃不包括使用暴力手段的公开劫夺。提货不着(non-delivery)是指货物的全部或整体未能在目的地交付给收货人。

投保这一附加险时，为了便于确定责任，保险公司通过海关检验条款和码头检验条款来限制对这一附加险承担的期限。对于偷窃损失,被保险人必须在及时提货后 10 天之内申请检验;对于整件提货不着,被保险人必须向责任方、海关或有关当局取得证明,方可取得保险公司的损失赔偿。

- 淡水雨淋险(Fresh Water or Rain Damage,简称 FWRD)。这一险别承保货物在运输途中由于淡水或雨淋所造成的损失。海上货运保险中的淡水包括船上淡水舱、水管漏水和舱汗等。淡水是与海水相对而言的,由于平安险和水渍险只对海水所致的各种损失负赔偿责任,因此,淡水雨淋险是扩展平安险和水渍险责任的附加险别。
- 短量险(Risk of Shortage)。这一险别承保货物在运输过程中因外包装破裂、破口、扯缝造成货物数量短缺或重量短少的损失。散装货物投保这一险别时,通常均以装船重量和卸船重量作为计算货物短少的依据(但不包括正常的途耗)。
- 混杂、玷污险(Risk of Intermixture and Contamination)。这一险别承保被保险货物在运输途中,因混进杂质或被污染所引起的损失,如矿砂、矿石混进泥土,或棉布、服装、纸张被油类或带色的物质污染等。在这一险别下,上述混杂、玷污损失均由保险人负赔偿责任。
- 渗漏险(Risk of Leakage)。这一险别主要承保流质、半流质、油类等货物,由于容器损坏而引起的渗漏损失;或因液体外流而引起的用液体浸泡的货物(如湿肠衣、酱菜等)的变质、腐烂所致的损失。
- 碰损、破碎险(Risk of Clash and Breakage)。这一险别承保货物在运输过程中,因振动、碰撞、受压造成的碰损和破碎损失。其中碰损主要是指金属和金属制品的货物,如机器、搪瓷或木家具等,在运输过程中因振动、受压、碰击等原因造成货物本身凹瘪、脱瓷。破碎主要是指易碎货物如玻璃、玻璃制品、陶瓷等,在运输过程中因受震动、挤压、撞击等外来原因造成货物的破碎。

被保险货物在运输途中因遭遇保单承保的自然灾害或意外事故而造成的碰损、破碎损失,已经包括在平安险和水渍险的责任范围之内了。破损、破碎险是扩展承保由于一般外来原因所造成的货物的碰损、破碎损失。

- 串味险(Risk of Odor)。这一险别承保货物在运输过程中,因受其他带异味货物的影响而造成的串味损失。例如,食品、饮料、香料、中药材等在运输过程中与樟脑堆放在一起,樟脑味串及上述货物而造成的损失。需要注意的是这种串味损失如果是同载运船承运人的配载不当直接有关,则船方应负赔偿责任,保险公司应向其追偿。
- 钩损险(Hook Damage)。这一险别承保袋装、捆装货物在装卸或搬运过程中,由于装卸或搬运员操作不当,使用吊钩将货物的包装钩坏而造成的损失。
- 受潮受热险(Damage Caused by Sweating and Heating)。这一险别承保货物在运输过程中,由于气温突然变化或船上通风设备失灵,使船舱内的水蒸气凝结而引起货物受潮或由于温度增高使货物发生变质的损失。
- 包装破裂险(Breakage of Packing)。这一险别承保货物在运输过程中,因包装破裂造成货物的短少、沾污等损失。此外,对于在运输过程中,为了续运安全需要而产生的修补包装、调换包装所支付的费用,也予负责。由于包装破裂造成的货物损失可从其他附加险的承保责任中得到补偿,因此,这一险别主要是补偿由于修补或调换包装而造成的损失。
- 锈损险(Risk of Rust)。这一险别承保金属或金属制品类的货物,在运输过程中因生锈造成的损失。由于裸装的金属板、块、条、管等货物在运输过程难免都会发生锈损,这是由货物本身的特性决定的,因而保险公司对此类货物一般不愿承保。保险公司一般只对包装货物承保这一险别,由于货物的包装不良或包装破裂引起生锈造成的损失,保险公司给予赔偿。

以上11种一般附加险可供投保人在投保平安险或水渍险时选择加保。

2) 保险期限

保险期限(commencement and termination of cover)是指保险人承担责任的起讫时限。由于海运货物保险是对特定航程中货物的保险,因此海运货物的保险期限一般没有固定的、具体的起讫日期。根据国际保险市场的惯例,我国海运货物基本险的保险期限由仓至仓条款、扩展责任条款和航程终止条款构成。

(1) 仓至仓条款。在正常运输情况下,保险责任期限采用仓至仓条款。它的基本内容是:保险人对被保险货物所承担的保险责任,是从货物运离保险单所载明的起运地发货人仓库或储存处所开始运输时生效,包括正常运输过程中的海上、陆上、内河和驳船运输在内,直至该项货物运到保险单所载明的目的港(地)收货人的最后仓库或储存处所,或被保险人用作分配、分派或非正常运输的其他储存处所,则以被保险货物在最后的卸载港全部卸离海轮后满60天为止。如在上述60天内将被保险货物转运到非保险单所载明的目的地时,则于货物开始转运时终止。

(2) 扩展责任条款。在海上运输过程中,如果出现被保险人所不能控制的意外情况,保险期间将按下列规定办理:当出现由于被保险人无法控制的运输延迟、绕道、被迫卸货、重新装载、转载或承运人运用运输契约赋予的权限作任何航海上的变更时,在被保险人及时将获知的情况通知保险人并加交保险费情况下,保险人可继续承担责任。

(3) 航程终止条款。在被保险人无法控制的情况下,保险货物如在运抵保险单载明的目的港(地)之前,运输契约在非保单载明的其他港口或地方终止时,在被保险人立即通知保险人并在必要时加缴一定保险费的条件下,保险继续有效,直到货物在这个卸载港口或地方售出并交货时为止。但是,最长时间不能超过货物在卸载港全部卸离海轮后满60天。这两种情况保险期限的终止,应以先发生者为准。

2. 陆上运输货物保险

陆上运输货物保险(Overland Transportation Cargo Insurance)是指以火车、汽车等陆上运输工具为载体而进行的货物运输的保险。

在我国,不论是使用火车还是汽车运输货物的保险,均采用相同的险别和条款,而按国际惯例使用火车和汽车运输货物的保险采用不同的险别和条款。

根据1981年1月1日修订的中国人民保险公司陆上运输货物保险条款,陆运货物保险的基本险有"陆运险"(Overland Transportation Risks)和"陆运一切险"(Overland Transportation All Risks)两种。此外,为适应冷藏运输货物的需要而专设的"陆上运输冷藏货物保险"(Overland Transportation Cargo Insurance Frozen Products),也具有基本险的性质。在附加险方面,陆运货物的附加险有"陆上运输货物战争险"(Overland Transportation Cargo War Risks—By Train)。现将以上几种险别简单介绍如下:

1) 陆运险与陆运一切险

(1) 陆运险与陆运一切险的责任范围。陆运险的承保责任范围与海洋运输货物保险条款中的"水渍险"相似。保险公司负责赔偿被保险货物在运输途中遭受暴风、雷电、洪水、地震等自然灾害;或由于运输工具遭受碰撞、倾覆、出轨;或在驳运过程中,因驳运工具遭受搁浅、触礁、沉没、碰撞;或由于遭受隧道坍塌、崖崩;或由于失火、爆炸等意外事故所造成的全部或部分损失。此外,被保险人对遭受承保责任内危险的货物,采取抢救、防止或减少货损的措施而支付的合理费用,保险公司也负责赔偿,但以不超过该批被救货物的保险金额为限。

陆运一切险的承保责任范围与海上运输货物保险条款中的"一切险"相似。保险公司除承担上述陆运险的赔偿责任外,还负责被保险货物在运输途中,由于一般外来原因所造成的全部或部分损失。陆运险与陆运一切险的除外责任,与海洋运输货物险的除外责任基本相同。

(2) 陆运险与陆运一切险的责任起讫。陆上运输货物险的责任起讫,也采用"仓至仓"责任条款。保险人责任自被保险货物运离保险单所载明的起运地仓库或储存处所开始,包括正常运输过程中的陆上和与其有关的水上驳运在内,直至该项货物运达保险单所载目的地收货人的最后仓库或储存处所或被保险人用作分配、分派的其他储存处所为止。如未运抵上述仓库或储存处所,则以被保险货物运抵最后卸载的车站满 60 天为止。陆上运输货物险的索赔时效为从被保险货物在最后目的地车站全部卸离车辆后起算,最多不超过两年。

(3) 陆运货物保险同海运货物保险的区别。陆运货物保险的两种基本险(陆运险和陆运一切险)与海运货物的基本险有以下不同:

① 在陆运货物保险的承保风险中,不包括流冰、海啸等海上运输中的自然灾害,而增加了倾覆、出轨、隧道坍塌、崖崩等陆上运输中所特有的意外事故。

② 在陆运货物保险的承保风险中,没有共同海损牺牲、分摊以及救助费用等海上损失和费用。

③ 在陆运货物保险中,凡属承保范围内的损失,不论起因于自然灾害,还是意外事故,也不论损失的程度是全部,还是部分,保险人一般都予赔偿,因此,在陆运货物保险中不存在海运货物保险中的"单独海损不赔"的问题。也因为这个原因,陆运货物保险的基本险只有陆运险和陆运一切险,前者相当于海运货物保险中的水渍险,后者相当于海运货物保险中的一切险,而没有与海运货物保险中的平安险相当的险别。

④ 虽然陆运货物保险的责任起讫期间也采用"仓至仓"的原则,但规定如果货物在运达目的地后不卸离运输工具,或不及时运往收货人仓库储存处所,则保险期限规定为到达卸载站后满 60 天终止。

2）陆上运输冷藏货物险

陆上运输冷藏货物险（Overland Transportation Insurance "Frozen Products"），是陆上运输货物险中的一种专门保险。其主要责任范围除负责陆运险所列举的自然灾害和意外事故所造成的全部或部分损失外，还负责赔偿由于冷藏机器或隔温设备在运输途中损坏所造成的被保险货物解冻溶化而腐败的损失。但对于因战争、工人罢工或运输延迟而造成的被保险货物的腐败或损失，以及被保险冷藏货物在保险责任开始时未能保持良好状况，整理、包扎不妥或冷冻不合规格所造成的损失除外。一般的除外责任条款也适用本险别。陆上运输冷藏货物险的责任，自被保险货物运离保险单所载起运地点的冷藏仓库，装入运输工具开始运输时生效，包括正常陆运和与其有关的水上驳运在内，直至货物到达目的地收货人仓库为止。但是，最长保险责任的有效期限，以被保险货物到达目的地车站后 10 天为限。（中国人民保险公司的该项保险条款还规定：装货的任何运输工具，都必须有相应的冷藏设备或隔离温度的设备；或供应和储存足够的冰块使车厢内始终保持适当的温度，保证被保险冷藏货物不致因融化而腐败，直至目的地收货人仓库为止。）

3）陆上运输货物战争险

陆上运输货物战争险（Overland Transportation Cargo War Risks），是陆上运输货物险的一种附加险，只有在投保了陆运险或陆运一切险的基础上，经过投保人与保险公司协商方可加保。这种陆运战争险，国外私营保险公司大都是不保的，中国人民保险公司为适应外贸业务需要，接受加保，但目前仅限于火车运输，若使用汽车运输则不能加保。加保陆上运输货物战争险须另增加支付保险费。加保陆上运输货物战争险后，保险公司负责赔偿在火车运输途中，由于战争、类似战争的行为和敌对行为、武装冲突所致的损失，以及各种常规武器，包括地雷、炸弹所致的损失。但是，由于敌对行为使用原子弹或热核武器所致的损失和费用，以及根据执政者、当权者或其他武装集团的扣押、拘留引起的承保运程的丧失和挫折而造成的损失除外。

陆上运输货物战争险的责任起讫与海运战争险相似，以货物置于运输工具时为限，即自被保险货物装上保险单所载起运地的火车时开始，到卸离保险单所载目的地火车时为止。如果被保险货物不卸离火车，则从火车到达目的地的当日午夜起计算，满 48 小时为止；如在运输中途转车，不论货物在当地卸载与否，保险责任从火车到达该中途站的当日午夜起计算满 10 天为止。如货物在此期限内重新装车续运，仍恢复有效。但须指出，如运输契约在保险单所载目的地以外的地点终止时，该地即视作本保险单所载目的地，在货物卸离该地火车时为止，如不卸离火车，则保险责任以火车到达该地当日午夜起计算满 48 小时为止。

同海洋运输货物保险一样，陆上运输货物可以在投保战争险的基础上加保罢工险，加保罢工险不另收费。但如单独要求加保罢工险，则按战争险费率收费。陆上运输罢工险的承保责任范围与海洋运输货物罢工险的责任范围相同。

3. 航空运输货物保险

航空运输货物保险是以飞机为运输工具的货物运输保险。近年来，随着航空货运的发展，航空运输货物保险业务也在迅速发展。不过，由于航空运输货物保险业务发展的历史不长，航空运输货物保险迄今还没有发展成为一个完整的体系。

1) 协会货物条款(航空)

在英国,伦敦保险人协会在1965年制定了有关航空运输货物的保险条款。现行协会航空货物保险条款是1982年1月1日修订的,包括以下三种:

(1) 协会货物条款(航空)(邮件除外)[Institute Cargo Clauses(Air)-excluding sending by Post];

(2) 协会战争险条款(航空货物)(邮件除外)[Institute War Clause(Air Cargo)-excluding sending by Post];

(3) 协会罢工险条款(航空货物)[Institute Strikes Clauses(Air Cargo)]。

在这些条款中均标明:"本条款仅供新的海上保险单格式使用。"这意味着航空运输货物保险没有专用的保险单格式,航空货物保险条款必须与海上保险单格式联用。在实际业务中,对空运货物保险条款有关术语的解释,也常常参照英国海上保险法的规定。

2) 我国航空运输货物保险条款

为了适应我国对外贸易发展的需要,中国人民保险公司也接受办理航空运输货物的保险业务,并制订有"航空运输险"和"航空运输一切险"两种基本险条款以及"航空运输货物战争险"的附加条款。兹将上述条款简述于后:

(1) 航空运输险和航空运输一切险,包括以下两方面内容:

① 航空运输险(Air Transportation Risks)与航空运输一切险(Air Transportation All Risks)的责任范围。

航空运输险的承保责任范围与海洋运输货物保险条款中的"水渍险"大致相同。保险公司负责赔偿被保险货物在运输途中遭受雷电、火灾、爆炸,或由于飞机遭受恶劣气候,或其他危难事故而被抛弃,或由于飞机遭受碰撞、倾覆、坠落或失踪等自然灾害和意外事故所造成的全部或部分损失。

航空运输一切险的承保责任范围,除包括上述航空运输险的全部责任外,保险公司还负责赔偿被保险货物由于被偷窃、短少等一般外来原因所造成的全部或部分损失。

航空运输险和航空运输一切险的除外责任与海洋运输货物险的除外责任基本相同。

② 航空运输险和航空运输一切险的责任起讫。航空运输货物险的两种基本险的保险责任也采用"仓至仓"条款,但与海洋运输险的"仓至仓"责任条款不同的是:如货物运达保险单所载明目的地而未运抵保险单所载明的收货人仓库或储存处所,则保险人的责任以被保险货物在最后卸载地卸离飞机后满30天为止。如在上述30天内,被保险货物需要转送到非保险单所载明的目的地时,则以该项货物开始转运时终止。

从以上内容中可以看出,空运货物保险的两种基本险(航空运输险和航空运输一切险)与海运货物保险的基本险有下列不同:

- 在空运货物保险的承保风险中,不包括流水、海啸、地震、洪水等自然灾害和运输工具搁浅、触礁、沉没、与流冰相撞等意外事故,以及共同海损牺牲、分摊和救助以及互有责任碰撞等,但增加了飞机倾覆、坠落或失踪等风险;
- 空运货物保险只有航空运输险和航空运输一切险,亦即只有相当于海运货物保险中的水渍险和一切险,而无相应于海运货物保险中的平安险的险别;

- 空运货物保险的责任期限虽然也采用"仓至仓"的原则,但对货物在运达目的地后的终止日期规定为卸离飞机后满 30 天,因而大大短于海上货物保险的卸离海轮后满 60 天的规定。

(2) 航空运输货物战争险。航空运输货物战争险(Air Transportation Cargo War Risks)是航空运输货物险的一种附加险,只有在投保了航空运输险或航空运输一切险的基础上,经过投保人与保险公司协商方可加保。加保时须另加付保险费。

① 航空运输货物战争险的责任范围。投保航空运输货物战争险,保险公司承担赔偿在航空运输途中,由于战争、类似战争行为、敌对行为或武装冲突,以及各种常规武器和炸弹所造成的货物的损失,但不包括因使用原子弹或热核武器所造成的损失。

② 航空运输货物战争险的责任期限。航空运输货物战争险的保险责任期限,是自被保险货物装上保险单所载明的启运地的飞机时开始,直到卸离保险单所载明的目的地的飞机时为止。如果被保险货物不卸离飞机,则从飞机到达目的地当日午夜起计算满 15 天为止。如被保险货物在中途转运时,保险责任从飞机到达转运地的当日午夜起计算满 15 天为止。一旦装上续运的飞机,保险责任再恢复有效。

与海运、陆运险一样,航空运输货物在投保战争险的基础上,可加保罢工险,加保罢工险不另收费。如仅要求加保罢工险,则按战争险费率收费。航空运输罢工险的责任范围与海洋运输罢工险的责任范围相同。

13.1.3 运输工具保险

1. 机动车辆保险

机动车辆保险是以机动车辆本身及其第三者责任等为保险标的的一种运输工具保险,其所承保的机动车是指汽车、电车、电瓶车、摩托车、各种专用机械车和特种车等。机动车保险合同为不定值保险合同,既可以按重置价值即按照投保时同类机动车辆的市场价格确定,也可以由双方协商确定,或者可以按照投保车辆的使用年限通过计算确定。主要险别包括车损险、第三者责任险及附加险。

1) 车损险

车损险又称车身保险。车辆损失保险的保险责任包括碰撞责任与非碰撞责任,其中碰撞是指被保险车辆与外界物体的意外接触,如车辆与车辆、车辆与建筑物、车辆与电线杆或树木、车辆与行人、车辆与动物等碰撞,均属于碰撞责任范围之列。非碰撞责任则可以分为以下几类:

① 保险单上列明的各种自然灾害,如洪水、暴风、雷击、泥石流等;
② 保险单上列明的各种意外事故,如火灾、爆炸、空中运行物体的坠落等;
③ 其他意外事故,如倾覆、冰陷、载运被保险车辆的渡船发生意外等。

以下原因造成的损失,保险人不负责。
① 战争、军事行动或暴乱等导致的损失;
② 被保险人故意行为或违章行为导致的损失;
③ 被保险人车辆自身缺陷导致的损失;
④ 未履行相应的义务(如增加挂车而未事先征得保险人的同意等)的情形下出现的

损失。

2) 第三者责任保险

机动车辆第三者责任险是承保被保险人或其允许的合格驾驶人员在使用被保险车辆时因发生意外事故导致的第三者的损害索赔危险的一种保险。由于第三者责任保险的主要目的在于维护公众的安全与利益，在实践中通常作为法定保险并强制实施。

机动车辆第三者责任保险的保险责任，即是被保险人或其允许的合格驾驶员在使用被保险车辆过程中发生意外事故，致使第三者人身或财产受到直接损毁且被保险人依法应当支付的赔偿金额。在此，保险的责任核定应当注意两点：一是直接损毁，实际上是指现场财产损失和人身伤害，各种间接损失不在保险人负责的范围；二是被保险人依法应当支付的赔偿金额，保险人依照保险合同的规定进行补偿，这两个概念是不同的，即被保险人的补偿金额并不一定等于保险人的赔偿金额，因为保险人的赔偿必须扣除除外不保的责任或除外不保的损失。例如，被保险人所有或代管的财产、私有车辆的被保险人及其家庭成员以及他们所有或代管的财产、本车的驾驶人员及本车上的一切人员和财产在交通事故中的损失，不在第三者责任保险负责赔偿之列；被保险人的故意行为、驾驶员酒后或无有效驾驶证开车等行为导致的第三者责任损失，保险人也不负责赔偿。

3) 附加保险

机动车辆的附加险是机动车辆保险的重要组成部分。被投保人在投保车损险的基础上可加保全车盗窃险、自燃损失险、新增加设备损失险、车辆停驶损失险、玻璃单独破碎险等，保险客户可根据自己的需要选择加保。

2．船舶保险

1) 船舶保险及其适用范围

船舶保险是以各类船舶及其附属设备为保险标的的运输工具保险，建造或修理中的船舶不包括在内；附属设备包括海洋石油开发中的钻井平台。船舶保险主要承保船舶在水上航行或在港内停泊时遭遇自然灾害和意外事故所造成的全部损失或部分损失，以及可能引起的责任赔偿。船舶保险责任仅以水上为限。船舶保险的适用范围是所有船东。

2) 船舶保险的责任范围

因海上自然灾害和意外事故及其他原因所造成的保险船舶损失，由保险人根据保险合同规定负责赔偿。自然灾害和意外事故包括八级及八级以上大风、洪水、海啸、崖崩、滑坡、泥石流、冰凌、雷击、水灾、爆炸、碰撞、搁浅、触礁、倾覆、沉没、船舶航行中失踪6个月以上。

共同海损分摊费用、海难中的救助费用和海损事故中发生的施救费用等，保险人均可以按照船舶保险合同的规定给予赔偿或损失补偿。

3) 保险金额的确定

船舶保险的保险金额的确定依据有如下三种：

（1）按照新船的市场价格或出厂价格确定保险金额。除新船外，使用年限不久（如5年以内的钢质船舶和3年以内的木质船舶）的船舶也可以按此方式确定保险金额。

（2）按照旧船的实际价值确定保险金额。在此，船舶的使用年限、新旧程度、船舶结构和用途均对保险金额的确定有影响。

(3) 协商确定保险金额。保险人与被保险人双方协商确定保险金额。

4) 船舶保险的赔偿

保险人的赔偿包括以下三项：

(1) 船舶损失赔偿。它赔偿被保险船舶在海损事故中遭受的全部损失或部分损失。只要每次赔款达不到保险金额，保险人就应连续承担和履行赔偿责任，而且每次均以保险金额为限，所赔金额不在保险金额中予以扣除。如果一次赔偿额达到了保险金额，则意味着保险人履行了全部义务，保险合同终止。

(2) 费用损失赔偿。包括共同海损公摊费用、救助费用以及合理的施救费用，保险人亦给予赔偿，但以不超过保险金额为限，且与船舶本身的赔偿分别计算。

(3) 碰撞责任赔偿。即对被保险人依法应负的碰撞责任赔偿，保险人在保险金额限度内给予补偿。此种赔偿的处理类似于机动车辆保险中的第三者责任保险。

由此可见，船舶保险的保险金额实际上适用于三个方面，即船舶本身的损失、碰撞责任和共同海损，施救、援助抢救费用，每次事故的最高赔偿额均分别以保险船舶的保险金额为限。对于由于第三方导致的被保险船舶的损失，保险人可以行使代位追偿权。

3. 航空保险

航空保险是以飞机及与其有关的法律责任危险等为保险标的的一种运输保险，它通常由若干可以独立承保的基本险和若干附加险构成。如英国的航空基本险有机身险、第三者责任险、旅客法定责任险、机场责任险、产品责任险、机组人员人身意外险、丧失执照险、飞机表演责任险和塔台指挥人员责任险等。在中国，航空保险的基本险有机身险、第三者责任险和旅客法定责任险三种，但航空公司在投保上述基本险的同时，还可以加保承运货物责任险、战争与劫持险等。

1) 飞机机身险

飞机机身保险是航空保险领域的主要险种，它承保飞机本身在飞行或滑行及在地面时因意外事故造成的损失或损坏。如飞机因坠落、碰撞、失火、灭失、失踪等造成全损或部分损失，以及清除残骸等费用，由保险人负责赔偿。在保险金额方面，机身险采用定值保险的方式。

2) 第三者责任保险

飞机第三者责任险在性质上与机动车辆第三者责任保险是一致的，它主要承保飞机在营运中由于坠落或因机上坠人、坠物而造成第三者的人身伤亡或财产损失，应由被保险人承担的赔偿责任。但属于由被保险人支付工资的机内、机场工作人员，以及被保险飞机上的旅客的人身伤亡或财产损失，保险人不负责赔偿或者不能在此险种内赔偿。保险人对第三方责任险规定了赔偿的最高限额。

3) 旅客责任保险

旅客责任保险是以航空旅客为保险对象的一种航空责任保险业务，凡航空公司在营运过程中造成乘客人身伤亡和行李损失且依法应负的经济赔偿责任，由承保人负责补偿，此外，还有承运货物责任险、飞机战争劫持保险等业务。

13.2 物流运输合同

13.2.1 物流运输合同概述

1. 运输合同的概念

运输合同是约定承运人将旅客或者货物从启运地点运输到约定地点,旅客、托运人或收货人支付票款或者运输费用的合同。货物运输合同是承运人开展运送业务的法律形式。

2. 运输合同的分类

(1) 按承运方式分类。按承运方式的不同,运输合同可分为公路运输合同、铁路运输合同、水路运输合同、航空运输合同、管道运输合同及多式联运合同。

(2) 按运输对象分类。按运输对象不同,运输合同可分为客运合同和货运合同。

货物运输合同简称货运合同,是指承托双方签订的,明确双方权利义务关系,确保货物有效转移的,具有法律约束力的合同文件。

① 货运合同按合同期限划分,可分为长期合同和短期合同。长期合同是指合同期限在一年以上的合同;短期合同是指合同期限在一年以下的合同,如年度、季度、月度合同。

② 货运合同按货物数量划分,可分为批量合同和运次合同。批量合同,一般是一次托运货物数量较多的大宗货物的运输合同;运次合同,一般是托运货物较少,一个运次即可完成的运输合同。所谓运次是指完成包括准备、装载、运输、卸载四个主要工作环节在内的一次运输过程。

③ 货运合同按合同形式划分,一般可分为口头形式和书面形式,其中书面形式又可分为条文式书面协议和标准格式合同(即货物运单)。

3. 运输合同的特征

货物运输合同除具有合同普遍法律特征外,还具有以下自身特征:

(1) 货运合同是当事人之间为实现一定的经济目的,明确相互权利义务关系而订立的协议,签订合同的当事人,双方或是一方必须是法人。

(2) 签订货运合同的承运方必须持有经营货运的营业执照,具有合法的经营资格。

(3) 货运合同的内容限于运输经济行为,主要是以运输经济业务活动为内容。

(4) 货运合同是实践合同,承托双方除了就合同的必要条款达成协议外,还要求托运人必须将托运的货物交付给承运人,合同才能成立。

(5) 货运合同的当事人往往涉及第三者,即除了托运人和承运人之外,一般还有收货人(也可能收货人就是托运人)。

(6) 货运合同具有标准合同的性质,主要内容和条款由有关部门统一制定。

4. 运输合同方的权利与义务

在买方市场经济环境下,托运人是买方,是运输合同首先要确认的权利保障对象。实际上,在合同体系中,托运人的权利是主要矛盾的主要方面。

1）托运人的权利与义务

托运人的权利：

① 要求承运人将货物运至约定地点并交给收货人的权利；

② 在有限制的前提下，有提出终止运输、返还货物、变更地点、变更收货人的权利。

托运人的义务：

① 有向承运人如实通告有关货物运输的必要情况的义务，尤其在物流过程中会出现的货物，托运人必须如实申报和准确告知；

② 有按照协议向承运人交付运费和运输杂费以及其他应由托运人交付的费用的义务；

③ 有拒绝违规、违法托运的义务，对于需要运输审批的货物，应由托运人办理审批手续或者委托承运人代办审批手续；

④ 有对货物进行包装的义务，并应当按照国家规定在包装上进行标识；

⑤ 有向承运人交付运输货物的义务。

2）承运人的权利与义务

托运人的权利和承运人的义务是共生的关系，权利和义务需要均衡，需要公平。承运人的基本义务是完成货物的运输。

承运人的权利：

① 有收取运费的权利；

② 有按实际付出收取运输杂费的权利；

③ 在托运人或收货人不支付协议的费用的情况下，享有承运货物的留置权；

④ 在特殊情况下，可以提存货物并从中取得应得费用；

⑤ 有拒绝承运违规、违法货物的权利。

承运人的义务：

① 有按条款接收货物的义务和在接收货物后出具有关凭证的义务；

② 有按约定期间或者合理期间完成货物运输的义务；

③ 有按照合同约定的路线进行运输或者按通常的运输路线进行运输的义务；

④ 有文明承运的义务，在承运过程中应当杜绝野蛮装卸、放任管理等问题；

⑤ 有按照协议满足托运当事人变更的义务；

⑥ 有通知义务，按协议的约定，承运人有将承运货物的在途情况、到货情况通知托运当事人或收货人的义务；

⑦ 有将货物交付收货人的义务。

3）收货人的权利与义务

无论收货人是托运人本身，还是第三方当事人，收货人的权利与义务是运输合同不可缺少的一个方面。收货人的权利主要集中在：及时获得到货通知，按提单凭证或其他收货协议收货（提货或接受承运人的送货）。收货人的义务主要集中在：收货人应当及时受领（取货或接受）货物，支付应由收货人承付的费用（运费、运输杂费、逾期保管费等），收货人有在约定期限内进行检验并对运输质量进行认定的义务。

13.2.2 物流运输合同的订立与履行

1. 运输合同的订立

1) 运输合同订立的原则

运输合同的订立是指承托双方经过协商后用书面形式签订的有效合同。其订立的基本原则如下：

(1) 合法规范的原则。所谓合法规范,是指签订运输合同的内容和程序必须符合法律的要求。只有合法规范才能得到国家的承认,具有法律效力,当事人的权益才能得到保护,达到签订运输合同的目的。

(2) 平等互利的原则。不论企业大小,所有制性质是否相同,在签订运输合同中承托双方当事人的法律地位一律平等,在合同内容上,双方的权利义务必须对等。

(3) 协商一致的原则。合同是双方的法律行为,双方意愿经过协商达到一致,彼此均不得把自己的意志强加于对方。任何其他单位和个人不得非法干预。

(4) 等价有偿原则。合同当事人都享有同等的权利和义务,每一方从对方得到利益时,都要付给对方相应的代价,不能只享受权利而不承担义务。

2) 运输合同订立的程序

《合同法》第十三条规定:"当事人订立合同,采取要约、承诺方式。"运输合同的订立也要经过要约和承诺的阶段。

(1) 要约。要约又称发盘、发价和报价等。《合同法》第十四条规定:"要约是希望和他人订立合同的意思表示,该意思表示应当符合下列规定:(一)内容具体确定;(二)表示经受要约人承诺,要约人即受该意思表示约束。"

根据这一规定,所谓要约,就是一方当事人以缔结合同为目的向对方当事人所做出的意思表示。发出要约的人称为要约人,接受要约的人称为受要约人、相对人或者承诺人。

要约是订立合同的必要阶段,不经过要约的阶段,合同是不可能成立的。一个意思表示能否构成要约,必须具备以下三个条件:

① 要约必须是特定人向特定人做出的意思表示:发出要约的人应当是订立合同的一方当事人,受要约人原则上也应当是特定的,因为要约只有向希望与其订立合同的受约人发出,才能换取受要约人的承诺,从而达到合同成立。

② 要约必须具有订立合同的意旨:要约人必须表明,其要约一旦被受要约人接受,就承担与受要约人按要约条件订立合同的责任。

③ 要约的内容必须具体确定:所谓具体,就是要约的内容必须包括合同的主要条款,一旦得到承诺,合同就可以成立。如果不包括合同的主要内容,就不是一个要约。所谓确定,是指要约的内容必须明确,而不能含糊不清,使受要约人不能理解要约人的真实意图,否则无法作出承诺。

(2) 承诺《合同法》第二十一条规定:"承诺是受要约人同意要约的意思表示。"根据这一规定,承诺是指受要约人向要约人作出的完全同意要约内容的意思表示。承诺意味着受要约人作出的完全同意要约所提出的条件,如果受要约人改变了要约的内容,就表示拒绝了要约,同时构成一项新的要约。

承诺具有以下法律特征：

① 必须由受要约人向要约人作出：由于要约一般是向特定的受要约人作出的，所以只有受要约人才有权作出承诺，受要约人之外的其他人没有承诺的资格，即使他们作出完全同意要约内容的意思表示，也只能视为发出要约。由于要约是要约人发出的希望与受要约人订立合同的意思表示，所以只有向要约人作出的承诺才能使合同成立。

② 必须同意要约内容：承诺的内容必须与要约的内容一致。对此，《合同法》第三十条作出了明确的规定。合同就是双方当事人的合意，是双方的意思表示一致的结果，这就要求承诺必须是对要约内容的同意。对于要约的实质性内容不得更改，否则就是一项新要约。要约实质性内容，包括合同的标的、数量、质量、价款或者报酬、履行期限、履行地点和方式、违约责任和解决争议的方法等。

③ 必须在要约的有效期内作出：在旅客运输合同中，要约一般为口头要约，故承诺人应该即时表示是否承诺；在货物运输合同中，则应在规定的承诺期内作出是否承诺的表示。

应当注意的是，公共运输的承运人是向社会公众发出要约邀请，社会公众（无论是任何人）只要有希望与承运人订立运输合同的意思表示（即要约，如购票、托运、向计程车招手等），承运人就要与之订约而不得拒绝，即承运人承担法律规定的强制承诺义务。例如，出租车不得拒载，车站、机场不得拒绝向某旅客售票等。由于公共运输在社会中的重要地位，其往往处于垄断或者国家经营的优势地位，而公众处于弱者的地位，因此法律对公共运输实行严格管制，强令公共运输承运人承担强制承诺义务是非常必要的。但是这里需要强调的是，从事公共运输的承运人并非不能拒绝旅客、托运人的任何运输要求，例如，在运输工具已满载的情况下，从事公共运输的承运人就可以拒绝旅客乘坐的要求。由于不可抗力导致不能正常运输的情况下，从事公共运输的承运人也可以拒绝旅客或者托运人按时到达目的地的要求。

2. 运输合同的履行

合同的履行是指合同当事人按合同的规定行使权利和履行义务，从而实现当事人订立合同的目的。通常所说的合同履行，主要指合同义务的履行。因为合同是一种相对性的法律关系，一方当事人的义务就是另一方当事人的权利，而且，合同权利的实现，必须依赖对方的履行才能够实现。运输合同是典型的双务合同，符合合同履行的一般特征。

1) 运输合同履行的原则

运输合同履行的原则是指当事人在履行合同中应遵循的规则或准则，这些原则贯穿于履行过程的始终，对运输合同的履行起着指导意义。

(1) 全面履行原则。该原则也称正确履行原则，是指运输合同当事人应按运输合同的规定全面、适当地履行自己的义务。任何一方当事人不得故意做出有害于他人的行为，既不能不履行自己的义务，也不得仅部分履行或不适当履行，否则即应负不履行或不适当履行的责任。

(2) 诚实信用原则。诚实信用原则要求当事人以善意的态度行使权利并履行义务，不欺不诈，恪守信用。在运输合同中，各当事人均应依约履行各自的义务，不得故意做有害他人的履行。

(3) 协作履行原则。该原则要求合同当事人在履行合同过程中应相互照顾,通力协作,尽力达成合同的完全履行。

(4) 经济合理原则。经济合理原则就是合同履行过程中的效益原则。在运输方式的选择、运输路线的选定以及履行期限的选定上等都可体现合同履行的利益最大化。同时,在违约时,应尽力补救以减少损失。

2) 运输合同的具体履行

运输合同签订之后,就具有法律的约束力,合同当事人必须按照合同规定的条款认真履行各自的义务。

(1) 托运人应按合同规定的时间准备好货物,及时发货、收货,装卸地点和货场应具备正常通车条件,按规定做好货物包装和储运标志。

(2) 承运人应按合同规定的运输期限、货物数量和起止地点,组织运输,完成任务,实行责任运输,保证运输质量。在货物装卸和运输过程中,承托双方应办理货物交接手续,做到责任分明,并分别在发货单和运费结算凭证上签字。

13.2.3 物流运输合同的变更与解除

1. 运输合同的变更

1) 运输合同变更的含义

运输合同变更是指在合同成立后尚未履行或者没有完全履行的情况下,经双方协商同意,并在合同规定的变更期限内,对合同内容予以修改或补充。任何一方不得单方擅自变更运输合同。

2) 运输合同变更的特点

(1) 合同的变更在一般情况下须当事人协商一致,并在原合同的基础上达成新的协议;

(2) 合同的变更是合同内容的局部变更,是对原合同内容的修改和补充,不是对合同内容的全部变更和实质变更,如合同标的数量的增减、交货时间和地点的改变、结算方式的更改等;

(3) 合同的变更也会产生新的权利义务内容。

3) 运输合同变更的条件

(1) 变更前已有运输合同关系有效存在;

(2) 运输合同的变更须依当事人约定或法律规定;

(3) 合同变更须遵守法定的方式;

(4) 运输合同的内容须发生变化。

值得注意的是,运输合同变更,原则上只对将来发生效力,未变更的合同内容继续有效,已履行的部分并不因合同变更而失去依据,任何一方不能因合同变更而要求另一方返还已作出的履行。

2. 运输合同的解除

1) 运输合同解除的含义

运输合同的解除,是指运输合同有效成立后未履行完毕前,因法律规定或当事人约定事由的发生,以一方或双方当事人的意思表示使合同关系提前消灭的法律制度。

合同解除有约定解除和法定解除两种情形。约定解除是当事人经协商一致而提前终止合同。法定解除是一方当事人依法律规定享有解除权而单方解除合同的情形。运输合同解除后,当事人间的合同关系归于消灭,双方恢复到合同订立以前的状况。

2)运输合同解除的特征

(1)运输合同的解除以运输合同已有效成立为前提;

(2)运输合同的解除必须具备法定或约定的解除条件;

(3)运输合同的解除须有解除行为;

(4)运输合同解除的效果是使合同关系终止。

3)运输合同解除的条件

(1)由于不可抗力使运输合同无法履行;

(2)由于合同当事人一方的原因,在合同约定的期限内确实无法履行运输合同;

(3)合同当事人违约,使合同的履行成为不可能或不必要;

(4)经合同当事人双方协商同意解除,但承运人提出解除运输合同的,应退还已收的运费。

在货物运输过程中,因不可抗力造成道路阻塞导致运输阻滞,承运人应及时与托运人联系,协商处理,发生货物装卸、接运和保管费用按以下规定处理:

① 接运时,货物装卸、接运费用由托运人负担,承运人收取已完成运输里程的运费,退回未完成运输里程的运费;

② 回运时,收取已完成运输里程的运费,回程运费免收;

③ 托运人要求绕道行驶或改变到达地点时,收取实际运输里程的运费;

④ 货物在受阻处存放,保管费用由托运人负担。

13.2.4 物流运输责任的划分

1. 承运人责任

承运人责任是指承运人未按约定的期限将货物运达,应负违约责任;因承运人责任将货物错送或错交,应将货物无偿运到指定的地点,交给指定的收货人。

1)责任类别

由于承运人的过错使运输合同不能履行或不能完全履行所承担的违约责任主要有以下类别:

(1)逾期送达责任。即不按合同规定的时间和要求配车发运,造成货物逾期送达,按合同规定付给对方违约金。

(2)货损货差责任。从货物装运时起到货物运达交付完毕,在这个运输责任期间,发生货物的灭失、短少、变质、污染、损坏的,应按货物实际损失赔偿对方。

(3)错运错交责任。货物错运到达地点或错交收货人,由此造成延误时间,按货物逾期送达处理。

(4)故意行为责任。经核实确属故意行为造成的事故,除按合同规定赔偿直接损失外,交通主管部门或合同管理机关应对承运人处以罚款,并追究肇事者个人责任。

2) 责任免除条件

货物在承运责任期间和站、场存放期间内,发生毁损或灭失,承运人、站场经营人应负赔偿责任。但有下列情况之一者,承运人、站场经营人举证后可不负赔偿责任。

(1) 不可抗力;

(2) 货物本身的自然性质变化或者合理损耗;

(3) 包装内在缺陷,造成货物受损;

(4) 包装体外表面完好而内装货物毁损或灭失;

(5) 托运人违反国家有关法令,致使货物被有关部门查扣、弃置或作其他处理;

(6) 托运人或收货人过错造成的货物毁损或灭失;

(7) 押运员造成的货物毁损或灭失。

2. 托运人责任

托运人责任是指托运人未按合同规定的时间和要求,备好货物和提供装卸条件,以及货物运达后无人收货或拒绝收货,而造成承运人车辆放空、延滞及其他损失,托运人应负赔偿责任。

因托运人下列过错,造成承运人、站场经营人、搬运装卸经营人的车辆、机具、设备等损坏、污染或人身伤亡以及因此而引起的第三方的损失,由托运人负责赔偿。

(1) 在托运的货物中有故意夹带危险货物和其他易腐蚀、易污染货物以及禁限运货物等行为;

(2) 错报、匿报货物的重量、规格、性质;

(3) 货物包装不符合标准,包装、容器不良,而从外部无法发现;

(4) 错用包装、储运图示标志;

(5) 托运人不如实填写运单,错报、误填货物名称或装卸地点,造成承运人错送、装货落空以及由此引起的其他损失。

3. 其他相关责任

(1) 货运代理以承运人身份签署运单时,应承担承运人责任,以托运人身份托运货物时,应承担托运人的责任;

(2) 搬运装卸作业中,因搬运装卸人员过错造成货物毁损或灭失,站场经营人或搬运装卸经营者应负赔偿责任。

13.2.5 物流运输合同的纠纷与解决

1. 物流运输合同的纠纷

运输纠纷是在运输过程中由于合同双方当事人的原因造成的没有按合同规定履行义务的行为。运输纠纷的发生既有承运人的原因也有托运人的原因。承运人因货损等各种原因会造成对托运方的损失,托运方也会因提供的资料不全造成对承运方的损失。

物流运输合同纠纷可以分为以下几种类型:

1) 货物灭失纠纷

由于承运人的运输工具,不可抗力,承运人的过失或故意造成的货物灭失。

（1）事故。如船舶沉没、触礁、飞机失事、车辆发生交通事故、火灾等。

（2）不可抗力。政府法令禁运和没收、战争、自然灾害、盗窃等。

（3）承运人的过失。如绑扎不牢导致货物跌落、货物遮盖不严造成湿损等。

（4）承运人的故意。如恶意毁坏运输工具以骗取保险、明知运输工具安全性能不符合要求而继续使用导致货物灭失。

2）货损、货差纠纷

货损、货差是货物在运输过程中发生的货物损坏和数量的短缺。货损包括货物破损、水湿、汗湿、污染、锈蚀、腐烂变质、焦损、混票和虫蛀、鼠咬等。货差即货物数量的短缺。造成货损、货差的原因有以下几点：

（1）货物自身的过失。如货物本身标志不清、包装不良、货物自身的性质发生改变等。

（2）托运人的过失。货物在交付承运人之前的质量、数量与运输凭证不符等。

（3）承运人的过失。如积载不当、装卸操作不当、未按要求控制货物运输过程中的温度、载货舱室不符合载货要求、混票等。

3）货物的延迟交付

货物的延迟交付是承运方没有按运输合同规定的时间将货物交付收货方。主要原因有以下几点：

（1）发生事故。指承运货物的交通工具在承运期间发生事故。

（2）载货能力不足延误。承运人在接受托运时未考虑本班次的载货能力而必须延误到下一班期才能发运。

（3）中转地滞留货物。在中转时因承运人的过失使货物在中转地滞留。

（4）绕航和迂回运输。承运人为自身的利益绕航或迂回运输而导致货物晚到卸货地等。

4）单证纠纷

单证纠纷是承运人应托运人的要求倒签、预借提单，从而影响收货人的利益，收货人在得知后向承运人提出索赔，继而承运人又与托运人之间发生纠纷；或因承运人（或其代理人）在单证签发时的失误引起承托双方的纠纷；或因货物托运过程中的某一方伪造单证引起的单证纠纷。

5）运费、租金等纠纷

因承租人或货方的过失或故意，未能及时或全额交付运费或租金，双方在履行合同过程中对其他费用如滞期费、装卸费等发生纠纷等。

6）运输工具损害纠纷

因托运人的过失，造成对承运人的船舶、集装箱、汽车、火车及航空器等损害的纠纷。

2. 物流运输合同纠纷的解决办法

1）争议解决的方法

在货物运输中产生纠纷以致引起诉讼是常有的事。如，一方面，货主可能会因为货物在运输途中发生的各种损失而向承运人索赔；另一方面，承运人也可能会因为货主未支付运费或其他应付款而向货主索赔。这些索赔并不一定都是承运人的过失引起的。以短量索赔为例,它可能是承运人在运输途中对货物照管不周的过错引起的,也可能是在装卸港口由于其他过错而引起的,如托运人交付了错误的重量而理货人员没有发现,或者是理货人员自己计算错误。装货过程中装卸工人或其他人员偷货是货物短量的另一个常见原因,此外,装卸不当引起的货物泄漏等也是一个原因。正确解决这些纠纷不仅要找到真正的过失方,还要清楚承运人或托运人谁应对过失负责。其中不仅牵涉货物运输法,还往往涉及代理法、合同法等许多法律规范。

我国解决运输纠纷一般有四种途径:当事人自行协商解决、调解、仲裁和诉讼。其中仲裁和诉讼是准司法或司法解决。运输纠纷出现后,大多数的情况下,纠纷双方会考虑到多年的良好的合作关系和商业因素,互相退一步,争取友好协商调解,在此基础上达成和解协议,解决纠纷。但还会有一部分纠纷经过双方较长时间协商,甚至在行业协会或其他组织介入调解的情况下还是无法解决,双方只能寻求准司法或司法的途径。

(1) 仲裁。仲裁是一种重要的纠纷解决的手段,主要分为两种:机构仲裁和临时仲裁。如果纠纷双方在纠纷发生后一致同意就该纠纷寻求仲裁,或在双方订立运输合同时已选择仲裁作为纠纷解决机制,可以就该纠纷申请仲裁。仲裁申请人向约定的仲裁机构提出仲裁申请,并指定一名或多名仲裁员,仲裁员应是与该行业有关的商业人士或专业人士,仲裁员根据仲裁规则对该纠纷做出的裁决对双方都具有约束力,而且只要是仲裁过程符合仲裁规则,则该裁决是终局的。用仲裁解决纠纷,由于仲裁员具有该行业的专业知识、经验和相应的法律知识,因此所做出的裁决通常符合商业精神,而且仲裁速度较快,费用也比法院诉讼低。

仲裁的主要问题包括仲裁协议的有效性、仲裁程序的合法性、仲裁的司法监督等。目前我国调整仲裁的法律主要为1995年颁布的《仲裁法》。

由于仲裁的裁决是终局的,因此根据仲裁裁决执行是解决纠纷的最后一步,而在我国进行仲裁做出的仲裁裁决的执行相对容易。比较复杂的是我国仲裁裁决在国外的执行和外国仲裁裁决在我国的执行。目前关于仲裁裁决的国外执行有一个公约是1958年承认与执行外国仲裁裁决的公约《纽约公约》。我国于1986年12月2日参加了该公约。这样,在我国和公约其他参加国之间的仲裁裁决的相互执行应依据公约的规定进行,与没有加入公约的国家之间的裁决的执行在我国是按对等原则进行。

(2) 诉讼。如双方未对纠纷的解决方法进行约定,或事后无法达成一致的解决方法,则通过法院进行诉讼是解决纠纷最终的途径。各种运输纠纷可以按照我国的诉讼程序,由一方或双方向有管辖权的法院起诉,然后由法院根据适用法律和事实进行审理,最后作出判决。

当然,如果某一方乃至双方对一审判决不服的,还可以根据诉讼法进行上诉、申诉等。通过法院解决纠纷,耗时且费钱。为了更好地处理运输类纠纷,我国设立了专门受理海事纠纷的法院——海事法院,还颁布了专门适用于海事案件审理的程序法——《中华人民共和国海事诉讼特别程序法》。铁路运输的纠纷在我国也有专门的铁路运输法院受理和管辖。

2) 索赔时效和诉讼时效

各种纠纷如果必须诉之于准司法或司法机构,则索赔时效和诉讼时效就是非常重要的概念。时效是为了促进当事人及时行使自己的权利,早日消除不确定的法律关系,而由法律规定的一段特定的时间。如果一方当事人超过时效才行使自己的索赔和诉讼请求权,则通常会丧失胜诉权。

(1) 我国《海商法》规定,就海上货物运输向承运人要求索赔的请求权,时效期限为1年,自承运人交付或者应当交付货物之日起计算;自追偿请求解决原赔偿请求之日起计算。有关航次租船合同的请求权,时效期间为2年,自知道或者应当知道权利被侵害之日起计算。

(2) 因公路运输的纠纷要求赔偿的有效期限,从货物开票之日起,不得超过6个月。从提出赔偿要求之日起,责任方应在2个月内做出处理。

(3) 发货人或收货人根据铁路运输合同向铁路提出赔偿损失的要求,可在9个月内提出。

(4) 航空运输的索赔时效,《华沙公约》分成货物损害和货物延迟的情况区别对待。前者索赔时效是7天,后者的索赔时效是14天。但《海牙议定书》对此做了全面的修改,将货物损害索赔时效延长至诉讼时效,自航空器到达目的地之日起或应该到达之日起或运输停止之日起2年。

本章小结

运输保险是承保各种交通运输工具及所承运的货物在保险期间因各种灾害事故造成的意外损失。运输保险通常分为两大部分:运输货物保险、运输工具保险。货物运输保险包含了海洋运输货物保险、陆上运输货物保险和航空运输货物保险;运输工具保险又包含了机动车辆保险、船舶保险、航空保险。

运输合同是约定承运人将旅客或者货物从启运地点运输到约定地点,旅客、托运人或收货人支付票款或者运输费用的合同。货物运输合同是承运人开展运送业务的法律形式。运输合同的订立是指承托双方经过协商后用书面形式签订的有效合同。运输合同的履行是指合同当事人按合同的规定行使权利和履行义务,从而实现当事人订立合同的目的。通常所说的合同履行,主要指合同义务的履行。因为合同是一种相对性的法律关系,一方当事人的义务就是另一方当事人的权利,而且,合同权利的实现,必须依赖对方的履行才能够实现。运输合同变更是指在合同成立后尚未履行或者没有完全履行的情况下,经双方协商同意,并在合同规定的变更期限内,对合同内容予以修改或补充。任何一方不得单方擅自变更运输合同。运输合同的解除,是指运输合同有效成立后未履行完毕前,因法律规定或当事人约定事由的发生,以一方或双方当事人的意思表示使合同关系提前消灭的法律制度。

运输纠纷是在运输过程中由于合同双方当事人的原因造成的没有按合同规定履行义务的行为。运输纠纷的发生既有承运人的原因也有托运人的原因。承运人因货损等各种原因会造成对托运方的损失,托运方也会因提供的资料不全造成对承运方的损失。我国解决运输纠纷一般有四种途径:当事人自行协商解决、调解、仲裁和诉讼。

复习与思考

1. 什么是运输保险？运输保险通常可以分为哪几部分？
2. 简述海洋运输货物保险、陆上运输货物保险和航空运输货物保险的主要内容。
3. 什么是运输合同？它是如何订立的？订立的原则是什么？
4. 运输合同履行的原则有哪些？
5. 简述运输合同变更的特点。
6. 物流运输责任该如何进行划分？
7. 我国解决运输纠纷有哪些途径？

在线自测

案例分析

提单的证据效力问题

1. 案情介绍

中国 A 公司委托中国某航公司 B 将 1 万袋咖啡豆从中国上海港运往巴西某港口。船长签发了清洁提单，载明每袋咖啡豆重 60kg，其表面状况良好。货到目的港卸货后，收货人巴西 C 公司发现其中 600 袋有重量不足或松袋现象，经过磅约短少 25%。于是，C 公司提起诉讼，认为承运人 B 公司所交货物数量与提单的记载不符，要求 B 公司赔偿货物短少的损失。B 公司出具有力证据证明货物数量的短少在货物装运时业已存在，并抗辩称，因其在装船时未对所装货物一一进行核对，所以签发了清洁提单。货物数量的短少不是因承运人 B 公司的过失所造成，所以 B 公司不应对此承担赔偿责任。经查，货物数量的短少的确不是因承运人的原因所造成，而属托运人 A 公司的责任。

2. 诉讼结果

法院认为，B 公司签发的清洁提单是其已经按提单所载状况收到货物且货物表面状况良好的初步证据，B 公司虽能提供证据证明货物数量的短少在装船时已存在，而不是因其过失所造成，但该证据和理由不能对抗善意受让提单的包括收货人在内的第三人。据此，法院判决 B 公司应对货物数量的短少向收货人 C 公司承担赔偿责任。

3. 分析

提单是承运人或其代理人签发的用以证明海上货物运输合同和货物已经由承运人接收或装船,以及承运人保证据以交付货物的单证。《中华人民共和国海商法》(以下简称《海商法》)第七十五条规定承运人或代其签发提单的人,知道或者有合理的根据怀疑提单记载的货物的品名、标志、包数或者件数重量或者体积与实际接收的货物不符,在签发已装船提单的情况下怀疑与已装船的货物不符,或者没有适当的方法核对提单记载的,可以在提单上批注,说明不符之处,怀疑的根据或者说明无法核对。该法第七十六条规定:"承运人或代其签发提单的人未在提单上批注货物表面状况的,视为货物的表面状况良好。"实践中,一般将承运人未作任何批注的提单称作"清洁提单"。承运人若签发了清洁提单,就表示承运人已按提单上载明的内容收到货物,而当收货人接收货物时发现货物实际情况与提单记载不符,则可推断该不符是在承运人管理货物的期间所发生的。管理货物是承运人的基本义务之一,承运人应当妥善地、谨慎地装载、搬移、积载、运输、保管、照料和装卸所运货物,那么由于承运人的疏忽或过失,致使货物受到损坏的,承运人应负赔偿责任。

根据《海商法》第七十七条的规定,承运人或代其签发提单的人签发的清洁提单是承运人已经按照提单所载状况收到货物或者货物已经装船的初步证据,承运人向善意受让提单的包括收货人在内的第三人提出的与提单所载状况不同的证据,不予承认。所谓初步证据是指,对托运人来说,清洁提单是承运人已按提单所记载的内容收到货物的初步证明,如果承运人有确实的证据证明其事实上收到的货物与提单上的记载不符,他仍然可以向托运人提出异议,因为提单中有关货物的记载事项一般是依托运人提供的资料填写的。但对于受让提单的包括收货人在内的第三人来说,清洁提单是终结性的证据,即承运人对提单的受让人不得否认提单上有关货物资料的记载内容的正确性。因为,提单受让人对货物的实际情况并不知情,他只能完全信赖提单上所记载的事项行事。如果提单上的记载不实是由于托运人申报不实所造成的,承运人可以向托运人要求赔偿,但承运人不得以此为抗辩理由而拒绝赔偿提单受让人的损失。这在法律上是为了保护善意第三人的利益,保证提单的流通性。

本案中,对收货人C公司而言,承运人B公司签发的清洁提单是B公司已按提单记载情况收到货物,且货物表面状况良好的终结性证明,即使B公司能提出确切的证据证明货物数量的短少是托运人的原因所造成,B公司仍然应向信赖提单记载事项的C公司承担赔偿责任,然后再向托运人A公司索赔。

提单在海运中的作用很大,航运公司作为承运人在制作提单时应谨慎处理,对每项内容都应认真填写,不可滥发清洁提单,一点点疏忽都会带来巨大的损失。

案例来源:在线国际商报,http://ibdaily.mofcom.gov.cn/.

思考题:

1. 什么是清洁提单?
2. 签发提单时要注意哪些问题?

第14章 绿色物流运输

本章关键词

绿色物流（green logistics） 循环经济（circular economy）
汽车尾气排放（motor vehicle exhaust） 可持续发展（sustainable development）

互联网资料

http://www.chinawuliu.com.cn/
http://www.jctrans.com/
http://www.56cn.cn/index.asp

> 当今,物流业虽然促进了经济的发展,但是在发展的同时也会给城市环境带来负面的影响,如运输工具的噪声、污染气体排放、交通阻塞,以及生产和生活中的废弃物的不当处理所造成的对环境的影响。为此,21世纪对物流提出了新的要求,即绿色物流。所谓绿色物流是指以降低对环境的污染、减少资源消耗目标,利用先进物流技术,规划和实施的运输、储存、包装、装卸、流通加工等物流活动。

14.1 物流运输与自然环境

改革开放以来,我国经济高速持续增长,但"三高一低"（高消耗、高污染、高排放、低利用）的经济增长方式没有得到根本性的改变,经济社会发展与资源环境的矛盾日益突出。我国的资源总量居世界第三位,但人均资源占有量只居世界第53位,仅为世界人均占有量的一半。据第11届世界能源会议资料,我国人均占有煤炭经济可采储量为世界平均值的46%,人均占有可开发水电量为世界平均值的81%；人均占有石油剩余可采储量为世界平均值的6.8%；人均占有天然气可采储量仅为世界平均量的1.5%,但我国每百万美元GDP所消耗的能源数量却是美国的3倍、德国的5倍、日本的近6倍。同时,全国的环境污染和生态退化也相当严重。我国的化学需氧量排放、二氧化硫排放已居世界第一,二氧化碳排放居世界第二,流经城市的河段普遍受到污染,许多城市空气污染严重,酸雨污染加重,土壤污染面积扩大,近岸海域污染加剧,主要污染物排放量已超过环境承载能力；生态破坏严重,水土流失量大面积广,沙漠化、草原退化加剧,生物多样性减少,生态系统功能退化。发达国家上百年工业化过程中分阶段出现的环境问题,在我国多年来集中出现,呈现结构型、复合型、压缩型的特点。未来15年我国人口将继续增加,经济总量将再翻两番,资源、能源消耗持续增长,环境保护面临的压力越来越大。

作为典型的资源占用型、能源消耗型以及对生态环境影响较大的行业之一,资源环境的约束同样也是物流运输业发展中不可回避的问题。目前,我国物流运输业的能源利用率还不高,我国汽车平均每百千米燃油9.5升,燃油经济性比欧洲低25%,比日本低20%,比美国低10%,载货汽车百吨千米油耗9.6升,比国外先进水平高1倍以上。物流运输对环境的污染也非常大,我国大城市60%的一氧化碳、50%的氮氧化物、30%的碳氢化合物污染来源于机动车的尾气排放。尤其是近年来,危险化学品等危险货物运输事故导致的环境污染事件大幅上升,对生态环境和公众的生命财产安全构成了直接威胁。物流运输业在高速发展的同时,也付出了高昂的资源和环境成本,并对公众健康产生了损害。

14.1.1 物流运输的资源占用

物流运输的资源占用主要表现为运输基础建设所需的土地、原材料以及运输的能源消耗。运输基础设施的建设占用了大量的土地资源,如铁路、公路、客货运站场、港航码头、机场以及运输服务区等运输基础设施的建设,都需要占用土地。据估算,目前建设1km铁路约需占地4.4~6.0公顷(1公顷=1万平方米),六车道高速公路每千米占地8.2公顷。而现代运输系统的运转更是建立在能源消耗的基础上,是依靠能源驱动的。近年来,我国运输业对石油的需求急剧增长。

根据国家统计局的数据,我国交通运输、仓储和邮政业能源消费总量从2010年的26 068.47万吨标准煤上升到2016年的39 651.21万吨标准煤,上涨了52%。汽油消费量从2010年的3 204.93万吨上升到2016年的5 511.15万吨,增长了72%。而且长期来看,交通运输业燃油消耗还有巨大的上升空间。即使在欧盟等经济较发达的国家,运输也是能耗增长速度最快的行业。运输业在大量占用资源的同时,对生态的影响也是无处不在。比如,交通基础设施的建设会对动物栖息地的生态平衡产生破坏,在生态环境极为敏感的地区,一些设施的建设常常会给生态带来毁灭性的影响。英国环境经济学家大卫·皮尔斯研究了公路运输中所造成的全球气候变暖、空气污染、噪声污染、堵塞成本、公路损坏、交通事故等外部成本,并计算得出,在英国每10亿英镑运输成本造成的生态环境外部效应总值达45.9亿~52.9亿英镑,折算车辆的每千米外部成本为1.322~1.524英镑。

14.1.2 物流运输对自然环境的影响

1. 物流运输对水环境的影响

水路运输中的船舶污染是造成我国水环境尤其是长江、大运河等主航道污染的直接原因之一。船舶对水环境的污染主要包括生活污水、固体废弃物、舱底压载水中的油污等。有关资料显示,我国长江流域船舶年产生油污约6万吨,年产生船舶垃圾18万吨,年排生活污水相当于一个中等城市,这些污染物大多是未经任何处理直接排放到长江中。

2. 物流运输对大气环境的影响

随着我国汽车保有量的不断增加,城市空气已形成煤烟型和机动车尾气复合型污染。汽车尾气中排放的可吸入颗粒物、硫化物、碳氢化合物、氮氧化物等污染物成为大气污染的主要"元凶"。大气中90%的铅来自汽车所用的含铅汽油,铅在汽车尾气中呈可吸入的微粒状态,随风扩散,进入人体后,主要分布于肝、肾、脾、胆、脑中,易引起铅中毒,其症状有头晕、头痛、失眠、多梦、记忆力减退、乏力、食欲不振、上腹胀满、恶心、腹泻等,重症中毒者有明显的肝脏损害。汽车尾气的氮氧化物和碳氢化合物经太阳紫外线照射会产生毒性很大的光化学烟雾,强烈刺激人的眼睛和呼吸器官,甚至危及生命。世界卫生组织的报告中提到,奥地利、法国和瑞士三国汽车废气污染危害高于交通事故,长期暴露在空气中的汽车废气烟雾引起了2.1万人过早死亡。由于汽车尾气是低空排放,儿童吸入量为成人的2倍,长期吸入可导致贫血、眼病、肾炎等"城市儿童交通病"。此外,二氧化碳等温室气体有将近50%是由汽油和柴油为动力的发动机所燃烧的矿物燃料释放的,所产生的温室效应导致全球环境和气候发生了重大变化。而汽车尾气排放(motor vehicle exhaust)的硫化物也是酸雨形成的重要原因之一,酸雨能够破坏森林生态系统,改变土壤性质与结构,腐蚀建筑物和损害人体的呼吸系统和皮肤。

3. 物流运输对声环境的影响

城市噪声源中,交通运输噪声源占据了最大比例。2017年,根据国家统计局公布的对全国113个主要城市的道路交通噪声监测中,绝大部分城市道路的噪音都达到了65分贝以上,其中噪音最高的城市达到了73.8分贝。城市的交通高峰地带的噪音大都在80分贝以上,繁忙路段甚至达90分贝。而声级超过50分贝就会影响人们正常的工作、学习、休息和睡眠;70分贝以上的噪音会使人精神不集中;90分贝以上的噪音将严重干扰人们的工作、学习、生产活动,对人的身体健康带来严重危害。

4. 物流运输对土壤环境的影响

汽车排放的废气和固体微粒易在土壤中富集,对土壤造成污染。南京环境科学研究所的一项研究表明,江苏有1/10的耕地已经遭到汽车废气的污染。该所对沪宁高速公路和205国道等多条道路两旁的土壤及种植的作物进行了采样分析,结果显示受污染较重的土壤中有害物质竟有近百种。除最常见的铅污染,还包括多环芳香烃等有机污染物,部分地段小麦中含铅量甚至超过国家标准6.98倍。这些物质有一定的生物积累性和致癌、致畸、致突变的"三致"作用。与空气扩散不同,土壤中的毒物具有积累效应,时间越长,毒性越大,很难靠稀释和自身净化来消除。因此土壤污染一旦发生,仅依靠切断污染源的方法很难恢复原有生态,有时要靠换土、淋洗土壤等方法才能解决问题。

5. 物流运输对海洋环境的影响

近些年来,海洋石油运输中原油泄漏事故不断发生,对海洋生态环境造成了严重危害。泄漏的石油入海后一是形成油膜,抑制海洋生物(浮游植物)的光合作用,从而破坏海洋生物的食物链;二是石油分解,消耗海水溶解氧,造成海水缺氧,致使生物死亡;三是有毒化作用,石油所含毒多环芳香烃和有毒重金属,可通过生物富集和食物链传递危害人体健康;四是影响海气交换,石油污染破坏海洋固有的二氧化碳吸收机制,形成碳酸氢盐和碳酸盐,缓冲海洋的 pH 值,从而破坏二氧化碳的循环和平衡。2007 年 11 月 11 日,装载近 4 000t 重油的俄罗斯"伏尔加石油 139"号油轮在航行至连接黑海和亚速海的刻赤海峡时遭遇风暴天气,船只被 6 米高的巨浪解体并沉没,近一半原油泄漏。事故造成 6 名船员丧生,在海岸上形成近 10 米宽的油污带,渗入地表近 30 厘米,污染海域约 3 万只海鸟和 9 000 条鱼类死亡。据俄环境监察部门估计,恢复事故区域的生态环境将耗费 10～15 年的时间。

综上所述,面对资源相对短缺、生态环境脆弱的基本国情,我国的物流运输业发展必须要在科学发展观的指导下,以自然资源为基础,与环境承载能力相协调,走出一条与经济发展、社会进步和保护环境相和谐可持续发展的道路。

14.2 绿色物流与经济环境

以"大量生产、大量消耗、大量废弃"为特征的传统经济发展模式,导致资源浪费、破坏和供不应求,环境消纳污染物的自净能力难以支撑和环境质量的不断恶化,严重制约着经济社会的可持续发展。世界各国逐渐就可持续发展达成共识,德国、日本等发达国家和一些发展中国家积极探索促进可持续发展的经济途径,提出了循环经济(circular economy)发展模式。这一模式旨在构建"资源—产品—废物—再生资源"的闭环式经济系统,它可以更有效地利用资源和保护环境,以尽可能小的资源消耗和环境成本,获得尽可能大的经济效益和社会效益,进而促进资源永续利用。循环经济是一种以资源的高效利用和循环利用为核心,符合可持续发展理念的经济增长模式。它以"减量化、再利用、再循环"为原则,以"低消耗、低排放、高效率"为基本特征,是对"大量生产、大量消费、大量废弃"的传统增长模式的根本变革。

循环经济理论的提出,要求企业的物流活动也要从传统的大量消耗能源、燃料和以噪声、废气污染环境的局面中摆脱出来,由此引入了绿色物流(green logistics)的概念。现代物流的发展必须优先考虑环境问题,需要从环境角度对物流体系进行改进,即需要形成一个环境共生型的物流管理系统。这种物流管理系统建立在维护全球环境和可持续发展(sustainable development)基础上,改变原来发展与物流、消费生活与物流的单向作用关系,在抑制物流对环境造成危害的同时,形成一种能促进经济与消费健康发展的物流系统,即向绿色物流转变。因此,现代绿色物流管理强调了全局和长远的利益,强调全方位对环境的关注,体现了企业绿色形象,是循环经济发展的基础和有力工具,也是一种新的物流管理趋势。

14.2.1 循环经济对绿色物流发展的促进

循环经济的提出,要求人类经济发展模式有必要从单向线性经济向循环式经济转移,循环经济模式是尽可能使物质得以循环使用,物质要素流动形式具有闭环特征,即"资源—产品—再生资源"。循环经济是以"3R"为经济活动行为准则,达到自然资源的低投入、高利用和低排放,甚至是零排放的目标。循环经济的核心是使得物质在闭环中流动,其主要包括三个层次的循环:小循环、中循环和大循环。小循环是指企业内部物质的循环,属于企业物流层面;中循环是企业与企业间物质循环,即供应链层面;大循环属于区域物流和社会物流层面。

1. 对企业内部影响

企业是循环经济运行的微观主体,在新的经济运行模式下,企业物流也发生了变化。传统经济模式下,企业只关注产品的正向流动,企业物流更多地考虑是如何使"资源—产品—废物"的过程变得更有效率。在"经济人"假设下的工业经济时代,企业追求利益的行为无可厚非。然而,随着有限资源的衰竭、环境污染的日益加重,企业的生存条件也受到了威胁。企业开始努力寻求将生产过程中的边角料、废弃物以及 EOL 产品转变为再生资源的途径,一方面是为了降低原材料成本,另一方面是担负环境保护的社会责任。与此同时,绿色物流便悄然兴起。

循环经济通过绿色物流改变企业内部的生产模式,形成企业内部的循环。企业根据循环经济的思想设计生产过程,促进原料和能源的循环利用,通过实施清洁生产和绿色物流的方式,积极采用生态工业技术和设备,设计和改造生产工艺流程,形成无废、少废的生态工艺,使上游产品所产生的"废物"成为下游产品的原料,在企业内部实现物质的闭路循环和高效利用,减轻甚至避免环境污染,节约资源和能源,实现经济增长和环境保护的双重效益。在企业内部生产实现清洁化,物流活动实现及时化和绿色化,重视对绿色物流技术的开发及应用,注重对逆向物流的运作和实施,对废弃物进行分类、再利用及合适处理。

由此我们可以看出,在循环经济理论的引导下,企业内部实现了小循环,企业内部的物流活动发生了变化,其逆向物流活动开始活跃起来。循环经济带动了正向物流的健康发展,也促进了逆向物流的产生和发展,即循环经济带动了企业内部绿色物流的蓬勃发展。

2. 对供应链和产业链的影响

循环经济中循环是行业性的生态园区式的循环。生态工业园区式的循环采用的是企业与企业之间的循环。循环经济大力发展生态工业链或生态产业园区,把不同产业之间连接起来形成共享资源和副产品的产业共生组合,使得一家企业的废热、废水、废物成为另一家企业生产第一种产品的原料或动力,其剩余物将是第二种产品的原料;若仍有剩余物,又是第三种产品的原料;产生的剩余物又可能是新产业的物质,又成为新产业下第一种产品的原料。这样循环使用,若有最后不可避免的剩余物,则将其以对生命和环境无害的形式进行排放,尽量做到零排放。循环经济在这个层面的循环中,改变了传统的行业关联和产业布局,把不同产业的企业用"资源"这个线索串起来,各个企业依赖于废料或副产品和能量的阶梯利用而连接起来。在这个连接过程中就形成了企业的绿色供应链。企业在这条生态供应链中相互依存,共同发展。

循环经济不仅对企业间和行业内部的供应链产生了很大的影响,同时也对各产业间耦合产生了影响。以农产品物流为例,循环经济的再利用原则要求对废弃物进行综合利用。但是由于在短时期内不可能彻底消除农业生产加工过程中废弃物的产生,因此,对农业生产产生的废弃物的综合利用便成为解决问题的有效途径。通过对农业生产与加工废弃物的资源化利用,将废弃物转化为资源,不仅可降低污染,而且对拓宽资源渠道,延长农业生产产业链,提高资源利用的附加值非常有效。种植业、养殖业(畜禽养殖业)、水产业、农产品加工业和工业之间可通过耦合,对其生产过程中产生的废弃物进行综合利用。在传统的经济模式下一般不会出现在一起的或者一般关系不是特别紧密的行业和产业,现在循环经济模式下,通过绿色物流和绿色供应链,实现了企业跨越行业、产业融合在一起。由此看出,循环经济对于行业发展和产业布局都产生了影响。

3. 对区域物流综合发展的影响

循环经济的大循环是区域性和社会性的协调发展。集中体现在流通消费过程中物质的回收和循环利用,政府、民间组织、民众的协力配合,为生产企业创造物质循环利用的氛围。从社会整体循环的角度,大力发展逆向物流和废弃物回收产业,这样在整个社会的范围内形成"资源—产品—再生资源"的循环经济环路,使区域物流和区域经济协调和持续发展。在这方面,德国的双轨制回收系统(DSD)起了很好的示范作用。DSD是一个专门组织对包装废弃物进行回收利用的非政府组织,它接受企业的委托,组织收运者对他们的包装废弃物进行回收和分类,然后送至相应的资源再利用企业进行循环利用,能直接利用的包装废弃物则返送给制造商。DSD系统的建立大大地促进了德国包装废弃物的回收利用,而且在政府、企业、消费者中都形成了绿色化的氛围,对区域物流和社会经济循环健康发展起到了不可低估的作用。

在循环经济的大循环层面中,循环经济对区域的协调发展产生了影响,形成了全社会对绿色物流和绿色经济的关注,同时也在社会层面上提出了实施绿色物流的要求。

14.2.2 绿色物流推进循环经济的发展

1. 绿色物流在循环经济中的地位

绿色物流使资源、绿色产品、绿色消费共同构成了一个节约资源、保护环境的绿色经济循环系统,如图14.1所示。绿色物流以绿色产品为基础(即绿色产品是绿色物流的载体),要求物流对象、物流装备本身绿色环保。绿色设计与制造是综合考虑优化资源利用和环境影响的设计制造系统,使工业产品从设计、制造、包装、运输、使用到报废处理的整个生命周期对环境影响最小,不损害人体健康,资源的利用效率最高。绿色消费是指人们不再以大量消耗资源、能源求得生活上的舒适,而是在求得舒适的基础上,考虑环境问题以及尽可能节约资源和能源,即人们的消费心理和销售行为向崇尚自然、追求健康转变。从而使整个社会带来一股绿色消费潮。绿色物流和绿色设计与制造、绿色消费之间是相互渗透、相互作用的。绿色设计与制造是实现绿色物流和绿色消费的前提,绿色物流可以通过流通等相关途径对生产的反作用来促进绿色设计与制造,通过绿色物流管理等来满足和促进绿色消费。从图14.1中可以看出,绿色物流是联系资源与产品、产品与消费的纽带,正因为绿色物流的存在才得以构成循环经济。绿色物流是循环经济在物流业的表现,在循环经济中的地位不可替代,是发展循环经济的重要工具。

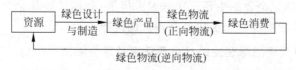

图14.1 绿色物流在循环经济中的地位示意图

2. 绿色物流是发展循环经济的内在要求

物质流是所有生产、工业运行的本质,物质流和能量流是工业体系的基础。实现物质和能量的高效利用以及物质的闭路循环,对现存企业的能量流、物质流以及信息流等进行重新集成。企业间建立良好的物质流动和循环利用,是生态工业和循环经济的内在要求,是现代化企业的本质特征。在企业内部主要表现为生产物流的合理化;在企业间表现为购销物流和供应链的合理配置管理,这也正是绿色物流的重要研究内容。

在实际运作中,循环经济的内在要求是实现物质流的良性循环,资源的减量化与减少废物排放和污染环境,在降低废弃物流比例的同时尽量提高逆向物流的比例;能量流的高效流动,提高能源的转化效率,减少排放到环境中的废能,尽量减少物质的运输、装卸搬运等活动。上述这些要求和措施实施的重要保证是绿色物流。循环经济强调的是流通和资源的循环利用,而绿色物流则充当这一主角,伴随循环经济的整个过程。绿色物流过程的优劣将直接影响循环经济能否有效运行。

3. 绿色物流是发展循环经济的有力工具

物流是国民经济的大动脉,无论是企业内部的生产活动,还是企业间的物能交换,乃至整个社会的经济活动,都不能脱离物流。绿色物流是对物流的进一步提升,其考虑环境、资源等问题,是可持续发展的必然要求。如果只讲究物流而不考虑绿色因素,那么国民经济将随时有崩溃的危机。

要进一步提升循环经济,必须进一步研究和大力发展绿色物流,特别应强调对物流的效率问题和逆向物流等关键问题的研究,这对循环经济的健康发展具有举足轻重的作用。同时循环经济的健康发展也将促进绿色物流理论的深化和绿色物流的进一步发展。在研究绿色物流的过程中,利用循环经济理念对绿色物流加以深刻理解,可将绿色物流概念提升:物流中没有废物概念,只有资源概念,各环节实现充分的资源共享,转变污染负效益为资源正效益。

14.3 绿色物流的推行

14.3.1 绿色物流推行的意义

绿色物流能够实现企业和社会的"双赢",主要表现在以下几个方面:

1. 绿色物流适应了世界发展的需要

我国加入世界贸易组织后,取消了大部分产品的分销限制。这样,外国公司就可以分销进口外国产品及我国产品。而在物流服务方面,也取消了大部分外国股权的限制,外国具有先进的经营管理水平的物流企业进入中国市场后,给国内物流企业带来了巨大的冲击甚至威胁着国内物流企业的生存。在这种形势下,我国的物流企业要想在国际物流市场上占有一席之地,发展绿色物流将是其理性的选择。

2. 绿色物流有利于增强企业的社会责任感及竞争能力

物流作为新兴行业,依赖于社会化大生产的专业分工和经济的高速发展,而经济要发展必定依赖社会的可持续发展，这就绝不会允许物流过分地消耗资源、破坏资源，进而造成二次污染。而绿色物流的核心思想在于实现企业物流活动与社会和生态效益的协调，实现企业的可持续发展。随着"可持续发展理念"不断深入人心，消费者对企业的接受与认可不再仅仅取决于其是否能够提供质优价廉的产品与服务，而是越来越关注企业是否具有社会责任感。绿色物流的构建有利于提高企业的声誉度，增加其品牌的价值和寿命，延长产品的生命周期，从而间接地增强了企业的竞争力。

3. 绿色物流最大限度地降低了企业的经营成本

绿色物流从产品的开发设计和整个生产流程，到其最终消费都对是否有利于节约利用资源、是否有利于废旧产品的回收、是否有利于环保等作了完善的处理。这样企业就可以最大限度地降低成本。当前的物流基本上还是高投入大物流、低投入小物流的运作模式，而绿色物流强调的是低投入大物流的方式。显然，绿色物流不仅仅是一般物流的节约和降低成本，更重视的是绿色物流和由此带来的节能高效少污染，它对生产经营成本的节省是不可估量的。

14.3.2 绿色物流推行的策略

我国应从以下几个方面推进绿色物流发展：

1. 大力推行绿色物流的理念

首先，企业应树立绿色物流理念。企业必须尽快提高认识和转变观念，应着眼于企业和社会的长远利益，树立集体协作、节约环保的团队精神。将节约资源、减少废物、避免污染等目标作为企业的长远发展目标。把绿色物流作为世界全方位绿色革命的重要组成部分。对企业的员工要培育绿色生产、绿色消费、绿色产品和珍爱人类生存环境的意识，使"环保、生态、绿色"的物流管理理念深入人心。在物流成为企业第三利润源泉的同时创造更多的社会效益，生态效益。

其次，消费者也应关注绿色物流理念。对于消费者来说，可以通过绿色消费行为迫使企业进行绿色生产和绿色物流管理，通过绿色消费舆论要求政府规制绿色物流管理。这要求把力量分散的个体消费者联合起来，如依靠消费者协会或建立类似的机构来代表消费者参与当前的绿色物流发展。

2. 政府制定相关绿色物流的政策和法规

一项物流活动要涉及很多行业和部门，只有贯彻协同合作原则才能处理好各职能管理部门关系，处理好社会各方面关系。因此，要制定好物流法律法规就必须明确部门责任分工，但同时还要做到各部门相互支持、协调行动。还有，政府可以对污染排放行为征税，起到限制造成负面环境效应的物流活动的作用；对城市交通繁忙地带加收道路使用税，可以调节交通流，缓解交通拥挤，减少空气污染。

3. 加快培养复合型物流人才

绿色物流作为新生事物，对营运筹划人员和各专业人员要求面更广、要求层次也更高。因此，要实现绿色物流的目标，培养和造就一大批熟悉绿色理论与实务的物流人才是当务之急。高等院校开设现代物流专业课程,包括与绿色物流相关的环境科学,开展本科、硕士、博士等多层次学历教育,为现代绿色物流培养高级管理人才和专业人才。开展更多的短期物流培训和研讨,以提升我国物流人才的整体素质、优化物流教育师资力量、提高物流教育质量。

4. 企业要提高物流技术水平

首先,企业要加强物流的信息技术建设。高水平的信息化水平是绿色物流发展的必备条件。网络技术的发展,通过电子商务,使物流渠道由原来的"金字塔型"转变为"扁平型",有效地缩短了采购周期,节约了大量流通成本。因此,发展绿色物流,需要企业积极采用先进的信息技术,加强 EDI、GPS 等先进技术的应用,进一步推进公共物流信息平台的建设。

其次,企业要注重绿色生产、绿色运输、绿色包装技术的应用,提高全方位技术水平来发展绿色物流。

5. 加快绿色物流发展的基础设施规划与建设

绿色物流的发展离不开基础设施等的支撑作用。

首先,这就要求政府要重视现有物流基础设施的利用和改造,通过对其规模、布局功能进行科学的整合,提高现有设施的使用效率,发挥现有设施的综合效能。

其次,要求政府加强新建物流基础设施的宏观协调和功能整合。应从整体战略的高度协调物流相关规划,理顺各种规划的关系,如对不同运输方式的场站建设规划、工业及商贸流通行业的仓储设施规划能够做到有机衔接和配合,防止重复建设,避免土地资源的浪费。

再次,要通过政府直接投资或市场化模式,继续扩大交通基础设施投资规模,如加大公路、铁路、水运、航空、管道和城市配送等设施的建设力度。

最后,要注重加强各种运输方式的衔接,加快完善综合交通运输网络,大力发展多式联运,避免不必要的运输行为带来的外部负效应。

6. 学习国外优秀物流企业的先进经验

因国内可借鉴的成功绿色物流经验比较缺乏,可以通过各种渠道来学习国外先进经验,再考虑我国国情来走出一条适合国内绿色物流发展的道路。

本章小结

作为典型的资源占用型、能源消耗型以及对生态环境影响较大的行业之一,物流运输业对环境的污染也非常大,大量的一氧化碳、氮氧化物、碳氢化合物污染来源于机动车的尾气排放。物流运输业在高速发展的同时,也付出了高昂的资源和环境成本,并对公众健康产生了损害。水路运输中船舶对水环境的污染主要包括生活污水、固体废弃物、舱底压载水中的油污等。汽车运输排放的尾气中所包含的硫化物、碳氢化合物、氮氧化物等污染物成为大气污染的主要"元凶"。城市噪声源中,交通运输噪声源占据了最大比例。汽车排放的废气和固体微粒易在土壤中富集,对土壤造成污染。海洋石油运输中原油泄漏事故不断发生,对海洋生态环境造成了严重危害。这些都是物流运输对自然环境所造成的危害。

以"大量生产、大量消耗、大量废弃"为特征的传统经济发展模式,导致资源浪费、破坏和供不应求,环境消纳污染物的自净能力难以支撑和环境质量的不断恶化,严重制约着经济社会的可持续发展。循环经济模式旨在以尽可能小的资源消耗和环境成本,获得尽可能大的经济效益和社会效益,进而促进资源永续利用。循环经济理论的提出,要求企业的物流活动也要从传统的大量消耗能源、燃料和以噪声、废气污染环境的局面中摆脱出来,即发展绿色物流。绿色物流建立在维护全球环境和可持续发展基础上,改变原来发展与物流、消费生活与物流的单向作用关系,在抑制物流对环境造成危害的同时,形成一种能促进经济与消费健康发展的物流系统。

复习与思考

1. 简述物流运输对自然环境的影响。
2. 物流运输占用了哪些资源?
3. 简述循环经济理论。
4. 什么是绿色物流?分析绿色物流和循环经济的关系。
5. 如何推行绿色物流?

在线自测

案例分析

电商联手品牌商,绿色物流走向"深水区"

一方面纸箱价格节节攀升,另一方面快递包装污染的关注度与日俱增,双重因素下,行业企业加速推进绿色物流建设。2018年,天猫与欧莱雅签署了绿色新零售合作意向。双方表示将优化快递箱及内部填充物的设计和材料,目的是减少包装流通过程中对环境带来的影响。

实际上,此前包括阿里、京东以及苏宁等在内零售巨头均已使用可循环、去胶带的快递包装替代传统的快递纸箱。由此来看,电商从联手产业链下游的快递企业到联手上游的品牌商,意味着企业正尝试打通全链条实现绿色化物流。

1. 绿色物流向产业链上游延展

1天1亿件的快递量不但让分拣配送压力陡增,包裹流通带来的环境污染也愈发严重。对此,天猫与欧莱雅计划将优化快递箱以及内部填充物的设计和材料的计划逐渐覆盖至欧莱雅中国旗下所有品牌。据悉,在双方计划推行的一年中,欧莱雅中国旗下的乔治·阿玛尼、圣罗兰、科颜氏、羽西等品牌已使用了超过300万只绿色环保包装。

在推进绿色物流计划的过程中,电商、物流企业和品牌商已形成联动效应。如可降解绿色包裹、环保拉链式纸箱、清流箱、共享快递盒等已被电商与物流企业投入到末端打包环节。此外,在与品牌商的联动上,苏宁从2017年底陆续投入可循环回收的共享快递盒代替常用纸箱至今,也已与1000多个品牌联手建立绿色产业联盟。在推广可降解材质的快递包装箱方面,从电商企业、电商物流联手下游的传统快递企业到前者与产业链上游的品牌商合作,表明电商企业已经意识到只有将上下游打通才能实现物流的绿色化。

2. 社会与经济效益双向提升

无论是快递包装带来的环境污染,还是快递纸箱成本不断提升,都促使电商企业加速推进绿色物流建设。受原料废纸近期价格上涨提振,2018年6月下旬起纸箱原纸市场又迎来新一轮涨价潮,而这已是从2017年7月至今,原纸价格第三次上扬,同等规格的纸箱价格已经在一年内上涨了20%~30%。

快递箱成本上涨带来的压力仅是一部分,封箱所用的胶带以及防止商品在运输过程中因碰撞受损填充的纸张、充气袋均是不小的支出,且两者的污染程度远高于纸箱。

电商企业考虑到社会与经济的双重效益,围绕着减本增效的"清流计""漂流瓶""绿色物流"等词汇不断升温和发酵。天猫落地的拉链式纸箱就无须使用塑料,天猫的"改良对口箱"正在杭州萧山大仓进行测试,产品投入使用后,最多可减少30%的纸浆用量。京东的新型两层物流标签、生物降解快递袋等新材料,使用两层物流标签,每年可减少700吨纸张使用,大规模使用可降解包装袋,每年淘汰近百亿个传统塑料袋。

3. 降低成本需形成规模效应

在商业巨头推进快递包装改革的路上,降低不可降解材料的耗损已成行业共同的目标。菜鸟方面称,已联合德邦、天天、百世等快递公司投放近50万个环保快递袋,覆盖杭州及厦门主要区域。2017年12月,苏宁2.0版共享快递盒节约了3.3亿卷胶带的"零胶纸箱",而自动化气泡包装箱相较于传统包装箱减少了42%的不可降解材料的消耗。

品牌商是快递纸箱和快递袋子的主要生产者,下游的快递企业主要产生胶带、填充物等辅料。因此,电商企业应向品牌商推广可降解、绿色环保的包装箱,与快递企业的合作主要集中在减少快递辅料的使用。实际上,降解材料的投入和使用在短期内会增加物流企业的成本,消费者也可能要为上涨的成本埋单。最终应当由谁来为环保包装投入的成本埋单,是电商推动快递包装改革时需要思考的问题。快递企业采用环保材质的包装箱短期内会承担较高的成本压力,但当品牌商参与进来后将可相应降低企业的成本投入。

案例来源:北京商报,http://www.bbtnews.com.cn/.

思考题:

1. 乐购的绿色物流中心有哪些环保因素?
2. 如何实现乐购物流运作的持续优化?

参 考 文 献

[1] 王晓平.物流信息技术[M].北京:清华大学出版社,2011.
[2] 杨国荣.运输管理实务[M].北京:北京理工大学出版社,2010.
[3] 汪时珍,张爱国.现代物流运输管理[M].合肥:安徽大学出版社,2009.
[4] 吴吉明.物流运输管理实务[M].北京:北京理工大学出版社,2011.
[5] 郑远红,牛力娟.运输管理实务[M].西安:西北工业大学出版社,2012.
[6] 邹龙.物流运输管理[M].重庆:重庆大学出版社,2008.
[7] 张旭凤.物流运输管理[M].北京:北京大学出版社,2011.
[8] 刘雅丽.运输管理[M].北京:电子工业出版社,2008.
[9] 刘颖,陆影.物流配送运输与实务[M].北京:经济管理出版社,2007.
[10] 魏然.运输绩效评价及其指标体系的构建[J].物流技术,2006(4).
[11] 戴彤焱,孙学琴.运输组织学[M].北京:机械工业出版社,2006.
[12] 刘小卉.运输管理学[M].上海:复旦大学出版社,2005.
[13] 顾丽亚.远洋运输实务[M].北京:人民交通出版社,2007.
[14] [美]约翰·J.科伊尔,爱德华·J.巴蒂,罗伯特·A.诺瓦克.运输管理[M],张剑飞,袁宇,朱梓齐,等译.北京:机械工业出版社,2004.
[15] 杜文.物流运输与配送管理[M].北京:机械工业出版社,2006.
[16] 邓汝春.运输管理实战手册[M].广州:广东经济出版社,2007.
[17] 张建伟.物流运输业务管理模板与岗位操作流程[M].北京:中国经济出版社,2005.
[18] 徐丽群.运输物流管理[M].北京:机械工业出版社,2007.
[19] [阿联酋]巴鲁克.运输物流:过去、现在与未来[M].罗开富,杨运涛,瞿娟,译.北京:人民交通出版社,2006.
[20] 秦明森.物流运输与配送管理实务[M].北京:中国物资出版社,2006.
[21] 张远昌.物流运输与配送管理[M].北京:中国纺织出版社,2004.
[22] 张理,李雪松.现代物流运输管理[M].北京:中国水利水电出版社,2005.
[23] 牛鱼龙.美国物流经典案例[M].重庆:重庆大学出版社,2005.
[24] 牛鱼龙.欧洲物流经典案例[M].重庆:重庆大学出版社,2005.
[25] 丰毅,潘波.物流运输组织与管理[M].第2版.北京:机械工业出版社,2008.
[26] 秦英,刘东华.物流运输组织与管理实务[M].北京:科学出版社,2008.
[27] 徐月芳.航空客货运输[M].北京:国防工业出版社,2004.
[28] 谢春讯.航空货运管理概论[M].南京:东南大学出版社,2006.
[29] 杨家其.现代物流与运输[M].北京:人民交通出版社,2005.
[30] 胡思继.交通运输学[M].北京:人民交通出版社,2001.
[31] 夏洪山.现代航空运输管理[M].北京:人民交通出版社,2000.
[32] 韩彪.交通运输学[M].北京:中国铁道出版社,2006.
[33] 金延芳.物流运输管理实务[M].广州:华南理工大学出版社,2008.
[34] 张旭凤.运输与运输管理[M].北京:北京大学出版社,2007.
[35] 杨庆云.物流运输管理[M].北京:中国轻工业出版社,2006.
[36] 朱新民.物流运输管理[M].大连:东北财经大学出版社,2008.

[37] 宋杨.运输与配送管理[M].大连：大连理工大学出版社,2008.
[38] 黄敬阳.国际货物运输保险[M].北京：对外经济贸易大学出版社,2005.
[39] 金戈.运输管理[M].南京：东南大学出版社,2006.
[40] 周长兰.基于循环经济理论的绿色物流研究[D].山东大学硕士论文,2007.
[41] 黄海峰,牛源.发展循环经济构建绿色物流投资体系[J].生态经济,2004(3).
[42] 邹华玲,王新.绿色物流体系及其意义[J].经济与社会发展,2005(3).
[43] 王长琼.绿色物流[M].北京：化学工业出版社,2004.
[44] 王效俐.运输组织学[M].上海：立信会计出版社,2006.
[45] 孙熙安.运输代理[M].北京：北京交通大学出版社,2006.
[46] 隽志才.运输技术经济学[M].北京：人民交通出版社,2007.
[47] 何德权.运输定价机理模型与实践[M].上海：上海财经大学出版社,2007.
[48] 孟于群.国际货物运输物流案例集[M].北京：中国商务出版社,2005.
[49] 朱伟生.运输经济学[M].北京：清华大学出版社,2004.
[50] 赵一飞.航运与物流管理[M].上海：上海交通大学出版社,2004.
[51] 高明波.集装箱物流运输[M].北京：对外经济贸易大学出版社,2008.
[52] 刘心,吴庆.物流运输管理实务[M].成都：电子科技大学出版社,2018.
[53] 孙家庆.物流运输管理[M].大连：大连海事大学出版社,2016.
[54] 袁伯友.物流运输组织与管理[M].第三版.北京：电子工业出版社,2018.
[55] 王长琼,袁晓丽.物流运输组织管理[M].第二版.武汉：华中科技大学出版社,2017.
[56] 赵祖川.货物运输管理[M].北京：清华大学出版社,2018.
[57] 潘波,覃冠华.物流运输组织与管理[M].第3版.北京：机械工业出版社,2017.
[58] 邹均,张海宁,唐屹,等.区块链技术指南[M].北京：机械工业出版社,2016.
[59] 唐潇.试论区块链技术在雄安新区绿色金融体系构建中的应用[J].数码设计,2017(11).
[60] 京东区块链技术应用团队.京东区块链技术实践白皮书[R].北京：京东区块链技术应用团队,2018.
[61] 高琰晨.基于区块链技术的物流信息追溯机制研究[D].浙江工业大学硕士论文,2019.
[62] 杨云帆.基于物联网的物流导航系统设计与实现[D].华南理工大学硕士论文,2017.
[63] 亿欧智库.2018中国物联网应用研究报告[EB/OL].www.iyiou.com/intelligence,2018-08-17.
[64] 陈文.物流信息技术[M].第2版.北京：北京理工大学出版社,2017.
[65] 章竞,汝宜红.绿色物流[M].第2版.北京：北京交通大学出版社,2018.
[66] 吴理门.物流信息技术[M].杭州：浙江大学出版社,2016.

教师服务

感谢您选用清华大学出版社的教材！为了更好地服务教学，我们为授课教师提供本书的教学辅助资源，以及本学科重点教材信息。请您扫码获取。

❯❯ 教辅获取

本书教辅资源，授课教师扫码获取

❯❯ 样书赠送

物流与供应链管理类重点教材，教师扫码获取样书

清华大学出版社

E-mail：tupfuwu@163.com
电话：010-83470332 / 83470142
地址：北京市海淀区双清路学研大厦 B 座 509

网址：http://www.tup.com.cn/
传真：8610-83470107
邮编：100084